補文淵閣四庫全書之元人別集

袁　冀　著

文史哲學集成
文史哲出版社印行

國家圖書館出版品預行編目資料

補文淵閣四庫全書之元人別集 / 袁冀著. --
增訂再版 -- 臺北市：文史哲，民 99.12
頁；　公分（文史哲學集成；572）
參考書目：頁
ISBN 978-957-549-941-9（平裝）

1.中國文學-元（1260-1368）2.詩文補佚

082.1　　　　99025000

文史哲學集成 572

補文淵閣四庫全書之元人別集

著　者：袁　冀
出版者：文史哲出版社
http:// www.lapen.com.tw
e-mail：lapen@ms74.hinet.net
登記證字號：行政院新聞局版臺業字五三三七號
發行人：彭正雄
發行所：文史哲出版社
印刷者：文史哲出版社
臺北市羅斯福路一段七十二巷四號
郵政劃撥帳號：一六一八〇一七五
電話886-2-23511028．傳真886-2-23965656

實價新臺幣七〇〇元

中華民國九十九年（2010）六月初版
中華民國一百年（2011）三月增訂再版

ISBN 978-957-549-941-9　　00572

自序

中國歷代邊疆宗族與外藩列傳，均有其風土文物之記載，然元史安南傳則無。何以致此，深以爲異。乃詳讀元史本紀，安南傳，以及出使安南人員，陳孚、徐明善、傅與礪之詩文集，安南降人黎崱之安南志略等。

除決定撰寫「安南即事考釋」，並發現輟耕錄卷八「五馬入門」，陳孚之還俗詩。安南志略卷十八「玉堂諸公送天使詩序」，蘇天爵之送行詩。說郛卷五十六，徐明善之南天行紀。均未收入所著之「陳剛中詩集」，「滋溪文稿」，「芳谷集」。因知元人之詩文集，有諸多詩文，散遺在外，可供輯補。

復以撰寫「陳孚驛赴安南行程考釋」，曾詳閱畿輔通志、河南通志等。前者卷一百三，有劉秉忠所撰之「郝經傳」。後者卷七十九，有薩天錫之「龍門記」。然藏春集、雁門集，均爲詩集而無文。故知方志中，保有諸多元人詩文集中，散失之作品。遂遍閱各省通志、州志、府志、鎮志、縣志、山志等，藝文志中之元代詩文，並加影印。逐篇與作者之詩文集，再三核對。歷時四年，始成此篇。兼以元人別集，嘗附錄其碑銘行狀，詩文集序。故仍本其舊例，無序者，補其序於卷之首。無碑銘傳記者，附錄其碑銘傳記，於卷之末。然元史之列傳，則不予焉。計補元人別集一百二十五種，詩、詞、賦，三百三十七首。記、序、碑、銘、說、贊、頌、跋、書、啓、傳，二百二十三篇。引用宋代以下著作，二百七十二種。

故「補文淵閣四庫全書元人別集」，實「安南即事考釋」，「陳孚驛赴安南行程考釋」之副產品。亦證唯有研究，方能獲得新啓示，新發現。使學養之蘊集，日增月異。究研之領域，益臻深廣。

文淵閣四庫全書中，少數之元人別集，卷末附有補遺。現四庫全書之內容，已輸入電腦，設拙作能附列于元人別集，爲最後一册，以補其數百年之缺失，則可長存於世。而少數方志重修時，亦可據以改正其藝文志中，篇名刪改之錯誤，作者姓名之誤刊，缺文之增補。

補文淵閣四庫全書之元人別集

目次

補文淵閣四庫全書之元人別集

前言：方志之價值

袁冀

方志之類別繁多，計有縣志，如桐城縣。衛志，如延慶衛志。廳志，如循化廳志。邑志，如含山邑乘。府志，如大名府志。州志，如高郵州志。省志，如河南省志。一統志，如明一統志。且有宋、元、明、清，民國所修，不同之版本。如德清縣志，即有清修之三種版本。九江府志，亦有明修、清修之版本。此外，尚有山志，如虎丘山志。湖志，如莫愁湖志。關志，如居庸關志。寺志，如靈隱寺志。河志，如水道提綱。名勝志，如天台勝跡志。古跡志，如汴京遺跡志。風土志，如桂林風土志。物產志，如南方草木狀。書院志，如白鹿書院志。

至其內容，則包括沿革、星野、封建、職官、選舉、山川、關隘、津梁、驛站、城址、署宅、陵墓、祠宇，寺觀、錢糧、戶口、公署、仕宦、人物、物產、金石、藝文等，二十餘項。其面廣，其記詳，極俱廣泛之參考價値與珍貴之功能。而金石志，藝文志，則尤爲翹首。

蓋金石志，爲名家手筆。設作者無文集存世，則此文即成海內孤本。其價値之珍貴，不言而喩。如王磐所撰「劉澤墓誌」，即爲研究元代籌建兩京、策訂制度、參贊密勿、亦儒、亦釋、亦道、神祕人物——劉秉忠先世之重要文獻。

藝文志，雖由歷代詩文集纂錄而成，然作者輒因旅遊、訪友、臨時之唱和與爲文，未能及時存留其作品，致名家手筆，流落在外者，所在多有。幸而地方人士，以其乃故邑之榮。不唯視若拱璧，且善加保存，載於縣、府、州志之中。故方志輒能使作者，散失數百年之遺珠，得以合浦還珠，而俱增補其詩文集之功能。

一、補耶律楚材「湛然居士集」

河南通志卷七十四「藝文志、元、耶律楚材、梅溪」二首：

「竹邊斜出兩三枝，月底風前總恁宜。小苑清香無處著，多應勾引玉京詩。」

「湛然垂老下愁貧，得與梅溪作主人。問訊水華無恙否，香魂應也長精神。」

可補卷十四「七言絕句」。

二、補郝經「陵川集」

宣城縣志卷三十二「藝文、詩、麻姑觀、元、郝經」：

「路入雲關寂不譁，石田瑤草帶烟霞。貯經洞古無遺蹟，養藥爐存失舊砂。青鳥若傳金母信，紫鸞應返玉皇家。巖扉不掩春長在，開遍碧桃千樹花。」

可補卷十三「律詩七言」

三、補張養浩「歸田類稿」

萊陽縣志卷三之三上「藝文、雜文附、萊陽廟學記、濟南、張養浩」：

「萊陽居北海之東，東南距於海，實東齊之北境。山川秀潔，井邑豐潤，民氣醇雅。爲士者，敬愼而好禮，且勇於爲義。甿庶廣耕，桑繭絲，饒於他邑，民物阜蕃。金大定間，登版籍之家，三萬四千有奇。版蕩之餘，僅存者十無一二。廟學廢沒，孑然無遺。至元四年，教諭王擇善，倡諭縣僚。于縣之巽隅，得古柳亭隙地。創殿三間，朔望致謁，應文具而已。自時厥後非無賢令佐，乃因卑習陋浸不加省。大德三年，縣尹王革，達魯花赤不蘭奚，虔奉詔旨，改修禮殿，其楹有六。位先聖兗鄒二公十哲像，事之東西兩廡，各如殿數。前三其門，塗塈未具，終更而去。六年冬，縣尹程珪，蒞事之始，恭謁聖殿。顧瞻兩廡，采繪未施，且無師生講授之所，慨然以興學爲己任。適丁歲艱，民告饑之，乃奔走從事於賑濟之役。夏秋頗熟，乃謀諸同僚曰，我輩恭受朝命，來撫茲邑。學校未建，教化不行。坐視人才，進講無所。長斯邑者，得無咎乎！監縣帖吉碍等，合辭贊和，邑士孫禮、紀禎等，率邑之耆宿士人，請於庭，願各鳩貲，以相茲役。民喜獻貲，惟恐其後。共得寶卷爲緡者，五十有奇。迺市北鄰田榮地，廣袤三百四十武，通而築之，以廣其學。餘貲，足供經費。尹乃躬親督視，審量事力，以規以度，黽勉朝夕。經始於大德十年春正月既望，凡三閱月而學成。講授有堂，肄習有齋。高明深靚，輪奐新美。足以居移學者之氣，養移學者之體。乃以夏四月壬寅，哉（按：才）生明具牢醴，率僚屬告于先聖，延耆德儒士，以落（按：始成祭之）之衆，乃相與言，茲學之興，既營既勤，惟尹之能。不識不刻，無以彰尹之化。迺列狀，以儒生紀禎等，來請余文。且言：尹之蒞是邑也，不鄙薄民，乃率之以躬，待之以誠，使民俗歸厚。其民莫不心親，而安其教令。斯能悉力倡是舉，惠澤遠矣！願勒之石，以爲民無窮之勸。余謂：古者親民之吏，任師師之寄，莫不以承流宣化爲務。凡教化之未孚，風俗之未淳，惕然以不勝職爲懼。今之爲吏者，急於薄書期會，徵發賦役，以應公家需。而於古良吏所任，奚暇治哉！程尹之蒞是邑也，應務之隙，獨能興學淑民爲先務。他日使斯邑之民，知名教之重，德義之尊，修其孝弟忠信。則其儉鄙之民，嚚訟之徒，亦將革面從化。風動胥勸，敬長事上，服其心志，柔其體膚，孰有不順。況秉彝之性，人皆有之。顧上之人，所以啓迪者何如耳。噫！學既成矣，非直爲觀美也。繼自今後，學者之居是學也，登是堂也，朝于斯，夕于斯，開之以古人斆學之意。博其問，辨其趣，以致操存持守之力。剔除鄙吝之萌，洗絕利欲之汩。使方寸之間，清明統一，知止于至善之地。正心誠意，身修家齊。由國而天下，致君澤民，盛德大業，皆學之力也。士子其勉旃！尚無負賢尹興學教育之意。且以詔繼是，而尹茲邑者，無替厥成。復能恢彰增師，使俊秀輩出，賓興於上，以應珪璋之選，顧不偉歟！尹字仲璋，德州齊河縣人，賢而有文。仕于朝，以文資，歷衛輝路錄事，來尹是邑。以信待物，以勤集事守靖，公、正直之操，成豈弟（按：樂之意）和平之俗，有古循吏之風云耳。」

可補卷六「記」。

山東通志卷三十五之一上「濟州登太白樓、元、張養浩」：

「高城蘸雲根，聊可慰心跡。長風萬里來，如對騎鯨客。監州好事者，樹此樓與石。降鼻號金仙，更長謾嗟惜。」

可補卷十八「五言律詩」。

四、補方回「桐江續集」

剡源文集卷二十九「紫陽方使君文集序」：

「日月五星晝夜與天錯行，而雲霆風露雨雪雹雹爲之變化不測。山起西北，與水東南馳，而外截爲海。介鱗羽毛齒角物果，寶藏之美，從而蓄焉。益其爲物也，停涵盤薄鬱積之者厚，則其周於用也不竭。人之精氣，蘊之爲道德，發之爲事業，而達之於言語詞章，亦若是而已矣。竊獨怪夫古之通儒碩人，凡以著述表見於世者，莫不皆有統緒。若曾孟周邵程張之於道，屈賈司馬班揚韓柳歐陽蘇之於文，當其一時及門承接之士，固已親而得之，而遺風餘韻，傳之後來，猶可以隱隱不滅。近世以來，乃至寥落散漫，不可復續。豈天地之數，有時而不齊，如適值其薄蝕震動傾陷漏洩之，或然者耶。故嘗考之，自夫子之徒沒，言道者不必貴文，言文者不必兼道，如此幾二千年。迨新安子朱子出，學者如復不敢雜道於文。子朱子沒，其書大行，最有力者，建安眞希元，臨卭魏華父二公，纂緝而彙緒之爲精。余生愈晚，併不及識二公，而每每私從諸老，先生之嘗爲其學者剽傳之。戊戌己亥間，來錢塘，如得熟從紫陽方使加遊。使君生子朱子之鄉，而於眞魏二公書，縷析銖校，無復遺憾。禮樂刑名，度數之規，天人性命，智識之奧，詢之靡不知，知之靡不樂。一夕，乃得盡其平生製作讀之。熒熒乎河漢之光華，而陰明舒慘，若有鬼神物怪，先後而翕忽之也。恢恢乎太山喬岳，長川巨瀆之噴薄氛祲，而龜鼉蛟鱷豹犀虎象出沒，震耀之不可狎也。熙熙乎時春美卉，平郊茂樾，輿馬豐腴，而衣冠靚侈，舒眉酣氣，樂聞歌謠之奏也。嗚呼是豈非精氣之英統緒之，會而諸老，先生未盡之澤者哉。余既惰愚，雖幸許教於門。而衣食經營，有所不暇。顧今江宜舊德如使君，不一二數。詩不云乎，我日斯邁而月斯征。又不云乎，雖無老成人尚有典刑。是用疾首疢心，願與同門者，永其傳焉。辱諸生以序引請，故不敢辭。」

其集無序，可補卷首。

吳江縣志卷四十八「集詩、元、垂虹晚眺、方回」：

「山光自獻一螺青，人立垂虹酒乍醒。兩界星河涵倒影，千家樓閣載浮萍。欹檣側柁衝風勁，密網□刮浪腥。正是鱸魚忘世味，隨方吾亦具笭箵。」

齊雲山志卷之四「元朝、律詩、白嶽、方回、歙人、建德縣」：

「摳衣登白嶽，稽首叩玄宮。巖下群仙洞，山頭五老峰。翠雲飛送雨，白鶴舞凌風。好景遊歸晚，簫聲縹緲中。」

因其詩並無古詩、律詩、絕句、五言、七言之分，故二詩補於卷二十八詩類之末。

筠軒集卷首「筠軒集原序」：

「詩以格高爲第一，三百五篇，聖人所定，不敢以格目之。然風雅頌體三，比興賦體三，一體自有一格，觀者當自得之於心。自騷人以來，至漢蘇李魏曹劉，亦無格卑者。而予乃創爲格高卑之論者何也，曰此爲近世之詩人言之也。予於晉獨推陶彭澤一人，格高足方嵇阮。唐惟陳子昂、杜子美、元次山、韓退之、柳子厚、劉夢得、韋應物。宋惟歐梅黃陳，蘇長翁張文潛。又於其中，以四人爲格之高者。魯直無已，上配淵明子美爲四也。吾州在萬山間，詩人不少。朱文公早爲胡邦衡以詩人，薦公配享孔庭。人品近孟子，不止於詩。唐長孺諱元，自里中來訪，出詩五十四篇，始年三十六歲，其所以可人意者格高也。何以謂之格，高近人之學許渾姚合者，長孺掃之如粃糠，而以陶杜黃陳爲師者也。藝圃有作，所謂小園僅百步者，凡十六句，似乎擬陶，後二首亦然。予爲題曰藝圃小集而序之以歸。博讀精思，而苦於吟，進可量哉！大德八年甲辰九月二十日，同里方回萬里敍。」

可補卷三十四「序」。

徽州府志卷之十一「詞翰一、題跋、跋羅鄂州爾雅翼、方回」：

「宋興二百一十五年，淳熙甲子，新安存齊羅公願，字端良，次爾雅翼成。又九十六年，咸淳庚午，浚儀王侯應麟爲守，始刊布之。回聞之，先生君子南度後，文章有先秦西漢風，惟羅鄂州一人。甫七歲，能爲青草賦，以壽其先尚書。少長，落筆萬言。既冠，乃數月不妄下一語，其精思如此。以南劍州陛辭，孝廟大賞異，俾易鄂州。明年，淳熙己巳卒。今新安志行於世，與馬班等小集，僅文之十一，劉公清之子澄所刊。晦翁謂：文有經緯，嘗欲附名集後。又謂：羅端良止此可惜。蓋年四十餘，使老壽，進未艾也。爾雅翼者，序見小集，世未見其書。回訪求，得公之從孫裳手鈔副本，三十二卷。侯躬自校讐，雖庾聞隱說，具能知所自來，可謂後世子雲矣。回切謂：後世學者，於天下書，鑽研少而剽襲多。靡勞餘力，意義曉然。古人有終身不能通者，或開卷頃刻而得之。道德性命之類，有三禮圖，而陳祥道禮書爲尤傳。考論經傳，草木鳥獸蟲魚，則許瑾、陸機、張揖、曹憲、刑昺、陸佃，不如此翼之爲。尤悉是書，皆前代所無，挾是以求爲儒易易哉！雖學陋俗壞，承弊踵訛。以無言道，以氣言性，以知覺言仁，以詐謀言智，以姑息言恕，以輪迴言生死，以祠廟言鬼神。詖淫邪遁，先儒闢之非不至，而士之陷溺者，猶不自知。以誤注本草爲世之害，而不知誤注易，爲世之大害，識者患焉。賢侯父子，有德吾州，嘗以右螭直北門，是將推所學陶天下，俾本木精粗，將無不一歸於是云。」

可補卷二十九「銘、箴、題跋」之末。

徽州府志卷之十二「詞翰二、記、徽州路總管許公德政記、方回撰」：

「太原許公，治歙之三年秋，郡校洎紫陽精舍博士諸生，詣郡人方回，出銜袖書，臚列公政迹以告。其說謂：士復除征役法也，饕悍吏，故沮格。公力行之，而後儒紳吐氣。士幼教夙成古也，近人漫不省。公建立小學書，俾民子弟就傅，而後風俗化。等威殊絕勢也，公卑躬和顏，誘接寒微，而後下情達。賕謝請託，近態也。公飲歙水而已，絲髮餽不及門，而後四知之徒，稍革民租，入提大綱可也。公親視槩量，塵粃塗須眉，而後無飛走攫攘。課耕桑，行阡陌，壺漿隻雞，亦人情也。公徒行素膳，犯潦霧，窮聚落，至病痁不自恤。雖杯茗，庚以值。而後遐嶺僻塢，耆老驩駭，以謂不惟今人所無，求之古人亦希有。新舊楮幣之並行也，以新易銀，或患數夥。公自賚春如維揚，言所領郡，無百金之家，無千石穀粟之田翁。梯山焚舍，無平疇及頃者，稔歲猶掘蕨糜葛，不粒食。時宰念其誠懇，視他郡銀減什之八。子肖客遴僕愿卒畏，和氣格庶，徽休下糴估寬榷羨，非盛德其能臻此！魯泮頌僖子其爲史乎？回作而對曰：政本德，德本學，國有四民，士農工賈。易首四卦，乾坤蒙屯長其民。賈說而頌之未也，工說而頌之未也，農說而頌未也，通國之士，以爲可頌矣。乾君也，坤相也，屯岳牧也，蒙士之師也。德形而政，足以服天下之士，用也。學成而德，足以爲天下之師，體也。聞諸今行御史中丞鎦公伯宣。公之學，出於左丞魯齋許公。許公左丞之學，出於朱文公。藏修之室，額曰蒙泉，以止乎禮義之艮山，發爲剛中之坎水，以果決不可過之行，流爲生育無窮之德，公之講此有素矣。師道士心立，而志服正乎！蒙經綸乎！屯直方乎！坤而以順承乎乾，非歙所得私也。公名楫，字公度，嘗爲江西道提刑按察使。頌曰：帝命下士，裂壤而城。誰謂城百，蔑一其貞。大鹵之原，赫赫厥英。揚之水斯，克肖其清。乃纓乃緌，公至于學。閱爾書數，篤爾禮樂。于郊于野，噢咻其戶。吏無魚池，勿粒我馬。于效于野，噢咻其戶。吏無魚女，勿粟我馬。公之瘠矣，彼甿之腴。匪手摩拊，髓液不沽。維心孚享，有蒙者泉。出初養終，淵淵其天。匪我求且，士說而服。父之師之，夷典稷粒。此邦之人，曾耳孔億。何以報之，永壽茲刻。至元二十五年戊子，七月甲申，通議大夫、前建德路總管、兼府尹、方回撰。」

可補卷三十六「記」

徽州府志卷十二「詞翰二、徽州重建紫陽書院記、郡人方回記」：

「紫陽山，去古歙郡之南門，五里而近。故待制侍講，贈太師徽國文公先生，郡人也。合山與人，稱曰紫陽夫子，若洙泗先聖然。此書院之所以作，而名之曰紫陽也。始郡守上饒韓公補作書院，在南門之外。倚山瞰溪，陟其門，朱榜金書，折旋過風泉雲壑軒，拜夫子祠。趨而橫入，左右齋廡，中而肄講，爲明明德堂。前爲書樓，後爲宸奎閣，而其上又爲披雲之閣。閣之後最穹，爲大成殿，更六政而後大備。紀有文，刻有圖，傳於世。至元十三年丙子冬始作，時三十有一年矣！鎮帥設險固圉，撤城外凡屋爲柵，郡檄俾遷於南門之內。江東道院，實古郡學遺址也。諸生綿蕝妥靈，明年建祠於道院，西爲外門。十五年，按察使者至，謀諸總府，以書院地與古郡學地兩易，以溪山偉觀，爲明明德堂，而書其顏。得前進士汪君一龍、曹君涇爲之師，前貢士許君豫立爲學正，相與撙縮租入，以其年冬經始復興。復得經歷趙君仲璋，與今治中汪君元龍，白總府皆捐貲，率同僚爲助。而士亦醵泉相役。平窪亢卑，據亥揖巽，爲先聖廟前門後殿，各三楹。而從祀之廡，各倍之。講堂東西齋無（疑廡之誤）之數，視廟制，而在其西。又西偏足舊重屋爲三，以大其門。又別爲小重屋，三面水西，以倣披雲之舊，服具器備。以十七年仲春，丁祭告成。於是諸生相與言曰：昔之書院，向挾紫陽山於其左。今之書院，若廟，若祠，若堂，皆南向，得紫陽山之正。學者俯而讀，仰而瞻，由是以想夫子之步趨謦欬，將必有得其正傳者。庸詎知書院之遷，非風氣之所宜乎！回聞之，土有廣狹，勢有向背，棟宇有隆殺，儀文有盈縮，皆物也，有不物者焉。先聖有言，殷因於夏，禮有損益可知也。周因於殷，禮所損益可知也。其或繼周者，雖百世可知也。尚忠質文，建寅丑子，可以隨世損益。曰綱曰常，百千世一也，則何損益之有。古之祀也，以尸爲主，而後世肖形以象之。古之坐也，以席以几，而後世高坐以華之。古功臣與食於大烝，而後世亨先聖也，以其門弟子，及賢者侑之。漢孔廟不出闕里，許天下建原廟，自唐正觀（按：貞觀）始。唐釋奠惟顏子，加以孟子，自宋元豐始。宋初止有四書院，詔郡縣皆立學，自慶曆中始。近世所在有廟學書院，而又升曾思之侑。自濂溪至東萊俱列祀，而文無不專爲之祠。益從今尚，損與古違世也。抑所謂雖百世可知者，能從而損益之否乎！回嘗陟古兗之邦，觀魯之泰山，洙泗之水，而識孔林之所在。漢高引天下兵，至而聞絃歌之聲。魯恭王欲壞其宅，而得科斗之書。卒全護之，歷世無恙。歙今魯也，紫陽今洙泗也。夫子之教，百世千世，與紫陽不朽。士欲與之俱不朽者，其亦有道矣。文足徵也，獻足徵也，五典五禮，六德六行，待其人然後行。天地之常經，古今一日也。至元十八年八月望日，郡人方回記。」

可補卷三十六「記」。

新安文獻志卷九十四下「行實、文苑、方總管回傳、洪杏庭」：

「方總管回，字萬里，歙縣人。父琢，以太學上舍登第，仕至承直郎、廣西經幹，權融州通判。坐廣西提刑錢弘祖挾私憾誣劾，謫死封州。回幼孤，從叔父瑑學，穎悟過人，讀書一目數行下。少長，倜儻不羈，賦詩爲文，天才傑出，鄉先達呂左史、方史部咸亟稱之。邵守魏公克愚一見其詩，即延置郡齋，移知永喜，亦拉以自隨。制帥呂公文德尤相厚善。

景定三年，以別院省元登第，調隨州教授。呂公師夔提舉江東，辟充幹辦公事，歷江淮部都大司幹，官沿江制幹。所至皆得幕府譽，獨與賈似道不偶。嘗一再除國子正太學博士，輒遭誣劾。登第後，逾紀始改官通判安吉州都堂稟議，時則德祐元年矣。似道魯港喪師之後，猶在提州，眾皆懼其復入，莫敢論列。回獨首上書，數其罪有十可斬，中外快之。俄除太常寺簿，又上言：「賈似首與其客廖瑩中皆當即誅。王爚不可爲平章，陳合不可爲同僉，當去。福王入輔之議當寢。」出知建德府，方用兵之際，興建學宮，以雅量鎮浮俗，煦弱鋤強，賞罰必信。鄰郡草寇乘間竊發，獨境內肅然。至元丙子春，奉宋太后及嗣君詔書，舉城內附，改授嘉議大夫、建德路總管兼府尹。己卯入覲，遷通議大夫，依舊任在郡。七年無絲髮爲利意，至賣寓屋猶不足以償。逋代歸，不復仕。徜徉錢塘湖山間二十餘年，豁達輕財，喜接引後進，嗜學至老不厭，經史百氏靡不研究，而議論平實，一宗朱文公。有《壁流集》、《洞江集》若干卷行於世；又有《讀易釋疑》、《易中正考》、《皇極經世考》、《古今考》、《曆象考》、《衣裳考》、《玉考》、《先覺年譜》、《瀛奎律髓》、《名僧詩話》合若干卷藏於家。卒年八十一。子存心，蔭授義烏尹。」

可附錄卷之末，蓋集中無其碑、傳。

五、補張泊淳「養蒙文集」

安南即事卷十八「玉堂諸公贈送天使詩序、翰林學士嘉興張伯淳送李仲實蕭太望序」：

「……，政化所及，故其俗，知文物，當不昧於尊親上之義。而自入皇元，撫萬民以來，其於事君親上義，若未究焉者，使所以相屬於道。夫堂堂國家，於里誌之地，顧有所遺哉！大抵柔遠，懷德與威德。懷德者，古人所先。威德，古人所不得已。舜敷文德於兩階，文王修教而降壘，時也。」

可補卷二「送李仲平蕭太望序」，所缺之文。至於二者之此一序文，尙有用字，歧異之處。當以養蒙文集中，此一序文爲準。

雪樓集卷十七「碑銘、翰林侍講學士張公墓誌銘」：

「大德七年五月癸巳，翰林侍講學士清河張公卒於京師。嗚呼，公固博洽通達之士也。至元二十三年，某以侍御史，受詔選士南方。未行，聞廷紳有言公賢者。既至杭，公爲博士，時猶未識公。而舊識識公者，人人言公與所聞同也。暨識而心察之，又同也，乃薦之。明年報命，有旨問所薦，有可相者乎。對曰：惟上所試以觀其材耳。由是公晉居憲幙，嗚呼今二十年矣，豈謂當執筆銘公之墓也。讀其述曰：張氏系出清河，支居崇德。曾大父汝昌京學諭，大父一新，宋承務郎致仕，贈奉直大夫。父琥，宋朝議大夫崇德縣開國男，母恭人葉氏。家世爲儒，至朝議公而門益大。公名伯淳，字師道。幼已卓然，九歲舉童子科。又以父任銓受迪功郎，淮陰縣尉，改揚州司户參軍，尋擢進士第，監臨安府都稅院。凡事五府主輒俾贊其幙議最後者，倚之尢專。易鎮又挾與俱，公亦悉心佐治，功冠一府，民至今不忘。陞觀察推官，除太學錄，然自此歸矣。至元二十三年，授杭州路儒學教授，除浙東道按察司知事。在官二年，五祈閒不遂。二十八年，朝廷重振綱紀，擢爲福建廉訪司知事，歲餘有頌美於上前者，遣使召問，明年驛以入見。若冗官，若風憲，若鹽筴楮幣，皆當時大議。清問及之，對悉當上心。由是大加賞識，命至政事堂，將大用之，而辭孔力，益簡注焉，遂爲翰林直學士。今上龍飛，詔命多出其手。進階奉訓大夫，仍先職，知制誥同修國史。史成既進，無覬幸心，即請急以歸。明年進奉議大夫，慶元路總管府治中。一府推尊之，事必咨焉。行部使者過之，輒曰：此有張治中在，可無庸留也。省檄按疑獄衢秀州，咸得其情。事已，因過家與其伯氏，相從嬉遨不忍頃刻舍去。牓其室曰養蒙，若將終焉。然不獲遂，大德四年，即家拜翰林侍講學士，明年造朝扈從上都還，請老不許。又明年夏病，終于官。得年六十有一，有司護靈歸里。夫人趙氏，前十三年卒。以公治命，合葬於崇德州，石門鄉，通賢里，沈莊之原，秋七月巳未窆。子男五，采，永嘉郡文學掾。復、本、還、皆蚤世，杲尚幼。女四，孫男四，燦煥爚焌，女一。讀巳因爲之言曰：世儒於世，往往扞格不能相諧。惟師道也，天資高明，濟之敏裕，疏通豈弟，文事偉如。事親惇宗，尊賢，信友，述之者尤亹亹不置。其涖官臨民，所歷有風采或能道之。至其廉於利，澹於名，惟知之者知之耳。嗟夫立賢無方，般士膚敏。以師道之材，逢時遇合，何所不可爲，而僅爾命也歟，抑將集於其子也，銘曰：景星慶雲，醴泉芝草。天道地寶，可以永好，而不可恒保。嗚呼師道。」

可附錄卷之木，蓋集中無其碑，傳。

六、補劉詵「桂隱文集」。

山東通志卷三十五之十九上「曾子祠記、元、劉詵」：

「皇元混一天下，世祖皇帝在位日久。詔書每下郡國，必以勉勵學校，敦厚風俗爲先。二世相承，教化大敷。及以明經修行，取天下士。人心翕然，日趨于道。於是山東臨沂縣，遂起曾子書院。舉漢唐宋以來，千七百年，未有曠典，何其盛哉！夫天地之道，非聖人不能久其力，非學者，則不能久其傳。夫子之道，雖與天地同流。然聖賢傳道之功，則曾子爲大。蓋顏子與聖人，具體而微。然得於心，而不示於人。敏於學，而不傳諸書。又先夫子而沒世，志有所未就。微曾子立於斯道，絕續之後。則近而思孟，何所據以傳。遠而程周，何所遡而得哉！是故周公之道，非不大矣。雖施於事者，不必盡傳於言。而周之不逮，夫夫子者，曾思爲之繼也。孟子所謂，賢於堯舜，此之謂與，曾子有功於聖門如此。而臨沂爲生聖賢之地，求禮義之邦，至千七百年，而不知設學校以祀之。迄於子孫廢熄，故宅遺基，泯爲民居，莽爲荊棘。一旦乃有發其良心善性，豈非聖朝道化極盛，薰陶涵養之至，而後然與！倡是舉者，前副提舉管文通，獨以爲己任。和而起者，凡十人有奇，其急義如饑渴之求所欲。而府若州縣之循其情，又如影響之應。上下合志，不日而成。得請於朝省，以曾子書院爲額。嗚呼美哉，吾儒幸生極治無事之時，將見車書萬里，絃誦連城。蓋將杖策鄒魯，觀禮器於曲阜之廟，想春服舞雩之風。而後揖遜周旋，以觀書院之新制，究先聖之遺言，補其學之不足，豈非一時千載之遇與！」

可補卷一「記」

七、補鄧文原「巴西集」

元詩紀事卷九「鄧文原、武陵勝集得入字」：

「雨雪正紛紛，□壓後土溼。大梁雄豪士，衝寒策馬急。欣然款柴門，稍稍冠蓋集。酒酣歌白雪，頗覺春風入。蹇予守空巷，歲暮憂思積。念有流離子，飢寒夜中泣。」

元詩紀事卷九「鄧文原、陪高彥敬游南山」：

「不到南山又二年，離離秋草映寒泉。東林蕭散開蓮社，西晉風流櫂酒船。古寺雲煙終日合，長松風雨半空懸。謝公未了登臨興，故向禪房借榻眠。」

浙江通志卷二百七十六「三月晦游道場山宿清公房與成父同行二首、元、鄧文原」。

「絕頂軒窗納晚晡，下方燈火聽鐘魚。天連震澤涵元氣，地涌浮圖切太虛。涼立松風觀石溜，晚尋樵徑扣僧廬。孤亭山麓荒苔積，猶思幽人夜讀書。」

「澗石縈紆紫竹叢，晴雲吹落水晶宮。夜寒身宿群峰頂，花盡春歸萬木中。儻買山田營破屋，時過僧寺駕孤蓬。只應渺渺山前路，杖履長陪鶴髮翁。」

湖山便覽卷十二「李公略寓閣、鄧文原、題夜山圖」「吳山面滄江，中秋氣颸爽。樓居謫仙役，公退謝塵鞅。□月出海上，高懷一俛仰。佳哉高侯畫，得意超象□。我來秋向晚，月色寒蒼莽。山遠落木淨，風高怒潮響。奔騰萬雲氣，怒駕蒼虬上。平湖雨翻江，渺渺波蕩漿。回思圖畫時，歲月儵己往。山川更晦明，陰晴遞消長。人生何獨勞，局促老窮壤。我將乘倒景，千載縱清賞。松喬遺世人，一笑凌烟像。」

浙江通志卷二百七十六「送人游天台、元、鄧文原」。

「此去蘭亭修禊後，平明驅馬試征衣。海邊山盡天無盡，花底春歸人未歸。一雨潮生魚入市，遠巖月上鶴投扉。舊游二十年前路，孤負東風賦采薇。」

無錫縣志卷四上「元・惠山夏日酌泉燕集，鄧文厚」：

「我生懶拙百不堪，放意林壁窮幽探。玆山九龍勢飛動，鬐鬣錯落盤松枏。高風吹衣凌險遠，太湖渺渺天西南。泉流不逐湖波逝，融爲冰鏡開塵函。六月火雲生熱惱，三嚥冰雪開清喬。試將水晶證泉味，一語須喚山僧參。層台桑苧悄遺像，古屋彌勒空香龕。五年兩歷惠山頂，未辨草具來卓菴。白鳥翻風導先路，黑雲垂地隨歸驂。酒醒呼枕聽風雨，老龍卷水空溪潭。撫掌歡游已塵跡，隱隱孤舟沈暮嵐。」按：鄧文厚，疑爲鄧文原之誤。

七詩可補卷上之前。蓋「巴西集」，悉文無詩。

湖北通志卷一百五「金石十三、元、大元隨州大洪山崇寧萬壽禪寺了菴明禪師重建寺記碑、應奉翰林文字將仕佐即同知制誥兼國史院編修官鄧文原撰」：

「大覺能仁，以慈忍精進，利已利物，而遊人間世。以戒定慧訓諸門徒，正心誠意而行其道。故時愈久而愈彰，益誣而益信。自漢至今，建幢樹刹，幾遍寰宇。天祕名山，雲藏福地，必假至人而啓發之。蓋由正報既勝，則所依之處，詎宜狹劣哉。茲山之興，唐元和間，慈忍靈濟大師，傳馬祖心印，下五頂峰，符隨止洪住之讖，休息於此。民依福善，深感其德，奉以精舍，山由是而名焉。漢東之國，隨爲大環。隨皆山，以大洪爲宗。大師之神異，地之形勝，寺之沿革，與夫甲乙十方之論，見於無盡居士之言。曩罹兵燹，化樓殿於灰礫，山回嘉運必假人而興焉。重開山第一代了菴卓禪師，諱宗明，江東上饒柳氏子。志慕空寂，依靳州多雲山廣化寺，師事長老文仙，薙髮受具，進以善業。一朝慕道，先哲飄然振遊方之□，至漢東，卓菴於雲濟故址，披荊榛而侶猿狖晏如也。屬歲大旱，一方之民拾橡而食，請禱於師。師愍群望，以禪定力，默起池龍，雨亦隨至，滂沛沾溉。歲大有秋，數年之閒，民歌屢豐實，師之惠也。議營棟宇，答師之休。由是雜然而趨，欒然而會。治基之穢，壘礀之崩，未幾昔之所化者，今復存矣。翼翼飛甍，渠渠夏屋，巍然如七金山，照映林谷，雄偉壯麗，聳動觀瞻。至於別甑吹香，銅魚喚粥，檀施終繹而供給焉。至元二十五年春，知隨州傅君安國，原師之德，偕其徒宗才至京師，謁大司徒，白興寺之由，獲覲天顏，對誦大般若經，頒降聖旨護持，勵興修之志。師於元貞元年六月二十七日，泊然而逝，度徒第五百餘人。今住持宗上乃徒衆之上首，志堅行潔，服勤衆務。大司徒秉人鑑之□謂：能紹其緒績者，必斯人也。文□宣政院頒降聖旨，凡修蓋護持，師之未了者，宗上悉能了之。壇場雲堂阿羅漢閣，期於大備而後已。吁豈天地萬物，乘除於數，而存諸其人邪？抑山川之靈，思革其故，而謀其新邪？不可得而知。昔靈濟以道存其誠，斥龍濟旱，致茲剎之興。今復以禱雨利民，而興茲剎。歷時雖遠，皆出於深惠願力勤苦諸行然後成。視昔世之豪家富宅，畫棟朱檐，咄嗟可辦，至於勢去時，乖蕩無遺礫。欲類吾浮屠氏，更廢而迭興者幾希。蓋由願力與勢力不侔耳，故系之以辭。辭曰：

至人不作，作必有則。立教垂範，惟一眞實。以眞實故，集其大成。正法眼藏，愈久愈明。
震旦之區，寶坊星布。像設尊嚴，大張治具。隨之西南，山曰大洪。盤基百里，府視漢東。
昔靈濟師，發軔於茲。中罹兵革，廢而後治。後數百年，了菴出焉。桌菴付龍，豐雨沛然。
境民蒙福，乃構禪棲。美奐美輪，雲繞璇題。紺殿耽□，萬象悉納。翼以修郎，冠冕群剎。
繄大司徒，法門砥柱。以大願力，相吾鐘鼓。冉冉緇□，朝經暮禪。克昌道運，永壽堯天。
龍蟄于山，豐凶所寄。□□帝力，爲民之利。洪山崇崇，湖水溶溶。磨石紀功，與山始終。」

黟縣三志卷十四「藝文志、元明文、承德即國子監丞汪公漢卿墓誌銘、鄧文原、江南浙西道」：

「汪氏占籍徽州爲著姓，樞密公諱勃，公之六世祖也。通議大夫湖北提刑諱作礪，於公爲高祖。朝奉大夫侍御史兼侍講，累贈特進諱義和，於公爲曾祖。宣奉大夫尚書户部侍郎，累贈少師諱綱，於公爲祖。朝請大夫江南西路安撫司參議官，黟縣開國男諱泳之，於公爲父。儒科振業，圭組蟬聯，訖於宋季，號江左人門之盛。公以任子補官，自童齔時，已知脱略綺紈，耽嗜典籍。性姿警悟，特異諸昆。參議之兄，省倉公諱深，之官海陽時寔生公。在娠有異，徵甫三歲。遂後參議既長，於書無所不讀，該洽辨博，如良賈山積百貨，貲用大饒。往歲文原與公，俱在詞林。每朝廷有所建議，稽故實，高唐閻公爲承旨，必首諮公。公刃迎縷析，無所隱漏。平居喜談前人徽言懿行，竟夕忘倦，座客爲傾。性不嗜酒，然遇燕樂，亦嘯咏諧謔，衎衎以和，摛章染翰，皆規古作者。人謂學有源本，故才華表著，老益不匱。始仕主吉州龍泉簿，調建德府司法參軍。時貴游子弟，於吏事少所練習，公沖若儒素以辯治聞。除户部犒賞所幹官，淛右帥府，最號冗劇，辟公幕屬。公不畏豪猾，訟牒填委，一繩以正。擢知信州貴溪縣，方駸駸向用，而天兵南下，宋祚以終。公亦遁跡巖谷，志畢蒐裘。行省強起公爲黟縣丞，復丞饒之德安。前是留公夢炎居相位，雅器重公。及入朝爲翰林學士承旨，與集賢學士傅公，立舉公德業宜任館閣屬，時纂修世祖實錄，遂拜命爲編修官。秩滿，陞應奉翰林文字同知制誥。會翰林學士王公構，參議中書省謂，江右素多士，司儒校者非公莫可，且優公南歸，將調江西提舉，公辭不果就，遷翰林修撰。盱江程公鉅夫．由福建廉訪使，爲翰林學士。未至，奉命趣召，適病暍還家久，閣公猶遲復來，終二歲不改畀代者。公曰：吾老矣，其能以軒冕，易邱園之樂也，以致仕請。朝廷重違其志，拜承德郎國子監丞。公當少壯時，由將仕至通直，凌厲青雲，可旦暮冀。逮縣車，始榮以冑子師。而公不以用舍遲速攖其懷，逍遙十餘年而以疾終。易簀翛然，若古所謂有道之士者矣。公諱漢卿，字景良，娶李氏，中奉制參念祖之女也，先四十年卒。子男一人，公弼以公蔭補南康，通判同知致仕。然克自樹立，後當益顯聞。女一人，適建德路總管方回之子正心孫。公生於宋嘉熙戊戌，以延祐四年閏正月十三日卒，壽八十有一是歲。十二用丁酉，葬邑西金雞石之原，在少師侍郎墓左，其南則李夫人之兆。公弼以婺州義烏縣尹方存心之狀來謁銘。文原曩與公同僚時，江南文儒，振武禁掖，每從觴詠爲適。今耆老日就彫謝，而公之清醞即儼醇雅，亦不可復作。感念今昔，泫然而銘。銘曰：

維古建官，世德賞延。有暱宴安，堂構將顛。哲士強矯，學殖是專。不媚於俗，乃厥紹先。籍籍汪公，德厚粹淵。如玉在川，如鐘在縣。如朝陽鳳，簫韶儀焉。蚤襲簪佩，不愆誦絃。奮於天衢，中道迍邅。公曰：時哉，秉心孔堅。白首登瀛，茅茹之賢。青藜夜值，紫泥晝宣。中充外蔚，衆孰與肩。歸休巖岫，葺我園田。章綬非貴，巾履安便。龍飛下逮，旌旗引年。我嗟故老，晨星在天。念公晬盎，孰起重泉。金雞之原，鬱彼松阡。垂慶來裔，式視珉鐫。」

一碑一銘，可補卷下之末。蓋集中，序、記、銘、碣、箴、贊雜列，並未分類。

吳文正集卷六十四「元故中奉大夫嶺北湖南道肅政廉訪使鄧公神道碑」：

「故中奉大夫嶺北湖南道肅政廉訪使，姓鄧氏，諱文原，字善之。其先蜀人，寓杭甫再世。蚤慧工文，年十有五，已中進士舉。逮南服歸國，市隱弗耀，訓授生徒，以給親養。雖處窮約，事生喪死，必盡歡竭誠，未嘗肯輕出謁。鉅公敬禮，每造其廬，當路多知名。年三十二，浙省檄充杭學正。大德戊戌，部注崇德州教授。越四年辛丑，授應奉翰林文字。越五年乙巳，陞修撰。至大戊申，考滿進階，仍舊職。越三年庚戌，出任江浙儒學提舉。皇慶壬子，又爲國子司業。延祐丁已，遷翰林待制。明年戊午，僉浙西道肅政廉訪司事。又明年已未，改江東道。至治壬戌，召爲集賢直學士。癸亥進階，兼國子祭酒。泰定甲子，直經筵，其冬疾去官。明年乙丑，以翰林侍講學士召。又明年丙寅，除湖南憲使，俱不赴。致和戊辰五月二十二日甲申，終於杭，年七十。子衍書來曰：先君不幸，至於大故，既葬矣，而墓石未銘也。先生知先君深者，敢以爲請。澄適臥病，得書而哭，丙小間，乃追憶舊事。初至元間，吳興趙承旨孟頫子昂，爲澄歷言其師友姓名，而善之與焉。及善之爲翰林應奉，澄始識之。繼由翰林待制出江浙時，澄官胄監，得餞其行。又其後以集賢直學士兼際酒時，澄承乏禁林，次年同預經筵之選。嗚呼，孰謂後予十年而生，遽先棄予而沒乎！哀哉。善之豐姿溫粹，儀矩端嚴。其教於家塾鄉庠國監也，從學者皆有長益。詩文淳雅，瑩潔如玉。字法遒媚，與趙承旨伯仲。趙既逝，欲求善書人，舍是殆無可應。詒持憲兩道，斿伸民冤，至今有遺愛。祠苑代言，史館修書，悉合體製，在儒臣中，聲實相副者也。有文集、內制稿、讀易類編，具存官。階起將仕佐郎，至承德奉訓大夫至中奉。曾大考從龢，妣楊氏。大考昭祖累贈嘉議大夫成都路總管上輕車都尉南陽郡侯。妣雍氏，追封南陽郡夫人。考漳，累贈中奉大夫四川等處行中書省參知政事護軍南陽郡公。妣孫氏、游氏，俱追封南陽郡夫人。其配南陽郡夫人徐氏，前一月卒。子衎，承父澤，儒林郎江浙等處儒學副提舉。女子子柔、嘉。柔官石洞書院山長。史公埜司徒府掾，史戴孟淳其壻也。孫男萊孫。其葬七月十三日癸酉，其宅湖州路德清縣千秋鄉百寮山之麓，徐夫人祔。系本衛鎮西將軍苗裔，去秦入蜀，居資徒居綿之彰明，參政公避蜀兵難，始寓杭云。銘曰：岷峨鉅儒，前有相如。王楊三蘇，宋遷南裔。若李若魏，卓爾拔萃。繄吾善之，蜀產之遺。際今明時，藝精點染。文焰爍睒，輝映琬琰。帝制皇墳，撰述討論。身沒言存，澄清攬轡。伸枉出滯，驅蝗殄猘。提誨諄諄，承學彬彬。具稱聞人，中朝望竦。宸極優寵，急退何勇。天祐耆賢，未應奪年。曷爲其然，刻詩墓隧。昭示來世，知者墮淚。」

可附錄卷之末，蓋集中無碑、傳。

八、補姚燧「牧菴集」

菊礀先生詩全藁卷首「序略」：

「高君九萬，舜江人，諱翥，號菊礀，世居越之餘姚。少穎拔不羈，抗志勵節，好讀奇書，厭科舉學退，然信有天命。隱居教授，師道尊嚴，弟子造其門者，隨其材器教之，皆有成就。家雖貧，非其義，一介不取。扁所居曰信天巢，而樂乎道。采菊英，酌礀水，蕭然遊息，操觚詠歌。凡幾所交，皆碩士。既而遊錢塘，越金陵，浮洞庭彭蠡，弔古今名山天川。蓄諸心胸，發於聲詩，以鳴當世。載諸群選，耄年耽西湖之形勝。周君文璞，詩酒相與。遂卒於寓舍，葬杭之葛嶺談家山。平生特崇志節，出乎人表。煥爛文章，在人心目。其侄鄉貢進士南仲甫，痛其文墨外遺，十亡八九。殘編綴之斷簡，拾之僅存者百七十章，成集而家傳焉。今曾孫名思魯者，持其集屬予序。予盥手閱之，知其氣節渾厚，不務險怪艱深哀樂，皆適其中。辭氣圓美，流轉如彈丸，則其功也精矣，足有關於風化者哉。寔當代之儒宗，良有以備後之觀覽也。惟公父曰選，叔父曰邁，紹興間，繼登科第。迄今詩禮相襲，道義相宣，藹然而盛，寔自菊礀翁敫之也。今遺墨之存，非專美於家之有傳，而亦幸於世之有傳矣。爲其子若孫者，當景仰而慕之。予與高氏斯文久契，序可得而辭乎。於是書其要於卷首，時元貞年三月既望，榮祿大夫翰林院學士承旨姚燧序。」

可補卷四「序」。

元文類卷六十九、山西通志卷二百十七「藝文志、元、金同知沁南軍節度使事楊公傳、姚燧」：

「全之季年，天兵滋張。庭臣專謀一力，惴惴以不卒保河外爲懼。捷河之北，綿地數千里，信敵牧蒐其中，不敢認寸尺爲己。舊時則有若滄海、河間、恒山、遼陽、易水、平陽、東莒、晉陽、上黨九。公創殘餓羸之餘，收其魂魄，化悸爲果出而用之。或一二年，或三四年，七公竟無事效，相繼亡敗。恒山聲言入援，踧踖不敢近京師，形涉擁衆自衛。獨上黨不首鼠，謀去就，提孤軍，闢府馬氏根窟。潞、澤、沁、輝、懷、孟、衛七州之心，始終北捍者十二年，最名純臣。戲下激義，多節死。聲跡著者，襄垣銅鞮。襄垣縣府五百里，銅鞮懸襄垣又百里。府控十餘壁，皆阻山爲守。獨襄垣居易地受敵，西北東三道之鋒。府議，非得緜上招撫使顯守，不可牢，即版顯移縣衆往。始顯部將有楊公者，與顯同里，同武略聞。顯戰，每求副往，連以勞得官，至是從守襄垣。籍其部衆，纔一旅，合縣民得千人。敵嫌梗己，未嘗涉旬月不一至，公開門延之。盡止其驅，夜斫其營。凡戰禦事，朝荷夕集，不以勞顯，若此者五年。其後，塹夷城穿如蠭室，石積其下者，四望各盡一射。人心轉一，不線髮搖，敵以爲難，稍引不偪。會從顯從上黨，公再復潞州，皆有再勞。詔進顯，銀青榮祿大夫、沁州節度使元帥、左都監行元帥府事。公懷遠大將軍、同知沁南軍、節度使事。時縣官調用，特怯其待戰勞，一賚一官，地多入敵，懷數告身，無所上，檕遙領，故仍治襄垣。公一日請顥曰：以今形勢，襄垣今年跌，明年保無馬武。願分部曲百人，立銅鞮以緩兵衝。顥允以便，版以前官，行銅鞮令。公至，治柵北磧。處艱危中，且暮年。聲呼牒招，山逋谷竄。稍出集附，敵悉衆攻。公行夜，至隘樓，褫衣止宿其上，中敵偵刺未殊，猶張空拳，搏數人以憤。顥聞哭曰：「鍛吾翼矣！明年顥死，又明年上黨公，釋師養安京城，一實公言。公代人，諱閏，少孤，鞠於姊夫禹家，即今榮祿顥也。始顥以募兵戍郡，遷戍潞，戰有勞，調臨洮同錄。臨洮尤深地戰，又有勞。遷戍潞，戰有勞，調臨洮司錄。臨洮尤深地戰，又有勞，遷招撫緜上。取上黨，節度公一從行。死事之年，生二十九。後若干年，子仁風謂燧宜傳，庶他日職館者，得涉筆以承金史之漏云。仁風歷懷、邢、洛三治，中有善政。」

可補卷三十「傳」。

九、補徐明善「芳谷集」

說郛卷五十六「天南行記、徐明善」：

「至元二十五年，安南國王上表曰：安南國世子，微臣陳日烜，皇恐百拜，昧死伏罪，上言於上天眷命皇帝陛下。方今薰風解慍，欽惟聖躬，起居萬福。微臣父子，歸順天朝三十餘年矣。雖微臣因嬰疾病，道途遼遠，陛下置之度外。綱貢方物，使臣進獻，歲月未曾欠闕。至元二十五年，阿爾哈雅平章，貪厥邊功，違卻聖詔。是以小國一方生靈，化爲塗炭。大軍回後，微臣知其下情壅塞，惡語見誣執反，構成臣罪。特差通侍大夫阮義全，協忠大夫阮德榮，右武大夫段海穹，中大夫阮文彥等，奉賫貢方物，前詣闕省，意謂必加矜恤，豈期並不回歸。至元二十四年冬，又見大軍水陸進伐，焚燒國內寺宇，掘祖先墳墓。擄殺民家老小，摧破百姓產業，諸殘負行，無所不爲。時臣怕死，先已逃去。烏瑪喇參政，說與國人，傳報臣云：你走上天，我上天去。你走入地，我入地去。你逃山裡，我山裡去。你逃水裡，我水裡去。百端毀辱，不可容言。臣聞斯語，知其不免，愈行遠遁。迨蒙太子矜恤，典從小國情願，發回大軍。烏瑪喇參政，又領別軍別出海外，盡捕海道邊民，大者殺之，小者虜去。至於懸縛解剮，身首異處，百姓逼死，輒興烏窮獸窮之禍。微臣恐爲自累，親來制止，道遠已無及者也。聞見百姓送到，昔里齊大王一名。稱係大國貴戚。臣於是日，平禮相待，極加尊重。敬與不敬，大王必知。若烏瑪喇所行酷虐，大王眼見，微臣不敢妄道。小國水土甚惡，炎瘴實繁。臣慮住坐久淹，或生疾病。雖微臣盡於奉養，亦不免貪利邊功，誣奏流言之罪也。微臣謹具行路禮物，差人前就界首，遞送大王歸國。伏望陛下，德配乾坤，恩過父母。智可以燭幽顯，辨可以識情僞。願垂矜察，曲加寬宥，庶令微臣免於罪戾，得全誓終，事天之意。豈惟微臣與一方生靈，死生骨肉，世受生成大造之恩。亦普率諸國，寔享陛下仁心仁聞之大幸也。外大軍遺亡者，殆千餘人，臣已發令歸了。或後別有見之，臣亦尋教回去。小國近遭兵火，今且天氣尚熱，貢物人使，難於即辦。待至冬間，方可遣發。微臣下情，無任叩天籲聖，惶恐昧死，伏罪之至，謹奏。至元二十五四月，安南國世子，微臣陳日烜上奏。既而詔諭安南國曰：上天眷命，皇帝聖旨，陳日烜。省所上表，已盡來情。又唐古岱和索哩瓮吉喇特等口奏事，亦以聽悉。朕君臨萬邦，惠威並用，豈於爾國，獨忍加兵。蓋自混一以來，屢講會同之禮。爾名爲向化，實未造朝。累示徵書，輒辭以疾。及命爾叔，攝守彼疆，公然拒違，敢行專殺。至若阿爾哈雅占城之役，就爾假途，俾以修繕津梁，飛輓芻粟。不惟失信，乃復抗師。而此不征，王憲何在！民殘國破，實自取之。今爾表稱伏辜，似已知悔。據來人代奏，謂爾自責者三。被召不來一也，脱歡撫軍而不迓二也，唆都報底，曾遮當來三也。若蒙赦宥，當遣質子，進美姬，且歲貢方物。凡逆繆敬，將焉用此。若使果出誠悃，何不來此面陳。安有聞遣將，則惟事遁逃。見班師，則聲言入貢。以此奉上，情僞可知。爾試思，與其嶺海偷生，日虞兵至。曷若闕庭皈命，被寵榮還。二策之間，孰得孰失，爾今一念迷悟，係彼一方存亡。故遣山北遼東道提刑按察使劉廷直，禮部侍郎李思衍，檢校兵部郎中岱努，同唐古岱和索哩瓮吉喇特等，將引前所差來人，阮義全等二十四人回國，親諭朕旨。爾能趣裝一來，足明臣節，朕當悉宥前過，復爾舊封。或更遲疑，決難中止，宜修爾城郭，礪爾甲兵，聽爾所爲，候朕此舉。

爾嘗臣事亡宋，自度氣力何如，合早知機，無貽後悔。昔里濟忝爲族屬，以禮遣還，彼乃有過謫戍之人，譬如以此飾情，合將烏瑪喇索多軍官等，發送回來，方表忠順。詔書到日，烏瑪喇索多軍官等，一同來見，彼中所宜事理，朕當區處完備，盡遣回還。故茲詔示，想宜知悉。至元二十五年十一月十二日，禮部侍郎李思衍呈都堂，以明善輔行，十六日詣都堂，奉鈞旨相副使安南去者。二十六日出順城門，二十六年己丑，二月二十八日，至其國門。世子之弟大師迓，上香致敬，問聖躬起居萬福，使者道途安好，各上馬至驛。二十九日世子與使者相見，驛後有重屋，世子由後門，先至其中，啓中扃，延使者立，揖問聖躬萬福，使者道途安好。三月一日，具旗幟黃繖鼓吹迎詔書，聞者入王城，及殿門下馬，再入門，曰集賢殿，世子再拜上香，又再拜宣詔書。聞者，世子之左右親侍而已。禮畢，宴使者。二日世子遣翰林等來言，烏瑪喇參政將北歸，往辭興道，世子之弟，夜臥舟中，爲風濤所溺，及老病不堪朝覲之意。六日世子延使者觀表稿，十月世子延使者觀方物，十三日押方物使臣譚明獻□殮，十五日太師送使者至江，七月八日至京。安南國表曰：安南國世子，微臣陳日烜，皇恐昧死伏罪，上言于上天眷命皇帝陛下。方今三春明媚，萬彙數榮，恭惟聖躬起居萬福。微臣於至元二十六年三月初一日，見劉天使，李侍郎、郎中同唐古岱，和索哩袞吉喇特等，奉賚天詔，及將小使臣阮義全等數輩回歸，微臣不勝欣幸。謹於正殿，焚香拜讀。至於趣裝一來一同來見，微臣神魂俱喪，心膽如摧。所謂樂未極而悲來，喜未終而懼至也。微臣僻處海隅，久嬰病疾，道途遼遠，水土艱難。雖命由天數之所付，而死乃人情之最怕。加以大軍屢伐，殺伐尤多，兄弟無良，搆讒不少。往者國叔遺愛的是境外逃亡，反誣指以爲專殺。繼而仲弟益稷，將使軍前投拜，乃先去，以爲己功。又況來人代奏，輒爲訛言，微臣十死，殆無一生。陛下德過唐虞，明並日月，誠僞無所不周，幽微無所不燭。是以大軍前後屠滅，微臣常以忠順二字，銘於心腑。年綱歲信，不曾廢闕。蓋恃其聖人在上，天日照臨，未有不明者矣。大軍纔去，天使未來，微臣已差中大夫陳克用，從義郎阮孟聰等，敬賫謝罪，菲物詣闕馳獻。倘蒙寬肩，曲賜矜察，諒亦明見微臣，怕死貪生之意，除外別無敢行悖逆事也。去年小國百姓送遺軍，微臣親問，只得昔里濟大王、烏瑪喇參政、樊參政三名。百姓皆爲殺它妻子，燒它房宇之故，多欲肆行非義。惟微臣深自芘護，厚加給養，妻妾完全，衣食充到，先備行物，特差使臣從義郎阮盛，隨昔里濟大王，同唐古岱等赴闕。其間二參政落後，緣於大軍才退，意恐參政未息怒，心必興禍害，是以慢怠，方行津遣。豈期微臣無福，事與願違，樊參政忽遭熱病。微臣盡其所有藥物，購彼部下醫人，療之不可，漸致身亡。微臣火葬，修功德訖，因給馬疋，付它妻妾，馳其香骨，千户梅世英、薛文正等，爲之護送，一併還家。其劉天使至日，皆云邕州過了。凡玆平日館待，敬之與否，問諸妻妾，亦可知已。烏瑪喇參政，期當續後回去。彼以歸路，經由萬仞，因請先就興道。資其行具，水去程中，夜困融舟，爲水漏，參政身材長大，難於拯拔，遂致溺亡。小國人夫，尋亦俱死，它之妻妾小僮，幾陷沒，賴手輕小，救之得免。微臣大葬，修之功津，天使郎中，眼所親見。其或不恭，有妻妾在，難可掩藏。微臣護具送禮，亦付之妻妾，一同舍人郎中，續後回國外。在前數限微臣，所得軍人，通計八千餘人，其間或有頭目，皆不知之。今蒙詔諭微臣，更行搜索，所得軍人頭目若干名，軍人若干名，並從天使回者。別後尚有遺亡，猶未盡到，微臣亦當發遣，不敢一留。伏望陛下，山海包含，汙垢藏納，毓其目明，擴其耳聰，一一寬宥，置之度外。微臣豈特一生，保全首領，以終事天之心。更期世世生生，粉骨碎身，圖報聖恩萬一。抑亦一國生靈，萬口一辭，共祝聖壽無疆之萬萬也。微臣無任瞻天望聖，激切屏營之至，謹奏。至元二十六年三月日。安南國世子微臣陳日烜上奏，進方物狀云：安南國世子，微臣陳日烜，伏以今年月日，見天使劉按察等，賫奉天詔。微臣久嬰疾病。懼罪謹具菲物，差陪臣譚明通，侍大夫周英種等一行人使，隨天使詣國進獻。今具名數物件於後，附在卷末。右前件項菲物，隨狀上進，伏望聖慈，俯賜鑒納，謹狀。至正二十六年三月日，安南國世子微臣陳日烜，狀進皇后牋云：安南國世子，臣陳日烜謹頓首上牋。方今蕙路風光，椒塗日暇，欽惟皇后殿下，起居萬福。主張內治，興隆功邁於百王。表正母儀，慈育仁同於一視。化基正始，德體好生，故得萬國之歡心。不忍一夫之失所，乞憐荒僻，預沐洪慈，上應玉律之和，益分瑤池之壽。謹具菲物，在于別副進獻，伏惟鑒納。臣誠惶誠恐頓首謹言，至元二十六年三月日，安南國世子臣陳日烜，上牋進方物狀云：金懸珥結眞珠一雙連，玳瑁盞一口，頬色珠金朝領一，領盛用銀匣一口，色珠十六顆，黃尼珠四、紫尼珠四，碧尼珠四、石榴珠上。眞珠二百七十六顆，大二中四、小七十，黌石樣二百。粧金眞珠釧一雙，金重一兩，珠一千顆。金勸杯一副，共重四兩五錢。花犀盞盛用金楪一口，重三兩。金盃連蓋一口，重九兩六錢。錦一疋，天絲段子二疋，五色細著絹二十疋，闍婆國白布一疋，翠羽五十隻，若前件項菲物，隨僟上進，伏望洪慈俯賜鑒納謹狀。至元二十三年（按：六之誤）三月日，安南國世子，臣陳日烜狀：一金度銀廓，朱木表函，連匙鎖一副。一馴象一頭，楞金鞍子，連坐具販一坐，楞金重十兩　一金度銀葶，牛犀連毬五副，重十四兩六錢。金度銅鐸七口，羚羊角几一坐，藉綵錦席一片，紅錦索四條，紅綾鉑金霞帔一片，楞金度銀，御前花石盤一面，琉璃瓶蓮金蓋二口，共重一兩六錢。金燭台一對，重十四兩。楞金度銀牙犀盤一面，楞金沈香盞，連蓋底一口，盛金蓮葉楪一口，金底蓋三兩七錢。金蓮葉楪五兩，金瓜樣楪一口，六兩八錢。金瓢一口，十兩。楞金犀楪連底一口，四兩。楞金犀盞一口，楞金五錢。盛用金楪一口，四兩三錢。金契連金筋一副，共六兩。金契一口，四兩，金筋一兩三錢，金穿肉一，七錢，眞金垂帶四條，楞金度銀金烏文木牠象骨象棋盤一面，金線三兩。金間度匣連契一口，二十五兩。象牙棋子一具，三十二件。一花犀三株，金度銀間底三件，底重十兩八錢。一大烏犀角五株，連畫木底五片，一金廝鑼五面，共一百兩。一銀廝鑼十面，共重三百兩。一蘇合香油盛用銀瓶三口，油共重一百六十三兩，瓶共重七十九兩。一西洋國黃毛段子二疋，一五色細絹五十疋，五色綾一百疋，一蠻錦一百疋，一闍婆國白布二十個，一闍婆國間色布十個，一翠羽一百隻，一白檀香二齊，共重十斤十五兩。一栴檀香五齊，七十斤。一甘麻然香一百斤，一草果十斤。一象牙二十孔，一犀角二十株，一鷹鳥二隻，一雉鳥二隻，一風狸一頭，一鱷魚八尾，一八哥兒鳥一隻。」

可補卷下「記」，且此文尚能補正史之不足。蓋至元二十四年，置征交趾行尚書省。以奧魯赤爲平章政事，烏馬兒，樊楫任參知政事，總其事。並受鎭南王節制，大舉伐安南。史稱大軍連戰皆捷，安然凱旋。唯史傳諱敗，故無重要統帥昔里濟大王，參知政事烏馬兒、樊楫，及官兵被俘八千餘人之記載。此文所載，出自兩國還之國書，誠至爲可信，無庸置疑。

安南志略卷十七「至元以來名賢奉使安南詩、儒學提徐明善佐兩山使交春夜觀棋贈世子」：「綠沈庭院月娟娟，人在壺中小有天。身共一枰紅燭底，心遊萬仞碧霄邊。誰能喚起迷魂者，賴有旁觀袖手仙。戰勝將驕兵所忌，從新局面恐妨眠。」

德興縣志卷八「人物志、儒林、徐明善」，元詩紀事卷九「徐明善、席上口占」。「乘傳入南中，雲章照海紅。天邊龍虎氣，南徼馬牛風。日月八荒燭，車書萬里同。丹青入王會，茅土胙無窮。」注：「中洲野錄，徐芳谷嘗奉使交趾國，其王子陳日炫，聞公善詩，舉卮酒立索吟，公口占云云。日炫遂納款奉貢，公聲名大振。」

二詩可補卷下之末，蓋集中悉文無詩。

十、補陳孚「陳剛中詩集」

輟耕錄卷八「五馬入門」。

「吾鄉陳剛中先生孚，臨海縣人。國初時，嘗爲僧，以避世變。一日大書所詩，於其父執某之粉墻上云：我不學寇丞相，地黃變髮髮如漆。又不學張長史，醉後揮毫掃狂墨，平生紺髮三千丈，幾度和雲眠石上。不合感時怒衝冠，天公罰作圓頂相。肺肝本無兒女情，亦豈惜此雙髩青。只憶山間秋月冷，搔首不見鬖髿影。」

按陳剛中詩集三卷。卷一觀光稿，乃其任蔡州書院山長考滿，謁選京師，沿途之所吟。卷二交州稿，爲奉使安南之所作。卷三玉堂稿，則任職翰苑之所詠。故此詩歸屬不易，或差可補於卷一觀光稿之首。

十一、補程鉅夫「雪樓集」

安南志略卷首「安南志略序」：

「迺者將指江漢，頗聞陳王戲下，有文之雅士，今觀此志，殆非虛傳。漢交州七郡，歲舉孝廉，與中州齒。以黎君之材，擢而用之，未必後於他人。顧獨以筆墨自誤於山湖間，豈其職哉！然較余徒能言之，尚庶幾。元大德十一年丁未良月朔，廣平程鉅夫書。」

可補十五「序」。

十二、補馬祖常「石田文集」

太平府志卷三十八「藝文四、七言古、元、馬祖常、過采石」：

「采石江頭秋月白，蛾眉亭下江聲咽。繡衣玉斧晚霜寒，同是天下苦行客。酒仙一去海生塵，青山玉尺埋衣巾。清江白鳥自今古，岸草春花秋復春。我欲御風遊八表，醉裏高情覓三島。閶闔雲深不可攀，回首江南數峰小。」

可補卷二「七言古詩」。

固始縣志卷中「藝文、元學士、馬祖常、固陵感興」：

「花驄一入舊江黃，景物觀來自異常。淡淡雲生烏塔寺，踈踈人住蓼城崗。柳垂土堌浮青翠，蓮綻金波遞遠香。欲問民風淳厚處，高門五節尚流芳。」

可補卷三「七言律詩」。

十三、補王惲「秋澗集」

四部叢刊初編本「秋澗先生大全文集、卷二十六、七言絕句」：

「寄李裕卿二首、過橫嶺、澤路即事一十首、嶺道中雜詩五首、過游仙李節使墳、遊青蓮寺二首、夜過開嶺山、夏縣、虞鄉道中、猗頓道中、跋蘭昌宮圖、乙亥歲門帖子、李潛宛馬圖、丙相問牛圖、謝太傅東山圖二首、四皓圖三首、寒鴉古木圖、顯宗墨竹二首、雲溪先生畫像、訪京師故里、秋夕早起、聞方響、壬申歲門帖子、題二友亭五首、題卜隱五首、題松陰訪古圖、春雲出谷圖二首，牧牛圖、溪橋風雨圖、跋莊宗按樂圖二首、群鶻古柏圖、書夢中語、春江獨釣圖、峴山秋晚圖、題湧雲小山、孟光捧按圖二首　稠禪解虎圖二首、重九日客板橋里八首、讀易龕即事、待中灤渡、宿開封後署、許昌道中望三峰山、跋松風醉歸圖二首、題烟江疊嶂圖二首、昆陽道中同節齋考試河南二首、榮養堂、退思亭二首、拜狄梁公祠、西京道中、怨笛落江海、栢鄉光武廟四首、山行雜詩六首、山陽七賢祠二首、山行雜詩二首、過濯漉城二首、題馬坊、題山陽七賢祠、山行雜詩、唐叔虞廟、路公亭、陽城道中二首、守歲夜宿太陵二首、過郊底村聽田父話陝州事二首、寄德昭書史、野步三首。」

凡一百二十首，可補卷二十六，「七言絕句，題寫眞賈生」之後，因內容繁多，故僅錄其篇名。至於兩種版本，何以其他諸卷悉同，獨二十六卷，有如此之差異，待考。

十四、補吳澄「吳文正集」

山西通志卷二一二「藝文志、序、二妙集序、吳澂」：

「中州遺老，值元興金亡之會，或身歿而名存，或身隱而名顯。其詩文傳於今者，竊聞其一二矣。有如河東二段先生，則未之見也。心廣而識超，氣盛而才雄。其蘊諸中者，參衆德之妙。其發諸外者，綜群言之美。夫豈徒從事於枝葉，以爲詩爲文者，之所能及哉！於時干戈未息，殺氣彌漫。賢者避世，苟得一罅隙地，聊可娛生，則怡然自適，以畢餘齡，幾若澹然與世相忘者。然形之於言，間亦不能自禁。若曰寃血流未盡，白骨如山邱。若曰四海疲攻戰，何當洗甲兵。則陶之達，杜之憂，蓋兼有之。其達也，天固無如人何。其憂也，亦無如天何。是以達之辭著，而憂之意微。後之善觀者，猶可於此而察其衷焉。伯氏諱克己，字復之，人稱遯庵先生。在金以進士貢，金亡餘二十年而卒，終身不仕。仲氏諱成己，字誠之，人稱菊軒先生。在金登進士第，主宜陽簿。年過八十，至元間乃卒。雖被提學學校官之命，亦不復仕。遯翁之孫輔，由應奉翰林，敭歷臺閣。今以天官侍郎，知選舉。邂逅於京師，出其家藏二妙集以示。一覽如覩靖節，三復不置也。而歎曰：斯人也，而於斯時也。斯時也，而毓斯人也。昔之耆彥，嘗評二公謂：復之磊落不凡，誠之謹厚化服。摹寫益得其眞，予亦云然。」

可補卷三十四「序」。

知非堂稿卷首「原序」：

「夫言之秩然，次序條理者，謂之文，文無待於作也。後之人，口之所言，雜亂無紀。則必締搆於思，撰造其辭，而後筆之於簡牘。古人雖不作文，孔子嘗云，辭達而已矣。此固作文之大法也，而奈何作者之不知此哉。東漢以來，氣弱體卑，無復有善作者，至于今殆千餘年。唐宋盛時，號爲追蹤先漢，而僅見韓柳歐陽魯王二蘇七人焉。若李習之，若唐子西，若張文潛，非不遊韓蘇之門，而竟未與韓蘇合一也，茲事豈可易視哉。表弟何中太虛，少負逸才，弱冠已能詩，而亦用意於文。至順二年春，予臥病，顧予於病中，授以大集。予讀之，蓋優升七子之堂矣。予不勝其喜，非私喜也，喜斯學之不孤也。斯學心，雖非儒者之本務，而其格力之高下，實氣運之盛衰，關係又豈小小哉。病餘倦於書，然喜之，不極爲書其後，而還其稿。前翰林學士，資善大夫，知制誥，同修國史，草廬吳澂伯清序。」

可補卷三十四「序」。

無錫縣志卷四下「藝文志、梁溪義塾記、吳澂」：

「梁溪義塾者，湖廣等處儒學提舉強以德之所建，以淑其里中之子弟者也。塾在無錫州西南隅，梁溪之東。屋以間計，三十而贏。田以畝計，一千而贏。歲入以斛計，五百而贏。燕居，有申申夭夭之儀。報祀，有濟濟鏘鏘之禮。延請名儒以施其教，招集後進以受其教。務俾講習其間者，皆能明經修行，以稱時需，此其意也。侯嘗教授於南劍福州，又提舉江浙湖廣。其在官也，政教所被，亦云廣矣。乃於里塾之教，拳拳若是。予竊證之以古：古者，國有國學，鄉有鄉學。二千五之州，五百之黨，既莫不有學。而二十五家之閭，猶必有塾。里中有道有德之老，朝夕教焉，何也？蓋教必自近始，始於塾，而升之黨，升之州，以達於國，然後考論其材而官之。培其根本者深厚，而非晨種暮獲之比。古之人才，所以後世莫能及也。今日有路府州縣儒學，有舊設新創，書院不爲不多。視古者鄉遂州黨之學，豈有異乎！然教官，例從省部注擬，何能一一得其人哉。學院之教，有虛名而無效，往往由此。義塾之教不然，選擇師儒，在己識鑑，而無所牽制。雖未必如淳古道德之師，然苟能者艾博碩之彥，引導有其方，熏漬有其漸。不壞之以速成，不害之以小利，亦庶幾乎古焉爾。凡遊處義塾之子弟，勿卑汚其志，斷斷以古之人才自期。此心此理，必通貫體用而無闕遺。所言所行，對越天地而無愧怍。若夫淺末於口耳，葩華於筆墨，以釣譽媒身而已。寧不負義塾，所以教之意也。夫強侯又捐山四百畝，爲義塚。凡貧而無地可葬者，得葬焉。侯之用心，亦仁矣。至治三年，當路以其事，轉聞於朝，立門旌表，以示勸云。」

可補卷四十四「記」。

萊陽縣志卷三之三下「藝文、金石、贈朝列大夫同知濟南路總管府事騎都衛尉河南伯于公墓銘、前翰林直學士資善大夫知制誥修國史吳澄草廬撰文」：

「河南伯于公，諱玠，字君玉，年八十有三，卒於家。歛之二日，葬於般陽萊州，萊陽之先塋。八年泰定甲子，以子深，追贈朝列大夫、同知濟南路總管府事、騎都衛尉、河南伯。

又九年，元統癸丑，深之子諒，爲龍興縣路總管府，沿□□大父墓道，未有刻石，恐後遂湮沒。其兄濟，持公之出處狀述，而翰林直學士李公屺，貽書介之。走數百里，造吾門謁銘。澄聞治中公，在官廉愼寬厚見稱。而學士公，素重許可，而爲之請焉。故不辭而爲之敘以銘，俾歸而鐫諸墓也。于氏蓋漢安侯之流裔，公之先世，隱德弗耀。族居萊陽，至數百家，雍睦有序。父剡，爲萊州庫使。生四子，孟早卒。仲珪，字國寶，無嗣，惟一女，適張氏。叔璋，字仲明。子巨川，名汴，兩受鹽場管勾，再受復州路平準行用庫使，公其季也。公初爲萊州府史長，愼案牘，察情僞，吏莫能欺。民有爭財及鬬忿者，輒諭以理，令自釋。惟市井無賴，爲民毒者，必懲之不少貸。又當時募軍，邑有倪姓，事公者，公異其狀，選居籍首。其母泣訴願，請無行。公曉之曰：爾子膽力過人，立功取爵，如拾蔕芥。後果以殊勛受賞，官至萬户，衆咸服公之知人。公守己介潔，所居敝陋。有力者，願率爲改築，公力卻焉。繼爲邑司，征遷山東鹽場管勾，課最而民安之。公性長厚，不與人較失得。居家尤孝友，與諸兄分田宅器皿，惟其所擇，己無所計也。里人張叟，與公素善，臨終屬焉。小人老而無孫，子婦以罪出。雖有娠，亦不可留。若生男，願取爲吾子嗣。叟歿，果男也。公爲白官，遂爲張氏後。鄰有避徭，徒江南者。以其居宅屬公，公爲覆護若己物。歲輸其户之調，歷五十年，積兩千餘緡。比其子還，即畀以居，不責其償。每飭其子孫曰：凡蠹善類，壞心術者，莫甚於刀筆吏，汝曹謹之。又曰：吾氏代殖令德，以至於今，汝等宜加敦勉。譬如種樹，其本深，其封厚，而人無滋灌焉，其不甓且槁者幾希。公素不喜趨附權勢，雖壯年在官，未嘗無田野之想。二子既有祿養，即喟然曰：吾何求而羈縛於人哉，乃歸休焉。日與族淵故老，談讌自娛。一旦，夙興盥櫛，命家人洒掃焚香，禮天地四方。還室安臥而逝，延祐丁巳正月二十有六日也。娶隋氏，封河南郡君。子男五人，長淵，進義校尉，瀏陽州判官，能剛方守職。次曰源，早卒。次曰澤，又次則深也。爲宗正府從事，當路知深廉介，特委馳驛。進遇囚徒四人，察其非罪，命有司釋縱之，人咸服其公明。司大都崇仁庫，轉濟陰丞。民有盜馬者，所司欲置之死。深以法不當誅，曲爲存活。適遇免罪，改過，卒爲善人。民有夜逸家僮者，兄持朽骨，告弟撾殺火之，令榜掠誣服。深竟察逸童竄所□，候卒捕護，遂直其冤。尹儀封洧川二縣，有盜詞連右姓，尉往捕，深意其必妄。乃以情詢盜，果緣假貸致隙。及訊，尉所捕之囚與盜，自陳無異，即脫以歸。後遺金以謝，拒不受。民有子出贅，不養其親。聞於官，欲正其罪。邑之父老親屬，列告於庭。乞願終養，公貸其罪。誨以孝悌之義，禮讓之節，俾父子之天如初。監京畿相因倉支納，遷紹興路推官。有姦吏，教郡民以人命，誣告其叔。深詳讞得實，各寘諸罪，郡民咸服，以朝列大夫濟南路棣州尹致仕。所至著能聲，披姦發伏，而民多利焉。季曰演，女二人。淵之子曰榮。源之子，即濟也。捕強寇有功，受膠水縣京口鎮巡檢，戢捕有法，威振境内，居民猶是得安。澤之子曰弼，曰德，沂州淘金管勾，次曰錫。深之子曰諒，爲辰州學正，至大戊申，受從事郎太子通事舍人。皇慶癸丑，遷承事郎、山東東路、都轉鹽運使司、豐民場司。令時薦飢，竈户離散。即以附餘工本鹽糧，均散賙給民，民□其惠，鹽三千餘引。延祐丁巳，陞保定路遂州判官。廣設方略，以息盜賊，以安民生。天曆己巳，受奉議大夫、龍興路總管府治中。爲治有成績，府若憲咸委焉。在路剏新官舍，規劃有方，不日而成。催部官糧，鞭箠不施，先期而辦。凡茶課之未足，獄囚之未決，政事之未理者，甚得其平。至元丁丑，轉朝列大夫、慶元路舶舶司提舉，市易咸便。至元戊寅，受中順大夫、眞定路中山府知府致仕。曰誠，以父深廕，將仕佐郎，兩淮都轉鹽運使司、劉莊場司丞。鹽引增餘，竈民咸利。調登仕郎，春備南倉□，屯積累增，陞從事郎、般陽府路、登州判官。三年佐治，一判莫移。凡有安民爲國之道，力陳公所，俾同僚斂縮，莫不低首聽服。轉承事郎懷慶路武陟縣尹，守己廉潔，處事公平。以學校爲先，以農桑爲務。期年之間，教化大行。野有禾麥之瑞，慈惠之歌。長吏疏其功績，憲府察其廉能。稱其有卓魯之德，長者之風。累章交薦，考覈爲六事之最。其詳，載諸縣之去思碑陽，昭然可見。演之子，曰有本，膠水縣典史，亦有能稱。曰愼德，曰愼信。孝友篤實，爲時所重。諒之子，曰尹。以父廕，職受進義校尉、般陽府福山縣主簿，爲政廉謹。内能律己，外不欺人。三年之間，甚得牧民之體，使海隅思慕，至今傳頌不替。至正庚寅，遷從事郎、太史院架閣庫管勾。誠之子，曰□。力行□志。讀書作事可法，治家能守前規，修身不墜祖訓。噫！公之子孫，多賢而能官，則其所積之深厚，概可見矣，雖其身未獲光顯，以施於時，能封殖令德，貽其後人，則天之□也，詎可涯哉！是宜銘。銘曰：邗以國氏，爲周之裔。在漢而侯，世淪以幽。萊陽有族，今始顯服。爰自公躬，實基其宗。既豐爾壽，胡嗇其逢。貽厥子孫，以引以隆。公有誨言，惟德之崇。益固爾本，益培爾封。善積慶長，蘊然益章。治績其著，追榮孔揚。陰村之原，鬱彼新岡。弗顯載馳，永世斯臧。篆於墓石，以詔不忘。」

可補卷八十七「墓誌銘」。

太平府志卷三十八「藝文四、詩、七言絕句、吳澄、徐俯慈姥望夫二磯」：

「慈姥磯頭秋雨聲，望夫山下暮潮生。離鸞只說閨中怨，舐犢誰知目下情。」

可補卷九十二「韻語」。

太平府志卷三十八「藝文四、詩、七言絕句、吳澄、大信河」：

「南人北人朝暮船，東梁西梁但如舊。風景依然歲月遷，碌碌馳驅空白首。」

可補卷九十二「韻語」。

陝西通志卷九十六「藝文志、七言律詩、長安懷古、吳澄」：

「佳氣猶能想欝葱，雲間雙闕峙蒼龍。春風十里灞陵樹，曉月一聲長樂鐘。小苑花開紅漠漠，曲江波漲碧溶溶。眼前疊嶂青如畫，借問南山共幾峰。」

可補卷九十六「七言律詩」。

十五、補貢奎「雲林集」

宣城縣志卷之三十二「藝文、詩，麻姑天遊亭、貢奎、邑人、有傳」：

「斜陽眾峰出，山行快追尋。茲亭獨崔嵬，超然散塵襟。瑤漢湛虛碧，靈飆蕩幽陰。滉瀁連沃野，蒼茫府喬林。眞遊本無馭，妙道悟匪深。麻姑去何年，薜蘿徑蕭森。元蟬解新蜕，嘒嘒高樹吟。物理趕時遷，世轍徒駸駸。懷哉學仙術，孤雲度遙岑。」

可補卷一「五言古詩」。按集中，卷一，亦有五言古詩「天遊亭」，然詩句與此不同。

大名府志卷十「藝文志、趙氏碑陰記、貢奎、元、學士」：

「趙公名簡，字敬夫，號稼翁。延祐三年，爲侍御史時，御史臺奏簡祖父典，制可，命翰林臣表於其墓矣。自是公以待御史，歷江西行省左丞，兩外臺御史中丞，山東浙江西道廉訪，河南江浙兩省左右丞，陞集賢大學士、榮祿大夫，秩從一品，敕賜玉帶，法當贈封三代。於是曾大父諱藻，贈中奉大夫、河南江浙等處行中書省、參知政事、護軍、追封魏郡公。曾祖妣齊氏，追封魏郡夫人。妻孫氏，封魏國夫人，猗歟盛哉！弟曰享，遷仕郎，以同知大郡（按：都）隨路諸色人匠總管府事。曰潤，以山東宣慰司照磨卒。曰恫，遷承事郎，仿都兒總管府事總管。公今爲集賢大學士、太子諭德、預經筵。康寧壽考，日侍清禁。而碩德重望，海内所具瞻，豈獨顯榮禰。而國家報功，追封至渥矣！後將有老於斯焉。公之子惟貞，恪遵先範，尤當勉旃。」

可補卷六「七言絕句」之末，蓋集中悉詩無文。

石田文集卷十一「集賢直學士貢公文靖公神道碑銘」：

「天曆二年十月朔旦，集賢直學士貢公，殁于家。越五年，爲元統甲戌，其子師謙，來官京師，以公之行治，泣請於朝。天子贈公翰林直學士、太中大夫、輕車都尉、追封廣陵郡侯，謚曰文靖。集賢臣顥又奉詔，令臣考公族世里居官次蹟業之實，賜師謙以刻于石，以寵賁貢氏之家，以勸朝著。師謙知臣于其父，宿有好也。迺錄翰林脩撰臣李黼，編緝之狀授臣曰：先臣之生，其有所自立，其流聲美於人，其可以傳世而善後者，孤不敢贊，已維墓有碑，實後嗣所以紀先人之德，而飾千百世子孫，于無窮者。令幸得以承聖天子明詔以請焉。其足以稱碑辭而無惡者，公幸張之。臣敘曰：公姓貢氏，諱奎，字仲章，其先大名蒲城縣人。七世祖祖文，以武德大夫扈宋渡江繇鍾陵，徙居宣城之南湖，因家焉。魯王父大用，王父應霆，宋承節郎。以公貴，贈中順大夫禮部侍郎上騎都尉追封廣陵郡伯，妣黃氏，廣陵郡君。父士濬，累贈亞中大夫秘書太監輕車都尉追封廣陵郡侯。甫冠，以詞賦試漕司中程。明年黜於儀曹，即自訟曰：學之時，其道未足以爲已志，已在於爲人，亦可謂謬用其心矣。謬用其心，雖有志於爲人其能乎哉。乃力自學，行詠歌息，偃以忘其年，視世俗之好，無足累心者。獨愛公甚於他子曰：三郎和易端厚，穎悟若過人者。吾世有藴德，發必在是兒也。公年十歲，輒能屬文，已有聞於人。及壯，讀書并日夜，忘寢食。於經子史傳，無所不治。於其章義辭句類數名制，委曲纖妙，無不究詣。於文章辦議，閎放儁偉，不狃卑近。必以古爲題，故出而名振江之南。初被湖省檄爲池州齊山書院山長，於吏調選吏部時，天下久平，大臣常欲引海内儒學之士，聚之館閣，所以長養其才，而待上之用。公亦欲以功名自顯，果於自立，故不爲非常苟易之節，而清約才博之譽，大夫士翕稱之。大德六年，中書奏授公太常奉禮郎兼檢討。上書言先王之制，禮雖節，文有經，而本誠貴質。惟不蔽於禮之文，而得禮之意，則可以對越而無慊。不然煩爲之節，無益也，朝廷多採其議。九年遷翰林國史院編修官，至大元年轉應奉翰林文字，階將仕郎，預修成廟實錄。丁秘書府君艱，比京師至家，毁瘠枵然，言不能聲，太夫人見之曰：爾嗣業於祖，從事於朝。少而學，壯而仕。父母曰是將大吾家，隣曲曰是能華吾鄉，宗人朋友之望，亦猶是也。爾父不幸死喪，不有中制耶，脱有不諱，非孝也。始勉之粥食，以自強啬。延祐元年服闋，起除承事郎，江西等處儒學提舉。明年就官，見刑械署庭，胥旁午走繫數人立，吏持牘詣公署曰：是學校吏報事愆期者。公斥曰：金穀勾稽，犴狴木索，職有司事耳。吾以天子命，提舉儒學，教吾職也，刑奚以爲。悉命釋繫，以械屬縣官。大書其坐之屏曰：讀書之中日有其益，飲水之外，他無所求。與諸生講説文義，爲師弟子揖讓周旋，日匡坐堂上。人見其色和，其容謹，其言繹，繹有理，輒退。而燕處，恒聞其哦咏之音，若程工督計。故士之屨，恒滿户外。其及門者，亦進不怠以止。五年遷翰林待制，預修仁廟實錄。書成，特賜金帛有差。至治元年，謁告歸里第，與兄仲堅甫奉太夫人以居，斂氣下聲，昆弟相顧，白首怡然，然鄉人皆樂與從之游。至於羈旅游客其歸之者，無不厭其意。公於接之雖勤，未嘗見懈色。於資之衣食，給物雖頻，未嘗有所吝惜。太夫人病，竟夕立牀第前，聞太夫人咳息之出，輒倚氣喘，戚若以身代然者。泰定元年，太夫人卒，三年復起公爲翰林待制，進承直郎。四年秋山月，拜集賢直學士，奉訓大夫，秩從三品。天歷元年，文宗即皇帝位，冬十月上親祝香幣，命公往祠北岳，淮濟、南鎮。二年春還，自會稽涉吳中，以疾歸臥於家。至十月朔，謂其姪師文曰：吾夢夜賦詩有云：竹樹蕭蕭夾泉石。又云：九轉丹成生羽翼。不祥奈何，言竟溘然以歿。公有智識度量，人不見其崖涘。凡再與鄉試文衡，一爲廷對讀卷官，所取士多知名于時，其所第甲乙，人咸服其平允。其爲天子代祠之使者再，其攝大禮使侍天子祼太室者，一皆肅恭靈神，虔致上意。爲使而不疚於貨賄，不煩於有司，攝官而竣事無違禮。是皆公行之微，而世亦不能及也。然公負有爲之志，不得盡見於事。於勢利之會，又不求機，以投合取顯。以其故，終於館閣文藝之職。而人之被其澤者，蓋尠。嗚呼！此人之所以爲公惜，公之所以爲公者如此，而臣以此悼公者也。公一時之與交者，若清河元明善，東平王士熙，四明袁桷，巴西鄧文原，長沙文矩，悉當世豪傑，聲名之士，若臣者，亦公之所厚。故於公之碑，得以盡臣之言焉，而非私也。公以歿之明年正月八日庚申，葬宣城縣射亭鄉生田里之原，享年六十有一。母夫人李氏，追封廣陵郡夫人。配張氏，封寧國郡夫人，追贈廣陵郡太夫人。子男二人，師謙從仕郎。集賢院照磨。師泰，由冑子試中程，授從仕郎，太和州判官，辟署江浙省掾曹。女一人，適阮垕。孫男三人，高山奴、吳山奴、萊山奴，孫女六人。其所著曰雲林小藁，曰聽雪齋，曰青山漫吟，曰倦游集，曰豫章藁，曰上元新錄，曰南州紀行，凡百有廿卷。晚年粹擷諸禮書，爲一家言，未就而卒。令師謙、師泰，皆孝弟純篤，緝學以世其家。加之以摩礱灌養之功，而不止其所至，方未艾也。論次終始，作爲銘章，豈特以榮貢氏，以慰其子孫。以勸以侈，以貽其鄉里哉。將以昭聖天子褒優儒臣之意，以垂盛世之鴻懿也。謹再拜稽首爲銘以獻曰：貢氏來北，肇自武德。盡其終戚，光被南國。有善自身，乃開承節。繼述綿綿，其承有變。祕書有子，以文起仕。奮跡太常，旋書帝制。有嶷其容，志眂萬里。大騁瑰辭，綜緯經史。始來玉壺，勝聲其駕。惟長左右，惟同在亞。在側惟僚，相頌歎訝。公夷坦坦，弗矜愈下。銓覈再試，士曰予歸。讀卷廷中，帝曰予依。淮濟吳越，四周所覆。公馬騑騑，持幣奔走。神欽公虔，蕃祉以茂。式久在序，侍從之班。告疾歸止，幾佚于閒。竹木以居，南湖之山。公出公休，鄉人嚬嚬。廩餘者粟，與黨及隣。屋藏有書，遺其後人。素領丹頤，隤焉以怡。言咲在耳，乃哭于帷。維公德善，歿不見其窮。維公所著，傳不見其終。有嘉二子，且用未極。其從維儉，于厥躬永也。其鴻刻銘，墓宮豎江之東。有夢子孫，紹美于公。」

可附錄卷之末，蓋集中無其碑、傳。

十六、補揭傒斯「文安集」

雲南通志卷二十九之十三「藝文志、五言古詩、元、謁蘭滄武侯祠、學士、揭傒斯、富州」：

「炎靈壓東都，臥龍起南陽。漢業入三顧，蜀日宣重光。豈伊山川險，況在兵刃強。八陣通神明，二表貫穹蒼。天運有隆替，吾君自虞唐。煌煌十萬師，聲威搖八荒。大星殞渭南，萬古一悲傷。但使漢賊分，安有終不亡。桓桓簫相軍，鬆旄出永昌。下馬城南池，爲公酹一觴。」

安南志略卷十八「玉堂諸公贈送天使詩序、藝文監丞揭傒斯」：

「……（缺十七字），今逢堯舜阻羈□。詩人遠佐皇華使，朝士聞吟白雉詩。海不揚波無風雨，始知文德遍蠻夷。」

南康府志卷之十「詩類、七言律詩、廬山、揭傒斯」：

「香爐峰色紫生煙，一入京華路杳然。雲碓秋閑舂藥水，雨惺春臥種芝田。書憑海鶴來時寄，劍自潭蛟去後懸。忽報歸期驚倦客，獨淹微祿負中年。」

江西通志卷一百五十「藝文、詩四、七言古、元、吉安老人詩幷序、揭傒斯」：

「吉安老人者，劉士表叔正也。百有一歲，而聰明康強，好善不倦，其小同歲，翰林曾巽初，清賦其辭，作是詩：吉安老人一百一，顏如春花眼如漆，肥肉大酒飲且食。兒兒啼，孫繞膝，行不扶杖夜讀細字。風雨疾，鄰里好事時相覓。朝出明，歸必及月出。歸路行且歌，歌復笑啞啞。借問老人平生何所爲，壽且富，身康強，子孫賢無匹。云是家，世爲儒。又不能服食求長生，世世惟好德。天既假我以年，未省欣欣與戚戚。居無行輩可同語，後甲同生子孫已盈室，且有高官職。幸遇天子聖且仁，天下無似我老得自佚。一聞老人言，豈但金與石千金之藥可廢。老人之言不可失，老人行年一百一。一復一生生之數，何由畢，天長地久何由畢。」

江西通志卷一百五十「藝文、詩四、七言古、元、蘘荷山、揭徯斯」：

「蘘荷山，碧孱顏，拔地維蠡天。關上有靈泉，眞人煉紫丹。下有揭氏子孫藏其間，神飈六飛霜寒。古人不可見，眞人飛入越王山。越王山，倚天立桃源。蕩蕩車馬入海上，青禽不必來人間。絕境紛成邑，我家蘘荷陰，移家恨不蘘荷深。青松之葉蔭我屋，白石之薦絃吾琴。蘘荷再生，吾丹再成。冥冥我祖，去而上升。靈泉援手，引我太清。足跨五色鸞，手掉金芙蓉，浩然拔宅凌天風。九州四海如脫屣，空留遺響此山中。」

江西通志卷一百五十「藝文、詩四、七言古、元、玉笥山歌、揭徯斯」：

「大江之西洞庭東，三山鼎峙爭長雄。玉笥嵯峨與天通，千迴萬轉重復重。十人避秦入山中，池養十魚爲九龍。九人乘龍上虛空，赤帝飛入爲九峻。四海照曜何烘隆，三疏不救莽賊凶。曹瞞欺天塞帝聰，玉梁白晝隨靊霳。壽春眞人抗靈蹤，三壇佳氣長鬱葱。璇題翠羽開神宮，九霞照地光熊熊。急澗鳴玉相撞春，群峰四合如朝宗。承天萬年亮天工，大秀幽詭郁木同。重巖洞壑守鬼工，白猿夜啼寶氣衝。我欲求之白雲封，金闕先生碧兩瞳。弟子文詠敬以恭，巢雲駕霧留飛蹤。元洲長史白玉容，八十二口來相從。一入不復世莫逢，忽而見之若發蒙。朱宮玉堂繡簾櫳，青童素女清而豐。桃花杏花相映紅，忽而不見空溟濛。或聞玲玲磬與鐘，或如金雞啼曉風。何劉沈謝數十公，遺聲逸響猶渢渢。霓旌羽節何當降，霞衣飄飄珮琅璁。下與世人哀瘝恫，身爲風牧常先鴻。上佐皇羲時雍，還淳反樸服孝忠。物不疵癘年穀豐，氣酣飛上三會峰。周覽四極摩蒼穹，前有天柱如華嵩。落日返照金芙蓉，三峰東出號赤松。雲臺太白相橫縱，群玉金扇遠更濃。雨峰相倚如駏蛩，紫微高歌紫霞沖。石橋金柱爭巃嵸，長江外抱如白虹。東以驚峽轟奔洪，千令萬古聲淙淙。百神歆集元氣融，超凌蓬萊軼崆峒。仙來不來吾心神，山中有草名碧茸。食之千歲顏如童，我欲求之不可窮。願佩含景從仙翁，紫袍白馬來兩駿。奪取神君一尺銅，坐閱絕景忘春冬。」

江西通志卷一百五十「藝文、詩四、七言古、元、題臨江同知問流民事蹟、揭徯斯」：

「江北流民七十口，三十餘年在江表。朋兇結惡四百餘，白刃差差歷村保。崩騰所向如投空，白晝攫金都市中。頃由南昌入豐邑，反賂守爲先容。長官坐堂寇入室，妻子莫逃況金帛。豈無鄉民敢相敵，長官一揮翻辟易。臨江貳守廉且武，手縛其渠散其伍。豈惟鄉民得安堵，鄉境聞之皆歌舞。其渠在獄伍四歸，大府上功民俗熙。乃知一念敬厥職，萬事至難皆可爲。人民社稷我所有，安得坐視如雞狗。人有雞狗猶愛之，民社豈在雞狗後，請加看取臨江守。」

江西通志卷一百五十「藝文、詩四、七言古、元、盧山尊師，求眞陽詩，久諾之而未作，一夕夢中得之，因書以贈、揭傒斯」：

「稽天之浸不可滅，焦石之烈不可絕。香爐峰頭按羽節，滿山桃花滿湖月。」

江西通志卷一百五十「藝文、詩四、七言古、元、盧陵元潭觀、舊藏許旌陽斬蛟劍，興國有一道七過廬陵，竊之，至於京師，以獻吳眞人，邀予賦詩，遺還本觀、揭傒斯」：

「章江渡頭白羽扇，千載傳聞誰得見。惟有元潭老劍精，萬里相尋若驚電。冥冥旌陽九電駕，神物無歸思變化。當時同學十二人，猶有吳公在天下。吳公曉出勢割山，石愁氣挾草木寒。安得天風吹，繫彼日月還。麻姑綠雲髮，黝黝長不殘。」

上九詩，可補卷五之末，蓋其詩並未分類。

圭齋集卷首「歐陽先生文集序」：

「歐陽先生集，曰詩流者三卷，曰鉛中者十卷，曰驅煙者十五卷，曰強學者十卷，曰述直者三卷，曰脞語者三卷，其門人王師模所輯也。所輯者止此作，而未已者不止此。先生於書無不讀，其爲文，豐蔚而不繁，精密而不晦者。有典有則，可諷可誦，無南方啁哳之音，無朔土暴悍之氣。惜棄在草野，不得與典謨訓誥之述作，以黼黻皇度。然文關於世教，斯可傳矣，不繫其人之隱顯。學貴於知道，知道斯可法矣，不繫其書之繁浩。先生之可傳可法者，固有在矣。余獨恨不登先生之堂，從諸生之後而請益焉。因王君請爲集敘，姑書以識予嚮慕之意。後至元六年冬十有一月朔，揭傒斯序。」

可補卷九「序」。

傳與礪文集「附錄」「揭文安公送行序」：

「元統三年秋七月，詔假群玉内司丞鐵柱，吏部尚書丞相掾智熙善，禮部郎中使安南，以臨江傅若金爲輔行。若金字與礪，爲學有本末，爲文章有規矩。至於歌詩，蓋無入而不自得焉。其高出魏晉，下猶不失於唐。又能知爲國體要，自秦漢而下，逮於我朝，凡使安南賢否姓名，若出使歲月，皆歷數不遺。故凡使事悉以諮之，動靜相維，舉措必戒。先事而慮，物至而應。舉小包大，萬變不窮。國中賂遺，毫髮無所取，而皆本之至誠，得尊中域，撫四夷之道。雖傔從趨走，皆畏憚過於使。往返萬數千里，所至大府，交薦其賢。及安南入貢使，及國門，首問傅先生安在。初安南數侵占城，占城遣使入告。是行也，有別旨切責安南，而所降制書上，有安南王字。行至眞定，默省曰：安南自陳日烜絕王封，朝廷有詔安南，上表皆止稱世子，今制書有安南王字，是無故自王之也，安南遂自稱王奈何？請二使還白朝廷，二使議未決，迺自請行。即賃馬馳至都堂，都堂大喜，立收還制書。且以得傅君輔使事爲甚幸，而君命以不辱。及使還，首循舊制，授以廣州儒學教授。嗚呼向非朝廷知人，不能使傅君。非傅君之學，不足以稱朝廷任使。使朝廷皆若用傅君，安有敗事哉。然傅君之名，由是而立，傅君之榮，由是而基。他日任朝廷之事，必有大於此者，又當何如也。故余於送傅君之行不及，廣州之說，而本於使事云。至元四年歲戊寅四月十有一日，揭傒斯序。」

可補卷八「序」

南昌文徵卷十三「義成觀記、揭傒斯」：

「唐洞眞胡天師，遊憩東壇，留瓊館焉。至宋天聖年，里有善士羅仁政、仁嗣，始建法堂。開山萬公大法師，構建殿宇，安奉眞像。爲四方庶，祈禱福地。其徒請于郡，聞于朝，額義成。渡江後，法堂中圮。隆興二年，有居士復新之。後百餘年，上穿下漏，莫庇風雨。時昇陽法士王道忠，當代焚修。募緣善士諶節幹，鼎新飛天法輪，柱立而仙去。其法嗣，崇道大師漆汝霖，實繼成之。金容玉像，天臨星拱。神施鬼設，雷動風馳。以爲鄉邦禳禬，祈蠢之地。而隆興二年，重修之法堂，又東支而西傾矣。徒孫王益欽，昇陽族子也。出其銖積寸累之資，擬爲肎（按：肯）堂肎構之計。里人有願以私成其事者，里長羅仲珍，援手挈拾之。於是鄉之仁者，施財勇者，施力運之他境，置之他堂室，天作地生，跋翼山立，法堂神像，莫不具備。玉樓有詔益欽，未幾繼世而仙。歲在丁未，汝霖再任主持。目擊西樓，梁柱朽壞。都仙祠宇，四壁傾圮。于甲寅年，募緣南鄉。善士倉官辜實夫、黃文高、羅伯清倡率，檀信助施。付徒弟二三，孫萬道判、萬振宗、同知事羅克仁、譚必恭，同心協力，鳩工率眾。翻蓋正殿西樓，修飭會僊堂館，更換東樓柱植。昔之傾簷敗壁　俄爲瓊館琳宮。請記歲月，誌顛末以示來者。予惟自昔有國有家者，廢興成敗，如輪如雲。必有扶顛持危之才，以爲存亡絕續之計。然繼繼繩繩，罕相值也。今汝霖繼昇陽之志，益欽述汝霖之事。徒孫萬振宗、羅克仁、譚必恭，相與叶贊，而成全之。補苴罅漏，張皇幽眇。既勤樸斲，丹雘一新。其前作而後述，如天造而地設。觀之成，曰盛哉。余觀昇陽、崇道，相繼爲主持也。道契虛玄，心存對越神交，精氣動合鬼神。其禱祀也，如響應聲。其募率也，如取所寄。其法嗣，習于視聽，得于儀型。同寅協恭，重規疊矩。此所以庶民攻之，不日成之也。嘗觀諸周易，聖人以神道設教，蓋取諸觀。其辭曰：觀盥而不薦，有孚顒若象。釋之曰：下觀而化，謂之時。誠意精專，顒然瞻仰，具其下觀而化也。今觀昇陽、崇道之終茸義成，其下觀而化，用集大成。宜勒堅珉，以永無斁，是爲記。」

可補卷十一「記」。

山東通志卷三十五之十九上「藝文志、記、修濟寧州會源閘記、元、揭傒斯」：

「皇帝元年夏六月，都水丞張侯，改作濟源閘成。明春二月，具功狀，遣其屬孟思敬，至京請文勒石。惟我元受命，定鼎幽薊，經國體民，綏和四海。辨方物以定貢賦，穿河渠以逸漕度。乃改任城爲濟州，以臨齊魯之交，據燕吳之衝。導汶泗以會其源，置閘以分其流。西北至安民山，入於新河。逮於臨清，地降九十尺，爲閘十六，以達於漳。南至沽頭，地降百有六尺，爲閘十，又南入於河。北至奉符爲一閘，以節汶水。而會源閘，制於其中。歲久政弛，漕度用弗時，先皇帝以爲憂。延祐六年冬，詔以侯分治東阿，始修復舊政。南疏北導，靡所寧處。明年冬，以及其請代弗許。行視濟閘，峻怒狠悍，歲數壞舟楫。土崩石泐，岌不可持。乃伐石區里之山，轉木淮海之濱，度工即功。明年，皇帝建元至治三月甲戌朔，侯朝至於河上，率徒相宜，導水東行。堨其上下，而竭其中，以儲眾材。撤故閘，夷坳泓，徙其南二十尺，降七尺以爲基。下錯植巨栗如列星，貫以長松，實以白灰。概視其地，無有罅漏。衡五十尺，縱百六十尺八分。其縱四爲門，縱遜其南之三，北之一，以敵水之奔突震蕩。五分其衡，二爲門。容折其三，以爲兩墉。四分其容，去其一，以爲門。崇廉其中，而翼其外，以附於防。三分門，縱間於北之二，以爲門。中央樹石鑿，以納懸版。五分門，縱去其一，以爲鑿。崇翼之外，更爲石防，以禦水之洄洑衝薄。縱皆三百三十尺，爰琢爰甃，犬牙相入。苴以白麻，固以石膠。關以勁鐵，冠以飛梁，越六月十有三日乙卯訖功。大會群屬，宴於河上。以落之工徒咸在，旄倪四集，舉酒樂作。揮閘決堨，艤櫂啓鑰，水平舟行。伐鼓懽呼，稱功頌德，雷動雲合。且拜曰：惟聖天子，繼志述事，不易任而成厥功。惟億萬年，享天之休。是役也，以工計，石工百六十人，木工千人，金工五人，土工五人，徒千四百二十人。以材計，木萬一百四十有一，石五千一百二十有八，其廣厚皆倍於舊，甓二億一千二百有五十。以斤計，鐵二萬五千五百，麻二千三百，石之灰，三億二萬三百三十有四。以石計，粟千二百有五十，視他閘三之，視故閘倍之。其出於縣官者，鐵若麻十之七，石五之一，粟五之三。餘一以便調度，不以煩民。初侯至之明年，凡河之隘者，闢壅者，滌決者，塞拔藻荇，禁芻牧，隆其防，而廣其址。修其石之岩陁穿漏者，築其壞之疏惡者，延袤贏七百里。防之外增爲長堤，以閑暴漲，而河以安流。潛爲石竇，以納積潦。而瀕河三郡之田，民皆得耕種。又募民采馬蘭之實，種之新河兩涯，以錮積沙。北自臨清，南至彭城，東至陪尾，絕者通之，鬱者漸之。爲杠九十有八，爲梁五十有八。而挽舟之道，無不夷矣。乃建分司，及會源、石佛、師莊三閘之署，以嚴官守。樹河伯龍君祠入，故都水少監馬之貞，兵部尚書李奧魯赤，中書斷事忙速祠三，以迎休報勞。凡河之所經，命藏水以待渴者，種樹以待休者。遇流殍則男女異瘞之，餓者爲粥以食之。死而藏，饑而活者，歲數千人。是以上知忠，下信其令，用克果於茲役。然古者三載，考績三考，黜陟幽明，故人才得以自見。向使侯竟代去，雖懷極忠甚智，無能究於其職。是以侯之遇也，惟此閘地最要，役最大。馬氏之後，侯之功最盛。故詳於碑，以告後之人。侯名仲仁，河南人。其辭曰：昔在至元，惟忠武王，自南還歸，請開河渠。自魯涉齊，以達京師。河渠既成，四海率從，萬世是資。朝帆夕檣，垂四十年。孰慢而隳，翼翼張侯。

受命仁宗，號令風馳。徵工發徒，既滌即疏。濟閘攸基，先雞而興。既星而休，觸冒炎曦。疾者藥之，死者櫘之。奚有饑渴，拊循勞徠。信賞必罰，匇亟匇遲。十旬之間，遹績於成，知罔或遺。洋洋河流，中有行舟。若遵大逵，舳艫相銜。罔敢後先，亦罔敢稽。賢王才侯，自北自南，顧盻咨嗟曰：惟京師爲天下本，本隆則固。惟帝世祖，既有南土，河渠是務。四方之共，于千萬里，如出跬步。聖繼明承，命官選材，惟侯之遇。昔者行舟，日不數里，今以百計。昔者行舟，歲不數萬，今以億慮。惟公乃明，惟勇乃成，惟廉則恕。汶泗之會，有截其閘，有菀其樹。功在國家，名在天下，永世是慶。」

可補卷十一「記」。

山西通志卷二百五「藝文二十四、記五、元、重修崔府君廟記、揭傒斯」：

「平定州古上艾，距州治東三里，曰長樂坊，有崔府君，敕封護國顯應王，不知何代賜也。俗傳廟建自宋宣和間，重修則金泰和間也。州里遠近之人，疾疫瘥札水旱災害，凡禱於廟者輒應。猶谷之於聲，形之於影，斷斷然必著者也。至正初元，自春訖夏，六月不雨，境內土龜折，禾稼殆槁，民嗷嗷。承務郎同知平州事巴拜，字國卿，召屬告曰：我輩有此土之寄，而坐視其旱，年穀不登，上匱國家賦入之儲，下罹人民饑饉之苦可乎？迺於是月丁巳齋沐，率若干人，冕冠跣足，走廟焚香，羅拜於像前。明日雨大降，不滲不縮。折者以合，稿者以蘇，嗷嗷者而懌懌也。然禾或秀而未實，或實而未堅，猶顒然一望雨之至而弗獲也。復禱於廟，如初禮，雨亦如初降。秋乃大熟，家獲户斂。公無逋租，私有露積。明年春，父老相謂曰：吾民飽食而樂此者，伊誰之賜也。遂命州人張淵，以狀來求文，以紀州牧之德，以彰神王之靈。詩云：豈弟君子，民之父母。彼有司者，其能爲民之父母矣。禮云：禦大災，捍大患，則祀之彼神明者，其能救災恤患矣。雖然苟神明之靈，非誠之至不感也，非神之靈不應也。神之靈矣，誠之至矣，斯可以言感應也。按府君者，祁州鼓城人。父母禱於北嶽，而生府君。唐貞觀舉孝廉，仕磁州滏陽令。晝理陽，夜理陰。一日與楊叟奕罷，見黄衣執符言曰：上帝命以玉桂玉帶冠衣，召赴五嶽。衛兵百餘人拜畢，奏簫韶之樂，又取白馬至。府令二子取紙筆曰：吾將去矣，遂書白字以逝，世傳以爲白字碑。安祿山叛，上夢君府見曰：駕弗別往，祿山必滅矣。駕還闕，立廟，封顯聖獲國嘉應侯。武宗朝，天下大水，禱之立止，封護國感應公。眞宗時，封護國眞濟王。今因求記，故併著其事，以告邦人　抑使後之爲州牧者，知所敬，知所法云。」

可補卷十一「記」。

畿輔通志卷一百九「藝文、誌銘、元、潞陽郡公墓誌銘、揭傒斯」：

「天歷元年二月八日，淮東宣慰使李公薨。贈通奉大夫、江西等處行中書省、參知政事、護軍、追封潞陽郡公，謚忠靖。元統二年冬十有一月二十二日，其配潞陽夫人柴氏薨。十月二月六日，合葬通州潞縣之南臺坡先塋，嗣子世安請銘。公諱迋，字瑞卿。其先恩之漳南鎮人，今家京師。祖諱天某，累贈嘉議大夫、兵部尚書、輕車都尉，追封隴西郡侯。父諱仁義，累贈中奉大夫、河南河北等處行中書省、參知政事，護軍，追封隴西郡公。祖妣王氏，妣盧氏，並追封隴西郡夫人。公早孤，母績以教，子樵以養，惸惸潞水之上。柴好禮先生聞之曰：母貞而子孝，不興何待！以其子妻之。年二十，起家京尹曹，歷左司吏部府正掾。太子詹事完澤，數言之東宮，得召見，用爲南昌尹，善政聞於朝。入掾詹事及中書，以勞調泉府司知事，進經歷，遂爲司丞。行泉府罷，受詔覈江南賦。賦平，以能同知河南府事。諸王及使客，不絕於道。修傳邸，備供饋，以紓民憂。祠二程張邵司馬，以教民學。遷陝西行省員外郎，補偏拯弊，靡不用道。出良民爲奴婢者，三百餘人，朝廷以爲忠。進甘肅省郎中，復不忍其遠去，召爲户部郎中。賦法均出，賦不窳濫。益以爲賢，賜三品秩，以爲江州總管。天久不雨，施德化，理冤滯，去民疾苦，而便利之乃雨。發廩勸分，活民於饑者，三萬餘家。命醫載藥，起民於疾者，三百五十餘人。乃修社稷，興學校，以致治人事神之道。暇則府屬詣校宮，集耆德宿學之士，親執經講問，下邑皆化之。改兩淮屯鹽總管，田之沒於民者爲頃餘，二十户之入於他籍者，千二百五十有三。逃於他郡者，九十有六，皆復之。糧之重於民者，爲石六千四百有六十，皆除之。歲省公帑十七八，而上供無不備。上數遣使，賜酒勞之。始給各官公田，政成，召爲兵部尚書，遷刑部尚書。權臣特門德爾，陰縱其子巴爾斯濟蘇，以宣政使主司徒劉夔，獻吳中民田，罔賜錢六千二百五十緡。子索諾木，以治書御史，佐大夫達實，爲大逆，悉奏誅之，重賂不能易其守。拜淮東宣慰司，未下車而民信，既下車而民悦以服。居幾月，引年謝歸，越五年而薨。階由將仕郎，十遷爲中奉大夫。公每念自大父而下，間關喪亂，積德累行，以有今日，故善無不爲。夫人柴氏又賢，克相以道。從父一門三世，貧無以爲家，與之同出處。衣食婚嫁喪葬者，五十餘年。及公沒，夫人又爲屋以居之，割田百畝，買牛及農器，使耕以生之，不足又從而周給之。夫人身不衣華采，口不饜膏粱，僦民居，十有七鄰人，未嘗聞其聲。旁有果林，非地主所分賜，不敢取。子孫未仕，不得乘馬車衣裘帛，雖片絲不輕棄。唯所以厚宗族，篤姻親，一以公爲心。故公與夫人之沒，人莫不盡傷。嗚呼！公能以忠事其君，夫人能以順事其夫，蔚然皆可爲法，子孫有不能承其家者乎！公得年七十三，夫人七十二，有子男若而人。銘曰：翼翼李公，爲國之良。克齊於家，克勤於邦。進必以道，退不失常。弗規而圓，弗矩而方。有功弗知，有德若忘。孰不爲臣，惟公之臧。溫溫夫人，爲家之則克儉，於身克豐於戚。謀不及外，中饋是職。言不及内，警戒是益。殫父之道，盡母之德。孰不爲婦，惟夫人之式。茫茫淮楚，遡遡河關。公惠如水，公名如山。山川不改，公去不還。有邑曰潞，其里南臺。公臧於茲，永閟不開。匪惟公哀，惟時之哀。」

可補卷十二「墓誌銘」。

此山詩集卷之末「跋」：

「余近從國子先生陳君衆仲，讀所作周君衡之詩集敘，恨未見其詩與其人。後有餘，衡之并攜故袁文靖公伯長，今歐陽翰林原功所爲敘，見余樂道里，且以詩見貽。適余在公未還，及讀三家所爲敘，及其詩，益恨不及見其集與其人。然以三家所稱，雖不及見，而其人之賢，其集之可傳，可見矣。詩道之在天下，其正如日月星辰，山川草木鳥獸，其變如風雲雷雹，龍騰虎躑，豈難知哉。在盡其常，通其變而已，惜不得與衡之共論之。元統二年九月二十日，揭傒斯書。」

可補卷十四「雜文」。

長沙府志卷之三十六「藝文志、傳、楊宏中傳、元、揭傒斯」：

「楊宏中，字充甫，福州人。弱冠補國子生，寧宗朝丞相趙汝愚，有意慶歷、元祐之治。登進耆德，及一時知名士。時韓侂胄，竊弄國柄。引將作監李沐爲右正言，首論罷汝愚。中丞何澹，御史胡紘章繼上，遂竄永州。國子祭酒李祥，博士楊簡，連書捄爭，俱被斥。宏中曰：師儒能辨大臣之冤，而諸生不能留師儒之去，於義安乎？衆莫應，獨林仲鱗、徐範、張衜、蔣傅、周端朝五人，願預其議，遂□□□□國家禍亂之□□□□，惟小人中傷君子，其禍必慘。元祐以來，邪正交攻，卒成靖康之變。此臣子所不忍言，而陛下所不忍聞也。臣故相端禮子，與之相得甚懽。侂胄誅，先以言得罪者，悉加褒錄。嘉定元年，特遷宏中一秩，亦不拜。六年，以嶸與汪逵、趙彥橚，薦授户部架閣，俄遷大學正。八年夏旱，上封事，指切無隱，遷武學博士，改宣教郎。時諫官應武，論一學官，宏中季試策士及其故，武聞而御之。秋戊祀武成王，祭酒行事，故事博士攝亞獻。至是不命宏中，宏中曰於祭酒，於是武劾宏中與同列競，且謂其激矯不自愛。遂通判潭州，以親老請祠差，知武岡軍，未受，卒年五十三。」「靖康已然之，豈堪復見於今日耶。臣願陛下懲靖康之變，特奮睿斷。念汝愚之忠勤，察祥簡之非黨，灼李沐之回邪。明示好惡，旌別淑慝。竄李沐以謝天下，還祥簡以收士心。臣雖身膏鼎鑊，實所不辭。書奏不報，繳副封于臺諫。侂胄大怒，坐以不合上書之罪。六人皆編置，以宏中爲首，將竄之嶺南。中書舍人鄧馹上書救之，不聽。右丞相余端禮，拜於榻前至數十，丐免遠徙，上惻然許之。乃送太平州編管，天下號爲六君子。明年移福州聽讀，嘉泰三年，寧宗幸學，特旨放參。開禧元年，宏中登進士第，教授南劍州。太守余嶸，故相端禮子，與之相得甚懽。侂胄誅……。」（以下同前傳之文，茲不贅。）

可補卷十四「雜文」，或「補遺」。至於二傳何以有如此巨大之歧異，待考。

圭齋文集卷十「元翰林侍講學士中奉大夫知制誥同修國史同知經筵事豫章揭公墓誌銘」：

「至正四年七月壬辰，翰林侍講學士揭公曼碩，以總裁宿史館，得寒疾，歸寓舍，戊戌薨。時京師大雨彌月，朝縉大夫聞者，不避泥潦，馳往哭之，人人盡哀。明日中書出公用鈔二千五百緡，率先爲賻。於是樞密院、御史臺，六部以下，咸致賻儀有差。車駕在上京，適遣使賜諸摠裁及史官燕勞。以公故，咸援禮辭，中書爲改燕之日。使者歸上京，白宰相，宰相以聞，有旨賜中統萬緡給喪事。有司議以驛舟，送其櫬歸江南。孤泫奉史官劉聞狀行詣玄，謁公墓銘。玄與公三爲同寅，相知爲深。公死，爲之哀痛踰月。不能忘，故不銘有所不忍，銘有所不忍。九月泫將扶護登舟，迺勉敘而銘。曼碩，諱傒斯，姓揭氏。生而穎悟，年十二三，讀書屬文，即知古人蹊徑。家貧不能具束脩從學，惟蚤暮刻苦，父子兄弟自爲師友。稍長豁然貫通，日有增益，未弱冠，里大家延之授業諸生。年或相等，皆以師道嚴憚之。二十餘，負儁譽游江漢間，司徒程楚公，爲湖北憲使，奇其才，妻以從妹。皇慶初，程公入朝，公館其門。時國初諸老尚存，聞程公有佳客，咸願識之。及與之言，薦恐後。祐元年，用薦爲翰林國史院編脩官，三年陞應奉翰林文字、同知制誥，四年遷國子助教。學士丞旨，復留之。五年謁告歸，泰定元年，復授應奉翰林文字，丁內艱去職。天歷二年秋，文宗開奎章閣，置授經郎，教勳舊大臣子孫於宮中，公首被選。至順元年，預脩經世大典。三年書成，超授藝文監丞，參撿校書籍事。元統還翰林待制，後至元四年，擢集賢直學士。五年，奉旨代祀北嶽北海濟瀆南鎭竣事，引疾便道由浙左歸豫章。六年以奎章供奉學士召，未至，改授翰林直學士知制誥同脩國史。至正改元，兼經筵官。二年陞翰林侍講學士，且命同知經筵事。三年，年及七十，請致仕歸。上聞亟遣使追及瀞南，拜表力辭，再遣使，奉上尊諭旨還。撰明宗皇帝神御殿碑，文成求去，不聽。夏四月，詔脩遼金宋三史，命丞相爲都總裁，中書平章政事特穆爾達實以下，凡六人爲總裁官，公預其選，遂不得辭。明年遼史既進，金史垂成，公薨，壽七十有一。揭姓相傳出楚司馬氏，世遠姓稀。譜逸，或云出漢功臣陽信侯，或云出安道侯，漢以後揭氏居高平，居汝，居郢。唐乾寧中，有諱鎮者，以左僕射，持節袁州刺史，揭氏仕東南者昉見於此。今江右諸揭，居豫章，居盱廣昌，皆大族。豫章族始祖稹，盱廣昌始祖塡，推其訓名，蓋稹塡伯仲。曼碩居豫章豐城，今爲富州。曾祖光朝，妣黃氏。祖性聰，累贈嘉議大夫禮部尚書上輕車都尉追封章郡侯，妣黃氏，繼何氏，並追封豫章郡夫人。父來成，以邃學篤行，見推前輩。先賜謚貞文先生，贈中奉大夫江西等處行中書省參知政事護軍追封豫章郡公，妣黃氏，追封豫章郡夫人，皆以公貴推恩。初娶李氏，繼程氏，荊湖北道宣尉同知巖卿之女，先公卒，並追封豫章郡夫人。子男二，長汯，國學上舍生，克世父業，李氏出也。幼廣陽生，始四歲。女一人，適秀才楊湘。孫男一，敬祖。孫女一。公職子弟，未嘗有纖芥貽其親憂。昆弟有無相通，始終無間言。少自處約立身，洎有祿入，服食稍踰於前，輒愀然思其親曰：吾親未嘗享此，故平生清苦儉素，老而不渝。在京師三紀，官至五品，出入始乘馬。爲授經郎，諸貴游子弟，見其徒步。每蚤作宮門辨色，輒先諸侍臣至。謀爲之貰馬，公聞之自置一騎，尋復鬻之，示非所欲。初遊湖南，見前宣尉文惠公趙淇，趙號知人謂公曰：君他日翰苑名流。憲使涿郡盧公摯，見輒稱許。其歸朝，竟以翰屬薦之，薦牘今在掌故。至京師，受知太保李文忠公孟，樞密王文定公約，承旨趙文敏公孟頫，學士元文敏公明善。先是東南士聚輦下，如四明公桷，巴西公文原，雍郡公集，有盛名公卿間。既而貢集賢，奎章周待制應極薦之，皆馳騁清途。公與清江范梈德機，浦城楊載仲宏繼至，翰墨往復，更爲倡酧。公文章在諸賢中，正大簡潔，體制嚴整。作詩長於古樂府選體，律詩長句，偉然有盛唐風。楷法精酧，閑雅行書。尤工國家典冊，及功臣家傳賜碑，遇其當筆，往往傳誦於人四方。釋老氏碑版，購其文若字，衺及殊域。門人集其所著，已板行於世。在國史時，李文忠公見所脩功臣列傳，撫卷歎曰：他人謄史牘耳，若此方謂之傳。在奎章時，上覽所撰秋官憲典驚曰：茲非唐律乎。又覽所進太平政要四十九章，喜而呼其字，以示臺臣曰：此朕授經郎揭曼碩所進，卿等試觀之，其本常置御榻側。爲經筵官，今上聽其講篇，深嘉其忠懇，故其際遇累朝，皆非踈遠儒臣所敢望者。延祐末，朝廷倐罷群臣贈典，公之父獨得賜號貞文，又賜之碑。天歷至順中，大臣有薦文士，人主必問之曰：其才比揭曼碩如何，累稱其才可用，欲器使以政。今上初即位，一日使衛士召公至，則以內府所賜諸王，緞表裏賜之。將賜躬自辨識，然後以授。講經退，又賜金織紋緞。至正改選格，諸超陞不越二等，公由中順大夫，進中奉大夫，獨不爲例，超授四等，轉八階。進神御殿碑，特賜楮幣。中統萬緡，白金五十兩。中宮亦賜白金，如其數。又爲之賜貞文書院額，仍許置學官，若此異數，公受之跼蹐，不見幾微自衒之色。而許國之志，益自奮厲。故處散地，論政薦士，以古人自期。王文定公嘗言，與揭公談治道，大起人意。對大臣言，其辭不及他。第言某處災傷未賑卹，某政弊未除，某人賢，在下位未擢用。自㴑南召還，丞相與候見便殿。因問方今治政何先？公曰養人。養人何先？公曰人才。當譽望未隆之時，養之在朝廷，使周知庶務，一旦用之，自識治體。及置史局，又問脩史之道何先？曰收書用人。又問用人何先？曰用人先論心術，心術者，脩史之本也。心術不正，其他雖長，不可用。公求去之意未釋，上使丞相及諸執政，面諭留公。公曰：使揭某一得之獻，而諸公能用其言，天下遂獲其利，雖老死於此不恨，不然何益之有。他日集議東內，公倡言鈔法大弊，合用新舊銅錢，權以救之。政府不樂論議，辨駁示以顏色，公辨不少變，丞相心深敬之。故人才因公言知名，善政因公言張本。公出不以告人，人亦鮮知之。惟豐城地不產金，而金課益倍，爲害歷年，公上言罷之。集賢考校諸路學官所業，下胄監移博士吏文，淹滯儒者。公請改其制，以其事付本屬官，竟得奏允。御史言，下第舉人以充學正、山長。鄉舉放次榜，以充教諭、學錄。廟堂以咨公，力贊成之，此世所知者。考鄉試會試一、廷試爲讀卷官二，國子監公試七，多得名士，後居要路。所教勳舊子孫，後多爲重臣。公待之泊然，不矜詡以爲聲援。於程公禮，若賓客，人弗知其爲肺腑親。性耿介易直，好善惡惡，表裡如一。聞郡縣有一廉吏，他日臨文，必旁引曲諭，以極其稱道。或恐其過聽失實，公則曰：如是猶不足以勸善，況敢億不信乎。至聞吏有貪墨病民，論之曾不少恕。嘗有郡侯以勢諷其部民，奉金爲公壽，求文記其德政。公頗知其人，斥之曰：汝郡侯所行如何，吾敢有以飾辭爲諛乎，其人未幾以賂敗。朝中名臣，意趣或不與之合，終身不一造其門，雖嘗以是爲軋。公曰：吾之進退用舍，一聽諸天，人何能爲。世路齟齬時，或不平心有所感，形諸詩文，旁觀謂其太甚，公曰：言當如是，不必慮也。其遇善類，及新進諸生，乃復恂恂汲引。莫年求文者多，寢食爲廢，子弟數以爲言，公殊無厭苦意。有客爲人求文，而私其金。公既予文，他客發其事，公曰：已受之矣，終無所言，聞者稱其長厚。臧獲有過，徐以理責之。人問之曰：長上遇下，稍見下急，後生便習暴戾，當以身教。稟性堅壯，動作簡便，群下易事。公集必蚤，官事尤勤。進遼史後，有旨獎論史官，早成金宋二史。公奉命黽勉，朝夕匪懈，先代故事臧否，奮筆書之，身任勞責，不以委人。屢言令人徒知求作史法，不知求作史意。古人善言雖微必詳，惡事雖隱必書其意，主於勸戒耳。當暑濕盛作，移居館中，頗自恃其精力，疎於攝生，遂致疾不起。昔玄與公、共脩憲典，公素習律儀，又勤於考訂，書大半成於公。今又共史事，公之勤不減昔時，乃遽失援。公未病前數日謂玄曰：某平生愛公文，恨無因獲一言，早晚史事成，求公作貞文書院記。記成而刻，吾志畢矣，玄敬諾之。悲夫斯言，詎意未記書院，而先銘公之墓乎。洓卜葬其鄉某原，期以某年月日，預爲之銘。銘曰：古稱良史造物忌，予效是非擅萬世。嗟公直筆廉不劌，獎善懲惡義之比。惡書不貸善書亟，寒暑晝夜勤形思。公起南服抱腹笥，布衣徒步品第二。尚方召見呼以字，致君惓惓效獻替。講經作史出一意，陳規進戒爲巳事。惜哉負抉勤少試，徒抒精忠載言議。感慨論列時出涕，唐之甫也漢之誼。以文發身卒以斃，豐城故墟干將瘞。夜古斗牛有文氣，將徵遺篇錄後裔。」

可附錄卷之末，蓋中無碑、傳。

十七、補楊載「楊仲弘詩集」

寧國府志卷二十四「藝文志、詩上、元、前山草堂題壁、楊載」：

「岷磴盤盤草路微，秋陰未解澹朝暉。水春野碓雨鳴澗，木落山村葉擁扉。機杼隔林尋路去，雲霞度隴傍人飛。往來十五年前熟，老矣傷心萬事非。」

湖山便覽卷四「初陽臺、楊載、初陽臺」：

「丹臺欲上路盤盤，秋月圓時正好觀。已作高亭臨岸崿，豈辭深夜倚闌干。雲封大壑蛟龍睡，露濕蒼林翡翠寒。下顧塵寰多迫隘，置身何止在雲端。」

二詩可補卷七「七言律詩」。

文獻集卷八上「楊仲弘墓誌銘」：

「仲弘既卒之明年，溍往哭焉。其友壻蔣堂，代致八歲孤選之言曰：先人之葬，非先生莫宜爲銘，此先人治命也。敢奉以請，惟先生哀而許之，溍不敢不諾也。初溍與仲弘不相識，輒以書締文字交，凡五年始識仲弘，後十有一年，乃與仲弘同舉進士，又八年而仲弘死矣。嗚呼！其忍執筆而銘諸。仲弘諱載，姓楊氏，其先建州浦城人，上距宋翰林學士文公，凡十一世。曾祖有雍，祖祐之，皆有隱德。父起潛，補京學諸生，因家於杭，故又爲杭州人。仲弘少孤，事母季氏盡孝而有禮。年幾四十不仕，田理問用之，得其文薦之。行中書舉茂材異等，不行。周御史景遠強之至京師，俄以母喪去。賈户部國英，數言其材能於朝，遂以布衣召入，擢翰林國史院編修官，與修武宗實錄，書成褒賜甚厚。居亡何，調管領系官海船萬户府照磨，兼提控案牘。於是仁宗在御，方以科目取天下士，仲弘首應詔，登延祐二年進士乙科，用有官恩例，視第一人，授承務郎、饒州路同知浮梁州事，秩滿遷儒林郎，寧國路總管府推官，未上，以至治三年八月十五日卒，得年五十有三。泰定某年某月某日，葬杭州錢塘縣某鄉某原。娶瞿氏，子男三人，長即選也，次遵、次迪，俱幼。仲弘平居性和易，然於論議臧否，未嘗有所假借。其游從皆當世偉人。吴興趙公在翰林，尤愛重之，亟稱其所爲文。由是仲弘名，益聞諸公間。蓋仲弘於書，無所不讀。而其文益以氣爲主，毫端亹亹，縱横鉅細，無不如其意之所欲出。譬如長風怒颮，一瞬千里。至於畸岸之縈折，舷欹柁側，亦未始有所留礙也，凡所譔著，未及詮次以行，而人多傳誦之。溍嘗評其文，博而敏，直而不肆。仲弘亦謂溍曰：子之文氣，有未充也，然已密矣。溍每歎服其言，今已矣，無與論斯事矣。嗚呼而尚忍銘諸，姑述其概，以慰吾亡友於地下云爾。銘曰：嗚呼仲弘，而止於斯。孰昌其氣，之死不衰。優優其辭，不屈不枝。有寧一宮，文冢在茲。過者必式，考予銘詩。」

可附錄卷之末，蓋集中無其碑、傳。

十八、補范梈「范德機詩集」

山西通志卷二百二十三「藝文志、元、五言律詩、王武子相馬圖、范梈」：

「偶然來廄吏，喚作九方皐。毀譽依名立，周旋逐物勞。神馳風電足，眼冷雪霜毛。事有遭逢者，騏驎固自高。」

可補卷三「五言律詩」。

南康府志卷之九「藝文、雜著、題先天觀山水圖、元、范梈」：

「學仙之人，與山爲徒。住廬山之奧，湖江之區。張公煉丹作龍虎，丹成御風遊六虛。後來作者絕代無，復有逸人住玄都。玄都之壇井角孤，上摩萬里下黃鵠。下復千尺之鼈鼉，陰森檜筠自太古。斬種力與開闢俱，扶桑朝日掛絕壁。照見樓觀青模糊，擘崖控絃寫哀壑。秋雲春霧荒田腴，我亦人間山澤臞。偶隨夔龍賓唐虞，興來醉倒黃公壚。震風三日撼不蘇，折花不得渡弱水，攜手始識仙凡殊。玉堂仙人危與吳，遺我茲山之畫圖。尋窓數户久歎息，無緣置我雙樗蒲。獨行幽人不受呼，掃葉青澗聽啼烏。日暮蘿逕相縈紆，相縈紆，向何處，明朝爲借麻姑鵬，我亦騎之上天去。」

可補卷五「歌行曲類」。

楊仲弘集卷首「楊仲弘原序」：

「大德間，余始得浦城楊君仲弘詩，讀之，恨不識其爲人。及至京師，與余定交，商論雅道，則未嘗不與挺學而說也。皇慶初，仲弘與余同爲史官，會時有纂述事，每同舍。下直已而，猶相與回翔。晝署或至見月，月盡繼燭。相語刻苦澹泊，寒暑不易，唯余一二人耳。故其後余以御史府，用筦南憲架閣，適海上。仲弘復登乙卯進士第，爲浮梁別駕。余遷江西，仲弘亦改宣城理官。相違十數年，相距數千里，迹雖如是，而心固猶數晨夕也。而仲弘竟未任宣城以卒，烏乎慟哉。余嘗觀於風騷以降，漢魏下至六朝弊矣。唐初陳子昂輩，乘一時元氣之會，卓然起而振之。開元大歷之音，由是丕變。至晚宋又極矣。今天下同文而治平，盛大之音，稱者絕少於斯際也。方有望於仲弘也，天又不年假之，豈非命耶。蓋仲弘之天稟曠達，氣象宏朗，開口論議，直視千古。每大眾廣席，占紙命辭，敖睨棋放，盡意所止。眾方拘拘，已獨坦坦。眾方紆餘，已獨馳駿馬，之長坂而無留行。故當時好之者雖多，而知之者絕少，要一代之傑作也。仲弘有子尚幼，其殘藁流落，未有能爲輯次者。友人杜君伯原，自武夷命僕曰：將就其平生所得詩，刻諸山中，此誠知仲弘者，而杜君猥謂：繫仲弘海內之交，相好又莫余若也，俾爲序之。用掇其梗概，著於篇端。致和元年六月一日，臨江范梈序。」

其集悉詩，可補卷之末。

傳與礪詩集「原序」：

「孔子曰：詩可以興，可以觀，可以群，可以怨。朱氏釋曰：興者感發志意，觀者考見得失，群者和而不流，怨者怨而不怒，四者之事不同，而其序宜有先後。蓋見他日論詩禮樂則首曰：興於詩，詩者志之所之，以其志感人之志者，孰不足以有所感發哉。然則興者，豈非居先乎。感人之道，莫尚乎聲音。入焉寂然泯然，忽而歆起震奮，動蕩淪浹，入之深而化之敏者，斯其效曷從而至哉。古人云：聲音之道與政通，夫聲者合天地之大氣，軋乎物而生焉。人聲之爲言，又其妙者，則其因於一時盛衰之運，發乎情性之正，而形見乎辭者可覘已。故曰治世之音，安以樂其政和。亂世之意，怨以怒其政乖。亡國之音，哀以思其民困。正得失，動天地，感鬼神，莫近於詩。夫詩道豈不傳大哉！要其歸主於詠歌感動而已。斯義也，司馬太史嘗聞之矣。其言曰百篇，孔子皆弦歌之，以合韶武雅頌之音。夫既合之，則當時存什一，而去千百，必其不合者也。深矣哉，聲音之於政也，聖人蓋取之矣。新喻傳汝礪，妙年工詩，自古今體，五七言，皆僅僅焉力追古人，有唯恐不及意。間示余以所著編曰：牛鐸音者，讀之連日不厭，聞其音而樂焉，以爲誠識所尚者。因揭孔子之言詩，徵以師説，遂演繹以告之。天歷二年四月一日，范梈書於百丈山房。」

可補卷之末。

傅與礪文集附錄「范德機與虞伯生書」：

「山居乏江海之使，無由上記，即日伏想神相，台候起居萬福，某株守碌碌耳。近來武昌與鄉友傅汝礪會，其人妙年力學，所爲詩賦，警拔可愛。其爲人靜慎，又可尚論，將北行介之以見無他。出門而瞻望泰山黃河，以洗窮鄉之卑陋，此其志也，與語當知僕之非妄。末由參侍，更冀以斯文自愛不宣。」

可補卷之末。

江西通志卷一百二十七「藝文、記六、武寧縣儒學記、范梈」：

「武寧爲龍興西南壯邑，山刻而水駛，故其民多秀拔，以學行著於代者不乏人。國朝嘗設寧州以隸之，而兼分寧縣。後又以分寧爲州，而武寧仍爲龍興屬縣。學宮據修水之上，直縣廨東南。始縣隸州，而學隨州。州廢，復隨縣。棟宇歷久，風摧雨浥，坐漏日星，於祀事至不嚴。居有弗寧，過有弗念。凡如是者，匪制於用，則拘於謀。假一有志者爲之，亦何事之不立哉。至治二年夏，余被檄過焉，謁先聖廟庭，退而縱觀，升堂戲欷。坐甫定，文學掾夏侯士璋作而曰：余幸叨茲掾，不幸學計單薄，乃有廢敝不能興補。若茲所覩者，敢以爲告。余喜以語縣長令，皆曰是吾職也。時有沒入官舫廿餘艘，白諸憲司畀之。凡儒與有力者走趨，相事將興廢。會有土功之令，踰年禁弛。士璋去，焦大有繼之。而後令之來者，益勤無怠。至治三年二月經始，泰定元年十月訖工。禮殿門廡講堂書閣，巍然一新，祀事嚴矣。余又適至，學者摭本末，請記於石。余嘉夫文學掾之有志，令之能思其職也。學校所以明人倫、聖人人倫之至。而今而後，邑之士子，有游有居，是養是教。思先王之道，志所至而學亦至。舜何人，予何人，有爲者狂作聖矣。是其成也，將不有如今日之興廢補敝者乎。顧因諸君之善，以爲士子規。且以見君子之於天下，苟有志無所不立也。前令李洪濤，後令呂天倪，始終是役者，臨縣史剌馬丹，後三年四月朔記。」

廣東通志卷五十九「藝文一、元、海角亭記、范梈」：

「欽廉僻在百粤，距中國萬里。郡南皆大洋，而廉又居其折，故曰海角也。有亭在於西南隅，昔人以是名之。歲遠代易，廢巳久矣。延祐三年秋，余使過郡，訪址得於荒烟亂水之間。欲復之未能也。屬之郡吏曰諾：明年來告成，請記之。夫土木之靡，工人之用，雖未獲諗。至於雲霞之映帶，島渚之出沒，夢寐所歷，猶見其處亦殊方之勝槩也。然爲侯邦，亭有地，勝居是者，雖擁高爵厚祿，亦往往有悲憤無聊之感者何也。蓋地里僻遠，復加瘴癘，自古以來，非謫徙流離之士，鮮至焉。以吾無所爲而得之，宜其人之戚爾也。抑嘗推昔朝廷之於士大夫，苟非顯過極惡，未嘗不欲曲受，而優容之。萬不得已，則又非深放遠屏，無以啓其摧痛自反之忠，此固聖王忠厚意也。寓斯土而登斯亭，有能驅去流俗之態，涵養孤忠之氣。把酒賦詩，臨高瞰遠，反而求之，何往而不得其所適。又豈獨誇結搆之華，從臨眺之樂而已哉。」

二記可補卷之末，蓋其集悉詩無文。

吳文正集卷八十五「故承務即湖南嶺北道肅政廉訪司經歷范亨父墓誌銘」：

「士之汎濫于虛文，而忽略於實行也久矣。波流茅靡之中，有特立獨力者焉。余惡乎不以東漢諸君子例之哉。清江范梈亨父，一字德機。家貧早孤，母熊守義，長而教之。天資穎敏，所誦輒記憶。年未三十，予識之於其鄉里富者之門。雖介然清寒，煢然孤獨。而察其徵，有樹立志，無苟賤意。越數年，漸漸著聲稱其處也。苦節困窮，竭力奉母。其出也，假陰陽之伎，以給旅食。其耽嗜於書，鑽研於文，用功數十倍於人，人鮮或知也。年三十六，始客京師。勳舊故家，延致教其子。藝能操趣，絪中彪外，流光浸浸，以達中朝。薦舉充翰林編修官，官滿部注建昌路照磨。憲臺有聞名者，改擢將仕佐郎海南海北道廉訪司知事。不憚波濤之險，瘴癘之毒，巡歷遐僻。每務興學明教，民之抱冤，官之受誣者，一一存活申雪。政譽上徹，仍其所職，遷江西湖東，憲長嚴明，於僚屬中，獨異目視。選充翰林應奉，憲臺又改擢福建閩海道知事。閩俗本污，而文繡局，取良家子爲閩工，無別莫甚，嫉之閔之。作歌詩一篇，具述其弊。憲長采之，以聞於朝，緣是其弊遂革。居十閱月，會江浙行省，禮請校進士文卷，行至建寧，移疾竟歸。託於外族，而家在新喻之百丈山。天歷二年，授湖南嶺北道肅政廉訪司經歷，以養親辭不赴。其秩自湖廣行省校文而還，逾月有母喪，明年十月以疾終。年五十九，娶易先卒。晚有子二人，庶出也。持身廉正，涖官不可干以私。疏食水飲，泊如也。爲文雄健，追慕先漢。古近體詩尤工，藹然忠臣孝子情，如杜子美。又善大小篆，漢晉隸書。金谿士危素，慕其風，數從遊。處未終前兩月，往哭其母時，疾已劇，尪羸骨立。謂素曰：世道之卑，士氣之陋甚矣。子其勉諸，吾殆將死，已而果然素哀。其卓犖大節，浮沉下僚，又不獲中壽，其子長者甫七歲，幼者甫四歲。懼其湮沒無傳，乃摭其事行，徵予撰銘。將與龍虎山道士薛玄義，買石勒諸其墓。嗚呼！亨父誠特立獨行人也。而素之高義，亦薄俗所稀。范之詩文，有燕然稿，東方稿，海康稿，豫章稿，官稿，江夏稿，百文稿，總十二卷。銘曰：介潔之行，瑰瑋之文而止於斯也，來世倘有聞乎？噫！」

可附錄卷末，蓋集中無其碑、傳。

十九、補蘇天爵「滋溪文稿」

安南志略卷十八「玉堂諸公贈送天使詩序、翰林修撰蘇天爵」：

「聖德隆千古，皇威奠九邊。金門頒鳳詔，玉節使龍編。博雅資專對，才華屬妙年。郎中初遴選，省府昔周旋。文治中華盛，仁恩漠國宣。清風消瘴雨，麗日淨蠻烟。跋涉思銅柱，委蛇跨錦韉。堯天新正朔，禹貢舊山川。聲語時難解，雕題倍可憐。明年春色早，歸拜御階前。」

可補卷一「詞、贊、銘、詩」之末。

石田文集卷首「石田文集序」：

「昔者仁宗皇帝，臨御天下，慨然憫習俗之於文法，思得儒臣以圖治功，詔興貢舉，網羅英彥。故御史中丞馬公，首應是選，入翰林爲應奉文字，與會稽袁公，蜀郡虞公，東平王公，以學問相淬礪，更唱迭和，金石相宣，而文日益奇矣。未幾擢拜御史，劾權貴人擅弄威福，遂罷相位。久之，其人再竊政柄，左遷公尹縣開平，實欲深中傷之。公退耕浮光之野，泊然不以介意，權貴人死，復入翰林，爲待制，遷直學士。訓誥誓命，溫厚典則，有西漢風。在禮部爲尚書，兩司貢舉選士，專求碩學、崇雅黜浮。至順天子親見郊廟，裸獻禮文，多公裁定。及爲臺臣，端重正大，百辟震肅。議論廊廟，有關於治體。一時薦拔，皆重厚清愼之士。公少嗜學，非三代兩漢之書不讀。文則富麗而有法，新奇而不鑿。詩則接武隋唐，上追漢魏，後生爭慕效之，文章爲之一變。公之先，出永古特部，世居天山。迨入中國，數世宦，學不絕，至公位益光顯。嗚呼！我國家龍奮朔上，四方豪傑，咸起而爲之用，百戰始一函夏。干戈既輯，治化斯興，而勛臣世族之裔，皆知學乎詩書六藝之文，以求盡夫修身事親，致君澤民之術。是以列聖立極，屢降德音，興崇庠序，敦廷師儒，非徒爲美觀也。至於仁皇，始欲丕變其俗，以文化成天下，猗歟盛哉。觀公治行卓偉若此，則祖宗取材作人之效，豈第文辭之工而已，雖然非此無以表公之蘊。公既沒，其從弟察院掾易朔，出公詩文若干篇，合天爵所藏，共若干卷，請於中臺，刊諸維揚郡學。嗚呼覽者，尚能考公之行也夫。至元五年己卯冬十一月朔，嘉議大夫江北淮東道肅政廉訪使趙郡蘇天爵謹序。」

可補卷六「序」。

二十、補許有壬「至正集」

廣東通志卷六十一「藝文志、元、越王臺、許有壬、五言排律」：

「問俗來南海，休期上越臺。際天迷蒼茫，拔地起巍崔。五管衣冠府，連城錦繡堆。勢吞蒲澗遠，氣壓海珠摧。嶺嶠橫卷石，滄漠瞰一杯。人驚塵世隘，鳥盡碧天迴。霧列番中國，雲摩船上桅。黑風鯨浪立，紅氣蜃樓開。市貨煩重譯，蠻琛盡九垓。緬思椎髻子，徒困島夔財。下瀨纔分節，雕甍又刦灰。我行求古蹟，天遣度詩材。長嘯魚龍駭，遄歸鼓角催。遠遊心未已，東北是蓬萊。」

可補卷六「五言古詩」之末。

夏津縣志卷之十「藝文志、記、元、御史中丞、許有壬、重修廟學記」：

「夏津寔古鄃，邑庶而教，王政莫加焉。學宮蒞邑治巽隅。貞枯（按：祐之誤）版蕩，巋然獨存，無刻石，莫求其故。我朝至元巳卯，殿將壓覆，縣尹魏斌撤而新之，承旨李謙，刻文明倫堂。禮殿歲久敝甚，至正戊子，邑人劉君亢素，起家成均，業儒從政，敭歷至東蒙知州，歸不復仕。謁廟學，見堂宇若是，地復不稱。撤舊闢基，而一新之。又作東西齋、神廚，割田百畝，供祭祀，河南行省參知政事王守誠，爲之記。若禮殿，若廊廡，巳卯至壬辰，七十四年，風雨敗漏，不稱神棲。達魯花赤福僧、縣尹張寬，顧而嘆曰：此吾儕事，而軍興供億，力不能及奈何！劉君又慨然任之，費中統楮幣萬餘，於是殿廡煥然矣。殿庭促隘，移置神門于南表諸通衢。是歲六月僝工，十月落成。寒暑旦夕，躬督不懈。工不假人，而傭於私。財不資衆，而出於家。故事成之敏，有非榜笞致期之所能及也。教諭高唐王佐走伻請曰：劉君之善治邑，聞之州人，亦極矣。雖然天下之事，似緩而至急者，唯學校爲然。蓋人才非一日可成，自丱總迨於弱冠，其間，因之以父兄濡染，加之以師友琢磨，繼之以國家涵養。其引援非不周，其敦篤非不至，其琢磨非不久。一旦求之於千百人中，猶不獲一二數，何其才之難乎！嗚呼，學而不至者有矣，夫未有不學而至者也。然則人士獨可無學乎！自今而始，邑之人，凡有子弟者，請以吾言告之。」

山西通志卷二百三「藝文志、記、元、藏書樓記、許有壬」：

「聖人之治天下，以教不以政，蓋教所以爲政也。使契爲司徒，教以人倫，堯之政也。設爲庠序學校以教之，三代之政也。其有不及，則有以濟之。故不帥者，移之郊遂，而夏楚二物以威之，甚而用刑以弼教。則曰：士制百姓於刑之中，以教祗德。是古之爲政，未始不本於教也。是故納民於孝弟忠信，而躋世於太和。世道既降，教與政殊。不本乎於民心，倀倀乎事爲之末。先之以簿書期會，繼之以獄訟榜笞。先王之所以教，不泯者幾希，治不古若有以哉！皇元紹百王之正，首務教民。日月所照，莫不建學。分職守之，餼廩優之。長吏主之，風紀勵之。而所以教者何哉？亦曰先王之道而已。先王之道存諸書，教之之具，未有捨書而能者也。然郡邑率事虛文，屋宇傾摧，尚不加省，而所謂教之之具，蓋無幾焉。教化之不行，職此故也。黎城有學，歷數政而茍完，學者苦無書。白君謙來尹，歎曰：市肆則有貨也，庫廩則有藏也。道宮梵宇，各寶其書。曾謂明倫之地，反不彼若耶。於是直堂之右，作屋六楹。重霤架空，樓出其上。材良制工，既崇且堅。首出己書，以倡吏民。又規金息贏，鬻經史子集，共四千二百二十七卷。插架充棟，秩然炳然，來謁予記。予惟聖朝，涵育陶冶，舉善教不能唐虞三代之所以爲政者，不過是也。白君又能祗奉德音，學不虛設，而充之以書，知以教爲政矣，承流之賢者也。遂告夫邑之人曰：夫子聖人也，其學亦始於觀書。今邑之士，有書而讀之矣。必得之心，必有之己。明善復初，業精行修。出而爲良才，薰而爲美俗。俾朝廷之治，不愧隆古。而尹之期於吾士者，庶幾無負。故予樂爲之記，以待其效焉。罔俾斯樓，徒爲邑之觀美也。」

以上二文，可補卷四十三「記」。

二十一、補吳師道「禮部集」

福建通志卷七十八「藝文志、五言古詩、元、吳師道、題蕃宣樓送山僉憲之閩」：

「大府開閩土，危樓鎭海涯。飛雲浮畫棟，麗日照高牙。昔駐蕃侯馬，今迎使者車。三山歸指顧，萬井仰光華。縹緲臨城郭，逍遙散吏衙。榕陰千樹翠，荔子半空霞。嶺嶠俱清謐，賓僚亦靜嘉。宣風問民俗，作屏扞皇家。去去青冥樾，依依紫禁花。登高應有賦，留待碧窗紗。」

浙江通志卷二百七十七「藝文志、五言古詩、和黃晉卿北山紀遊韻、元、吳師道」：

「三洞金華北，蒼蒼夾徑松。瀉空噴百澗，拔地立千峰。林石歆還整，巖梯絕復通。向田俆草碧，隱樹晚花紅。嵌竇推舟入，椒庭載酒從。洗觥忙羽士，捧研喜山童。陟嶺驚逾峻，沿流竟莫窮。千年杳仙鹿，兩寺互僧鐘。擘裂森開峽，傳聞舊化龍。轉霆奔雪浪，縈旱卻玲瓏。水際朱藤蔭，巖阿青桂叢。亭荒餘磊磊，雲出正濛濛。蘭若知何許，芙蓉復在東。五盤隨屈曲，一路聽琤琮。山斷俄爲野，湍平不見空。暮房深榻靜，朝磬小樓重。傳玩遺髹缽，興嗟對殯宮。拂衣登嶺去，穿棘少人逢。飛殿仍遙峙，重關故不封。歸尋草堂卷，坐戀水軒風。兩紀三人合，相看一笑中。孤蹤忻影逐，薄技塊才雄。別袂分殘雨，衡門翳野蓬。後游寧未卜，思劇謾憧憧。」

二詩可補卷三「五言古詩」。

蘭谿縣志卷十七下「藝文志、詩、楞嚴菴、在蘭陰山、元、吳師道」：

「大隱何拘市與山，不須卻羨出人間。高情落落風埃表，滯迹區區木石間。」

可補卷九「七言絕句」。

寧國府志卷二十四「藝文志、詩上、元、水西道中、吳師道」：

「鳴鳩林外桑密，眠犢沙頭草添。春水石橋紅杏，夕陽茅屋青帘。」

可補卷九之末，蓋其集中，並無六言詩。

蘭谿縣志卷十七上「藝文志、記、洞巖山小三洞記、元、吳師道」：

「金華三洞，著稱尚矣。其重岡複嶺，委蛇北行，而達於蘭谿之境者，則其支終也。去州三十里，曰洞巖山，又曰靈洞山。周幾里，峻拔可百餘丈，而背石骨巉然，望而知其異，有小三洞，相去三里間。按東陽志，上靈洞深三十餘丈，下靈洞深五十丈，皆與金華洞通，獨不記中洞。上洞名白雲，在山巔，飛巖下垂，穹窿宏豁，府仰奇怪，窈深不測。前爲棲眞院湧泉，蘇公墓在其左，旁有天地，泉泓然澄瑩，夏冬不枯。出坎溢流，無聲落山下，與下洞流合。寺前一徑，緣延群峰，面合蒼藤，古木幽邃。由半山亭左行，歷中洞，瞰山腰，視上洞而小。前趨山趾，即下洞，爲廣福院。飛亭跨水上，匾曰激湍。淳熙中，南城曾槃立，洞穴俯地，涉水傴入。石柱中立，空窗旁啓。四壁飛雲，垂霞流蘇，滴乳奇狀疊出。中爲龍潭，泉出溉田千餘畝，歲不知旱。東萊大愚呂公，名以湧雪，獨中洞未名。近時於君介翁，取選輕舉乘紫霞語，以紫霞名之，與湧雪配。」

蘭谿縣志卷十七上「藝文志、記、東嶽行祠記、元、吳師道」：

「蘭谿城南三里有山焉，實金華靈洞之支。宏袤雄拔，若萬馬決驟，旋卻而遽止。三面嶄絕，巨木緣植，其巔砥平，穢草不生。後枕崇岡，前揖九峰。大溪合流，匯其下。極目百里，形勝特甚。舊有東嶽祠，固其所也。而乘高阻幽，陰陽噴薄風雨，昏莫至者，惴不敢獨處。宋紹興中，有司徙神棲於市，以便祭禱。祠廢寖久，至者絕跡矣。近歲州人楊氏，夢神告其處曰：爾當於是廟我。翌日登山，按視如夢。暨發石，得鐫名與己合。乃大驚，爲置祠像，未竟楊氏死。後二十年大德丁未，州守王佐，嘉其宅，勝著靈圖，更新之。明年冬，秩且滿，始集眾鳩事。適奉旨，毀白連堂傍廟。絕溪而西，有堂壯麗甚稱，且近易致，中遭阻撓弗顧。取其材爲正祠，餘悉散取鄉落，可撤者成之。於是富者助貲，能者董役，凡屋餘五十楹。又自山趾，級石以上。率數十級爲壇，以殺其勢，如是者十餘。築小亭於山半以休勞，闢大壇於門以眺遠。越三月竣事，山川輝映，觀闕翔湧，見者歎駭神速。余按東嶽在魯境，古者惟魯祭其望，天子巡狩則祭。今廟徧天下，則所被廣矣。嶽特山之靈，今設像封帝，方士家復有所謂司存者，則有其人矣。是山之祠，距東嶽幾千里，風氣不接。然廢於數百年之餘，而成於一旦之頃。兆端於異夢之告，而投機於淫祠之毀，是不偶然者。得非所被者廣，而有人實爲之平。尚其仁民育物，卒相茲土，以昭答州守之志也。州人請礪石，餘既習聞是山之異，而又目擊巔末，於是乎書。」

記二可補卷十三「記」。

蘭谿縣志卷十七下「藝文志、序、金蘭庭集詩序、元吳師道」：

「蘭庭負才忤物，其詩多感慨憤激之辭。予先祖父自架閣公時，繼館其門。君實嘗受業，後遂爲姻家。吾祖晚安年，舍君無與言。不數日必相過，過輒命觴笑談，酒酣雅歌。或散步郊郭間，竟日留連，小子未嘗不操几杖從後。少長，學爲文詞，每見輒勗之，今猶能追憶其言也。君沒時，子尚幼，故書遺稿，皆散軼子家。所有唱酬者無幾，獨和介翁，集爲全然。依韻書和非涉自然，今選爲若干首，而以他篇附焉。嗚呼士之傳世，功業文章而已。功業故不待文章而傳，特窮微在下，文章雖善，不幸而泯沒者多矣。若今君之自負其才，不屑於俗，殆古之所謂狷士。其詩觸事感時，豈不足以自負於風人之列。而今鄉人，道之已少，更數十年，將併其姓名，莫之識，豈不甚可惜哉。余非能張而大之，念累世事分之深，其僅存而可傳者，不容棄絕，於予是亦義之所當爲也。異時采民風述郡乘，尚論吾鄉人物者，庶有考於斯焉。」

歸田類稿卷首「原序」：

「人聲之發爲言，言之精者爲文，而皆出於氣也。昔人謂文不可以學而能，氣可以養而致。

是氣也，孟子所謂浩然至大至剛，以直養而無害者歟。夫其養充而氣完，然後理暢而辭達。孟子之言，非爲作文設。而作文之法，孰有過此。竊嘗以是驗之世之人，即其文之高下，而其氣之大小，能養與否。與夫養而未至者，併可以得之也。故濱國文忠張公，名養浩，字希孟，庶幾學孟子者。公早負文名，由至大初仕顯於朝。逮延祐中，又子方好文，一時侍從言語之臣，號稱最盛，而公頡頏其間。及至治時所上時政書萬言，力詆權姦變更法度非便，幾蹈禍不測。諫鐙山疏謂：閭閻細民戲玩，非人主所宜作。犯顏攖鱗，衆咸爲之恐，而卒以直見賞。其剛大之發，沛然而莫之禦者，豈一日之致哉。暨解議中書，歸臥華不注鵲山之陽，殆將十年，屢召不起。翛然雲莊之居，悠然山泉禽魚之樂。沉潛乎經史百氏，益肆於詞。和平沖澹之中，錯以奇崛藻麗。要其依據義理，而切於日用之實。流布自然，而無綴緝立苦之態，所養蓋可知已。竊聞公最後起爲西臺中丞，以救荒憂勞致疾而殆。奉元鼓樓梁木自壞，其夕有光若星殞於濟南。則其平生之氣，感動至於如此，豈獨見於文也哉。往年某至京師，公已還第。時公父濟南郡候，年壽八十，嘗賦詩頌美，以致慕向之意。今公之子，秘書郎引，出家集示予，重惜公之不可見也。公雲莊集四十卷，已刻於龍興學宮。臨川危素，履掇其關於治治教大體者爲此編，秘書屬予以序。顧以朝多名公，辭謝不敢，則委具集數月而請不置，因爲推公之所得者如此。若其世系官位之詳，則有太史之傳，墓道之碑，茲得而略也。吳師道序。」

二序可補卷十五「序」。

二十二、補薩都剌「雁門集」

京口三山全志卷之三「集詩一、北固山、元、薩天錫」：

「北固招提寺，春風柱杖過。亂苔封狠石，老樹帶煙蘿。地險星河近，天低雨露多。澄江淨如練，佛閣倚山阿。」

京口三山全志金山卷之四「集詩二、金山寺、薩天錫」：

「僧舍高低見，潮音曉夜聞。仙凡一水隔，淮浙半江分。鶻泠山腰月，龍噓海角雲。瞿雲端不動，人世幾紛紛。」

河間府志卷之二十七「藝文志、詩類、元、五言律詩、薩天錫、錄囚河間還司、送憲使韓仲宜調山東」：

「尚想分司地，人生類轉蓬。同行三伏盡，此別幾時逢。雪竇泉花白，霜林柿葉紅。山東好風景，少駐莫匆匆。」

按薩都拉，字天錫。所著「雁門集」，計四卷。卷一、卷四，詩之類別不一。蓋卷一多爲古詩，亦雜有五言七言之律詩與絕句。卷四則有五言七言之律詩與絕句。唯卷二卷三，分類較佳。蓋卷二，前爲五言律詩，後爲七言律詩。卷三則前爲五言絕句，後爲七言絕句。故前三詩，可補卷二

「五言律詩」。

武夷山志卷二十三「藝文、詩、武夷山、薩天錫」：

「三十六峰飛翠寒，手攜玉杖叩元關。神仙曾到有遺跡，天地已來無此山。木杪樓臺浮海上，月中笙樂奏雲間。天宮借得寧王笛，騎取蕭郎赤鳳還。」

京口三山志卷之三「集詩一、北固山、多景樓、元、薩天錫」：

「目窮天地見中州，景物多愁怕倚樓。蜀將論兵空有石，晉人擊楫已無舟。雲藏古寺山如畫，潮捲東風水倒流。今日重來弔興廢，夕陽知得□情不。」

「東風吹潮散晴嵐，獨上層樓酒半酣。拍岸潮聲來海外，滿江山色過淮南。當時伯主三分國，此日吳禪老一龕。惟有樓前舊時柳，年年三月色如監。」

吳江縣志卷四十八「集詩、阻風宿吳江無礙寺、薩都剌」：

「龍伯罶人暫艤舟，偶過西寺得詩流。僧窓煙景五湖晚，澤國雨聲三月秋。我欲棄官來釣雪，誰能作賦共登樓。此身何日都無礙，同到毘盧性海遊。。」

吳江縣志卷四十八「集詩、垂虹橋、薩都刺」：

「插天螮蝀勢差峨，截斷吳淞一幅羅。江北南連地脉，人來人往渡天河。龍腰撐出漁舟去，鰲背高馳駟馬過。橋上青山橋下水，世人曾見幾風波。」

吳江縣志卷四十八「集詩、平望驛道、此詩又見李孝光集、題作過吳江、薩都剌」：

「左帶吳淞右五湖，人家笑語隔菰蒲。風濤不動魚龍國，煙雨翻成水墨圖。越客臥吹船上笛，吳姬多倚水邊壚。鑑湖道士如招隱，一曲他年得賜無。」

吳江縣志卷四十八「集詩、復題平望驛、薩都剌」：

「秋雨黃華下九天，又隨歸鴈過吳川。荒村有火夜投宿，野渡無人秋放船。中酒不堪連夜飲，思家無奈五更前。歸來卻被青山笑，萬丈塵雨鬢煙。」

七詩可補卷二「七言律詩」。

浙江通志卷二百七十八「藝文二十、詩、七言絕句、西湖絕句、元、薩都拉」：

「湧金門外上湖船，狂客風流憶往年。十八女兒搖艇子，隔船笑擲買花錢。」

「惜春曾向吳船宿，酒渴吳姬夜破橙。驀聽郎君呼小字，轉頭含笑背銀燈。」

「待得郎君半醉時，笑將紈扇索題詩。小紅簾捲春波綠，渡水楊花落硯池。」

京口三山全志、金山卷之四「集詩二、金山寺、薩天錫」：

「遠人夜宿金山寺，坐對畫圖如夢中。剪燭題詩雲氣裏，不知身已在龍宮。」

黟縣志卷十六「藝文志、詩、元、石墨山、薩都剌」：

「雲根老墨吐煙霧，月窟秋毫閣翠嶺。半夜銀河傾硯水，碧天寫出九芙蓉。」

五詩可補卷三「七言絕句」。

武夷山志卷二十一「藝文、詩序、武夷詩集序、元、薩天錫」：

「肇自大化氣泄，融結爲名山大川。閩粵在翼軫之分，武夷當閩之北户。自漢以來，載諸祀事。雄深盤礴，綿亘百二十里。溪曲者九，縈折萬山之間。峰巒巖谷，不一其狀。奇花異草，不一其色。珍禽馴鳥，不一其聲。風烟雨雪，不一其變，使人應接不暇。幽深僻遠，若與世隔。故前賢大儒，藏修於此。眞人鍊士，蜕骨於此。今昔達公鉅卿，文人騷客，名僧高道，逸人遷客之流，過茲山者，莫不發爲題詠，模寫其勝，以泄胸中之所素蓄。山之詩見於唐代，歷代至我朝不絕響。或發其雄壯豪麗　或發其清新俊逸，或發其幽閒高遠，或發其沖淡感慨。龍吟虎嘯，神號鬼哭，鶴唳猿哀，虫悲蚓鳴。其所發不一，其懷抱不同，其趣向顯晦各異。亦若山之峰巒巖谷，奇花異草，珍禽馴鳥，陰晴朝暮，風烟雨雪，莫可得而名狀也。後至元三年，丁丑九月，僕遷官出閩，過武夷，遇京兆清碧杜先生，臥遊山溪，周覽竟日，夜宿萬年宮。提舉張一村者，攜古今名人，遊山題詠二帙，欲壽諸梓，俾予爲序。予辭之曰：非胸中有武夷，莫能狀武夷之萬一。非胸中具古今名人之才器，莫能別其吟嘯之意趣。一村請不已，漫爲塞白如此。請以質諸，山中之宏衍博大眞人者，天地不壞此山，此集亦與相悠久，而無窮也。詩乎，其天地山川之清氣乎！清碧先生咲曰：無大言可止矣，於是乎書。」

洛陽縣志卷之十四「藝文志、記、元、龍門記、薩天錫」：

「洛陽南去二十五里許，有兩山對峙，崖石壁立，曰龍門。伊水中出，北入洛河。又曰伊關，禹排伊闕即此。兩山下石罅，迸出數泉，極清冷。惟東稍北三泉，冬月溫，曰溫泉。西稍北岸，河下一潭極深，相傳有靈物居之，曰黑龍潭。兩岸間，昔人鑿爲大洞，爲小龕不啻千數。琢石像：諸佛相、菩薩相、大士相、阿羅漢相、天王護法神相。有全身者，有就崖石露半身者。極巨者丈六，極細者寸餘。趺坐者，立者，侍衛者，不啻萬數。然諸石像，舊有裂釁，及爲人所擊。或碎首，或損軀。其鼻耳，其手足，或缺焉，或半缺全缺。金碧裝飾，悉剝落，鮮有完者。舊有八寺，無一存。但東崖嶺，有壘石址兩區，餘不可辨。有石碑多仆，其立者僅一二。所刻皆佛語，字剝落不可讀，未暇詳其所始。今觀其創作，似非出於一時。其工力財費，不知費幾千萬計。蓋其大者，必作自國君，次者必王公貴戚，又其次，必富人而後能有成也。然予雖不知佛書，抑聞釋迦西方聖人。生自王公，爲國元子。棄尊榮而就俾辱，舍壯觀而安僻陋，斥華麗而服朴素，厭濃鮮而甘淡薄。苦身修行，以證佛果。其言曰：無人我相，曰色即是空，曰寂滅爲樂。其心若渾無欲，又奚欲費人之財，殫人之力，鐫鑿山骨，斲喪元氣，而假像於頑然之石。飾金施采，以驚世駭俗爲哉！是蓋學佛者，習妄迷眞，先已自惑。或謂必極其壯嚴，始可聳人瞻敬，報佛功德。又操之以輪迴果報之說，謂人之富貴貧賤，壽夭賢愚，一皆前世所自爲，故今世受報如此。今世若何修行，若何布施，可以免禍於地獄，徼福於天堂，獲報於來世。前不可見，後不可知，迷人於恍惚茫昧之塗。而好佛者，溺於其說，不覺信之深，而甘受其惑。至有捨身燃臂施財，至爲此窮極之功。設使佛果夸耀於世，其成之者，必獲善報。毀之者，必獲惡報。則入寺巍然，諸像整然，朝鐘暮鼓，緇流慶讚，燈燈然相續於無窮。又豈至於蕪沒其宮，殘毀其容，而蒼涼落莫如此哉！殊不知佛稱仁王，以慈悲爲心，利益衆生。不必徇私於己，而加禍福於人。亦無意於衒色相以欺人也。予故記其略，復爲之説。以袪好佛者之惑。又以戒學佛者，毋背其師說。以求佛於外，而不求佛於內，明心見性，則庶乎其佛之徒也。」

以上二文，可補卷四之末，蓋其集悉詩無文。

二十三、補宋無「翠寒集」

吳江縣卷四十八「集詩、垂虹亭秋日遣興、元、宋旡」：

「滿袖玉皇香案煙，綵霓背上眺晴川。紅黃霜樹珊瑚海，黑白花光瑇瑁天。元圃空離樓十二，玉墀對罷字三千。豪吟醉蘸吳江水，寫與騎鯨李謫仙。」

洛陽縣志卷二十三「藝文志、詩、七絕、元、綠珠、宋旡」：

「紅粉胡身爲主家，明珠一斛委塵沙。年年金谷園中燕，銜去香泥葬落花。」

二詩可補卷末，蓋其詩僅一卷。

吳下冢墓遺文卷二「吳逸士宋旡自誌」：

「逸士宋旡。字子虛，其先固始人。曾大父廷瑞，宋淳祐中，通守涪州。祖萬全，慶應州解不第，咸淳癸酉，以兵機干荊湖帥幕。甲戌冬，阮克己會忠義赴杭與俱，至毗陵道卒。考國珍持先奔吳，家焉。先君自場屋頓挫，迺銳意韜鈐，遂以材略，應樞府辟平江帳前提舉。乙亥城附，至元辛巳，領征東萬户案牘，適病瘻，先丐以身代，省府然之，俾典書檄。五月官兵集四明入海，舟偕東北向，而省左右幕屬各異舟，號令不相聞。後發者追程冒進，得躭羅國。蓋前鋒先遭颶風，失遵而至是。七月抵竹島，雹雨風交作，舟不得泊。隨驚濤上下，觸擊皆碎。幸存而漂經高麗諸山，復罹沈痾，首髮脫盡，瘦骨柴立，二親見歸，泣而掖拜。在侍旁，書不去手，疾未嘗輟吟。幼篤信道，七歲聞誦張陳白丹書，信有仙事。家嚴命業，從事弗違。嵩南漢北走萬里，不屑寸祿，蓋不以其道也。至元丁亥留江東，中丞王公西谿舉茂才，以奉親辭。四十有所聞，遊句曲欲誅茅，適親病亟歸。年踰知命，或者勉以往教，乃就人館，仲佔畢垂廿載。丙子冬，扁舟載書歸。以疾薄味清齋，經年行不用杖。已卯八十，被褐飯蔬，天賜一健。日從林下遊。家藏書分諸社友，餘三蘇文一小帙，手鈔也。壯負氣，視富貴若不經目。性畏酒，處眾多漠然。使遇故人，抵掌劇談，絕倒而後已。初侍親江西，從歐陽巽齋學宏詞。延祐甲寅，以舉業試士，時年耳順矣。所著翠寒集，啽囈集，靄迺集，集寒齋吟語。壯歲識中齋鄧公，子昂趙公，海粟馮公。鄧稱以逸士，馮命曰韻人，趙以通吏許，非所宜蒙也，馮知最晚，一見拙稾，亟梓之，復資以鋟行。室趙氏，年十九，歸予家。儉素孝謹，嘗刲股灼臂，禱其親疾。事生送終，咸藉其力。秋春節時，白首祭拜必慟。壽七十四，先卒。有伯道之人哀之尤，生宋景定庚申。先子徒徙荊湖，丁卯襄圍，上下流繹騷。髫年幹流西東，時雖搶攘學不怠。乙亥世變，舊業俱廢。遊方假覽，寸陰靡留。谷隱巖栖，暮景將迫，洪涊隨時以黴吟自怡。幸保厥躬，至耄年，不辱其先。百歲後，得瘞骨先人冢旁，見曾高於地下，亦幸已夫，亦幸已夫。銘曰：埏埴爲器而完堅兮，詎知夫成虧之數焉。謂生化皆自然而然兮，孰爲大空而陶瓶。曰天與之性本仁兮，又何賦命之不辰。時既不我偶兮，志又不得伸。道損者益之兮，故恬爲遯世之畸民。猗鬱陶乎中兮，有長謠之可寫。寧浮沉其身號，羌自遺於林野。哀伯道之獨兮，夫復何侃言。保厥終於大耋兮，與造化而推遷。吾有以始無號，返吾眞於忽荒。備時昌明而來兮，當有徵於逸士之壙。元至正庚辰十一月甲子日書，時八十一歲。[口弁]囈集校一過，四月十日燈下。」

可附錄卷之末，蓋集中無其碑、傳。

二十四、補王沂「伊濱集」

傳與礪文集附錄「又附諸名公送與礪詩：王沂」

「貢玉堂中客，梅花嶺外遊。儒衣輕結束，祖席且淹留。古昔文爲理，詩書自一流。明珠堪結佩，白壁可聯鉤。飛動摧雷電，徵茫犯斗牛。王楊端有體，沈謝本相侔。前輩嗟零落，風騷道阻脩。千人一入少，十度九言休。之子年方盛，詩名孰與儔。芳華紅錦段，塵土黑貂裘。狗監無人薦，雞林有價酬。張騫回漢節，王粲在荊州。鳳詔論功早，皐比屬望優。番禺秦郡縣，泮水魯公矦。象跡煙中堞，鯨波雨外舟。蕉花迷越徼，柳色記盧溝。諸老皆青眼，橫經尚黑頭。相思應有寄，清絕變蠻謳。」「右王沂師魯」

可補卷三「五言古詩」。

安南志略卷十八「玉堂諸公贈送天使詩序、博士、王沂」：

「光色動南溟，文星逐使星。雞林傳秀句，銅柱勒新銘。落日鯨波白，春風瘴海清。請纓應幕下，拭目待雲軿。」

可補卷六「五言律詩」。

尉氏縣志卷之五「詞翰類、柏林、王沂、翰林院學士」：

「北來冰雪苦相侵，眾木彫殘見柏林。留取根株歲寒在，雲霄直上到千尋。」

可補卷十一「七言絕句」。

大名府志卷十「文章志、滑縣、元宋氏世德褒嘉之碑、王沂、元、博士」：

「中奉大夫陝西行臺侍御史宋公，退老于家。越四年，御史奏疏言：公宣力中外，忠實不撓。宜命有司，給半俸以養老。既報，公懇辭，或曰君賜也，乃受。初延祐間，公持憲山南，階官三品，朝廷推恩其二代。翰林承旨王公思謙，文其繫牲之碑曰：世德十有三年，當至順初，拜西臺侍御史。制下，加增（按、贈）大父德仁嘉議大夫、禮部尚書、上輕車都尉，追封京兆郡侯。祖妣孫氏，追封京兆郡夫人。考宣，加贈中奉大夫、河南江北等處行中書省、參知政事、護軍，追封京兆郡公。妣孟氏，追封京兆郡夫人。後十二年，公思所以侈君貺，昭先德，飭後人乃重刻石先壠，來書屬沂文。沂考其世次先德，載于王公之碑者皆不書。而著公之謀議勞烈，可傳于後者。序曰：宋氏先，衛之山陽縣人。縣東踞太行之麓，有封繹如，里人號曰宋氏阡。其先諱逸夫，後徙滑州之白馬縣，則自曾祖始。祖諱般，曾祖妣張氏，葬林子里北，宋胡寨之塋。後卜葬西原之永寧阡，則自禮部始。公名崇祿，字壽卿。早以材，爲平章軍國事、東平康里文貞王，中書右丞趙國何文憲公所知。起家中書椽，授同知欒平州事。改處州路推官，擢江浙行省左右司都事。出爲燕南河北道廉訪副使，歷渾州路總管，都漕運使，江南諸道行御史臺治書侍御史，遷山南江北道廉訪使。入拜戶部尚書，不就。居喪服除，起爲四川道廉訪使，改江西湖東道，皆以疾不赴。天曆二年，陝西畱特起爲西臺治書侍御史，明年轉中奉大夫侍御史。公爲人莊重周密，至臨大事，則毅然不少屈以希合。至大初，建尚書省，宰相以國用不給，特命領金穀計。公言：方中統初，用兵吴蜀，歲饋輓絡繹，是亦中原民力，取具未聞缺乏。今江南歲所輸，倍中土百縣，官用度不足，而元元困弊，所用溢於所入。而歲比不登也，弭畱召和，完下而給上。在於弛浮役，節濫賞，汰冗員，斥中外珍奇之貨而已。且郡國歲輸金，爲鋌三百三十四，銀爲鋌六百五十四。建省至今，甫七月，而費已踰歲辦，非量入以爲出也。以是用事者皆不悦，公不爲動。其所節財用糧，爲石一百二十萬有奇，金帛之積稱是。三年命下，澄汰冗官，衆皆爲公慄。已而公都事御史府，遂以事中之，尋害公者敗，而公副憲燕南，上賜文綺袍材，益感激思奮。既至，按劾眞定郡守哈剌哈系，促定郡守郝囊加，觸不法，罷之，部中肅然。公言，歲屬斷事官錄囚，決諸盜奸僞，它無輕重，一切不理。而燕饗護送，州縣吏因緣爲姦，不便。且府賓推官專刑獄，廉訪使者，時巡災以察稽違，斷事官無庸遣。既聞，著爲令。又言：夫婦人倫之始，父兄既歿，庶母及嫂，有所出者，禮無再醮。或無子，服既闋，而守節者宜聽。弟若子，强蒸之，非誼也，儀曹韙其請。又因菑異條上十數事，指陳致菑之由甚切。其在西臺，陝以西旱，民死者過半，公疏荒政七事，識者韙之。又言世祖皇帝，總攬豪傑，以天下材，苟可用，無間吏儒，今限吏以四品，故部使者二千石，多虛席，非祖宗法也。因薦傅起岩、暴完、郭炯十八人。後吏限以三品，如公言，十八人皆以職業著名。公既家居，而心在王室，上疏陳時政得失　施設之宜，後多用其言。其爲治，則剗剔蠹弊，振理條目。疑獄滯訟，審覈精明，人以爲神。處州青田縣民，訢其弟爲讐殺。縣召捕讐，掠使自誣。部使者讞，逮證處章。公覆詞異，且廉得其坐姦死狀，讐得解縱。保定屯田軍，盜食糧，吏跡其家，其父迎首曰：我子黑驢等十二人實盜糧，貯舍中。獄具，公審鞫得其實曰：是同自首，十二人得不死。它可引類推，故所至有政聲。歷官四十餘年，退居於家。又十有五年，今年八十餘。而優游田野，著述自誤。其書纂述東郡圖志十六卷，紀史奇蹟十五卷，出師表注并附錄二卷。俸廩所入，悉分給宗族。節士振之，其福壽蓋未艾也。沂既敘其事，又爲之言曰：禮取其稱，維其先之蓄德也厚，故服休命而無愧。維其後之襲訓也恭，故膺寵數而無驕。觀公之所樹立，則聲於詠歌，以揚無窮。故宜銘曰：在衛西原，蔚其綿綿。孰樹孰封，宋氏新阡。宋氏在衛，樹德藝善。根大必繁，源長必遠。裕其子孫，克顯于時。維才之完，入出具宜。自微訖隆，魁名碩實。見國而已，孰爲家室。讜言在廷，或擠或傾。雖憤復興，天子之明。維天子明，敢曠於榮。立朝嶷嶷，忠實是恃。孰俛而隨，凜此公議。惟身之祥，曰壽而康。惟後之祉，宜昌而熾。惟忠與誠，惟後之貽。懋爾來裔，視此銘詩。」

可補卷二十三「碑」。

山西通志卷一百九十六「藝文、碑、元、李公榮祖政績碑、王沂」：

「蓋粵晉之絳陽，即古東雍也。若郡守之賢者，惟唐之樊宗師，宋之富鄭公，金之高汝礪，三數人而已。至我大元，至正之初，雲中李公榮祖之爲郡守也，下車先飾先聖廟。欽嘆曰：噫天生素王，繼以亞聖。是以仁義禮樂之教，得以興扶終古。君臣父子之道，得以立於無窮。三皇聖祖，造端萬物，建立人極，尤可嘉尚。即與經營神像、殿廡、齋廚，計日而成，學校由是而興。既而詣諸壇壝，謂其僚寀曰：人非土不生，非穀不食，社稷於民大矣。夫雨暘寒燠，民牧之事也。風行雷厲，民牧之政也。若風雨之不時，遂有決獄，亦有罪己之名，此無他，蓋爲係於生民故也。乃築壇建祠，左社右稷，箕風畢雨，造化之神，凡載於祀典者，皆興焉。初水利之不通也，不知其幾何年矣。聞北山有孚惠廟，尤不知其爲孰也。公既至，遂得一斷碑於草莽。合泐而讀之，方知爲隋臨汾令梁軌水利碑，今改縣爲正平矣。上載通渠十二，公循其迹，衍而鑿之。乃滌其源而疏其流，濬其窒而通其礙。俾者不漫漶，蓄者不泛溢。或上或下而順其勢，或分或合而依其經。故田園有灌溉之澤，而川派無壅竭之患，闔境皆受其福。復爲梁軌修廟植碑，以著其績。又嘗語人曰：更漏爲施令之端，璣衡爲齊之始。雖有天池水平二壺，則無所施。乃剏建譙樓一座，鼓角嚴明，刻漏不差。至於廳事、案宇、臺榭、池沼、渠梁、館傳，咸葺而壯觀。其制財節用，一不動於民。又如器皿日用之不可無者，而恒擾於百姓，公皆備焉。絳帖蓋有年矣，至是碑石散失殆盡。公歷求之，而復其什之八九，序列於集古堂。又繪圖以彰絳之形勝，復撰誌以紀其實。觀於聽訟，明見敏捷。貧民有復業，爲鄰昧其陸地，屢經上司，逼遛文案，積三十年而不平。公召之，諭以正理，莫敢遁其情。又有其良人爲奴，逾四十載，公釋之而無爭矣。時百姓被劫謀平，人爲盜拘，三歲不解，公即與之辨焉。嘗有冒請軍糧於官，公知其詐而拒之。其人託名求明文於上司，轉冀寧而敗其事。又若細務，隨得隨斷，了無停滯。公規之立，其嚴敬若父子，其親如骨肉。上下同休，內外無間。三年之久，風俗淳而教化明，禮讓行而廉恥立。是以民多賴之，惜乎瓜代而不可留。呂成，絳人也。具書德狀，特來告文，將勒諸郡石，表鄉民去思之意。」

可補卷二十三「碑」

嘉靖眞定府志卷之十三「人物、王沂」：

「王沂，其先弘州（按元雲州）人。祖振，轉徙占籍眞定，仕終浙西按察司經歷。父元甫，博學能文，歷官縣簿，監黃池稅務。所著有政要十二篇，陶詩註三卷，詩一卷。沂舉延祐乙卯進士，爲國史院編修官。遷翰林直學士，累至禮部尚書。預修遼金未三史，□□□□，爲同列所推服。」按原文，字跡不清，多處辨識困難：

「王沂其先弘州人祖振轉徙占籍眞定仕終浙西按
察司經歷父元甫博學能文歷官縣簿監黃池稅
務所著有政要十二篇陶詩註三卷詩一卷沂
舉延祐乙卯進士爲國史院編修官遷翰林直學士
累至禮部尚書預修遼金宋三
史與□□□□爲同列所推服」

茲據伊濱集卷首「提要」，圭齋集卷十三「監黃池稅務王君墓碣銘」，補正如上。

此傳可補卷之末。蓋王沂一生通顯，復以詩文名世。然元末天下亂起，遂避兵南遷。嘗至江西之吉安，福建之南平。復南徙，不知所終。致其無碑版傳記，存諸後世。

二十五、補傅若金「傅與礪詩文集」

蕭縣志卷之十五「藝文、元、蕭縣儒學記、傅汝礪」：

「蕭邑介大河之間，黃流漫漶，自古爲害。南北兩城，居民不能奠厥攸居。往者廟學置之北城，西墉之上。宋紹聖五年，因遭洪水，移於南城。繼以狂瀾，四圍屢有廢弛。至元丙子，一新於北城。歲久，悉皆蕪沒於蒼烟灌莽之中。至元丁丑，縣尹耶建廷瑞，慨然興復。遂以南城之東，買隙地二十畝有奇，積土聚材，有所待。適廉訪分司，完顏公至，合其議，復指示地西偏面陽，爽塏之墟，創建殿廡、堂齋、櫺星門，翬飛跂翼，煥然一新，爲多方之冠。蕭縣復立六十載，未聞有道義功烈，顯於時者，亦無一賓興於場者。是豈其才不足哉！抑爲政者，未有以興起之也。今廟貌完，學校興，有司憲司，交相勉勵，不亦幸哉！諸生孜孜讀書，以孝悌忠信正其心，以禮義廉恥修其身，則名聲將有不可掩者。豈獨鄉閭之光，抑亦不負聖朝之意。斯役興功於戊寅春正月，收功於冬十月。落成之日，士庶咸請立石，以傳不朽。予目擊其媺，故樂爲之書。」

可補文集卷三「記」。按卷首「提要」謂：傅若金，號與礪，亦號汝礪。

滋溪文稿卷十三「元故廣州路儒學教授傅君墓誌銘」：

「至順三年，新喻傅君與礪，挾其所作歌詩，來游京師，不數月，公卿大夫皆知其名，交口薦譽之。蜀郡虞公、廣陽宋公、方以斯文爲任，以異材薦之。會今天子即位，詔遣使者頒正朔於安南，以君才學爲之參佐，受命即行。至眞定驛，啓制書觀之，上有王號，君曰：安南自陳日烜已絕王封，累朝賜書皆稱世子，今無故自王之何也。使者疑未決，君獨請行，至都堂白其事，宰相大喜，立奏改之。安南之人往往以中國使者，不習其國風土，多設譎詐以紿使者。至是君一一用言折之，彼遂讋伏，不敢相侮。或郊迎張宴犒衆，或盛飾侍姬侑酒，君皆卻之曰：聖天子遣使者來，所以宣布德意，不當重擾遠民。至日世子出郭迎詔，帥國中之人共拜聽焉。明年安南陪臣，執禮物來貢闕下，君以功授廣州路儒學教授。湖南及廣西帥閫，爭欲辟君爲掾，皆辭不就。於是繕完廣之儒宫，復學若干畝，未幾遇暴疾卒，至正二年三月某日也。君諱若金，與礪字也。其先由相州，因官家湘潭。唐廣明初避亂，再徙臨江，遂爲新喻人。宋川陜宣撫處置使燮，有子曰雱，紹興初，假工部侍郎使金爲通問使。生新興令紀，紀生循州倅元余，元余生韶州守君平，君平生司户价，价生頤，頤生朝奉大夫實之，實之生典江薄允迪，允迪生明可，是爲君父，其母胡氏。君賦質清美，自幼爲詩，出語驚人。弱冠游湖南，宣慰使阿榮招延於家，賓主吟咏不輟。久之，薦爲岳麓書院直學，即棄去。卒年四十，兩娶皆孫氏，無子，父命以弟若霖之子，德麟爲後。二女，宜男宜弟俱幼。將以至正四年正月十二日，葬新喻擢秀鄉玉隆山。君學長於毛氏詩，尤喜漢魏盛唐諸作。其詩數百篇，多可傳誦。及使遠方，果能以專對之才稱，宜有銘。銘曰：

土之窮經，本以致用。詩三百篇，有諭有風。達於從政，專對四方。其或不能，空周奚望。傳君言詩，上本風雅，漢魏盛唐，作者之亞。持節侃侃，佐使南交，言諭遠人，玉帛以朝。我述銘章，納於君墓。後生學詩，勿溺章句。」

可附錄卷之末，蓋集中無其碑、傳。

二十六、補李孝光「五峰集」

滁陽志卷十三「藝文、重修學記、元、永嘉、李孝先」：

「曹侯君瑞，守滁之明年，大修學宮，既成。其郡士丁夢松、楊巽來請余，紀其興學之續而曰：侯始至之三日，上謁孔子廟。興拜降陟，曳踵周視。仰見棟宇下壓，榱桷壞墮。則傴僂跛躃，若弗遑寧。因進博士及其高年，謂曰：天子命我守茲土，將使祇事夫社稷，而淑民人，惟日夜懼弗稱。夫開民以善，宜先教化之物。今學宮廢，不治則教事弗修，將無以淑人心。吾其與而父兄，共興起教化。侯乃鈎攷，凡學之積爲成金，責成於學正呂氏仲綱，課其功匠。氏於是作其壓者，而隆之，而挺之，而振之，而翬之，而䕶之。內嚴棲神之功，外樹設戟之門，崇配哲像從祀，張神幄，廣齋廬。又爲之鑄飾，尊罍簠簋梡嶡豆籩之制，凡廟事罔有弗嚴。又設經師教弟子，以時躡其小大之節，人乃大勸，益鄉閭學。惟是父兄不敢忘侯之大惠，願從子求一言以開民，而報侯之功。余辭弗獲，則推程伯子、叔子、子朱子，所爲言仁之意以復之。夫將淑人心，必由學問始。而求仁者，又學之所宜先焉。故將淑人心，莫先於仁。自孔子孟子言仁，千五百餘歲，其書固在，而其說莫傳。程子始獨疑之，卒得夫子之意於易之復，由是其說獲傳。程子沒，微言又幾絕。子朱子乃曰：仁者天地生物之心，蓋取諸易復其見天地之心。至是仁之說，始益大明，而群言皆若發矇。夫孟子言仁，人心也。程子言仁者，天下公善之本也。朱子言仁，天地生物之心，其指豈不同哉，顧人之弗察耳。是以朱子於三仁，夷齊以及顏淵，皆以全其心之德稱。而於仲弓、司馬牛、樊遲、子張、子夏，皆與之存心。夫聖人全其心之德者也，賢人以下，存是心而弗失者也，眾人求其放心而存之者也。若顏子，蓋弗失是心，而幾於全其心之德者。故夫子以三月不違，與之當其不違，則能全其心，如聖人矣。人能求放心而存之，其與存而弗失者，固有間然。能求其放心，而存之其於全者之事，夫其遠哉！今侯之言曰：學校弗修，將無以淑人心。推侯之心，其以淑人心者，知所本矣。然猶望於侯，其惟行之以無倦，則仁將興於仁。誠行之以無倦，而人興仁。則君子必曰：侯於是乎知教民。元統二年春二月已未記。」

可補卷一「記」。

浙江通志卷二百七十三「藝文、十五、詩、龍湫行送軒宗冕歸山、元、李孝先」：

「大龍湫，小龍湫，青天倒瀉銀河流。海風吹練白杲杲，雪花滿面寒颼颼。維那大士濯足處，碧波下見長黃虯。山僧洗盋白雲動，澗猿飲子蒼巖幽。神蹤隱見不可測，幻境變化誰能求。道人此地昔追遊，泠然一錫辭神州。天香飃飃滿衣袖，散作雨露東南陬。老夫送別歌龍湫，芙蓉花開溪水頭。永嘉吵語猶可續，永夜松聲消客愁。思君何處寄清夢，三十六峰明月秋。」

可補卷二「古樂府」。

太平府志卷三十八「藝文四、七言古詩、元、李孝先、凌歊臺」：

「朱家天子遊南國，紅粉三千臺百尺。歌鐘激浪楚日白，簾櫳綠樹湘雲碧。凌歊高宴百輿來，侍臣狎笑朱顏開。臺城宮霏鎖花柳，寄奴玉帳生塵埃。昏昏醉夢春風几，不顧江東幾千里。酒罷歌闌帝業隳，青山空映當塗水。」

可補卷九「七言古體」。

浙江通志卷二百七十六「藝文、十八、詩、七言律詩、賦得越山越水、元、李孝光」：

「賀家湖上又秋風，放翁宅前東復東。雨行雲樹忽遠近，十里荷花能白紅。游人濯足銀河上，越女梳頭青鏡中。我欲張帆上南斗，扶桑碧海與天通。」

可補卷十「七言律詩」。

二十七、補陳旅「安雅堂集」

滁陽志卷十四「藝文、送朗州周子嘉主簿來安、元、陳旅」：

「阿翁起屋廒山上，阿兒作官滁水邊。滁州眞似朗州好，落日採蘭汀渚間。縣官何必好生事，把酒去看瑯琊山。阿翁日望好消息，家書只報縣人安。」

可補卷二「七言律詩」。

二十八、補趙孟頫「松雪齋集」

山東通志卷三十五之一上「藝文志、詩、五言古、咏魯仲連、元、趙孟頫」：

「驅車策駑馬，吾將適齊國。聞有魯連子，倜儻好奇畫。一談秦師走，再說聊城拔。功成不受賞，高舉振六翮。布衣終其身，豈復爲身役。茫茫千載遠，安往訪遺跡。躊躇東海上，向風長太息。」

可補卷三「五言古詩」。

德興縣志卷十「藝文志、詩、元、寶劍篇、趙子昂」：

「鏌鋣剪髮流金鐵，鑄作龜文紫光發。光寒焜燿闔閭心，更賞吳鴻扈稽血。揮揚未覩周防功，歷亂已見天倫絕。鐵精熒熒楚宮女，化作雌雄匣中舞。長鳴悲吼萬國聞，四郭俄傳晉家鼓。楚不足責晉何愚，豈知爾晉不楚歟。古來至寶安足寶　象齒焚身爲君道。當時爾劍今在無，回首荊吳長秋草。丈夫意氣凌霄雲，安用尺鐵馳風塵。便欲憑陵叫虁遂，買牛歸去桑田村。」

可補卷三「七言古詩」，蓋孟頫字子昂。

山東通志卷三十五之一上「藝文志、詩、七言古、咏嶧山、元、趙孟頫」：

「東方巨鎭宗岱宗，群山列峙臣妾同。西南崛起一萬仞，卻立不屈如爭確。何年天星下天宮，墜地化作青芙蓉。外如削刻中空同，閬風瑤圃遙相通。我借東遊訪青童，群仙邀我遊東峰。悔不絕粒巢青松，失身誤落塵網中。如今可望不可到，艤舟空羨冥飛鴻。神仙可學事亦晚，安用屑屑悲秋蓬。吾聞嶧陽有孤相，鳳凰鳴處朝陽紅。安得斲爲寶琴獻，天子解慍歌南風。」

可補卷三「七言古詩」。

德興縣志卷十「藝文志、詩、元、釣臺、趙子昂」：

「石插雙臺峻，波飜七里騰。歷朝非漢室，此地只嚴陵。漁父何曾到，羊裘豈厭登。巨鰲知此意，不肯上絲繩。」

可補卷四「五言律詩」。

德興縣志卷十「藝文志、詩、元、泊居巢、趙子昂」：

「亂峰加戟水爲鄉，今古英雄百戰場。并邑昔聞居亞父，郊□今見墓周郎。風傳古堞梅花壯，水浸遙天影涼。□□□□沙際去，欲經巢父問行藏。」

可補五「七言律詩」。

寧波府志卷之三十五「藝文下、詩、元、趙孟頫、遊普陀」：

「縹緲雲飛海上山，挂帆三日上潺湲。兩宮福德齊千佛，一道恩光照百蠻。澗草巖花多瑞氣，石林水府隔塵寰。鯫生小枝眞榮遇，何幸凡身到此間。」

可補卷五「七言律詩」。

句容縣志卷之八「題詠類、元詩、題桐華源、趙孟頫」：

「華林清散景，丹水碧凝脂。落葉秋無數，宜都懶寄詩。」

可補卷五「五言絕句」。按松雪齋集卷五「玄洲十詠寄張居貞」，有「桐花源」，雖亦爲五言絕句，然內容歧異。

德興縣志卷十「藝文志、詩、元、聚遠樓、趙子昂」：

「思凌宸翰坡仙句，雲漢奎光聚此樓。二妙風流足千古，更誇遠景集雙眸。」

可補卷五「七言絕句」。

四川通志卷三十九「藝文志、詩、元、趙孟頫、巫山十二峰」：

「疊嶂千里翠，長江一帶清。瑤壇霞冷月朧明，欹枕若爲情。雲過船窗白星移，宿霧晴。古今離恨撥難平，惆悵峽猿聲。」「右淨壇峰」

「片月生危岫，殘霞拂翠桐。登龍峰下梵王宮，千古感遺蹤。柳色眉邊綠花明，臉上紅。

欲尋靈跡阻江風，離思杳無窮。」「右登龍峰」

「松鶴堆嵐靄，陽台枕水湄。風清月冷好花時，惆悵阻佳期。別夢遊蝴蝶離歌，怨竹枝。悠悠往事不勝悲，春恨入雙眉。」「右松鶴峰」

「雲裏高唐觀，江滿楚客舟。上昇峰月照粧樓，離思兩悠悠。雲雨千重阻長江，一帶秋。歌聲頻咽引離愁，光景恨如流。」「右上昇峰」

「絕頂朝雲散，寒江暮雨頻。楚王宮殿已成塵，過客轉傷神。月是巫娥伴花爲，宋玉鄰。一聽歌調一含嚬，哀怨竹枝春。」「右朝雲峰」

「雨過蘋汀遠，雲深水國遙。渡頭齊舉木蘭橈，纖細楚宮腰。暎水勻紅臉偎花，整翠翹。行人倚棹正無聊，一望一魂銷。」「右集仙峰」

「碧水鴛鴦浴，平沙苴蔻紅。望霞峰翠一重重，帆卸落花風。澹薄雲籠月霏微，雨灑篷。孤舟曉泊浪聲中，無處問音容。」「右望霞峰」

「芍藥空投贈，丁香慢結愁。鳳樓鸞去兩悠悠，新恨怯逢秋。山色驚心碧江聲，入夢流。何時弦管簇歸舟，蘭棹泊沙頭。」「右棲鳳峰」

「碧水澄青黛，危峰聳翠屏。竹枝歌怨月三更，別是斷腸聲。烟外黃牛峽雲邊，白帝城。扁舟清夜泊蘋汀，倚棹不勝情。」「右翠屏峰」

「鶴信三山遠，羅帬片水深。高堂春夢杳難尋，惆悵至如今。十二峰前月三千，里外心。

紅箋錦字信沈沈，腸斷舊香衾。」「右聚鶴峰」

「曉風飄紅豆，平沙枕碧流。泉聲雲影弄新秋，觸處是離愁。臉淚橫波淡眉攢，片月收。佳人無笑準難休，來整玉搔頭。」「右望泉峰」

「嬝娜江邊柳，飄颻嶺上雲。卸帆迴棹楚江濱，歸信晚來聞。欲拂珊瑚枕先熏，翡翠帬。江頭含笑去迎君，鸞鳳畫成群。」「右起雲峰」

可補卷十「制、贊、樂府」。

山東通志卷三十五之十九上「藝文志、記、淄川重修文廟記、元、趙孟頫」：

「三代而下，諸子各以道鳴，君子亦未嘗無取焉。至於明天理，立人極，身以之修，家以之齊，國以之治，而天下以之平，惟孔氏之道，爲萬世無弊。有天下者，恒尊師之。以春秋釋奠於廟，登降薦獻，一用周禮。凡學孔氏之道者，皆得與行事，以教以養，國家須人才，則於是擇焉。今夫三尺之童，雖下里委巷之人。自入小學，舍孔氏之書，則無以發其蒙，而善其後。由是而知有君臣、父子、夫婦、長幼、朋友之理，由是而知有仁義禮智之德。其上者可以爲聖爲賢，爲忠臣爲孝子。其次爲章句爲文詞，最下雖從事刀筆，皆嘗業孔氏之書，則皆孔子之徒也。其所以成就之不齊，則學者之過，非道之罪也。明天子在上，重道而崇儒，郡縣皆得以立學而設教。般陽爲路，古淄州也。去京師千餘里，而學校庳陋之甚。至元二十九年，廉僉事趙公璧，分治此府。下車之初，覩廟學而嘆曰：學校者，禮樂風俗之所由始也。而庠陋若是，無以重報本。矧吾以興學校爲職，何以坐視其壞，而不以高大之，使人有所瞻仰乎。乃與郡侯宣差阿覩赤、總管移剌公等，洎教授范履道謀，輟官吏之俸，以給工材之費。自九月至於二月而告成，增舊殿六楹，具嚴廟貌，使人望之儼然，知所尊敬。講堂齋廡，皆一新之，役費一毫不加於民。昔有而今廣之者，凡爲屋二十七間。昔無而今創爲之者，屋十有二間。爲師者，有講解之席。爲士者，有藏修之所。而行禮者，無風雨之慮。秋八月，釋奠於先聖，禮文燦然，神人胥悦。既又勸存書，裒得三千卷，貯之學宮，業於斯者，有求不假。三十年春，趙公過濟南，命僕記其事。孟頫竊謂：公之用心，可謂仁矣。其所以宣聖明之化，有功於孔子之道，可謂大矣。況般陽實古齊地，去魯不遠。吾夫子遺風流俗，猶可興起。學者茍能亢趙公之心，父詔其子，兄諭其弟，日孜孜文學，以求其修齊治平之實。一旦朝廷取士，使賢才於是而輩出，則庶幾無負有司之心云。」

可補卷七「記」。

泗州志卷十一「藝文志、重建大聖寺靈瑞塔碑記、元、趙孟頫」：

「延祐二年夏六月，詔泗州重建普照寺寶塔，至四年七月畢功。明年夏四月，翰林學士承旨、開府儀同三司、知制誥、兼條國史、臣埜山帖穆而傳旨，諭臣趙孟頫曰：汝其爲文，以刻諸石。臣職在記載，不敢以蕪陋辭。謹按：寺舊有塲，唐國師僧伽之所作也。肇建於唐龍朔年間，重修於宋（按：宋之誤）雍熙八年，凡十有三級。建炎間，金兵破泗州，焚其寺。火風忽起，雲霧四合，咸見是塔，若於空中飛去，自是無復建者。至元十八年，僧懷融者，詣闕諸（按：請之誤）建，許之。經七年，會融沒，不果就，至是用西竺表法故建焉。僧伽者，蔥嶺北人，人間其何姓，曰何姓。間其何國人，曰何國人。唐龍朔二年，東遊至長安，過洛陽，入淮泗，居楚州龍興寺。一日，宿山陽令賀跋元濟所，有神異，元濟因捨宅爲寺。師曰：此故寺也，掘地得金像。師曰：此普照玉佛也。又得石刻，果然乃故齊香積寺也。由是其化盛行，四方歸之。景龍二年，中宗詔見，賜號國師。留四年，坐化於京師薦福寺，歸葬於泗州。宋大中祥符，加號普照明覺大師。師生平及滅度後，靈異不可悉數，人謂觀音化身云。弟子惠嚴、慧圻、木乂三人，俱有神通，事見高僧傳。欽惟皇上，得佛乘之原，究表法之正。程功度能，應規協矩。作是梵塔，尊重殊勝。素標淨白，從地湧出。金鐸振響，諸天遙聞。天龍周衛，人神贊嘆。凡在見聞，普沾福利，咸成正覺，僧伽大聖，睹茲因緣，亦大懽喜，惟此功德，不可稱量。一切含生，始自今日，至千萬世。四方無虞，五穀穰熟。民無札夭，而物不疵癘。盡四萬八千塔，放火光明。宗杜靈長，聖壽萬億。凡此福德，與天無極，豈臣之愚，所能稱述。謹拜乎稽首，繫之以銘。其辭曰：佛法有塔，其來邃古。及佛滅度，舍利分布。四萬八千，徧南贍部。巍巍表法，尊聖堅固。上儀瓶缽，下應坐具。八部森到，萬神擁護。南無僧伽，來自西域。慧照無方，普濟諸厄。

茲塔之建，歷年數百。燬於建炎，風霧四塞。塔飛空中，變化莫測。既廢不修，餘兩百年。天啓我皇，歸心竺乾。大發悲勇，成斯勝緣。峨峨浮圖，起於淮壖。諸天懽喜，萬姓恭虔。放大光明，照耀大千。伊淮之水，導自桐柏。東入於海，浩浩無極。佛法無邊，聖壽萬年。茲塔恒存，永鎭中天。」

可補卷七「記」。

圭齋集卷九「元翰林學士承旨榮祿大夫知制誥兼修國史贈江浙等處行中書省平章政事魏國趙文敏公神道碑」：

「至元十三年，世祖皇帝遣使，求賢江南，得趙宋昌陵十一世孫孟頫。入見奏對稱旨，起家爲郎。由是被遇累朝，敭歷中外。仁宗皇帝聖眷優渥，擢掌詞垣，致一位品。文宗之世，有司舉行贈典，進秩辨章，馳爵上公，仍議節惠。至正五年春三月，今上皇帝以集賢大學士塔爾哈等，特賜墓道之碑，勑翰林學士歐陽玄爲文集，賢侍講學土蘇天爵書丹，翰林學士承旨張起巖篆額。臣玄奉命，謹考行狀次第而銘之敍曰：公諱孟頫，字子昂，姓趙氏。系出秦王德芳，五世祖爲秀安僖王，實生阜陵，賜第湖州。曾祖考師垂，故宋定江軍節度使，開府儀同三司、萬壽觀使、累贈太師、追封新興郡王，謚忠襄。妣莊氏，衛國大夫人。祖考希承，故宋贈朝奉大夫，直華文閣致仕，累贈通議大夫。妣鄭氏封碩人。考與訔，故宋正議大夫，尚書户部侍郎，知臨安府，浙西安撫使，臨安縣開國子，累贈銀青光祿大夫。

妣李氏，封碩人。及公入仕我元，推恩三代，曾祖考，改贈集賢侍講學士，中奉大夫，護軍，追封吳興郡公。祖考改贈資善大夫、太常禮儀院使，上護軍，追封吳興郡公。考改贈集賢大學士、榮祿大夫、柱國，追封魏國公。曾祖妣祖妣，並吳興郡夫人。妣及生母，並魏國夫人。初太常公蚤世無子，鄭夫人選同宗子爲之後。集賢公本蘭溪房，侍兄與應通判湖州。鄭夫人一見奇之，遂請以爲嗣，内降許之。初聚李氏，續娶丘氏，公丘出行，蓋集賢公之第七子也。生十有一歲，集賢卒。丘夫人賢能，勗其子學。公資稟俊邁，讀書一目五行俱下。弱冠中胄監試，調眞州司户參軍。皇元混一後，浮沉鄉社間。丘夫人嘗語之曰：天下既定，聖朝必偃武脩文，收四方才士用之，汝非多讀書，何以自異齊民。公聞益加講貫，每從里中老儒敖繼公質正，數歲大進。尚書夾谷奇之，以翰林編脩薦，不就。江南侍御史程公鉅夫，出訪江南遺逸，得二十餘人以應詔，公在首選。初授奉訓大夫兵部郎中，轉集賢直學士奉議大夫，遷朝列大夫同佑濟南路總管府事，兼管諸軍奥魯。以脩世祖實錄召入，書成謁歸。知汾州，未上。以集賢直學士，行淅等處儒學提舉，除揚州路泰州尹，進階中順大夫，需次於家。仁廟在東宮，聞公名，召入拜翰林侍讀學士知制誥同脩國史。改集賢侍講學士、中奉大夫，復入翰林爲侍講學士知制誥同脩國史。俄遷集賢侍讀學士，正奉大夫。進賢學士，資德大夫，翰林學士承旨，榮祿大夫知制誥兼脩國史。延祐六年五月，告老還湖州。是冬召人朝，以疾不果行。至元元年上章乞致仕，不報。二年春遣使存問，夏六月辛巳薨於私第。至順三年贈榮祿大夫，江浙等處中書省平章政事、柱國，追封魏國公，謚曰文敏。公初見世祖，風神散朗，容止間暇，上以爲有神仙風。會尚書省立，命草詔，公授筆立成，上聞大旨。召近臣譯以對，喜謂公曰：卿言皆朕所欲言者。自是國有大議，必與咨詢。一日侍側，有詔群臣議政，上顧公曰：卿往共議。至則衆議，贓以至元鈔二百貫爲滿，論死。公曰：鈔法初行，以銀爲則。歲入厥直，輕重相去至數十倍，今雖改法比及虛實政未可知。古律以米絹論贓，二物民生所須，謂之二實，最爲適中。況鈔乃宋人所造，其初，止行遠方。今襲用之，以鈔論死，恐非良法。刑部楊郎中起而作色曰：朝廷初行至元鈔，故以計贓，公詆其非，欲阻其法乎。吾意令日議法，必集儒臣，又豈無一士如公者乎？公曰：人命至重令日議法，必集儒臣，又豈無一士如公者乎？公曰：人命至重，議法失當，人將不得其死。奉詔與議，偶有所見，不敢不言。且中統鈔虛，故改至元鈔，君謂至元鈔終無虛時，有是理哉！楊爲之赧然，議罷出謝曰：某失在不學，細思公之言是也。洎入夏官，會天下驛置，凡使客委積之費，至元十三年以來，歲僅支中統鈔二千錠，物價騰踊，使客曰：增吏無以自給，物倍於民不勝其擾，請增至二萬錠，用乃舒。會濟南總管闕，公獨判府事。聽斷明恕，訟牒以稀，或經月獄空。有元掀兒役於鹽官，逃之他郡。其父疑同役者殺之，得遺骼之半於澤中。以爲子骸，同役不勝榜掠，誣服。公疑有冤，緩其獄，掀兒果歸，誣服者釋。城東有上腴田二頃，兩家兵後互爭，而皆亡其劵，有司不能決，公斷以養士。夜出邏，聞有讀書之聲，使人私削其柱爲識，明日饋酒爲勞。得一能文之士，必加奬異。自教以文法，郡儒風以盛。歲旱禱雨龍洞，有雲如車蓋隨馬至，城中大雨旬餘。城東有龍湫，自爲文責之，雨洊至，歲大熟。白直數人者盜米，其徒自首，吏請加詰。公卻之曰：加詰累人必多。及去官，有數人送之至京，號泣不忍去，問之，即向盜米者。盜當墨，必自臨視。語吏曰：是中豈無迫於飢寒，及詿誤者，戒之。細書盜聞，轉相告曰：趙公仁人也，吾徒何忍數犯。其在朝廷多所匡正，圻甸地震，北京尤甚，死傷數十萬。上憂之，自灤京還，先遣平章諤爾根薩里馳至都，召集賢翰林兩院老臣問故，密旨勿令丞相僧格知之。時僧格遣錫都王濟等理筭，天下錢糧已徵數百萬，未徵猶數千萬名，曰理筭，其實暴歛。無藝州縣，置獄株逮。故家破產十九，逃亡入山。吏發兵蒐捕，因相挺拒命。兩河間，盜有衆數萬。公顧諸老，無敢詆時政者。素善諤爾根薩里密謂之曰：令理筭苛虐，民不堪命，事變且起，地震之由，實在於此。宜請於上，援貞觀故事，大赦天下，蠲除逋負，則和氣可回，災異可弭。諤爾根薩里入奏如公言，上大說從之。詔草具會兩院諸老，都堂僧格，瞠視諸老，見公進讀詔草，至蠲除一條，怒搖手曰：此事必不可行，汝曹所擬必非上意。公徐進曰：今理筭錢糧，其不可徵者，皆死亡之數，不及今放散免之，他日有言，中書省累失陷錢糧數千萬者，相何以自解？僧格訹曰：吾慮不及是。詔書既下，兆姓舉手相慶，始有蘇息之望。上問李尚書、葉右丞二人，優劣何如？對曰：夢炎昔與臣父事宋，時臣方幼，忠佞不能周知。臣與夢炎同事陛下，見其爲人重厚，篤於自信，思慮深長，善斷國事，有大臣風。若李之所學，在臣亦不知，亦不能言，言未既上遽曰：卿意豈非謂夢炎優於李也。賈似道罔上誤國，夢炎在中書時無一言。李布衣伏闕上書，乞斬似道，是賢於夢炎明矣。李論事厲聲色，盛氣凌人，若好已勝者。故剛直太過，人多怨之。今朕得卿之情，卿父與夢炎同朝，不欲斥其非耳。可爲朕賦詩諷夢炎，公立進詩曰：狀元昔受宋家恩，國困臣強不盡言。往事已非那可說，且將忠直報皇元。上深善卒章之意。出見奉御薩里於幄殿側，告之曰：上論賈似道誤國之罪，責葉夢炎不能言。今僧格誤國甚於似道，我輩緘默也，他日何以逭此責乎！近臣中讀書知道理，慷慨有大節，上所親信，無踰公者。誠能捐一旦之命，爲天下除此賊，仁人之事也。薩里曰：今災異數見，盜賊蜂起，皆僧格聚斂所致。吾所以爲日夜切齒腐心者，公實啓我以機，殆天誘之。徑造榻前，歷數僧格之罪，百倍似道，不亟誅，必亂天下。上初大怒，叱衛士批其頰，口鼻流血仆地，少間復呼而問之，對如初。既而大臣有助其言，上大悟，遂按誅僧格。後薩里語及斯事，歎曰：使我有萬世名者，子昂之力也。平江守趙全不法，前守王虎臣訟之，詔遣虎臣就問，右丞葉李執奏以爲不可，上不允。公曰：全在平江，爲政貪酷固當治。虎臣在官，亦嘗犯法，全嘗持之。今虎臣罪幸在赦前，故得儳摭全罪，若使就訊，必挾公濟私，別遣官爲當，上從其言。其在館閣，尤多裨益。因有事南郊，他學士撰祝冊有云：章亥復生，不足以步皇元之幅員。又云：太祖皇帝正東向之位，公曰天子父事天子，誇疆理於其父可乎？不可，且公不爲禮乎。禮大祫太祖東向居中，子孫在左者南向，故稱昭。在右者北向，故稱穆。若南郊之位，上帝南面，太祖自宜西向，故事第稱配天作主公，不用何也。其人謝服，從所刊定。皇太后命學士擬改隆福宮名，同列擬光被，公擬光天。或曰光天陳後主詩不祥，公曰帝光天之下出虞書，何謂不祥。各書所擬以進後，竟用光天。以遠臣遭遇累朝，特見優禮。世祖戒宿衛，公入内庭，毋禁賜坐。葉右丞相每見與語，或至夜分。公於天下事，當言者無所不及。嘗稱公聰明剛正，敢爲直言，公聞之益自斂退。一日問公曰：卿太祖子孫乎？太宗子孫乎？對曰：臣太祖子孫。上曰趙太祖眞英主也，其行事卿知之乎？對曰：臣蚤失父，故老不以語臣，故臣粗知其略耳。上曰：太祖行事多可法者，朕皆知之，暇日當以語卿。又嘗面諭之曰：大臣奏事，卿可與俱，人有過差，意涉欺罔，悉爲朕言之，公謝不對。自爾數求補外，後聞其家貧，賜鈔二千五百緡。仁廟字公而不名，詔近臣曰：文人世所難得，唐李太白，宋蘇子瞻，姓名至今在人耳目。朕有子昂，與古人何別！時有譔述，輒傳旨屬筆。與侍臣論公，他臣不能及者數事。苗裔一也，姿表二也，博學三也，操履純正四也，文詞古雅五也，書畫絕倫六也，旁通釋老書七也，他日賜鈔五百錠，恐中書留難，以普度別貯賜之。慮其畏寒，勑内府賜銀鼠翻披。英廟命公書孝經，亦遣使以上尊酒衣二襲，即家賜公。公爲兵部，早入官署，過東苑墻外，道隘，馬遇滑，即墮𡌴河水中。

僧格言於上，因移墻近裏者二丈許。僧格下令，曙鐘鳴治事，部官後至者笞。公至遇晚，獨得釋，自是笞止曹吏。公雖忠結主知亦致衆忌。性簡易疏伉，發言切中時病，屢在上左右，上察其無他，獲全晚節。程鉅夫方薦公，有臺中丞言，趙某故宋宗室，不宜薦進，使近左右。鉅夫奏曰：陛下盛德，立賢無方，臺臣以是劾臣，將陷臣不測。上曰：彼豎子何知！顧侍臣傳旨，不越今日，遂其人出臺。仁廟眷公方隆，不悅公者言，公趙太祖子孫，上初若不聞，已而游辭不已。乃厲聲視之曰：汝言趙子昂趙宋子孫，豈謂家世不汝若耶？始惶愳趨出。又言國史不宜使公與聞，上大怒曰：趙子昂乃先朝簡拔，以爲帷幄臣者，朕使討論古對，典司著作，此曹呶呶，不懲一二無以戒後，言者乃息。世皇屢欲用公，公自知直道，不容於人，居正路弗便，往往力辭。初授官，廷論欲以爲吏部侍郎，高參議持不可。尚書省罷，賀巴延入辭參知政事，公適侍位，上目公進曰：卿丞往中書參決庶政，以分朕憂。公堅辭，不拜。上問閻復宋渤二人如何？對曰：相才實難。是日京師盛傳公已入省，暮歸賀客候門者填塞，公笑而遣之。至元鈔法澁滯，公與尚書劉伯宣同被命，往江南按問，行省丞相慢令之罪。左右司路府官許就笞，公深以爲衣冠之辱，比還一無所決罰。僧格欲加譴責，公不爲動。初受程鉅夫薦，晚進翰長。與程交代，必先往拜其門，而後入院。公所爲務崇廉恥，先禮遜，縉紳相傳以爲厚德。平居嗜好沖澹，家世紈綺況味，埒布韋貴，及崇階不見矜色。客求文字，與之周旋終日，雖極勞甚憊，未嘗拒人。獨人有過失，必面致諷無隱，然直而不許人亦易。從病劇將終，援簡濡毫如常時，有頃翛然而逝。娶管氏，諱道昇，字仲姬。工詞翰善畫，治内有才具，累封魏國夫人，先四年薨。子男三人，亮早夭。雍夙慧有父風，以蔭歷守昌國海寧二州，奕舉茂才。女六人，長適強文實，次適海道運糧萬户費雄，次適李元孟，次適王國器，次適劉某。孫男二人，曰鳳，曰麟。薨之年九月，葬德清縣千秋鄉東衡山之陽，管氏附。公治尚書，有書註於禮樂度數甚明。知音律幽眇，有琴原，樂原各一篇。號松雪道人，有松雪齋文集若干卷，談錄一卷。爲文清約典要，諸體詩，造次天成，不爲寄崛，格律高古不可及。尺牘能以語，曲暢事情。鑒定古器物，名書畫，望而知之，百不失一。精篆隸小楷行草書，惟其意所欲爲，皆能伯仲古人。畫入逸品，高者詣神，四方貴游及方外士，遠而天竺日本諸外國，咸知寶藏公翰墨爲貴。故世知之淺者，好稱公書畫。識者論公，則其該洽之學，經濟之才，與夫妙解絶藝，自當並附古人，人多有之何至相掩也。仁廟彙公及管夫人及子雍所書，藏中秘書。曰：使後人知今朝人臣中，以家書學有如此者。適新太廟成，君相欲講禘祫，定朝樂，求習禮樂者如公已鮮。今上脩宋史，思士大夫熟宋事者，亦何可得哉。玄初以禮部奏名，召奉大對。公爲讀卷官，擢眞前列。及公薨，狀公之行，乃同年進士寧國路推官楊載距二紀，玄備列北門。公有賜誄之命，誼不敢辭，請系以銘曰：有白其馬，仕周之客。周人尚騂，客世殷白。我元忠厚，軼彼成周。宋有近屬，遇之加優。侃侃魏公，徵自炎方。入見殿廷，美如圭璋。

昔客在周，但聞助祭。未聞侍側，命以獻替。維此魏公，進爲親臣。詢厥世系，念其前人。魏公在列，玉立陛前。上有顧問，其言便便。群臣議法，命往咨度。援古例今，論政以確。法司在坐，盛氣見侵。理到之告，折服其心。上命代言，對御操筆。宸衷未宣，已布尺一。上遇災變，詔問其由。公言暴斂，時政是尤。私曲獻忠，請釋逋負。公進詔草，時相震怒。如怒未已，公言徐徐。相莫之沮，乃下寬書。萬方懽呼，涵泳聖恩。公啓近臣，力拔惡根。近臣感激，碎首強諍。權奸既摧，乃息稗政。宣室夜問，言不及他。吏蠹民瘼，直言無阿。弱弗勝衣，食弗盡器。臨事論建，奮無畏避。世祖援公，俾入政府。聞命而僂，懇求外補。仁皇踐祚，首召入覲。皓首未歸，寵冠禁近。及登瀛洲，載頂鼇岫。丕煥皇猷，黼黻在手。琨牒瑤編，藏在宗廟。屈玉垂金，分鎭山澤。遠方裔夷，偶獲簡櫝。雖未識公，想見眉目。嗟乾之資，唯一清氣。人稟至清，乃精道藝。天朗日晶，一清所爲。星月明概，雲童陸離。圖書以陳，文字以立。頡始造書，鬼神爲泣。宇宙精英，發決在茲。清氣所萃，乃臻瑰奇。允矣魏公，玉壺秋水。巧出天智，智窺神能。鳳翽其羽，止於阿閣。朱鴈天馬，播之廟樂。彌文日增，制作日淑。國於老臣，百不一瀆。皇上稽古，訪問舊儒。豐碑爲賜，螭首龜趺。敬告後人，毋忘帝力。世祖深仁，仁皇至德。黼哻祼周，孰擬我朝。詞翰楊休，不世孔昭。」

可附錄卷之末。

二十九、歐陽玄「圭齋集」

蕪湖縣志五十九卷「雜識、詩、五言排律、元、登赭山、歐陽元」：

「湧金滄溟外，孤高色更嘉。氣通丹穴霧，光映赤城霞。墜石藤還絡，尖峰樹不遮。煙墩盡艖户，茅屋半漁家。烽火狼煙直，帆翻海舶斜。平沙層作籓，鹹土潤生花。晚渡喧商旅，嚴城沸鼓笳。獨行惟雁鶩，回顧盡蒹葭。蓬島知何處，鄉國望轉賒。離心欲正絕，霜角起嘔啞。」

可補卷二「五言古詩」。

南康府志卷之十「詩類、七言律詩、三峽橋、歐陽玄」」：

「百尺懸潭萬仞山，一虹橫枕翠微間。半天雲錦開青峽，九地轟雷憾玉關。泉爲陸公人飲別，詩經披老我來閒。此行本欲囊英傑，且載棲賢篋筍還。」

德興縣志卷十「藝文志、詩、元、題葉孝子廬墓、歐陽玄」：

「廬墓銀峰跡已陳，諸賢題墨尚如新。寢苫夜有於菟衛，宰樹朝多野鳥馴。卓行要關風化事，高情偶感宦游人。都門爲客空追賦，寒食江南烟雨春。」

安南志略卷十八「玉堂諸公贈送天使詩序、翰林學士歐陽玄送傅與礪佐使安南」。

「省臺交薦盡名公，使者南軺載與同。馬自驥群先定價，鵬從海運且培風。橐如陸賈無他寶，挂念文淵有舊銅。此去新詩千百首，時時北望寄征鴻。」

以三詩，可補卷二「七言律詩」。

太平府志卷三十九「藝文五、七言律詩、元、歐陽玄、赭塔晴嵐」。

「山分疊巘接江皋，寺古山腰壓翠鼇。四壁白雲僧不掃，三竿紅日塔爭高。龕燈未滅林鴉起，花雨初數野鹿嗥。千古玩鞭亭下道，相傳曾掛赭黃袍。」

可補卷二「七言律詩」。

太平府志卷三十九「藝文五、七言律詩、元、歐陽玄、玩鞭春色」。

「蕪湖北望褐山蒼，七寶鞭留此道旁。典午舊愁春草綠，巴騏遺跡陌塵香。追風竟莫逃神策，夢日猶能惜爝光。傍舍至今人賣食，年年社燕說興亡。」

可補卷二「七言律詩」。

太平府志卷三十九「藝文五、七言律詩、元、歐陽玄、神山時雨」：

「山上叢祠李衛公，阿香喚起滿山風。祇因行雨瓶無盡，翻覺凌烟閣未空。百戰陰靈餘翠靄，一噓元氣濕青紅。當年誤入神龍穴，贏得天瓢助雨工。」

可補卷二「七言律詩」。

太平府志卷三十九「藝文五、七言律詩、元、歐陽玄、吳波秋月」：

「幾回送客艤吳波，月上蕪城夜若何。野迥天低雲拍水，潮回風細浪生渦。舳艫不斷咿啞響，闤闠相傳欸乃歌。漁父不知如許景，家家燈火織烟簑。」

可補卷二「七言律詩」。

太平府志卷三十九「藝文五、七言律詩、元、歐陽玄、雄觀江聲」：

「空翠溟濛雲外邦，路經蕭寺入空矼。危亭屹立三生石，勝概雄吞萬里江。虎踞岸跟山影淡，鼉鳴沙嘴浪浪痕。淙登臨每動歸與，興慚恨滄白鷺雙。」

可補卷二「七言律詩」。

太平府志卷三十九「藝文五、七言律詩、元、歐陽玄、蟂磯烟浪」：

「銀濤堆裏室岧嶢，聞説江心舊隱蟂。擬傍龍宮抄玉蕊，如聆鮫室織冰綃。道人晨起煙中磬，靈后宵征月下潮。占斷江南形勝地，海門何處覓金焦。」

可補卷二「七言律詩」。

太平府志卷三十九「藝文五、七言律詩、元、歐陽玄、白馬洞天」：

「仙人邂逅此相逢，路入烟霞第幾重。紫燕飛來原有約，玉驄馳去竟無蹤。巖前雨露生芝草，澗底冰霜老翠松。幾度攀蘿尋勝蹟，短笻扶我上虬龍。」

可補卷二「七言律詩」。

太平府志卷三十八「藝文五、七言律詩、元、歐陽玄、荊山寒碧」：

「青翠松杉一帶長，雪峰倒影浸湖光。一簑晴絮收菰米，滿逕天花採玉肪。涇水東流冰滓白，淮山西借夕春黃。三年楚客江東寓，每見荊山憶故鄉。」

可補卷二「七言律詩」。

安福縣卷十八「賦詩、七言律、早歐秋山、歐陽元」：

「曲池流水淥潺潺，高下樓臺紫翠間。阮籍才華盛南族，謝安情致滿東山。標名花塢鶯爭道，集句桃溪鹿守關。酒掃園丁令白髮，秋翁化鶴幾時還。」

可補卷二「七言律詩」。

太平府志卷三十八「藝文五、七言絕句、元、歐陽玄、荊山」：

「一山西出一山東，八字分明在水中。往來古成多少恨，客愁無不在眉峰。」

可補卷三「七言絕句」。

廣東通志卷五十九「藝文、元、記、得全書院記、歐陽玄」：

「故宋丞相趙忠簡公，有祠於解之聞喜，玄嘗記之，時以國子博士趙君繼清之請也。繼清忠簡之六世孫，而玄之同年進士也。作聞喜祠，事甫畢，尋遷亞中大夫，出爲潮州路推官，潮蓋忠簡爲秦檜斥居之地也。忠簡爲相，欲使其君正名定義。檜爲相，欲使其君匿怨事讐。於是檜必殺忠簡然後已；計行，忠簡已斥。檜怒未已，事不可測也。忠簡因扁所寓之堂曰得全，自以爲庶幾獲免於權奸之手。嗚呼，忠簡國之元臣，而免於橫逆，爲其身之幸，宋事豈不大傷也。忠簡再斥，而潮人慕之不忘，堂存如新。爾後祠之於堂，有司因民所欲，視書院儀，歲時遣官獻享。迨嘉泰初，忠簡之孫謐，爲潮守，淳祐中，陳圭典郡，咸增葺焉。宋祚訖而書院廢，繼清之求外補於潮也，志固在得全。及至潮，利清訟理，大振厥職。因以所得職廩之資，復所謂得全書院，於潮城名賢坊西街之右。燕居祠庭，講肄之室，門墻堂廡，粲然畢備。俾潮民之秀，受業於其中。請設錄事司校官，以主領之。報政京師，即玄曰：解之祠，君記之矣。潮之書院，君又當記之，玄竊有感焉。古之君子敬其親，故愛其身而以全，而生之全而歸之者爲孝。若曾子之以孝稱，孜孜然保是以爲訓也。然語有曰：事君能致其身，致之云者，委而不有之名也。其全其毀，豈復計哉。龍逢比干，未嘗以是有負于孝。公有致身之義於宋，何獨以得全爲幸乎。已而思之，在其當時，使忠簡死於檜，而其事有益於宋，則身非所當惜也。方檜挾上令行己私，與其徒死而無益於事，則不如姑全吾父母之所生，事君事親之道，猶庶幾者也。忠簡之爲是言，豈得已也哉。況萬一檜斃，身得獨全，猶冀收再用之功也。又焉得不以是身之存，爲一時之幸乎。至於使公獲奉其得全之軀，以歸其父母，而使宋之時君，不獲有其全付之業，以見其祖宗，殆天之所爲也。雖然忠簡不幸，遇幅員分裂之世，遂齎志以歿。繼清乃幸生乎，車書混一之時。北作解祠，南爲潮之書院。相距萬里，所欲無克遂其志。豈不大幸於乃祖之所遇歟，宜其有光於前人也。學子來游，思忠簡之以道事君，而於得全爲非得已。又思繼清之顯親爲孝，而淑人以錫類，則藏修、進退、動審，其是海邦黎獻，褎然爲特出焉，此作書院之本意也。

忠簡名鼎，繼清名賢翁。」

可補卷六「記」。按歐陽玄，清代著作，均改爲歐陽元，或歐陽玄者，蓋避諱清聖祖玄燁之名使然。

畿輔通志卷九十七「藝文、記、通惠河政績碑記、歐陽玄」：

「中書右丞相鼎珠公，自居平章首席，既而升左相，又升右相，被命領都水監事。至正癸卯之正月，迄今數年之中，濬治舊規，抑塞新弊，水政大修。都水監長貳賓佐，共具實蹟，請於翰林歐陽玄，文其事於石，以貽後世。玄曰：丞相上佐天子，下理百官，日綜萬幾，朝野政務，莫相業所經綸也，奚獨於水政紀述乎。其長貳賓佐進曰：我國家之置都水也，始於至元之辛卯，丞相諤勒哲實唱其端。當時聖君賢相，爲慮甚周，爲制甚密。導昌平白浮之水西流，循西山之麓，會馬眼諸泉，瀦爲七里，東流入自城西水門，匯積水潭。又東，並宮牆，環大內之左，合金水河南流東出，自城東水門，又潞水之陽，南會白河，又南會直沽入海，凡二百里，是爲通惠河。置牐二十有四，跨諸牐之上，通京師內外，經行之道，置橋百五十有六。牐以制蓄洩，橋以惠往來。乃即運糧提舉司車戶千四百五十有一隸監，專治其事。牐與橋，初置於延祐中，易木以石，次第械之。命牐戶學爲石工，木鐵煉堊，皆習其技。歲械牐工與費若干，有司會其凡而籍之，歲以爲常，約歲若干。諸牐皆石，一切工役，取其牐戶口，不擾而集，國計不匱，民用之不乏，皆利賴焉。近年有司，擅以牐户，抑配各驛以給驛。至元延祐以來，祖宗之良法美意，日就蠹壞。今右丞相以聞，有旨復還若干户。餘州縣之侵軼牐户者，悉禁絶之。他户有避徭役之頻，仍因而亡者，咸復其舊。故得水利不墜，漕法不滞，有關國計民用甚重也。且通惠河之將入海也，衛漳貫之，遡漳西南，涉瀛博之野，南至於臨清堂邑之壩。過壩而南，爲會通河。盡豫兖青徐四州，境上之水入河，絶淮至大江而止。二河相通，其爲水利溥矣。有如京城西之金口，下視都邑，水勢如建瓴。一蟻穴之漏，則横潰莫制。求堤吏與牐户，晝夜分番邏視，不贍則借兵士於樞密，所係尤重。故水政之修，牐户之復，丞相有功於斯甚大，可無紀述乎。玄聞其言，乃考古而徵今。水在唐虞爲澤虞，在成周爲川衡。西漢太常、大司農、少府、内史、主爵、都尉，皆置都水長貳。武帝置水衡都尉，成帝置左右都水使者。東漢改置河堤謁者，晉改都水臺，又置前後中左右五水衡，以五使者領之。劉宋置水衡令，蕭梁改爲大舟卿，宇文置都水中大夫。隋置都水臺使者，尋復置監、少監，又改令、少令。唐沿革不一，或稱都水局，或稱司律監、或稱水衡監。或置使者，或置都尉。趙宋爲都水監，置判、監判，及丞、主簿等員。大抵掌川澤、津梁、渠堰、陂池之政。兼總舟航桴筏之算，就司其政以充用。故漢太常諸卿，各有水衡，盡征其入，給俸祿，所稱水衡錢是也。聖代捐國家之厚費，以利天下，而秋毫不征其資，視古之都水，有不可同年語者矣。但歷代建都，秦漢多在雍州，隔關隘之險，漕運極艱，用水極少。其後有都洛陽、大梁，亦不過濬洛入汴，瀹汝蔡入淮而已。我元東至於海，西暨於河，南盡於江，北至大漠，水涓滴以上，皆爲我國家用。東南之粟，歲漕數百萬石。由海而至者，道通惠河以達。東南貢賦，凡百上供之物，歲億萬計。絶江淮河而至，道通惠河以達。商貨懋遷，與夫民生日用之所須，不可悉數。二河泝沿，南北貨物，或入或出，遍天下者，猶不在是數。又自崑崙西南，水入海者，逿出南詔之後，歷交趾，闍婆、眞臘、占城、百粤之國。東南過琉球日本，東至三韓。遠人之名琛，異寶神馬奇產，航海而至，或踰年之程，皆由漕河，以至闕下，斯又古今載籍所未有者也。水政之重，可不以重臣領之乎。昔者舜舉十六相，共治海内。禹治水土，益治川澤。今之水政，禹益蓋嘗司之。然則重臣之典水政，唐虞以來之遺事歟，元職在太史紀載爲宜。右丞相喀喇氏，鼎珠其名。乃祖乃父，三世宿德，逮事列聖。篤於忠貞，數從王師，戰金入鄰，多積功伐。不妄俘戮，不希寵榮。有陰德餘慶，施於後人。丞相踵之，敭歷臺閣，三十餘年，清愼如一，熟知國家典故。及居臺揆，雅量鎭浮，坐決大政，不徵辭色，百度自貞，有古大臣之風。來求文以紀其蹟者，都水遜岱爾、段鼎新，少監諤勒哲特穆爾、太平努、蘇徹爾圖，監丞索諾木滿濟布哈實喇卜藏布瑪勒濟延，經歷實沙，知事初思道。爰系以詩曰：國治水官，象天元冥。都水有政，治國大經。於穆皇元，龍興朔方。秉令天一，並牧八荒。乃據析津，迺建神州。囊括萬派，衡從其流。東濬白浮，遵彼西山。即是天津，流畢昴間。西挹紫宮，南出皇畿。又東注海，萬派攸歸。東溟天池，若爲我瀦。

給我漕輓，徑達宸居。河濟淮江，陳若指掌。我鑿二渠，利盡穹壤。雖云盡利，我則不征。損利利民，治水水平。維今右相，自董水政。舉措不煩，户籍先正。昔命牐户，習鍛習礪。鍵木膠堊，各程其藝。制水有牐，通道有梁。息耗有則，啓閉有常。夫何牐户，俾役驛廄。是求善書，俾制之肘。相君既告，牐户内復。每歲鳩工，群匠來族。水政既舉，國計以滋。都人日用，源委莫知。彼水在國，血脈在身。百體輸精，五官當神。相爲股肱，水利實興。榮衛不凝，股肱宣能。維相君量，彭蠡大野。汪洋淵渟，安靜整暇。維相君力，砥柱龍門。捍彼衝潰，國之樊垣。有方斯定，有量斯寬。燮調雍容，歲溢旱乾。重華在位，禹益作相。庶工底績，百川是障。世皇濬渠，相曰謌勒哲。身先水官，相彼原隰。洵美相君，海内稱賢。罔俾哲輔，專美於前。六府三事，治先乎水。九敍惟歌，作者太史。太史作歌，載以龜趺。」

可補卷六「記」。

當塗縣志之二十九「記、元、普明禪庵記并序、歐陽元」：

「吾友姑孰黎中□，書具其里中，乳山普明禪庵刱□之始未，及其□可齋居士施財營繕之成蹟，□余記其事刻諸石。其□曰：乳山在當塗采石鎮之□北□是，大德四年鎮之居民王慈正，性好善，勤於事佛，以巳地爲庵，日誦經其中。至大二年，往和州歷陽縣之西梁山普明禪庵，棄家學佛，禮無用和尚爲師。泰定三年，請其師歸至乳山舊所建庵，安禪說法，以惠後學。無用和尚者本淮人，初爲講僧，後爲禪悟，而服粗食糲三十餘年，知人前後世事。或閑居隱匿，從師求懺，師皆知之。從遊者多至千人，而未嘗衒露。初至乳山舊庵，里人候其夜坐，每見天燈，自空而下，懸於長松之巔。泰定間，師一日謂其徒曰：淺陋不足以容眾，去此百步，左偏之岡，有善地可建庵。其徒審所止曰：地不產惡草者即所止也。往求之得其地，詢其傍耕農曰：是地地大雪至即消，相傳以爲得地脉之正。其徒乃遷庵居之，即今址也。庵初遷，好事者助建庵舍。匠得長材以爲柱，師取鋸各截二尺短之，眾問故，則曰我已衰老，此庵功德，非汝曹所能就。俟我栽松柏高與屋齊，當有善人成就茲事，汝曹第識之勿忘。元統元年，蔣山住持圓悟禪師曇芳，題其扁曰普明禪庵，蓋西梁山舊額也。庵無井，眾苦□汲，師曰：此中自有□□□土，汝由所墜，掘地爲井，下有伏龜，即得甘泉，如其言果然。至正元年，可齋居士割己產附近美田，充供佛膳僧，及接待十方之士。顧舊庵湫隘弗稱，復出錢市材，作寶殿兩廊諸神像，藻飾如法。居士與師道契深厚，及作佛殿日，師去而之淮已久，所植松柏皆林立，符昔所言。人以是知師謂善人，實指居士。五年庵成，九月二十六日，本庵師智妙自外歸，值晚，延見庵中樹杪有燈，心駭之。至庵叩門入訪，諸僧皆休息。回視燈燦燦有光，始悟與向無用師在時，所現天燈實同。作禮甫畢，燈如紅葉，冉冉墮地而滅。又有僧行銘，歸集慶百福寺，夜久月黑，急趨庵，迷庵所在，忽異光燭地隨之，至庵門比入，光遂散。豈非師之願力所在，精神流通，光氣時作敷。居士乞予言以傳不朽，予爲之銘曰：牛渚之磯，匯彼萬派。昔人□犀，下見水怪。水府所都，百靈走趨。宜有覺雄，作鎮鉅區。□無用師，建庵乳山。定寂有光，夜燭門闤。維居士黎，其性好施。出其餘貲，成此勝事。昔庵斷柱，□以慧刀。師□植樹，約與屋高。樹高齊屋，善士來營。金碧絢采，與樹爭榮。」

可補六「記」。

重修保定府志卷第二十四「記、完縣重修儒學記、翰林學士廬陵歐陽玄撰」：

「完舊有學，規制湫益，弗稱瞻視。近歲詔陞曾子、子思與顏子、孟子爲四公，侑享孔子殿上。完學舊像止顏孟，累政因仍議不遑。及至正十年庚寅春，奉政大夫蜀郡高侯存誠，來守是邦。視事之三日，受成校官。周視殿宇簡陋，象設未備。銳意改作，値歲儉民饑不果。十二年壬辰歲，谷既登，三月朔日。暨州學正董正，議舉初志。時河南軍興，供備浩攘，衆有難色。侯曰：軍興事雖亟，夫使有方，無相敚也。捐己俸千五百緡爲倡，進州之富民，有禮好義者謀之，咸願佽（疑爲欣）助，以成侯之志。乃涓吉除土，庀匠需材。撤故構新，增崇廊延，悉以法故。先生完賦役不均，民躓吏弊。侯至，先正尺籍，推民物力爲甲乙，然後民樂趍役。公不廢事，私不告疲。糗糧芻茭，餉戎事者，接軫于野。土木瓴甋給，與學者子來城中，觀者知高侯之善於使民，又嘉完民之敏於從善也。四月，監郡明里不花奉訓寔來，曉暢政理，協恭高侯，事益無疚。十三年癸已二月落成，新殿五間，視舊斥大。有垣其庭，有桷其楹，噲噲其正。素王南面，袞衣襜襜，衡紞紘誕，十哲卻肩。丈函席前，諸生升殿，布武折旋。顧瞻中庭，兩廡異然。神門巍巍，神道平平。外而靈星有門，內而明倫有堂。肄業有次，祭器有庫，籩豆既秩，絃誦偕作。吏會其用貲，以緡算萬有五千。朞月之間，厥功茂焉。學正董正具其顚末，以書至京，謁玄紀之。惟昔子路言志，聖門曰：千乘之國，攝乎大國之間，加之以師旅，因之以饑饉。由也爲之，比及三年，可使有勇且知方也。夫子路所謂有勇，即孟子所謂，修其孝悌忠信，可使制挺，以撻秦楚之間，堅甲利兵者也。所謂知方，即孟子所謂，未有仁而遺其親者也。未有義而後其君者也。要之，使民有勇，莫大乎仁義。使民知方，莫先乎學校。今夫仁義之功用，充周乎天下。生民日用而不匱者，國家興學之教，神聖立極之功也。王通氏遊孔子之廟，出而歌曰：大哉乎君君、臣臣、父父、子子、兄兄、弟弟、夫夫、婦婦、夫子之力也。其與天地合德，神道並行乎！繼又申之曰：天地生我而不能鞠我，父母鞠我而不能成我，成我者夫子也。道不啻天地父母，通於夫子，受罔極之恩也。高侯治完，介於三輔，當公私多事之秋。一日導民興學，其民應之，如身使臂，如臂使指，其故何哉？國恃仁義之力，以爲安者非一日，世感孔子之恩，以爲主者非一人。向使國之司民社者，皆知興化爲先務。世之行義理者，皆知事孔子爲報本。兵寢刑措之風，比屋可封之俗，可計日而待也，又豈特有勇知方而已乎！玄於高侯興學之政，益信仲由所言，治國之志，出於優爲。而王通氏歸夫子之論，有關世教甚大，故特表而出之，以爲之記云。高侯誠存，字明初。蜀前代名儒曰：鶴山魏公，恥堂高公，以道學參大政，時號高魏。明初，恥堂之後也。由經筵檢討致身，歷仕集賢大常，調四會尹，瑞州推官，所至有惠政。治完，均賦、簡訟、務農、興學，六事俱裒。每社置籍二，民有淑慝，命社長各以實書之月，上籍于州，覈其輕重而賞罰之，民用不犯。元統初，玄僉大常禮儀院事，明初爲掾，以賢能稱。是役也，同知卜顏帖木兒，忠顯判官倒剌沙，從仕吏目梅榮，皆左右之。學官董正，能植師道，克相其成焉，三月初吉記。」

可補卷六「記」。

江西通志卷一百二十七「藝文、記六、元、三賢書院記、歐陽元」：

「洪之奉新三賢書院者，舂陵周元公，眉山蘇文忠公，修川黃文節公之祠也。邑庠舊祠三賢，以元公嘗仕修川，黃文節公實修川人，蘇文忠公南行，弟文定公謫官筠州，因省其弟過洪州之筠，奉新爲邑，蓋有三賢之轍迹焉，故邑人慕而祠之。孔子之宮，更兵祠廢。世儒鄧公謙亨，久欲復之未暇。後至元五年已卯，有旨禁民爲蓮社，其祠宇聽民佃取爲業。有堂名種德者，適邇鄧氏居。謙亨與伯子祀謀，遂入辭于官。請爲三賢書院，有司許之，乃撤故益新，加以補葺。中爲先聖燕居，別室爲三賢祠，一如他書院制。既而講授肄習，悉循其規。於是割田若干，歲入得粟數百石，以備聖賢饗祀，師生廩膳之資。他日其季子梓，宰邑安化，道瀏上，將父兄命，具書院顛末，謁元爲之記。竊嘗考周元公，道德之盛，其出處正當汴宋承平之秋，君子衆多之日。而當世諸賢縉紳士，唯呂正獻，趙清獻二公相知文學。蘇文忠、黃文節，獨深企仰。文節稱公光風霽月，人品甚高。新安朱文公，每服其知言。文忠作濂溪詩有曰：先生豈我輩，造物乃其徒。此非深喻太極通書之旨，安能爲是言哉。然蘇公之識之卓，能知尊周子之學，而不能知程子之賢。黃太史之辭章，足以極周子之形容，其行義乃不足以，獲富鄭公之識鑒。孟子所謂智之於賢者命也，蓋蘇黃之知周子，即孟子所謂性歟。慶歷元祐諸公之罕接於濂溪，眉山之不偶於洛學，修川之不見察於彥國，豈謂命歟。二賢生平起敬周子之心，一日著於文墨，議論之間，詎知百歲同堂之祠，實張本於斯焉，是亦孟子之所謂命者歟。元固願士之來游來歌，於是者勵其希賢之志，勿諉於命，務究所知謂性不謂命焉。前修遠乎哉，元之是記，庶幾可爲諸士友進修之一助云。謙亨字仲謙，有德望於里中。杞、梓、克紹家學，梓登元統進士第，歷官以清幹聞。」

可補卷六「記」。

宣化府志卷三十六「藝文志二、雞鳴山永寧寺記，歐陽元」：

「大師右丞相秦王伯顏答剌罕，以已貲復建雞鳴山永寧寺。既成，皇帝有旨，命臣元紀其績於石。惟雞鳴山在居庸關北，勢連雲中，雄據上谷，爲燕代巨鎮。舊史言唐太宗，嘗駐蹕茲山，夜聞雞鳴，因以名之。山絕秀麗，有寺屹於山之嶺，是爲永寧。建於遼聖宗太平四年，歲久隳壞，累朝屢勑有司修之。至元丁丑八月，地道失寧，寺臨阽危，其屋盡壓，鐘及山王祠僅存。太師泰王扈從南還，目覩其變，思克復之。乃捐己貲，命工構材，傭力除去瓦礫，堙塞陵塹，治爲大途以運木石。重作正殿四楹，伽籃聖僧各一室，僧房齋廚，通爲三間。又建大小浮圖各一，俱在山頂，設爲欄循以捍險。山之腰，作救度觀音殿一所。山之麓，作堂八間，塑文殊普賢像各一，獅子吼觀音像一，自在觀音像一。造於大都華嚴寺，輦而致之。各置堂殿延請西域上士，宣演佛法，爲國祝釐。自至元戊寅八月鳩工，明年己卯三月落成。大都路達魯花赤荅罕出，實董其役。一椽之眞，一簣之資，皆大爲。山當大駕經行之途，永寧爲寺有列聖修管之績，國家閒暇，固無坐視其廢，而不加脩葺之理。然事出於官，則上耗國用，下勞民力，郡縣供億，徵求百端，其弊有不可勝言者。今太師身爲元勳，務自撙約，出其羸餘，成是茂舉，遂使國無錙銖之耗，民無刻剝之苦，可謂難矣。跡其體國之誠，愛民之切，自佐命大臣未見有若是者。異時大駕時巡，皇覽寓目，有山川宏麗之美，無陵谷變遷之虞，聖心亦可怡然而釋慮矣。抑太師尚義好施，有不可盡述者。其賜田汴梁，以五百頃供帝師。賜田武清，以二百頃捨入大都慶壽禪寺。其志皆以集禧皇家，上報人主。又自奏陳，請以私帑鈔十萬錠，賑濟居庸以北，至於朔漠驛户之匱乏者。無非紓國裕民，事附著於斯爲宜。」

可補卷六「記」。

江西通志卷一百二十七「藝文、記六、元、錦江橋記、歐陽元」：

「錦江橋者，建城敖君玉溪，初爲新昌通守，自歷官宣政院，往來必經是橋。偶見其敝，以已貲修之，鄉人嘉其成功，相與名其橋曰錦江，以志其還鄉之榮焉。歲久復敝，子百川又新之，屬予記。予惟大夫士，得意當時，歸榮故鄉。其志不以宿昔恩讐爲先，而能思以一己之惠，爲方來無窮之恩。若玉溪之於斯橋，其識豈不高且遠哉。曰錦江，雖出於鄉人愛敖君之辭，亦敖君有以得鄉人之愛，而後然也。百川不墜先人之令名，重葺斯績，以永鄉人之美意，豈非孝乎。在禮，祭則設先人之裳衣，以其嘗服被也。是錦也者，玉溪昔者服斯榮於其鄉，百川葺之，不盛於當之設。江發錦山，道良溪，至橋三十里。橋爲礅，一爲隄岸，二爲屋十有六楹，中三間爲樓。初修以延祐之六年，今修以至正之七年。百川才器通敏，今爲岱山場鹽司，令克廣先志，不獨斯橋爲然。上而長安、昌溪、藍田、高原，下而平山、龍江、晉安、雲風，百餘里間，凡建十餘橋，行道皆甃以石焉。」

可補卷六「記」。

安南志略、海外紀事、安南志略卷首「安南志略序、十」：

「天曆中，玄象奎章學士，同被命纂修經世大典。書成將進，大學士何榮，以古愛黎崱所撰，安南志來上，詔付書局。乃作安南附錄一卷，載之地官賦典。至元年，玄被召北上，適江漢，黎君以是志請玄序。玄竊有感，夫聖元至仁如天，一視遐邇，使南交君臣籲龥中土，數十年，無秋毫羈旅之態，遂得優游閒暇，肆筆辭章。既能圖上本國地形，以及風宜土產人物之詳。且于使介往還，所得文字，悉著于編。向非帝德涵育之深，聲教漸被之大，何自而臻是歟？昔孔子刪詩，存式微于衛，此雖以見寓公無聊之情，然當時無能芘賴之者，於此可考矣。夫以是推之，安南是志，方今文學之士，亦宜表章於宋世。我國家柔遠之德，包舉六合，垂示萬世者，不在茲乎！黎君號東山，讀書好古，與齒俱宿。其他詩可傳者甚富云。翰林侍講學士歐陽玄序。」

可補卷八「序」。

吉安府志卷六十七「藝文志、下篇、序、宴雅堂集序、歐陽元」：

「永豐劉先生，窮年邃學，見推名流。年九十有五，讀書作文，如中年人。是年豫章熊先生，以昔者衛武年九十五，猶宴居誦大雅以自儆，扁其堂曰宴雅，而併記之，一時賢大夫士咸爲歌詩。按楚語左史倚相，誦述武公之言。大概謂：衛在朝之群臣，毋以老耄而舍我，必恭格朝夕以交戒。我若在輿位宁，倚几居寢，臨事宴居，必史不失書，矇不失誦，以訓衛之臣。於作懿戒以自儆，即令抑詩。意是詩作，官箴工誦，別有其辭，既作遂以誦歟。侯包以爲誦者，即今抑詩，必有所據也。竊嘗論之古之諸侯，自壯至老，舉動之間，皆有音聲節奏，以道其德性之和。而衛武公宴居之誦，猶致儆戒之意。獨傳於後世者，豈非人之一生，更嘗之勞，至於衰暮。而一日酬酢之勞，至於宴居，訖可少息。武公以蓁高之齒，處退公之朝，持守不懈如此，固世之所罕見也。周至厲王，文武之道衰矣。同姓之國，有一衛武，精悍絕人，克享上壽，周之元氣，是足以中興矣。夫劉氏世爲永豐望族，先生字叔正，號桂林，翁後得年百有三歲。諸孫楚奇，仕京師，燁然有聞於縉紳間，擢貳湖廣儒臺，宦業日盛。他日示予以宴雅詩，求予詞，因題其集而歸之。」按楚奇、劉鶚之字。

可補卷八「序」。

燕石集卷首「原序」：

「漢初詩學方興，燕人韓嬰，作外傳數萬言。史稱其言，與齊魯殊。又言嬰嘗傳易，燕趙間，人喜詩，故詩傳而易徵。余讀是，有以知燕之爲詩，蓋千有餘年。於此外傳言，奇詭卓犖。而詩之爲教，本乎山川之風氣，人物之性情者也。燕東並遼海，通蓬萊，西北控并塞。自昭王好神仙，往往招致畸人方士於其國。至若豪俠，則易水之歌，漸離之筑。楚漢間，安朝生蒯通兩人者，則又嘗合二者之奇爲一矣。其風聲氣習，歲月之鬱湮，世故之感發，不激爲變宮變徵之流，則溢出爲騷雅歌行之盛，一氣機之宣流耳。翰林薊門宋君顯夫，予詩若干首，余讀盡卷，求一言之陳無有也。雖大堤之謠，出塞之曲，時或馳騁乎江文通，劉越石諸賢之間。而燕人凌雲不羈之氣，慷慨赴節之音，一轉而爲清新秀偉之作，吾知齊魯老生之不能及是也。奈何猶以燕石，自名其集耶。顯夫年強仕，所作當日富，所造詣未易窺，姑序余所睹，記如是云。至正元年三月丙子，奉政大夫藝文少監，長沙歐陽玄序。」

可補卷八「序」。

傅與礪文集附錄「歐陽文公送之廣州儒學序」：

「古之使，賓有介，主有擯。介之數有九，有七，有五，有三。擯之名，有上有承有紹，人之多所以備儀文，愼辭命也。然諸候聘問之道，宜若是也。我國家有六合，率土悉臣，新天子即阼則一。遣使頒正朔於南交，馳一傳可也。以尚書一人行，以郎中一人副，又聽其以文學之士從焉。雖柔遠之事，亦重矣，豈非斟酌古人，擯介之設歟！元統改元之使事，清江傅君與礪，實相其行。聞其辭命之際，傅君之助尤多。次年南交來朝貢，其人往往稱傅君之能。於是廟堂，特以粵郡文學旌之。繇傅君在京師，好學能文章，尤長於詩。縉紳間，每誦其佳句，語曰：誦詩三百，授之以政不達，使於四方不能專對，雖多亦奚以爲詩。本人情通物理，其言溫厚和平，長於風論。故能詩者，必達於政，而善於言。其或不能，則口耳於詩者也。今傅君以能詩名中國，以能使名遠夷，不亦宜乎。記又載夫子之言，入其國其教可知也。其爲人溫柔敦厚詩教也。粵爲郡，極東南之瀕，意其東南溫厚之氣，磅礴鬱積於斯。故其民庶而富，而教興焉，矧以能詩之士教其人乎！異時觀風之使，來詩之官，至於南粵，將以惇厚之俗，和平之聲，陳於中朝，縉紳之士其翕然曰：是吾傅君之爲教乎！其行也敘其事，以爲之兆云。元戊寅四月初吉，翰林侍講學士中奉大夫知制誥同脩國史兼國子祭酒冀郡歐陽玄序。」

可補卷八「序」。

此山詩集卷首「序」：

「栝蒼周君此山，初以四明袁文靖公薦，選預館職。君雅志沖抱垂成而歸，乃得肆力於辭章。所爲樂府、歌行、大篇、小章、古律、近製、眾體畢具，往往多可誦之句。頃國子生葉敬常攜其編，諳余評之。余愛其無險勁之辭，而有深長之味，無輕靡之習，而有春容之風。因謂敬常曰：周君其溫然有德之士乎。他日君乘小車來過余，體充而氣龐，神腴而言揚，此其蓄於內者厚，發於外者閎，若合符契。或曰能詩者不必有德，有德者不必能詩。君於周君何以因言，而知人若蓍蔡耶。余曰不然，古之人，聞樂以知政，詩與樂同出一，初皆感於性情，而動於聲音者也。因詩以知人，蓋文士之通技也。抑余不獨因是，以知周君之生平，且有以觀世尚矣。宋金之季，詩之高者，不必論。其眾人之作，宋之習近骫骳，金之習尚號呼。南北混一之初，猶或守其故習，今則皆自刮劘而不爲矣，世道其日趨於盛矣乎。雖然昔者子貢問子石，何不學詩。曰父母求我孝，兄弟求我悌，朋友求我信，何暇哉。子貢曰：捐吾詩，學子詩矣。若周君則有是三者，而從事於詩者也，其孰能過之，因志余之說於是。元統二年八月初吉，翰林直學士中憲大夫知制詔同修國史盧陵歐陽玄序。」

「僕既序，復見詩集，留莆田陳君處。陳爲之精選，又倍神采焉。僕因致點校之助於其間云，歐陽玄識。」

可補卷八「序」。

金臺集卷首「金臺集敘」：

「三代而上，天地之英，著爲禮樂。三代而下，禮樂之英，散爲文章。禮樂文章，無處不有，無時無之。是故禮之用，莫妙於樂。文章之用，莫妙於詩。英即妙也，發舒而可見，謂之英，鼓舞而莫測，謂之妙。於是詩與樂之妙，可以動天地感神明，廣聲教移風俗也。皇元混一以來，諸國人以詩文鳴者，前代罕有。困嚁羅納延易之，卓然繼前脩之後，以能文稱，而尤長於詩。其詩清新俊逸，而有溫潤縝桌之客。七言傑者，儗盛唐焉。近年來京師，因裒其作，題曰金臺集。暇日袖以視余，謁余題其帙端。顧余引年治歸，欲誦佳句於百僚，恨已晚矣。然念九州共貫之久，而士有斯作焉，治世之音，其來方昌，兆見於此。譬如鸑鷟鳴於高岡，目前狌鼯之皐，無足怪也。會當脩承平舊觀，置之承明奉常之署，以制作之事歸之，其將咸韶斯世也歟，志余喜以俟。至正壬辰七月初吉，鼇扉老人，新賜致仕歐陽玄，書于京城慶壽禪寺之僧舍。」

可補卷八「序」。

江西通志卷一百二十「藝文、碑碣一、元、張將軍祠碑、歐陽元」：

「饒之安仁，玉眞山惠寧廟之左寓，祠張將軍者，宋亡之死士也。將軍初從江陵守高達，至元十二年，天兵下江陵，達降。將軍帥其徒，淮士百人，去之洪州。是冬，洪又降，去之信州。會儒臣謝枋得守安仁，斷橋樹栅爲拒。將軍聞之，帥所從赴謝軍。謝喜得淮士，授誠信郎、帳前都提點，推心脅任之。將軍感激，籌策部署，咸獲其用。十三年二月諜言：我師來自江右，謝兵千餘人禦之。既而自饒來攻，謝遣爲徼，將軍奮大刀砍殺數人，前軍稍卻。後軍大集，繞出謝軍後，於高岡立幟，將軍顧見驚潰。俄矢中將軍馬鼻，迺步戰死之。我師義其人，求之仆尸中，歎曰：壯士！壯士！取衾覆之。將軍歿，數著靈異，邑人祠之。水旱疾疫，禱之必應。儒學教授胡均式入京，禱於將軍，約至京，求朝士爲文刻祠，中乃未暇。至順元年，與編皇朝經世大典。明年書垂成，感寒疾，不能執筆。友人蕭徵之驚曰：若嘗以文字有諾，責於神者。式遽曰：是將軍也。取珓祝之曰：聞書局官歐文監，明當候式，以祠記屬之可乎？擲得吉。詰朝，余果來，具以告，余曰諾，式疾即瘳。書來求文，遂記之。又作迎饗送神詩，以遺祠者，使並刻之石。將軍諱孝忠，道州人。辭曰：釃酒兮滿壺，陳牲兮鼯辜。神降兮醉飽，割牲兮飲酒。佩長劍兮荷長殳，弓在室兮知在廚。生爲人兮盡瘁死，歿爲神兮降蝦異。世世有明主兮咸秩無文，不廢明祀兮以勸事君。神去兮奈何，鼓坎坎兮巫屢歌，神恩奮兮挽天河。挽天河兮洒斧斯，祛厲鬼兮阜時康。民無災兮物無害，欻長嘯兮倚天外。」

可補卷九「碑」。

大名府志卷十「藝文志、元禮儀院判昔李公墓誌銘、歐陽玄、元學士」：

「至正三年三月十三日，太常禮儀院判，河西昔李公，以疾卒於淮西懷遠之別墅。是時閑居幾三十年矣，卒之年六十有三。其年太常之命始下，遺言歸葬大名祖塋。越十有五年，子道安用治命，將卜吉治兆域。以靜修書院山長命初所狀，行謁翰林歐陽玄，請銘墓道。惟太常公諱勃，小字孛蘭奚，字天廣，姓昔李氏，其先夏人。五世祖諱某，生三子。長玉里止吉住，爲夏國經略使。次達加沙，次小李玉黑。達加沙，生疾利沙。我元太祖皇帝，初定西夏，獨先諸部請降，命守大名，子孫世襲其職，今歷八世。至大中，其孫教化，仕至開府中書平章，封魏國公。疾利沙，贈太傅魏國公，謚貞獻。子愛魯，仕至雲南行省右丞，亦贈太師魏國公，謚忠節。其玉里止吉住，爲經略使者，實長嫡也。生子曰朿南玉紺部，是爲公之曾大父。有子曰小李玉，是公大父也。太宗皇帝命領兵鎮西土，有子曰乞荅哈，是爲公之父。年十三，能自選名馬，踰也涼傑薛涼傑之地，間關萬里，東至大名居焉。未幾，爲質子於北，歲已未，以兵從憲宗皇帝伐宋。攻蜀之合州釣魚山有功，賞白金鎧。至元初，從大帥用兵於南，拔江陵、沙洋、新城。轉戰略地廣東西，積勞伐授昭勇大將軍、懷孟衛輝等路新軍萬户。後辭軍職，歷沅州、安慶、江陵、陝州，四路達魯花赤，所至有治蹟。至元二十九年，卒于位。二子，長益怜眞，仕至武德將軍、新昌州達魯花赤。次即公，至大初年，起家入宿衛，初除承事郎、陝西行臺監察御史。未上，改河南行省理問。僅滿，延祐四年，除江南行御史，五年改江西行省理問，泰定二年，除山北遼東道肅政廉訪司僉事，皆不行，自是家食以終。公雅量高智，喜慍不見於色。幼從鄉先生直甫學，讀經務通大義，銳然立志，以躬行爲本。弱冠，有臂力，善射。始以趙國公野納荐，入見仁宗皇帝於潛邸。及登極，公出入禁闥，敬慎小心。仁宗一日燕内廷，盛醉就寢，公侍立竟日不去。上寤驚曰：爾猶侍朕左右也，由是器異之。及掌尚轝，平章政事簫拜住傳旨，取二腰帶，公曰：帶前此以賜人矣。蕭下急，遽（康熙字典無此字，疑爲遽之誤）斥之。公曰：平章何怒？有日曆在。取曆眎之，蕭語塞而去。公嘆曰：丈夫生世，乃以虛名，爲人所辱至此，即求去。同列以上眷顧，尼之。然公引退之志，實自此始。洎爲汴省李（疑爲理之誤）官，讞獄多所平反，有盛譽于時。省鎭撫阿散，鞭軍校李僧兒七十歲之母，且受賄賂，公按問甚急。參政脫驩，力捄之，公卒論如法。宣使宋其不直宿，行省付公治其罪。平章托滿赤，曲庇其人，公不少貸。托滿赤怨，望公數以語見侵。郎中王劈常與論事，數不合，公即移疾求去。右丞石仲璋、參政趙敬甫，強起公。歲及滿，遂浩然賦歸，自是無仕進意。天歷初，文宗皇帝自江陵，入續大統。道過汴，一時人才交騖以赴事。會汴省起公爲理問，以疾辭，堅臥不起。公少孤，有至性，十餘歲，居父喪，哀毀如成人。既長，自以蚤失怙恃，歲時祭必竭誠，稍不如式，輒終日不樂。兄病，不遠千里，往侍湯液。與朋友交，可託生死，懷遠支縣尹，一家俱喪，公經理其後事，厚賻之，使得歸葬。南臺掾馮秉珪亡，止遺一女，臨危以託公。乃閱其家貲，記諸籍，俟其女長予之，秋毫無所失。

生平家產，不及中人，而賓客過者，必具禮膳。獨不喜人以物餽己，故人皷住，雄於貲，以揮金致美譽聞四方。一日袖兼金遺公，公毅然卻之，猶切責不已。考其自少至老，蒞事極有才力，而居官之志常薄。筮仕以來，知遇最早，而居閒之日，視居官之日。常多人謂其，從方外高士戴蒙菴游，必有所受。觀其恬愉自信，出於天資，非友助所能致也。學顏平原書，遒勁有法。好讀資治通鑑，能評古今事機，如指諸掌。脫留意醫藥，作秘方，精選以惠人，用者多驗。初娶蕭氏，平江路同知塔海之女。繼宋氏，濟南褋造提舉友慶之女。子男一，道安。女五人，孫男一人。覯僧道安，少在侍下，公嚴毅，嘗終日不辭謦欬，長能守禮法。用公蔭授大都燒鈔庫大使，轉遵化主簿。未上，辟大宗正掾，今饒陽縣達魯花赤。公在別墅，好藝菊自況，因號菊心。玄銘公卿大夫墓多矣，所得高蹈遠舉者，惟公一人。故不辭而銘之。銘曰：高爵厚祿，代不乏人。徽節清風，世常絕鄰。人好功名，舉世滔滔。士懷道義，沒世愈高。道義功名，兼得實難。南人高碑，察其所安。偉矣太常，靈武之傑。播其清風，植其徽節。方其居官，才刃有餘。卷而懷之，進退裕如。深山有雲，非不能霖。其犇出岫，匪雲素心。兩畀豕冠，一授騶轡。掉鞅弗顧，端居求志。此志所向，萬夫莫回。俯仰順適，招之不來。有履滿户，有酒盈尊。有菊粲粲，目擊道存。言采秋英，濯彼寒泉。侑以銘章，薦公新阡。」

可補卷十「墓誌銘」。

畿輔通志卷一百三「傳、曹瑋傳、元、歐陽玄」：

「曹瑋字寶臣，武惠王彬之子也。李繼遷叛，諸將數出無功。太宗問彬誰可爲將者？彬曰：臣少子瑋可任。即召見，以本官同知滑州，時年十九。眞宗即位，改内殿崇班知渭州。馭軍嚴明，有部分賞罰立決，犯令者無所貸。善用間，知敵動靜，舉措如老將，徙知鎭戎軍。李繼遷虐用國人，瑋知其下多怨，即移書諸部，諭以朝廷恩信，撫養無所間，以動諸羌，由是康奴等族内附。繼遷西蕃還，瑋邀擊於石門川，俘獲甚衆。以鎭戎軍據平地，便於騎戰，非中國之利。請自隴山以東，循古長城，塹以爲限。又以弓箭手皆土人，習障塞蹊隧，曉羌語，耐寒暑。官未嘗與兵械資糧，而每戰輒使先拒賊，恐無以責死力。遂給以境閒田，春秋耕斂，州爲出兵獲作，而蠲其租。繼遷死，德明立，所屬有數大族，請拔帳自歸，諸將猶豫不敢應。瑋曰：德明野心，不急折其翮，後必颺去。即日將其兵，薄天都山，受降者内徙，德明不敢拒。帝以瑋習知河北事，乃以爲眞定路都鈐，轄領高州刺史。瑋嘗上涇源環慶兩道圖，至是帝以左右曰：南北山川城郭，出入戰守之道，盡在是矣。因令別繪二圖，一留樞密院，一付本道。復知渭州，於是隴山諸族，皆來獻地。瑋築堡山外，爲籠竿城，募土兵守之曰：異時秦滑有警，此必爭之地也。徙知秦州，初秦州置四門砦，侵奪羌地，羌人多叛去。瑋招出之，令入馬贖罪還故地，至者數千人。每送馬六十四，給綵一端。築十砦，浚濠三百八十里，皆役屬羌廂兵，工費不出民。其年置勒斯賚，率衆數萬大入寇。

瑋迎戰三都谷，追奔三十里，斬首千餘級，獲馬牛雜畜器仗三萬餘。自是罝勒斯賚勢蹙，退保磧中，不敢出。丁謂逐寇相寇準，惡瑋不附巳，指爲準黨，謫知萊州。謂敗，復華州觀察使知青州，徙天雄軍，瑋用士得其死力，平居甚閒暇，及師出，多奇計，出入神速，不可測。一日張樂飲僚吏，中坐失瑋所在，明日徐出視事，而賊首巳擲庭下矣。嘗稱疾加砭艾，臥閣內不出。會賊至。瑋奮起被甲跨馬，賊望見皆遁去。其在邊，蕃部有過惡者，皆平定之。每以餞將官爲名出郊，而兵馬次序以食品爲節。若曰下某食，即某隊發。比至水飯，則捷報至矣。瑋在秦州，有士卒十餘人，叛赴敵軍。吏來告，瑋方與客圍碁不應，吏亟言之，瑋怒叱之曰：吾固遣之去，汝再三顯言耶。諜聞之，亟歸告其將，盡殺之。塞上多廢地，瑋募人耕之。若干畝出一卒，若干畝出一馬。至其種斂，爲發州兵戍守。邊儲以寔，所募皆爲精兵。又募弓箭手，使馳射校強弱，勝者予田二頃。再更秋課市一馬，馬必勝甲，然後官籍之，則加田五十畝。至三百人以上團爲一指揮，擇要害處，爲築堡，使自塹其地，爲方田環之。立馬社，一馬死，衆爲出錢市馬。開邊濠，率令深廣丈五尺。山險不可塹者，因其峭絕治之，使足以限寇，後皆爲法。降者既多，因制屬羌，百帳以上，其首領爲本族軍主。次爲指揮使，又其次爲副指揮使。不及百帳，爲本族指揮使。其蕃落將校，止於本軍敍進，以其習知羌情與地利，不可徙他軍也。舊例羌殺邊民，入羊馬贖罪。瑋以如此，非所以尊中國，而愛吾人。下令羌自相犯，從其俗。犯邊民者，論如律，自是無敢犯。瑋爲將幾四十年，未嘗敗衄。自三都之戰，威震四海。在天雄，契丹使過魏地，輒陰勒其從人，無得高語疾驅。天雄卒，有犯法，衆謂獄具必殺之。瑋乃處以常法，或以爲疑，瑋曰：臨邊對敵，斬不用命者，所以令吾衆，非喜殺也。平時治内郡，安事此乎。初守邊時，邀山東知名士賈同與俱，同問從兵安在？曰已具，既出就騎，見甲士三千列立，人音不徹舍。同歸語人曰：瑋果名將也。眞宗愼兵事，凡邊事，必手詔詰難至十數。反而瑋守初議，卒無以奪。他將論邊事者，往往密付瑋處之。瑋好讀書，所如必載，書數兩兼。通春秋公穀左傳，而尤熟於左氏。瑋爲將不如其父寬然自爲一家云。卒贈侍中，謚武穆。嘉祐八年，配享仁宗廟庭。寶元中，王驂爲樞密使，趙元昊叛，帝召問樞臣，皆不能對，明日樞府四人皆罷，而王驂謫虢州。語所善翰林學士蘇公儀曰：王驂此行，十年前已有人言之。驂爲三司鹽鐵副使時，以事至河北，曹南院爲定帥，驂事畢將還，瑋謂驂曰：願少留一日，欲有所言。驂愛其雄才，遂爲之留。明日食罷，屏左右曰：公滿面權骨，不十年必總樞柄。此時西方當有警，公宜預講邊備，蒐閱人材，不然無以應卒。驂曰：何以教之？曹曰：瑋在陜西日，趙德明嘗使人以馬，易於中國。怒其息微，將殺之。德明有一子，方十餘歲，極諫不已曰：以戰馬資鄰國，已爲失計。今更以貨殺人，誰肯爲我用者。瑋聞其言，私念之曰：此子欲用其人矣，是必有異志。聞其嘗往來牙市中，屢使人誘致之，不可得。乃使善畫者，圖其貌，觀之，眞英物也。此子必爲邊患計，其時，正在公秉政之日，公其勉之。駿是時未以爲然，今知其所畫，乃元昊也。」

可補卷十五「贊、疏、書、啓」之末

畿輔通志卷一百三「傳、呂端傳、元、歐陽玄」：

「呂端字易直，幽州安次人。父琦晉，兵部侍郎。端少敏悟好學，以蔭補千牛備身，歷國子主簿，太僕寺丞，秘書郎，直弘文館。換著作郎，直史館。太祖即位，遷太常寺丞，知浚義縣，同判定州。開寶中，西閣門使郝崇信使契丹，以端假太常少卿爲副。八年知洪州，未上改司門員外郎、知成都府，賜金紫。爲政清簡，遠近便之。會秦王廷美尹京，召拜考功員外郎，充開封府判官。太宗征河東，廷美將有居留之命。端白廷美曰：主上櫛風沐雨，以申弔伐。王地處親賢，當表率扈從今主，留務非所宜也，廷美由是懇請從行。尋坐王府親吏請託執事者，違詔市竹木，貶商州司户參軍。移汝州，復爲太常丞判寺事。出知蔡州，以善政，吏民列秦借留，改祠部員外郎知開封縣。遷考功員外郎，兼侍御史知雜事。使高麗，暴風折檣，舟人怖恐，端讀書若在齋閣時。遷户部郎中，判太常寺兼禮院，選爲大理少卿，俄拜右諫議大夫。許王元僖尹開封，又爲大理少卿，俄拜右諫議大夫。許王元僖尹開封，又爲判官。王薨，有發其陰事者，坐裨贊無狀。遣御史武穎。内侍王繼恩，就鞫於府。端方決事，徐起候之。二使曰：有詔推君，神色自若。顧從者曰：取帽來。二使曰：何遽至此？端曰：天子有制，問即罪人矣。安可在堂上對制使，即下堂，隨問而答。左遷衛尉少卿，會置考課院，群官有負譴置散秩者引對，皆涕泣以饑寒爲請。至端即奏曰：臣前佐秦邸，以不檢府吏，謫掾商州，陛下復擢官籍辱用。今許王暴薨，臣輔佐無狀，陛下又不重譴，俾亞少列，臣罪大臣辜深矣。今有司進退善否，苟得穎州副史是臣之願也。太宗曰：朕自知卿無何，復舊官，爲樞密直學士，逾月拜參知政事。時趙普在中書，嘗曰：臣觀呂公奏事，得嘉賞未嘗喜，遇抑挫未嘗懼，亦不形於言，眞台輔之器也。歲餘，左諫議大夫寇準，亦拜參知政事，端請居準下。太宗即以端爲左諫議大夫，立準。上每獨召便殿，語必移晷，擢拜户部侍郎平章事。時呂蒙正爲相，太宗欲相端。或云端爲人糊塗，太宗曰：端小事糊塗，大事不糊塗，決意相之。會曲宴後苑，太宗作釣魚詩有云：欲餌金鉤深未達，磻溪須用釣魚人，意以屬端。後數日，罷蒙正而相端焉。初端兄餘慶，建隆中以藩府舊僚，參預大政。端復居相位，時論榮之。端歷官四十年，至是驟被奬擢，太宗猶恨任用之晚。端爲相，持重識大體，以清簡爲務。慮與準同列，先居相位，恐準不平。乃請參知政事，與宰相分日押班知印，同升政事堂，太宗從之。時同列奏對，多有異議，惟端罕所建明。一日内出手劄戒諭，自今中書事，必經呂端詳酌，方得聞奏，端愈謙讓不自當。初李繼遷擾西鄙，保安軍奏獲其母，至是太宗欲誅之。以寇準居樞密副使，獨召與謀。準退過相幕，端謂準曰：上戒君勿言於端乎？準曰：否。端又曰：邊鄙常事，端不必與知。若軍國大事，端備位宰相，不可不知也。準告其故，端曰：何以處之？準曰：欲斬於保安軍北門外，以戒凶逆。端曰：必若此，非計之得也，願少緩之。即入奏曰：昔項羽得太公，欲烹之。高祖曰：願分我一杯羹。夫舉大事不顧其親，況繼遷悖逆之人乎！陛下今日殺之，明日繼遷可擒乎。若其不然，徒結怨讐，愈堅其叛心耳。太宗曰：然則何如？端曰：以臣之愚，宜置於延州，使善養視之，以招來繼遷。雖不能即降，終可以繫其心，而母死生之命在我矣。太宗撫髀稱善曰：微卿幾誤我事。即用其策，其母後病死延州，繼遷尋亦死。繼遷子，竟納款請命，端之力也。進門下侍郎，兼兵部尚書。太宗不豫，眞宗爲皇太子，端日與太子問起居，及疾大漸，内侍王繼恩，忌太子英明，陰與參知政事李昌齡，殿前都指揮使李繼勳，知制誥胡旦，謀立故楚王元佐。太宗崩，李皇后命繼恩詔端，端知有變，鎖繼恩於閣内，使人守之而入。皇后曰：宮車已晏駕，立嗣以長順也，將如之何？端曰：先帝立太子，正爲今日。今始棄天下，豈可遽違命有異議耶。乃奉太子至福寧殿中。眞宗既立，垂簾引見群臣，端平立殿下不拜，請捲簾，升殿審視，然後降階，率群臣拜呼萬歲。以繼勳爲使相赴陳州，貶昌齡忠武軍司馬，繼恩右監門衛將軍，均州安置。旦除名，流潯州，籍其家貲。眞宗每見輔臣入對，惟於端肅然拱揖，不以名呼，又以體軀洪大，宮庭階戺峭峻，特令梓人爲納陛。嘗召對便殿，訪軍國大事，經久之制。端陳當世急務，皆有條理，眞宗嘉納，加右僕射兼修國史。明年夏被疾，詔免常參，就中書視事。上疏求解，不許，十月以太子太保罷。在告三百日，有司言當罷，奉詔賜如故。車駕臨間，端不能興，撫慰甚至。辛年六十六，贈司空，謚正惠。」

可補卷十五「贊、疏、書、啓」之末。

畿輔通志卷一百三「傳、李若水傳、元、歐陽玄」：

「李若水，字清卿，洺州曲周人，元名若冰。上舍登第，調元城尉。平陽府司錄，試學官第一濟南教授，除太學博士。蔡京晚復相，子絛用事。李邦彥不平，欲謝病去。若水爲言：大臣以道事君，不可則止，何不取決上前。使去就之義，暴於天下。顧可默默托疾而退，使天下有伴食之譏耶！又言積蠹已久，致理惟難。建裁損而邦用未豐，省科徭而民力猶困，權貴抑而益橫仕流。濫而莫澄，正官置驛求賢，解榻待士，采其寸長遠見，以興治功。凡十數端，皆深水中時病，邦彥不悅。靖康元年爲太學博士，開府儀同三司高俅死，天子當挂服舉哀。若水言俅敗壞軍政，罪當與童貫等，得全首領以沒，尚當追削官秩，示與衆棄。而有司欲加縟禮，非所以靖公議也。章再上，乃止。欽宗將遣使至金國，議以賦入贖三鎭，詔舉可使者，若水在選中。召對賜今名，遷著作佐郎爲使。見尼瑪哈於雲中，纔歸，兵已南下。復假徽猷閣學士馮澥以往，甫次中牟，守河兵相驚以金兵至。左右謀取間道去，澥問何如？若水曰：戍卒畏敵而潰，奈何效之。今止有死耳，令敢言退者斬，衆乃定。既行，疊具奏言，和議必不可諧，宜申飭守備。至懷州，遇館伴蕭慶，挾與俱還。及都門，拘之於沖虛觀，獨令慶澥入。既所議不從，尼瑪哈急攻城。若水入見帝，道其語，帝命何㮚行，櫓還言，二人欲與上皇相見。帝曰：朕當往日幸金營，過信而歸。擢若水禮部尚書，固辭。帝曰：學士與尚書同班，何必辭，請不已，改吏部侍郎。二年，金人再邀帝出郊，帝殊有難色，若水以爲無他慮，扈從以行。金人計中變，逼帝易服，若水抱持而哭罵不絕口。金人曳若水出擊之，敗面氣結仆地。衆皆散，留鐵騎數十守視。尼瑪哈令曰：必使李侍郎無恙。若水絕不食，或勉之曰：事無可爲者，今日順從，明日富貴矣。若水歎曰：天無二日，若水寧有二主哉！其僕亦來慰解曰：公父母春秋高，若少屈，冀得一歸覲。若水叱之曰，吾不復顧家矣，忠臣事君，有死無二。然吾親老，汝歸勿遽言，令兄弟徐言之可也。後旬日，尼瑪哈召計事，且問不肯立異姓狀。若水曰：上皇爲生靈計，罪已內禪。主上仁孝慈儉，未有過行，豈宜輕議廢立。尼瑪哈指宋朝失信，若水曰：若以失信爲過，公其尤也。歷數其五事曰：汝爲封豕長蛇，流毒中土，滅亡無日矣。尼瑪哈令擁之去，反顧罵益甚。至郊壇下，謂其僕謝寧曰：我爲國死職耳，奈併累若屬何！又罵不絕口，監軍者撾破其脣，喋血罵愈切，至以刃裂頸斷舌而死，年三十五。寧得歸，具言其狀。高宗即位，下詔曰：若水忠義之節，無與比倫，達於朕聞，爲之泣涕。贈觀文殿學士，謚忠愍。死後，有自北方逃歸者云：金人相與言，遼國之亡，死義者十數，南朝惟李侍郎一人。臨死無怖色，爲歌詩，卒曰：翹首問天兮卒無言，忠臣效死兮亦何愆，聞者悲之。」

可補卷十五「贊、疏、書、啓」之末。

三十、補余闕「青陽集」

鳳陽府志卷三十五「藝文、詩、元、余闕、第一山」：

「第一山頭雲淡淡，玻黎泉靈日輝輝。太平官府原風景，又向松間喝道歸。」

盱眙縣志卷二十三「古今體詩、元、瑞巖菴、余闕」：

「孤絕緣高障，幽尋及早春。送燈瑤殿小，煮酒瑞泉新。陽彩方澄景，淮流欲近人。燕談眞得地，風磴入深筠。」

二詩可補卷一「詩」。

江西通志卷一百四十八「藝文、詩二、五言古、元、賦得琵琶峰送人降香龍虎山、余闕」：

「瓊峰毓奇態，高高出先天。柄超琳闕迥，盤影綠池圓。別廊標蒼樾，回窗蓄紫煙。淙流如度曲，藤蔓似長弦。肖像生儀始，希顏太古前。雖無羅袖拂，常映碉花妍。予有靈侯技能彈大道篇。函香一臨眺，天際意飄然。」

可補卷一「詩」。

天台勝跡錄卷之二「桐柏觀、余闕、字廷琛、號青陽人、文貞公」：

「靈越此稱秀，隱嶙表東區。拔地凌丹霄，緣爲青芙蕖。緣壁陟霞上，有嶺乃周盧。瓊階掩奧室，赤城標外樞。樓如空中現，人若華上居。不知三岳表，當復有此無。留連臥日反，非爲失歸途。」

可補卷一「五言古詩。」

待制集卷首「原序」：

「天地之化物，類人事之理。久則敝，敝則革，革則章。非敝無革，非革無章，吾何以知其然也。在易之革，革之卦貞離，而?悔離文也。時至於革，則其敝也久矣，夫兑離所勝者也。物敝當革，雖所勝者熄之，故兑革離。夫惟革其故，而後新可取。故革其文者，乃所以成其文也。近取諸物，若虎豹之文，非不彪然炳也。及久而，敝則黶昧龐雜，曾不若狌狸之革而章者也。四離之終，而革之時也。五與上革之功也，故五爲虎變，而上爲豹變。以其世考之，成周之文，唐虞以降，之所未有也。至孔子之時，乃大敝矣。周公聖人也，曷不爲是勿敝之道，以貽其子孫，以傳之天下後世，使之守而無變哉。蓋物久而敝，理也。理之，以至聖人亦末如之何也。孔子之作春秋，或者以爲絀周之文，崇商之質，夫豈盡然！以其告顏子四代之制，與夫後進禮樂者觀之，則其所損益者可知也。由周而來，亦可見槩見。漢之盛也，則有董子、賈傅、太史公之文。東都而下。則敝而不足觀也。唐之盛也，則有文中子韓子之文，中葉而下，則敝而不足觀也。宋之盛也，則有周子、二程子、張子、歐魯之文，南遷而下，則敝而不足觀也。夫何以異于虎豹之文，彪然炳也。及久而敝，則黶昧龐雜，曾不如狌狸之革而章者哉。文之敝，至宋亡極矣。故我朝以質承之，塗彩以爲素，琢雕以爲朴。當是時士大夫之習尚，論學則尊道德，而卑文藝。論文則崇本實，而去浮華蓋久。而至於至大延祐之間，文運方啓，士大夫始稍稍切磨爲辭章，此革之四而趨功之時也。浦江柳先生挾其所業，北游京師，石田馬公時爲御史，一見稱之，已而果以文顯。由國子助教，四轉而爲翰林待制兼國史院編修官。蓋先生蚤從仁山金先生學，其講之有原，而淬礪之有素。故其爲文，縝而不繁，工而不鏤。粹然粉米之章，而無少山林不則之態，惜其未顯而已。老欲用之，而已沒也。余在秋官時，始識先生，嘗一再與之論文甚懽。比以公事過其家。問其子孫，得其遺文凡若干篇。因使先生弟子宋濂、戴良彙次之，將畀監縣廉君刻之。浦江學官，世有欲徵我朝方之文者，此其一家之言也，必有取焉，因題其卷首以俟。至正十年八月丁祀日，武威余闕序。」

可補卷二「序」。

湖廣通志一百十二「藝文志、記、元、天門書院碑記、余闕」：

「皇上稽古明道，飭躬建極，孜孜於治者十有四年。慨然念生民之末遂，徽化之未洽。遂詔大臣，嚴守令之選，更考績之法。使之務農業興學校，以其殿最而進退之。維時貫侯阿爾斯蘭哈雅，來監慈利。乃均賦疏訟，剔出奸強，民志丕應。州有廟學，既敝且壞。侯與同知州事楊君雄偉，判官李伯顏，焦君克忠，勸其邑人萬文綬，悉備完之。天門書院者，國初時，州民田公著，作之山中。傍鄰獠峒，職教罕至。榱楝摧腐，神用弗寧。租入單寡，士無以養，名存實廢，靡所爲教。於是山長張德明，以請於侯。侯益大悶，不任以隳教本。民有田懷德詣侯言曰：昔吾父榮孫，嘗爲州作三皇廟，鄉邦稱之。今仁侯幸導宣德意，惠教遐壤。願輸財力，遷而大之。乃度地於澧水之陽，天門之麓，揆日程事，百工並作，期月而學成。宮廟閎敞，階序整峻，講肄㕑爨，具治弗遺，稱其所謂諸侯頖宮者。民士懷道，鼓篋而至，敬業樂群，惟侯之教。侯復爲之據經引史，開析疑義，訢訢顒顒，有如鄒魯。邑人楊侯舟，張侯兑，皆以髦俊，登名天府。有政有文，侯又尊而禮之，以表民厲俗，其於教思亦云勤矣。然不自以爲功，使使來鄂，願有紀述。曰：俾吾民獲聞道德仁義之言，君之賜也。昔我祖宗已篤於教，武宗仁宗益大用勸。至於皇上，同符往哲法。宮之中萬幾之暇，惟先王簡冊，臥起與俱。以古之治，禮德是首。乃著吏課，俾民興學，荒遐所任，非賢不使。故爾民得賢侯，以治以教。俾爾游乎詩書之淵，而息乎禮義之圃。其小人服禮以事其上，其君子力學以待用。則上之德，與民之幸，其眂於古，豈不侈且大哉。宜有銘詩，以昭化志功，章於無窮。前後野僊哈雅君之昆季，世系勳閥，具見州學之碑。曰：帝篤保惠，惟守惟比。詢於台衡，命以六事。貫侯振振，慈利是監。去其螟蟊，使民耕蠶。既網既紀，於學有事。民誰子來，惟此田氏。惟此田氏，肯長厥里。相侯有作，丕應厥志。厥初元聖，越處在阿。樂是侯興，式遷於嘉。嵩梁有址，井絡所委。凌黔轢溆，爲望於澧。山有松柏，是斵是削。是髹是蔽，爲棟爲桷。陟其在筵，龍辛朱延。臨爾炳然，降觀於宇。

秩秩有序，作配在下。笙磬柷敔，牡齋維旅。侯入即事，其儀伊詡。坎坎擊鼓，有士如雨。侯陳其書，以教以語。以酬以酢，以論以報。執爵與酳，以事父老，理融於中，和暢於膚。有頑弗即，亦來在隅。有簡有秩，惟帝訓勑。惠於天常，於帝之極。昔弗課吏，祇事以文。今著孔嚴，民章聿興。楚公之孫，兄弟先後。克廣帝心，道民於厚。天門之墟，新廟有儀。侈茲侯功，俾爾遂歌。」

可補卷三「記」。

師山集「師山遺文、附錄、與子美先生書、余闕」：

「闕稽顙再拜，去歲聞賊陷徽州，漫不知尊兄何在？日夜縣縣。後得帖元帥報，始乃下懷，不知書院如何？去春寇迫鄉城，僕始走六合，道數遇賊幾陷者再。客居臥病，又爲淮帥所捉，使從軍合肥。合肥氣數，上下雷同，賊至即爲走計。一有言守禦者，衆輒相視如讐，人大恐，淪胥以敗。尋得調戍安慶，私竊自幸，以爲頗得展布矣。到鎮以來，丁賊之衰，一戰卻之。往時賊月一再至，今不至者八月餘矣。諸軍且會漢鄂，九江蘄賊大窘，度不久當成擒。惟濠壽主將，未甚得人，未見涯涘耳。僕平生以親故，奔走四方。近終養將謂可遂，羈鳥故林之願，不意際此攙槍殆命也。亂注易說，廿餘年不得成。頃在行間，又大病，常恐身先朝露，徒費心力。今幸不死，且粗脫稾，何時盍簪以求正其遺缺，臨風傾注。王仲溫行謹，附承動靜，不覺多言如此。相見當如何，餘惟自重不次。七月三日，闕謹啓子美聘君先生閣下。病後有心疾，作書多錯，皇恐。」

師山集「師山遺文，附錄，又與子美先生書、佘闕」：

「闕拜啓子美聘君先生執事，王仲溫還自新安領所，荅書憂懸方置，聞師山書院又獨存，尤以爲喜。僕自前歲冬，寇退之後，即大病不飲食者廿餘日。自以爲戰不死，即病死矣。其後幸愈，而氣體覺甚衰。因念平生，雖忝登仕版，而甚奇不偶，未嘗少得展布所學之一二。而易者五經之原，自以爲頗有所見，其說草具而未成書，遂取至軍中脩改。今友生輩錄出，或者後有子雲好之，亦不徒生也。比日賊勢浸，有澄清之象，賤體之頗強，尚冀可以少進，未敢示人也。寒舍書籍，在莊上，亂後散失者十七八，聞館中書籍亦然，甚可惜。徽有鶴山易集義，吾家有之，比歸點視，止存三五冊。其版在否？若亦燬，得勸有力之家刻之爲好。以文屢有書，觀其字畫，恐亦有老態。葉景淵聞知婺，源有政聲。此人甚有治才，若益加勉，當不在人後，望時有以教之。徽人之來舒者，時惠書爲望。旦晚洗甲即告退，念欲南遊一番，未知得所願否！未見自重，不具。二月五日，闕再拜。」

師山集「師山遺文、附錄、又與子美先生書、佘闕」：

「闕啓：程客還，附書並令取王仲溫處大字去，此時想至左右矣。秋清隣壤計定，山林得安處，可以爲慰敝邑粗守，然未見大定之日。何時釋此重負，消搖以奉清言，如雙溪時也。以文在翰林，嘗苦差遣，近除助教，可無此苦。此左右所欲聞，漫以爲報鄉人。施子有家童往婺源，闕淮椒一裹奉寄，未見，千萬保重，不具。九月四日，闕拜啓子美聘君先生執事。」

三函可補卷五「書」。

宋文憲公全集卷四十「余左丞傳」：

「余闕字廷心，一字天心，唐兀氏，世居武威。父沙剌藏卜官合肥，遂爲合肥人。母尹氏，夢異人生闕，闕生而髮盡白。家貧，年十三始能就學。嗜欲甚淺，不知有肉味。惟甘六藝，學若飴嗜之不厭，與河南張恆遊。恆臨川吳澄弟子。善談名理，闕之學，因絕出四方。擢元統癸酉進士第，授同知泗州事。泗瀕淮，民豪弗馴，令蝕人士田，官籍之，多以誣去。闕繩尤暴者數十，不敢譁。廖甲與舒乙競田，廖焚舒廬舍，舒婦偶母子同死，遂寘灰燼中誣之，闕爲白其事。泗無麥，民以乏，故事弗聞。闕上之中書，定爲令。凡無麥者，減賦代還。長老爭進金爲壽，闕謝去。後闕往桐城，道逢故民，皆羅拜馬首，相隨信宿而別。俄召入應奉翰林文字，轉中書刑部主事。三月之間，疏滌冤滯獄五百。上官忌其才，議寖不合，闕上宰相書言狀，又不報，投袂而歸居。忘何復召修遼宋金三史，拜監察御史。上疏言守令最近民，欲萬國治，責守令。反是，政龐宜用殿最法，力行之便，上從之。藩王府諸校，白晝奪金道上，勢如狼，闕鞭遣六十人。上思治切，議遣奉使巡察郡國。闕言奉使恆無狀，所至處，食飲供張，如事至尊。曾不能宣上憂恤元元意，宜亟罷之。闕後補外，會奉使者亦至，執闞臂曰：誠如君言，知闞忠亮不怨。闞在位，知無不言，言峭直無忌，人勸闞少辟禍，闞曰：吾縱惛，豈不知批逆鱗爲危。委身事君，身雖殺弗悔也。改中書禮部員外郎，闞議復古禮樂，其言精鑿有徵，聞者斥爲迂闊弗用。安西郭氏女，受聘未行，會卒，郭自縊死。有司請旌其門，闞以過於中庸，不可以訓格不下。出爲湖廣行省左右司郎中，廣西多峻山，負粟輸官者，厄於道險，費常倍，闞命以爲帛代輸。右丞沙班，怙權自用，多錄其私人，闞每抗辭沮之。會莫傜蠻反，當帥師，又止不行，無敢讓之者。闞揚言於庭曰：右丞當往，受天子命，爲方嶽重臣，不思執弓劍討賊，乃欲自逸耶！右丞當往。沙班曰：郎中語固是，如芻餉不足何？闞曰：右丞第往，此不難致也。闞下令趣之，三日皆集。右丞行章，宣慰伯顏，以婆律香贄闞，闞覺重，辟之，香中果胎黃金。章歎曰：余贄達官多矣，潔如冰壺，雖余公一人。復以集賢經歷召入，預修本朝后妃功臣傳。遷翰林待制，出僉浙東道廉訪使事。發姦擿伏，聰察若神。州縣聞闞至，貪墨吏多解印綬去。婺定賦，無藝役，小大各違度。闞遴官履畝實之，傜賦平。衢士無養，以沒入田，分隸學官。郡長燕只吉台，肆毒殘衢民，民重足立，闞鞫治之獄。上行御史臺，臺臣與其有連，反以事劾闞，闞歸青陽山。已而丁尹氏憂，闞日夜悲號，有甘露降於墓，君子以爲孝感。至正壬辰，天下兵動，平章政事晃忽兒不花，方統戎淮南，承制起闞，權淮西宣慰副使，分治安慶。安慶距城皆盜柵，人爭謂不可往。闞毅然請行，從間道入。推赤心待人，罷其苛賦。

轉粟以哺餓夫，八社民翕然歸。闞知民可用，乃帥之破雙港砦。砦甚固，小路若髮。闞被甲荷戟直前，賊空砦出鬭，殺傷相當。至日昃，賊死戰鬭，不勝退，復收散卒誓曰：死則死此爾何生爲！一鼓而進大破之。諸砦畏威，次第降。闞益繕城浚濠礪矛戈，分屯耕外田。民懼不能者，遣軍士護之耕，賊來輒與戰，一日賊四合，旌旗蔽野，鼓譟之聲震天地。闞縱梟騎數十，大喊而出，賊勢披靡，遣兵擊之，斬首數千級。當是時淮東西皆陷，獨安慶巋然存。賊來戰又數敗，賊銜之。僞作尺牘，通城中諸大姓，約期日反，冀闞捕戮之。闞曰：我民安有是，命悉焚去。賊計窮，復城中諸大姓，約期日反，冀闞捕戮之。闞曰：我民安有是，命悉焚去。賊計窮，復令闞故人衛鼎許大明，以甘言說降，闞命牽出，以鐵椎擊碎齒頰，縣其皮東門。灊山有虎傷人，闞造文檄山神使驅虎，虎出境。功上中書，朝廷俾爲眞。陞同知淮西宣慰副都元帥，賜以上等及黃金束帶。江西諸官軍，動號數萬，掠玉帛，殺嬰兒寘戟上以戲。沿江州郡患苦之，獨不敢近城下。即近，出師擣退之。或服其義，至有來歸充將校者。溪河兵屯潯陽，命使者帥壯士百輩，腰刀直入，脅主供億。闞叱左右，收縛付獄，且上疏言：貓獠素不王化，其人與禽獸等，不宜使入中國，他日爲禍將不細，後竟如闞言。轉淮南行省參知政事，尋改右丞，賜二品服，闞益自奮，誓以死報國。立旌忠詞以厲將佐，時集祠下，大聲謂曰：男兒生則爲韋孝寬，死則爲張巡許遠，不可爲不義屈，意氣慷慨甚。丁酉冬，賊大集諸部圍城，戰艦蔽江而下，樵餉路絕，兵出數失。戊戌正月七日城陷，闞猶帥衆血戰，身中三矢，賊呼曰：余將軍何在？吾將官之，有生致者，予百金。闞戟手罵曰：余恨不得嚼碎汝肉，吐餧烏鳶，寧復受汝官耶！賊怒舉長鎗欲刺闞，闞遂自刭沈水，死年五十六。其妻耶卜氏聞之，亦率其子得臣，女福章，赴水死。諸將卒慟曰：余將軍不負國，我等可負余將軍耶！從而死者千餘人。朝廷知其忠，贈闞榮祿大夫、江浙行省平章政事，謚曰忠愍，追封夏國公。闞爲人剛簡有智，無職不宜爲，爲即有赫赫名，所至薦賢旌孝義如恐後。每解政，開門授徒，蕭然如寒士。五經悉爲之傳，註多新意。詩文篆隸，皆精緻可傳。贊曰：於戲闞眞人豪也哉！獨守孤城逾六年，小大二百餘戰，戰必勝。其所用者，不過民間兵數千，初非有熊虎十萬之師。直激之以忠義，故甘心效死而不可奪也。雖不幸糧絕城陷以死，而其忠精之氣，炯炯上貫霄漢，必燦爲列星，流爲風霆，散爲卿雲，凝爲瑞露。闞雖死而其不死者，固自若也。然而闞死於君，而能使妻死於夫，子死於父，忠孝貞節，萃於一門，較之晉卞壺家，又似過之矣。於戲闞果人豪也哉！余來江左，見其門生故吏，言闞事，多至泣下。因想見戰守處，江流有聲，而斷雲落日，淒迷於莽蒼間，猶足以動人悲思。因掇其行事成傳，以示爲人臣者。」

「濂既作余廷心傳，又見其門人汪河言。當廷心死時，其妾滿堂，生一子甫晬，物，懷子以去，今三歲矣。人或戲子曰：汝父何在，子橫指拂喉曰：如此矣。此一事也。池州判官李宗可，蘄人也。李嘗文身，又號爲花李。善槊，視賊欲呑。廷心兄闌，嘗以女歸之。及來舒，命權義兵萬户，統新軍守水砦。前後多戰功，賊來破城，李横槊入賊中，殺死甚眾。聞廷心死，馳馬還家，聚妻孥謂曰：余相公死國，吾亦義不屈。汝等毋不死，爲人所魚肉，拔劍無大小盡殺之。出解甲據胡牀中坐，取酒飲至醉，復衣甲，自刎死。此一事也。嗚呼仁者宜有後，而義烈之士，聲光可流於無窮。濂雖不文，唯恐其失墜也，故復附著於篇。」可附錄卷之末，蓋集中無其碑、傳

三十一、補張翥「蛻菴集」

蘇平仲文集卷五「張潞國詩集序」：

「故元翰林學士承旨、嶺北行省平章政事、致仕潞國張公，既薨之十一年，其方外友北山上人，彙其詩來南京，屬前靈隱住山見心復禪師類次之，將刻以傳。會伯衡自金華召至，乃請爲之序。伯衡曩在史局，讀公之傳，念其詩文，莫之收拾，久且軼墜，嘗竊歎焉。則今於北山之請也，其能以不敏辭乎！夫文辭之盛衰，固囿於世運，而世運之盛衰，亦於文辭焉見之。然則誦其詩，而欲知其人，可不尚論其世乎！昔元起朔方，有天下，至元貞大德而盛莫加焉。公之生，也適際其時，其所鍾者粹矣。其言之品也，有以哉。然而羇窮不偶，留滯江湖之表，詠歌寂寞之濱，幾五十年。至正初，始用薦者通朝籍，至是而昔之耆老，凋謝殆且盡矣。由國子助教，八轉拜翰林承旨，遂擅文章之柄，而雄視乎天下，斯文

之未泯，實有賴焉。而孰知夫養之也厚，而用之也不亟，是以其望，寔如彼之暴著也。豈僥倖於一旦，坐致顯融者，所可同日語哉。自公居翰林，國事日非，疆圉日蹙。故其鋪張帝載，黼黻王度之什，既與清廟，我將之頌鹿鳴鳧鷖之雅比隆。至於緣情托物，發爲聲歌，顧於匪風下泉有取焉。方鳴其盛，而遽履其衰，不亦悲乎！夫何天不憖遺，而公云亡，公亡不獨詩亡，而元尋亦亡夫矣。文章世運，固迭爲盛衰者。與抑觀漢唐以來，凡以文鳴者，際乎天地之運之盛也。其制述乃有治古之風，逮夫光嶽分裂，皆靡然若緒風之泛弱卉，不有作者不能自振焉。今公晚年之作，雖當運去祚移之際，其情舒而不迫，其氣淳而不散，其言簡以壯，和以平，猶之盛年也。其然，非其中有不隨世轉移者存然乎！不謂之作者可乎！則其詩誠不宜無傳也。公平生寓情詩酒，所作至多，而不自惜。掇其遺，尚五百餘篇，皆可垂憲來學者。公無子，一女亦先卒。其薨也，卜地燕京城南而安厝之，北山之力居多。北山廬陵人，受業衡之福巖寺，遊燕京三十年，雖佛之徒，而喜從吾儒者遊，與公交最善，今老矣。而圖公之不朽者甚篤，視惠勤之於六一居士，庶幾無愧也已。伯衡之會試禮部也，公實同知貢舉，得所對策，嘆賞不寘。同事者以其言切直黜之，公爭之不得，每與歐陽文公言之以爲恨。而文公以語伯衡，雖不獲綴公門生之末，而公亦伯衡之知己者矣。執筆序公之詩，於改土之後，俯仰今昔，泫然久之。」

可補卷首「序」。按翥追封潞國公。

雲南通志卷二十九之十三「藝文、詩、五言古詩、元、西蕃青、學士張翥、寧晉」：

「西道出邛僰，百里彌箐林。俛行不見日，刺木鬱蕭森。伏莽有夷獠，巢枝無越禽。根盤三嶺險，氣接西蕃深。銀山雪夏白，金沙嵐晝黔。主恩畀良帥，時乎靖蠻心。風威所播灑，瘴地空毒淫。願言闢南徼，蔽以樹棠陰。」

可補卷一「五言古詩」。

傳與礪文集附錄「又附諸公送與礪詩、張翥」：

「軺車已出瘴雲深，還抱除書向海潯。官有廣文堂下馬，裝無使者槖中金。千年國史書奇節，萬里蠻荒入壯吟。今日東歸人共羨，斑衣如繡照家林。」「右張翥仲舉」

可補卷五「七言律詩」。

浙江通志卷二百七十六「藝文、詩、七言律詩、述慈溪景、元、張翥」：

「往年使過慈湖上，風景依稀可畫傳。紅葉樹藏秋水寺，白頭僧渡夕陽船。竹林雨過山多筍，漁浦潮來海有鮮。藉爾遠公能愛客，不妨酬唱酒尊前。」

可補卷五「七言律詩」。

江西通志卷一百二十七「藝文、記六、元、武安塔記、張翥」：

「至正十年春，予使還閩中，驛次玉山。有山蒼峭如立筆，其巔有塔，高見數十里外。僧寺塔下，棟宇林立，悠悠然動於目。詢諸鄉人曰：此武安山塔院也，監縣壽安所重建。是山巖壑深秀，專勝茲邑。今侯作新於久廢，其外壯以崇門，下瞰溪之玉虹橋，誠如長虹臥波。直山之半，爲溪山一覽亭。歲時士女來遊來娛，寧侯之理，而同侯之樂，前所未聞也。予於監縣有同遊之好，聞之快然以懌。既抵縣，侯謁於館中，語間起曰：武安塔院成，舊無刻文可考見，茲復弗記，恐後將泯，惟先生書之。按圖經，縣本唐砂礫鎮，鎮之望玉山也，縣因以名。其西南則武安山，山有塔院，故老相傳，宋人鄭長者實爲之。迨嘉熙辛亥，忽摧其頂，粤十二年而塔盡圮。後十六，邑人毛士安，合衆力以復之，見於郡士謝禹之賦。若院之廢，當在宋亡時，用兵於閩。縣據南北衝，仍以兵燹，唯塔獨存而遺趾可辨也。榛莽委翳，狐兔所伏，山川息靈，民庶觖望，過者吁嚱！雖物之興廢有數，茍非其人，則亦孰暇以爲此事乎！侯以有爲之才，來掌斯邑，乃能追古之遺躅，還太平之盛觀。一邑之人，扶老攜幼，往來遊陟舉欣欣然有若郵人之言者。侯之所施，先後適宜。故人敏其政，而舉廢之功，易樂與民同。而近者之悅衆，俾勝地不終蔽，以發揮溪山於荒寂，因爲之書。不然民勤於力，而土木之役興，乃區區塔院之務，復又何記焉。」

可補卷之末，蓋其集悉詩無文。

安雅堂集卷首「安雅堂原序」：

「陳君衆仲，爲國子丞，而予助教於學，且居官舍相邇也。其日從論議者殆踰年，求君文者，屢常接户外，加雖臥疾，猶操筆呻吟不少置。其卒也，予哭之悲焉。風雅寥闊，追念故人，欲一如疇昔，坐談千古，以發諸識趣之表，既不可得。又竊慮其遺編散失，無以暴白於後也，今年冬出使閩南，詢其子籲，得家藏全藁，曰安雅堂集，凡十三卷。嗚呼文章至季世，其敝甚矣。元興以來，光嶽之氣既渾，變雕琢磔裂之習，而反諸醇古，故其製作，完然一代之雄盛。文人學士，直視史漢，魏晉以下蓋不論也。方天歷至順間，學士蜀郡虞公，以其文擅四方，學者仰之，其許予君特厚。君亦得與相薰濡，而法度加密焉。故其所鋪張，若揖讓壇坫，色莊氣肅，而辭不汎也。其所援據，若檢校書府，理詳事覈，而序不紊也。其思緜麗藻拔，而杼機內綜也。其勢飛騫盼睞，而精神外溢也，此君之所自得，而予常以是觀之，今其已矣。詎意夫履君之鄉，敘君之文，而寓其不已之心乎，炳焉其若存的焉。其遂傳中山之序柳州，白傳之序江夏，友義之重，古今所同。因籲之請，乃書而冠諸集首。至正九年龍集己丑季冬望日，翰林修撰河東張翥序。」

可補卷之末。

午溪集卷首「午溪集原序」：

「詩三百篇外，漢魏六朝唐宋諸作，毋慮千餘家，殆不可一一論。五七言，古今律，樂府歌行，意雖人殊，而各有至處，非用心精詣，未知其所得也。余蚤歲學詩，悉取古今人觀之，若有脱然於中者。由是知性情之天，聲音之天。發乎文字，間有不容率易莫寫。然亦師承作者，以博乎見聞，游歷四方，以熟乎世故。必使事物情景融液混圓，乃爲窺詩家室堂。蓋有變若極而無窮，神若離而相貫，意到語盡，而有遺音。則夫抑揚起伏，緩急濃淡，力於刻畫點綴，而一種風度自然，雖使古人復生，亦止乎是而已矣。麗水陳伯銖父受學外舅此山周君衡，有午溪集一編。余嘗讀此山詩，喜其深遠簡勁，有詩家高處。既又讀午溪詩，大篇短章，何其聲之似君衡也。伯銖年正強，才正裕，苟不絕於吟，而會通所作焉，古不難到也。伯銖余交厚，故論及此，且書於午溪集後，庶乎覽者，謂所言何如也。至正三年季春上除日，應奉翰林文字登仕郎同知制誥兼國史院編修官張翥書。」

可補卷之末。

居竹軒詩集卷首「居竹軒詩集原序」：

「成君原常之爲詩，既博取選唐中州而長之，故發乎情者，雖若憤慨思憂，與夫婆娑暇豫也，而無不深致其功焉。余在廣陵時，嘗與周游乎山僧野士之寓，或大江眺群峰，或升蜀岡坐茂樹，未嘗不詩。是作也，其或風日之朝，燈火之夕，樽俎前而几杖後，未嘗不詩。是談也，方其索句，雖與之論說，應答而中實。注思揣練有得，則躍躍以喜，一字或聱，必帖乃已，信乎深致其功也如此。間嘗語余曰：吾仕宦無天分，園田無先業，學藝無他能，唯習氣在篇什，朝哦夕諷，聊以自娛其閒逸，非復求聞於世也。仲舉深知我，得不薦之以言，而時出以自省乎。余誼不容辭，以跋涉世故未能一引筆也。今乃不遠數千里，緘所作居竹軒稿，以尋宿諾焉。遂爲書於編曰：余學之大氐，詩以法爲守，以聲爲準，以神爲用，故法貴整嚴，法不整嚴，則聲爲之散矣。而聲貴諧婉，聲不諧婉，則神爲之黯矣。而神貴飛動，神不飛動，則徒法矣。三則猶持衡，然首重則輕，末重月釗軒，唯適於稱焉，爾若詩亦稱矣。固平昔所深許者也，又將焉告。輒爲正誤五字，且錄之而藏於蛻闇之竹素房，河東張翥書。」

可補卷之末。

三十二、補納延「金臺集」

浙江通志卷二百七十三「藝文、十五、詩、七言古詩、仙居縣杜氏二貞廟詩幷序、元、納延」：

「東陽杜氏二女子，蚤喪父母，鬻餅市中。廚人挑之，二女子憤殺廚人，走匿仙居之孟溪。夜雨水漲，皆溺死。其屍閣巨木上，蒼藤纏束，儼若棺槨，時隋大業間也。唐令令孤取其遺骨，塑像建廟溪上。宋令古靈陳襄，禱雨屢應，刻石祠下。國朝至正壬寅，東陽陳君元祥，以浙省員外，督制茲邑。水旱之禱，顯有奇徵。明年，君督漕入京，請諸中書，命太常議封貞惠、貞淑二眞仙。元祥因徵賦詩廟壁云：君不見，瀟湘江上斑斑竹，雨灑踈林淚痕綠。又不見，金溪縣兩嬋娟，有化白金金漸復。至今九疑山下大，江西窈窕祠堂依。古木仙居更有杜，貞娥千古清風凜。相續貞娥鬻餅東陽市，廚人相挑憤投齒。捉刀夜斷賊奴頭，勇力眞同丈夫子。脫身竄匿來盂溪，木食澗飲幽巖栖。煢煢姊妹自相保，天寒愁聽哀猿啼。夜雨奔流溢山趾，月黑溪深黯無底。嗚乎雙娥同溺死，玉骨藤纏高樹裏。開元賢令銜餘哀，築祠卻傍蒼崖開。悲風蕭蕭落山葉，精靈日莫猶歸來。陳侯自是古靈後，來作仙居民父母。銜香赤腳禱龍湫，秋日甘霖起枯朽。去年飛章徹九閽，紫綾裁誥褒貞魂。鸞車孔蓋蔽白日，彷彿來謝朝家恩。男兒堂堂軀七尺，忍垢含羞汙簡冊。何如貞惠貞淑兩眞仙，萬古千秋具廟食。」

可補卷一「七言古詩」。

三十三、補貢師泰「玩齋集」

宣城縣志卷之三十二「藝文、詩、元、貢師泰、邑人有傳、麻姑觀」：

「麻姑山下水涓涓，十里青松引洞僊。菡萏夜開丹滿室，琅玕春長玉爲田。空壇雨過苔痕滑，密徑風回樹影偏。可是心清自無暑，更移竹榻向林泉。」

可補卷四「七言律詩」。

樂清縣志卷五「寺院、寺、叢林、白鶴禪寺、元、貢師泰詩」：

「四山拔地金圍刹，雙瀑垂天雪湧雷。春暖丹霞生石壁，夜涼月明照瓊臺。張仙入竹蒼龜化，王子吹簫白鶴來。獨倚闌干望東海，上方鐘聲接蓬萊。」

可補卷四「七言律詩」。

金臺集卷首「果囉羅易之詩序」：

「易之果囉羅氏也，少居江南，長遊齊魯燕趙之間，以客於師，博學善歌詩。其詞清潤纖華，每出一篇，則士大夫輒博誦之。大抵五言，類謝眺柳惲江淹。七言，類張籍王建劉禹錫。而樂府尤流麗可喜，有謝康樂鮑明遠之遺風。間錄其近作一編來謁曰：僕於世甚拙知焉，不能出奇於時，鈎連強近，以有祿爵。力焉不能操弓挾矢，馳驟風雨，以自效於時。又不能占占逐利，如鷹鸇鷙鳥之發也。此心泊然無佗好，其有好而得之者，盡在是矣。太史危君，嘗爲僕序前所錄藁，吾子幸更序之。予聞果囉羅氏，在西北金山之西，與回紇壤相接，俗相類，其人便捷善射，又能相時，居貨媒取富貴。易之世出其族，而心之所好，獨異焉，宜乎見於詩者，亦卓乎有以異於人也。雖然富貴，可以知力求，而詩固有難言者矣。是以黃金丹砂穹圭桓璧，猶或幸致。而清詞妙句，在天地間，自有一種清氣，豈知力所能求哉。昔之善論者，謂詩有別思易之之於詩，其將悟於是也夫。至正十二年八月望日，監察御史宣城貢師泰序。」

可補卷六「序」。

句容縣志卷之九「文章類、縣治碑刻、重修明倫堂記、貢師泰撰」：

「句容縣廟學　唐開元中，始建於縣之東。宋元豐二年，稍徙而南。皇元混一，首崇學校。

縣尹兀顔英、趙靖，先從修葺。邑既完美，獨講學之堂，湫隘弗稱。至順四年，達魯花赤那懷實更作之。扁因金華馬光祖，故書曰明德。惜乎當時構締之少堅也，距今纔十年，已弊陋弗支。至正元年冬十二月，彰德君溥來爲尹。始至，用故事，釋菜於先聖先師。退坐堂上，慨然謂教諭新安胡玄穆曰：盍相與圖之。玄穆曰：吾職也。顧學廩之入，不足以勝工力之大爾。明年六月，大風雷雨，壞堂之北隅，君即捐俸，率士之有力者，撤而新之。踰月訖工，且闢屋於堂之下，兩楹題曰：止善、新民。疏櫺清曠，逈脱囂塵。復計其餘材，當大成殿南向爲露臺，以備壺濯登奏，上下之儀。雅樂祭器，亦罔不備。靡楮幣凡四千五百貫，食粟八十斛。玄穆乃以書來，請於宣城貢師泰曰：願辱記焉。師泰雖未識李君，嘗知其辟御史院，丞相府掾，讀書識治體。而玄穆又師泰内弟也，知其善學爲尤悉，故敢即名堂之義而告焉。夫人以一心之微，而其體足以具衆理，其用足以應萬事。如鑑懸水上，無纖芥之汙，故曰明德。然不能免於氣稟物欲之累，必加以明之之功，始復其所以光明者，故曰明明德。蓋嘗切求其所以爲明德者，心於五行屬火，火之明，無不照。故心之明，亦無不燭，火息而幽闇隨之。猶心德之蔽，而利欲昏之也。火明則物無遁情，德明則理無不燭，斯道也，亦徵矣！歷代帝王之授受，孔門師友之相傳，近而日用常行之間，遠而鬼神事物之變，舉不外乎此。然其明明之要，非泛然無主以求之也，非冥然待其自覺也，非躐等凌節，以蹴而至也。循之以序，進之以漸，待之以久，使其優柔融會，一旦豁然貫通，而力行之，功且足以踐其所知。則洞然虛靈之府，四端萬善，靡不在我。然後推以及人，而人亦有以自新焉。是以君子之心，雖窮居僻處，而堯舜其君，民者未嘗一日而敢忘也，況有民社之寄者乎！後世茲道不明，學者專意乎，記誦詞章之間。仕者從事乎，刑政治法度之末。其他紛紛各以意之所便，爲學而成己成物之功，始貿貿然焉，莫知所向矣！嗚呼，登斯堂者，觀其名而思其教，又思各造其極，而不遷其庶乎古人之心也，夫抑亦李君之心也。夫君字叔敬，贊而成者，主簿樊嗣祖，縣尉張奎，典史趙由道、周夢麟也。」

可補卷七「記」。

三十四、補鄭元祐「僑吳集」

湖山便覽卷四「神光樓、元、張雨建面葛公井、鄭元祐神光樓與張雨聯句」：

「藏書地肺穴，歸巢湖領山。秋清蒹葭露，水若芙蓉灣。虫飛燭見跋，鶴唳棚上擐。桂叢豈充隱，草閒斯投閒。脫幘髩俱禿，哦詩意殊慳。鷩飆攪墜葉，疏欞藂聚萠。爐溫夕熏罷，汀寒夜舟還。瀛嶼倚突兀，海圖挂斕斒。熊經諒方煦，豹隱誰知攀。遙聞城門柝，卻撫刀頭鐶。濡毫瀝蟾滴，拄頰揮魚頒。倚牆童齁熟，覆杯酒賜孱。神光出葭菼，澄懷斬茅菅。氣存驗當宁，道出甘抱關。腥腐孰不臭，伐洗我獨頑。仙從琴心舞，聖視鼎胙放。出處非異致，躁靜難同班。淵宅鑑黿氣，天游滌神奸。緬昔鄙塢築，遺此巾柤殷。併乏麥飯饔，益重黎旴瘵。雨彈聞鵑血，重洒化鶴潸。窮閻劫灰聚，故國亡詩刪。於焉遁葛井，豈徒慕商顏，茹芝腹能實，飲菊姿逾媚。披雲陟砢硪，臨池漱潺湲。神鯉破網出，乳貍據袒跧。烟際拏畫鷁，掌中餧白鷳。去鄉吳音缺，支頤越吟艱。一世更聚散，多岐重憂患。睽違隔風雨，空聞珮珊珊。」

可補卷一「聯句」。

武康縣志卷之五「藝文志下、五言古詩十三首、宿通玄觀分韻得嘯字、鄭元祐、元人」：

「褰衣度松聲，泉石泫斜照。采薇入山阿，白雲起巖徼。仙人駕青牛，冷然下虛峭。璚璈鼓春風，空歌發微妙。擘麟觴玉醴，服之五情療。前林忽暝色，海月涌員嶠。天高帝青寒，萬里入遐眺。嵯峨通玄關，磴道歸蘿蔦。孫登勞我思，木杪戛長嘯。」

可補卷一「五言古詩」。

吳郡文粹續集卷十九「舟中望鄧尉山、鄭元祐」：

「臥枕船舷詩思清，望中渾恐是蓬瀛。橋橫水木巳秋色，寺倚雲峰更晚晴。翠羽濕飛如見避，紅香染蒻似相仰。依稀似近誅茅屋，雞犬林蘿隱隱聲。」

可補卷四「七言律詩」。

續吳郡志卷上「寧眞道記」：

「吳郡城周通橋北，有寧眞道院，主院席者，吳人李尊師。年八十九矣，視聽精明，與壯者徒行衢路間，曾不少勩。一日欵予而自致其言曰：道堯老矣，所謂寧眞道院者，宜爲之記，久礱石以待子，其爲我記之。謹按院由始，則王君諱志可，常熟人也。至元間，從閶門外朝眞道院沈君爲道士，恒欲自創一室，久之而未能。元貞元年秋八月，用分銖積壘之貲，買淂今院基八十丈餘，中構屋，祠玄帝，旁爲棲息道房云。時郡設道錄司，司之爲出券，名曰寧眞。更八年，爲大德六年，是年春三月，王君始度道堯爲道士，俾之甲乙傳次。道堯自念，身既出家，而不遊方參學，以究明已事。於是請於王君，凡山林江海，得肆意遊，歷更二十九年，爲至順二年。是年秋七月，道堯始還吳，而其師解化，已更六暑寒矣。不惟屋盡頹塌，至於買券皆不存。痛於其師遺業一委墜，與其弟子趙士誠，徧募施者，後參以已資，乃始復建外門，中復作殿，詞玄帝如初。祠前爲屋，拜禮焚誦，傍仍爲屋以棲息。又東折而少後，庖湢焉。復增民地七十五丈，植蔬竹以自給。更十有一年爲至元，仍紀元之六年，婁門吳仲明氏，念道堯之懃懃不懈也，故於玄帝祠兩旁增翼屋，且別建雲堂若干楹。凡舊小窄陋者，吳君皆散去，而增大之。復捨其自置長洲縣田，站田四十一畝，用延方雲水高人。今也自趙自誠，而得度曰李德惠，院本末大致如此，子其爲我記之。夫人能薄於世味，便能去道不遠。余嘗過寧眞，其規制蓋甚小。然李尊師身率其徒，攻苦食淡，蕭然於神明居。今既老矣，繼主寧眞得其人，擴而大之也無難矣。雖然大之而不能久，不若小而能久也。老子曰：處其厚不處其薄，居其實不居其華。善學老子者，宜實其言也。

道堯尊師名，希閑則字也。遂昌鄭元祐記。」

可補卷十「記」。

續吳郡志卷上「仙壇觀記、遂昌鄭元祐」：

「神仙有無，不可致詰。然山經地志，隱書雲笈，其紀載皆班班有緒。至其最顯著，經人口者，莫若王方平過蔡經家。經吳人也。至今吳縣有蔡仙卿。其後揚義眞人，事著眞誥，而眞人亦吳人。魏伯陽著參同契，最爲近道，而伯陽亦吳人。至其晦昧，人少知者。吳郡乘所載，不下數十百人。至蓋吳澤國，震之大旦八百里。其峰巒島嶼，萃起於波濤之中者，幾七十有二。至其深宏邃廣，則皆莫若洞庭西山。世傳洞庭深遠，人莫能測，仙書謂有青童，乘飛飆獨輪之車，其跡尚在，何其異也。至其品列，則四十二福地之一。漢時仙者劉毛公，自嵩嶽與弟子七十餘人，從居仙壇，即其地建洞眞宮，其大弟子周太玄眞人，得太鍊形之術，更數百歲。宋宣和間，勅額改恫眞宮爲仙壇觀。巳而揚紫霞、張子芳、孫玉波三高，皆於入洞，相繼得道。觀既遠隔具區，人跡罕到，皎龍波濤之窟，仙聖煙霞之宅，風霜橘柚，雖與古不少異。若夫幽靈秘怪，如若所傳，則善不能不消歇也。今至大元延祐間，蜀人侯顧軒，常主觀席。既任，觀已與度補壞壇，又能知其第子李君處仁，可以倚任觀事，李君今吳人也。侯高士年九十餘始解化。化後當至元九年，李君繼主仙壇。即翻蓋玉皇大殿，營建兩廡，手栽松杉，彌滿澗谷。凡觀宇具所，肖像默昧者明，田畝侵漁者復。

於是李仙爲觀盡克復其初，於是三吳之人，莫不喜侯君之得其徒傳。故能使古仙壇觀，陳跡視昔有加，非其師資之賢，固不能若是。李君號碧山，嘗大書虛靜天師大道歌，丘眞人青天歌勒諸石，其玄學造詣可知已。至正十五年歲次乙未春正月甲子，遂昌鄭元祐記。」

可補卷十「記」。

三十五、補丁鶴年「鶴年詩集」

慈谿縣志卷之十六「藝文、詩、五言律、普濟寺、元、丁鶴年」：

「迢遞過蘭若，淹留爲竹林。疎鐘雲嶠迥，孤燭雨牕深。長嘯非懷昔，狂歌豈避今。衹緣諸漏盡，不受一塵侵。」

可補卷一「五言律詩」。

寧波府志卷三十五「藝文下、元、丁鶴年、普濟寺」：

「闞峰深隱梵王家，山光湖色引輿賒。石磴高盤松頂出，瓦溝低亞竹枝斜。潮生滄海雜清梵，雲淨瑤空墜寶花。徙倚不知歸路遠，滿堤楊柳集昏鴉。」

可補卷二「七言律詩」。

常德府志卷之十九「藝文志、賦味、題桃園圖、元、丁鶴年」：

「誤入桃源去路賒，武陵春老重咨嗟。渙郎去後無消息，回首東風幾度花。」

可補卷二「七言絕句」。按鶴年詩集卷二，亦有「題桃源圖」，然與此詩，篇名雖同，而內容全然歧異。

九靈山房集卷十九「鄞遊稿第五、傳、高士傳」：

「鶴年西域人也，曾祖阿喇卜丹，與弟烏瑪喇，皆元初巨商。當世祖皇帝徇地西土，軍餉不繼，遂杖策軍門，盡以其資歸焉。仍數從征討，下西北諸國如拉朽。廷論以功授官，阿喇卜丹老不願仕，時賜田宅，留京奉朝請。烏瑪喇握某道宣慰使，其後招降吐蕃有大功，遂自宣慰拜甘肅行中書左丞。祖沙木斯迪音，由北晉王從官起家，累官至臨江路達嚕噶齊，政尚寬仁，民懷其德。父智默特喇卜丹，輕財重義，盡取祖父遺資，賑諸親故之不足，及他士貧者。然性尚豪邁，雅不喜榮名。年四十始應碩琳沁丞相，辟主臨州縣簿，以治行高等，陞武昌縣達嚕噶齊，有惠政。解官之日，父老爲築種德之堂。請曰：吾縣蓋公之桐鄉，願留居毋去。武昌公亦愛其土，俗異他處遂家焉。生子五人，而鶴年最幼。武昌公死時，鶴年年甫十二，已屹然如成人。其俗素短喪，所禁止者獨酒。鶴年以爲非古制，乃服斬衰三年，仍八年不飲酒。家有遺資，悉推與諸兄，不留一錢自遺也。武昌公在時，以鶴年倜儻類已甚鍾愛，畀蔭從父桓州職，鶴年亦辭謝不敢有。惟益厲志爲學，清苦自將，與寒畯賤士等。或曰：汝貴家子，不效祖父爲官，人顧乃過自矯激如此。鶴年曰：吾宗固顯貴，然以文學知名於世者恒少。吾欲奮身爲儒生，豈碌碌襲先蔭，苟取祿位而已邪。鄉之諸儒長者，以其年幼而有志，多樂教之。年十七，而通詩書禮三經。豫章周懷孝楚大儒，時寓武昌，執經問難者比肩立，然獨器重鶴年，且欲同歸豫章，而妻以愛女。鶴年以母老，諸兄皆官千里外，無他兄弟備養，辭不行。母聞而遣之，鶴年曰：人之所以爲學者，學爲孝耳，今舍晨昏之養，而從師遠遊人其謂斯何？明年淮兵渡江襲武昌，鶴年奉母夫人以行，所在艱阻，三閱月始達鎮江，菽水不給，雖傭販賤業，騎射卑職，趨爲之不問。及夫人損館舍，鶴年哀毀盡瘽，鹽酪不入口者五年。於是浙以西，日入於亂。鶴年聞從兄吉雅摩迪音，避地越江上，徒步往依焉。時江南行御史臺移治茲郡，大夫拜珠公，鶴年父友也。雅知鶴年，即辟爲從事。御史圖烈圖，圖們岱爾，亦舉校官。余覯胡布延特穆爾，安慶舉孝廉，鶴年痛祿之不逮養也，俱不應。浙東廉訪僉事，都沁布哈延致鶴年於家，俾諸子師事之，且剡薦入館閣，薦章未出而宵逝。南臺大夫實喇達哩公，被召還朝，思得文儒之士，以備其諮訪，復以從事辟之。江西閩海二道肅政府，又以其省儒學提舉薦，皆陳悃以辭，毅然不一就。鶴年與吉雅摩迪音友愛，吉雅摩迪音掾南臺時，欲以利祿勉鶴年，鶴年去不顧。後以直言忤權要，謫遷江右，道里梗塞，僕隸皆憚行。鶴年乃獨衝寒雪，冒險途，千里從之。後還越宿留四明，或旅食海鄉爲童子師，或寄居僧舍，賣藥以自給，雖久處艱瘁泊如也。通政院判伍實，督運海上，自負才氣，見賓客不爲禮，而獨賢鶴年。虛左迎至邸，鶴年當隆冬，弊衣不掩脛，伍欲解衣衣之，畏其清介，言欲發而中止。鶴年當困苦時，人有濟之者，雖饘粥之費，無所受。然行囊稍裕，每好赴人之急，人之享其惠者，蓋數數然也。時兵戈四起，鶴年益逃匿海島，絕其迹。已而海上多盜，鶴年轉徙無常，大抵皆明之境内。明當方氏之盛，幕府頗待士，士之至者踵接，鶴年獨逡巡遠避，門無一迹。慈溪縣尹陳麟，號稱賢令，四方士大夫多依之。鶴年居是邑數載，未嘗覩其面。鶴年天質穎悟，讀書過目輒成誦。善詩歌，而尤工於唐律。爲文章有氣。至於算數導引方藥之說，亦靡不旁習。然專以躬行爲學，非其食不食，非其衣不衣。重然諾尚氣節，人或有失，雖尊盛必盡言以告。已有過，雖少賤者規之，必斂袵聽受。見人一善，稱之不容口，即不善未嘗言。然性頗褊隘，於物少容。因自謂曰：凡爲清士，當以廉爲主，義爲輔，和爲衛，三者備，庶可免於今之世矣。由是德益脩，而行益勵，有東漢高士之遺風。員外郎馬子英，不妄許可人，嘗曰：吾友多矣，可託妻子者，惟鶴年一人，世以爲知言。贊曰：昔申屠蟠，居父憂，哀毀過禮，不進酒肉者十餘年。家貧傭工自給，郡召爲主簿不行，隱居梁碭，以經學自娛。至今想其爲人，猶凜凜有生氣。鶴年執親之喪，有過無弗及，而間關亂世，利祿不行。至其爲學，博覽經史而本於躬行，雖蟠何以加諸！詩曰：高山仰止，景行行止。又曰：維其有之，是以似之，其鶴年之謂乎！」

可附錄卷之末，蓋集中無其碑、傳」。

三十六、補周伯琦「近光集」

吳都文粹續集卷十九「遊靈巖二首、周伯琦」：

「丹梯百尺到松林，連抱庭杉歲月深。永巷廊虛曾響屧，荒岡臺古不聞琴。蛾眉傾國悲生樂，麈尾談空後視今。山下良田川似箭，一區那得老雲岑。」

「重遊已隔十三春，纖綠嬌黃幾度新。白髮無情添世態，青山有約待詩人。菜花間麥畦搊錦，薜荔縈藤樹簇鱗。香徑斜陽啼杜宇，舟迴圓月桂城闉。」

可補卷一「七言律詩」。

廣東通志卷五十九「藝文志、記、元、馬公祠記、周伯琦」：

「人之立行，苟有可以扶世教者，君子必有取焉。況當城復於隍之時，而能以危爲安，以敝爲完，奮不顧身，以盡委質之義者哉。至元十有二年，歲乙亥，宋既內附，東南風靡。惟潮僻在海右，大兵且壓境，守令棄印綬，竄山澤。郡人馬侯發，承宗室之命，繇砦將攝州事。勞慰士卒，嬰城堅守，屢戰屢捷。事出不虞，變生肘腋。外郛既虛，猶收創殘百餘人，以死誓保子城。至不可爲，乃令妻妾自縊，於是服鴆就死，潮遂平。時十五年，戊寅三月一日。是年冬十一月，文丞相天祥，亦在郡就執。後六十又九年，當至正丙戌之臘，予司寧問俗於潮。潮之父老，猶能言其略。及閱郡乘，乃得其人，知未有祠，父老欲爲之，而未能也。因以屬郡副佐，三衢張宗元焉。副言于郡貳，倅差吉主治。祠于校東偏之室，先正之次。爲文告之已，復請紀其事。今夫衣冠而食祿者，孰不曰我爲良，我爲忠。彝考其行，非怵於勢，則奪於利。忘君父，背理義，無所不至。方炎趙就南，四海之人，莫不順時變，以爲己計。馬侯獨孤孱之餘，抗驍鷙之眾。非有所挾而氣益厲，非有所逼而志益堅。其所成就，眞足以暴於天下，所謂舍生取義者。於是乎見於學校，所以明人倫也，君臣之義大焉。實存是舉，可謂爲政之本矣。故爲感而書之，使後千百年，有過潮者曰：南粵之陬，宋有斯人焉。」

可補卷三之末，蓋其集悉詩無文。

姑蘇志卷二十七「壇廟上、元、周伯琦、顧元公祠堂碑」：

「吳城之東六里有丘焉，曰晉散騎常侍顧元公之墓，至是千有五十四年矣！吳人謂之顧榮墓。又以地形如鳳，名鳳凰嶺。墓前故有祠，歷歲滋多。蚩氓雜祀他鬼，褻而弗虔，過者病之。毘陵謝應芳氏，避地其側。睹玆汙黷，惕然不寧。請於長洲令，眞定周君舜臣，修祀而釐正之。復徵工改剏，祠宇新構，設具器用，秩然完飭。祠前故有二墩，植以梧桐，名雙梧墩，以張華嘗稱公爲鳳鳴朝陽也。他日應芳介江東薛毅夫、熊進德，謂余文于麗牲之碑。史稱公機鑒絕人，器識超朗，有文武長材。始與陸機兄弟入洛，號三俊。方歷朝署自效，値宗室相殘，宮輿播遷。乃沈酣晦迹，崎嶇而南屬。陳敏阻兵，竊據漂陽，姻族盤固，雖俯首受署，佯順風旨。而潛誘同心，昭諭大義，卒延司馬氏不絕之緒，其功不可少也。王導表爲江南之望有以哉！或謂公與賀循齊名，陳敏之亂，循以老疾不起，疑與公異轍。嗚呼，守道者以全身爲潔，徇義者以致身爲忠，未可輕重之也。永嘉之際，運祚屯厄，其奸詭險鷙，擅權流毒者，後世唾斥，不啻鬼蜮。若公之忠義，而功在天下，世所追慕睠睠不已，豈可人力致哉！記曰：以勞定國則祀之，顧公是已。作迎送神詩，俾吳氏歌以享焉。其辭曰：群岳之望兮岱岳，南土之望兮顧公。岱岳之雲雨兮歲以豐，公之忠義兮功無窮。邑有賢宰兮新其宮，率吳民兮齋以恭。千載一日兮人心同，樵蘇遠路兮馬鬣爲封。公不死兮精誠上通，永望于吳兮配彼穹窿。鳳凰翽翽兮棲彼雙桐，吳人追慕兮嘉慶是蒙。教我以忠兮繄疇之功。至正二十五年，仲冬朔旦。」

可補卷三之末，蓋其集悉詩無文。

九靈山房集卷三十「外集、九靈山先生畫像贊、鄱陽、周伯琦、翰林學士」：

「溫溫乎容貌之可即，抑抑乎威儀之有嬔跡。雖寄乎朝著，而與充詘者殊科。志常慕乎山林，而與矯崛者異軌。長松之陰，消搖曳屣，人殆疑其爲遯世之逸民，而不知其爲抱道之君子。吾嘗觀其飭躬而操踐端實，纘言而論著宏侈。可謂其行則儒，其文則史者矣。」

吳都文粹續集卷三「建大成殿軒記、周伯琦」：

「東南之學校，莫盛于吳會矣。學之有殿，以崇祀也。殿之有軒，以合樂也。殿作于大德戊戌，修于延祐戊午。聲容紋秩，每病其隘，蓋將七十年矣。郡守海陵王侯時虔，奠謁惕焉于懷。爰重改作，誕謀恢益，迺乘露臺伉南甍，而增作新軒。起手于至正二十六年丙午之歳四月，至七月而訖功。其制三間，中廣二丈，左右各殺三尺四寸。棟隆二丈七尺六寸，深殺隆一丈一尺。藻井中帟，八觚齊緻。金鱗錦羽，蛟拏鸞騫。文版夾覆，五采輝絢。遐睇山立，仰瞻雲升。軒以殿崇，殿以軒邃。體勢宏麗，庭陛肅嚴。于是簴業之設，鍾磬之縣，琴瑟搏拊之陳，簫管笙籥塤篪柷敔之列，秩乎其倫，粲乎其章。登歌合聲，協律諧節，以達薦饗以熙，獻酬陟降旋折，綽如裕如。所以昭格歆報者，儀文咸具，然則新軒之作其可緩。先是以版爲軒，風雨摧撓，隨時葺理，至是撤而更之。王侯視事之初，軍旅未戢，供億百出，獨能以興學校，爲治民之本。勤農儉用，抑浮尚質。獎掖師儒，廩餼周給。經生充貢，黔庶向慕。首戒弟子肄大成樂。既而營度工材，不貸于官，不漁于民，一瓦一木，必庚其直。故是役也，不日而成。又以餘力繕完東西兩廡，易其飛欄，木版之朽圮者，凡聖賢大儒塑像，歳久黮昧，則重繪飾之。靈星戟門，彤雘一新。學政序舉，先後適宜。議欲廣厥學宮、講堂、齊館、旁室、叢庄器用，悉如規度。期以德禮風化提封，不徒屑屑于政刑之末，如世俗之能吏而已。於乎詩書禮樂四代之學，所以立教淑人者也。詩言志，書紀事，誦而習之，博文力踐禮之節，以經邦紀民樂之和，以移風變俗，其功用廣矣大矣。釋奠于先聖先師，尊其道，報其德，禮之隆者也。翕五聲六音，以致敬享。貫神明，章教化，樂之般者也。古者典教之。內則臣功，外則民社。以是成己以是成人，馴致雍熙而人人有士君子之行。王侯之有功于學校，其以古道自任者哉。殿軒之作，雖一役也，可以既見其政矣。校官貢穎之傳著，請文于石。以憲方來，乃述其成功。俾職教者。知夫作軒之始。侯名椿年、壽伯其字也。慈祥而惇義，勤敏而篤仁。由郡倅二三遷，爲都轉鹽運使。最勞擢郡守，不離郡者八年，民戴之如召社云。是歲七月既望，記時董工者，平江路吏蔣德潤，崑山州吏陸志道也。資政大夫江西諸道行御史臺侍御史，鄱陽周伯琦撰。」

續吳郡志卷上「鶴林先生記」：

「浙石方士之有聞者，曰周玄眞，玄初其字也。世居嘉禾嘉郡之魏鎮東陸里，其父號月心，嘗爲陰陽教授，母曰林氏。玄初八歲喪父，儀容秀粹，志慕俊雅，年十二辭家學老氏。郡之紫虛觀，有高士李太無者，杜南谷眞人之弟子也。南谷嘗以道法，顯於國初，活人無筭，吳興趙公子昂尤尊事之。初既師太無，夙夜勤恪，不教載盡淂其學。至歷戊子年二十矣，居蘇之城東葑門外，黃泥坂霞里報恩院。其祠宇廢已久，力興復而斬之。構小室其傍，以時棲息，環植松篁卉木，蒼翠鬱茂。嘉客相訪，一茶之頃，能以方寸符篆，致皐禽於寞漠，飛翔舞唳，如素馴豢。及其建道家之醮祠，奏籙章之封事，則皐禽又群旋於瑤壇之上，若有陰御之者。邑里之人，水旱疾疫，有禱輒應，遂相與名其居曰來鶴亭，而號之曰鶴林先生云。玄初雖身在方外，事母氏盡孝，羞甘膬，候晨昏，左右承養，以致其樂。又募施重作安里石橋，於通衢長河之上，以利往來。費鉅萬計，其不忘世如此。於是充其學，受璽寶經法於谷神曹師。又因玄妙高士顧養浩，受五雷秘文。於高士步雲岡，步受於張雷所，見張親受於王繼華，王親受於神師莫月鼎。授傳之得其宗，非一日矣。服膺研覃，危坐調息。閑檢身心，鍊制精神。治文檄，役鬼神，禁崇魅，如臂使指。旱而雨，潦而暘。災殄而和平，轉移頃刻間。遠近稱譽，關于主老氏者嗣天師。及大宗師咸命其主常熟之致和觀，以表顯之。非有以異於倫輩，而能致是乎。玄初儒雅沖恬，或舟于溪，或杖於林，風度翛然。他日又受金丹要訣，於沙溪延眞高士李竹友先生。益勵所守，以悟玄機。莊子所謂用志，志不分，乃凝於神者，其玄初之謂歟。或疑臯禽之來集，必有異術。予曰不然，貫三才一氣耳。人與物均是心也，均是氣也，感必有應，應之復爲感人，惟放其心而耗其氣，故不能有所感。苟能養其氣，以存其心，以心存心，以氣召氣，何物不格，此理昭然，無足異者。匏巴鼓瑟，而遊魚出聽。伯牙鼓瑟，而六馬仰抹。彼琴瑟一器爾，其技之精，尤能召物如此。況玄初孝于親，信于友，仁于眾庶。人道具矣，內行脩矣。功積力久，擴其妙用，將以動高厚，徹幽明，況一羽毛之微者乎。然世言鶴壽有至千歲者，蓋其骨相之奇，嗜好之潔，與凡羽毛異，惟仙人得乘之。玄初存心虛談氣類之感，豈非他日松喬之徵歟！予與玄初同姓，嘉其清脩苦志之有成也，於是乎言。至正壬寅孟冬上吉。資善大夫，浙江等處行中書省左丞，番易周伯琦溫翁撰。」

續吳郡志卷上「清直觀記、鄱陽、周伯琦撰」：

「老氏之學其來尚矣，自軒轅問道於崆峒，周穆王結草棲于終南山，以居有道之士。而後道家之教，如風動天下，水行地中，無伐（代之誤）不有，無處不然矣。錢塘黃眞士道淵者，號孤老山，學老氏學。生而豐神秀異，常遇郢人衛淡丘先生，得脩眞要訣。凡醫藥才技，莫不究心。及南遊武夷時，金華潘尊師雷鑑，方主崇寧之靈寶觀，一見契遇，遂執弟子禮，尋度爲道士。自是學精醫益著，遂挾其術北遊大都，名稱燁燁聲動京師，王公貴人之士，爭先延致之。而眞人南歸，遂止於姑蘇城焉。吳人嚴德昭者，久嬰痼疾，蘄遇至人以之愈斯疾，而適至，嚴往叩焉。師憫其誠，投藥不數服，疾良已。於是以壇宇悉歸于師，師乃傾橐中金建玄武君殿。外建山門，旁翼兩廡，改名清眞道院，實皇慶之初年也。師以爲道院之規制始完，必求名師以開拓其宗。時雷鑑師適來吳下，於是推開山之道祖以潘師，此道院之所由興也。潘受學於河南揚披雲，授天罡天蓬及雷霆諸法。若於衢之江山，裂山借水，播於江湖，蓋其一也。其餘戢邪愈疾，不可勝紀。三十九代太玄眞人，聞其高行，請主龍虎南山，壽九十九而終，遂葬於南山之後，教主命也。再傳而至於黃，則其醫佐人道，仰之不啻於潘。其以藥愈人之疾，無不愧於潘也。至今人咸以孤山黃師之藥名之，三傳而至于永嘉陳惟中正孚氏，而能蓋彰其教云。水有堂廚，湢有所，凡儲蓄養眾之產，莫不畢具。乃請于三十八代天師廣微眞人聞于朝，陞靈寶清眞觀額，蓋靈寶乃潘師受業所也。

仍大書以遺之，俾甲乙流傳。而嗣師泒者，則郡之陶希仁復禮也。復禮懼潘黃之勞績，久而或泯，乃圖鑱之金，貞石以傳永久。具觀之創建始末，乞文以紀其事。余聞道家清淨恬澹，化育群生，衣被萬物，季其學者，或以法化民，或以藥濟民，以陰翊王度，所以歷代不泯也。今潘師創基業於前，而黃仙乃能垂統緒於後。至若惟中，有光前烈，克振弘規。其來嗣斯觀者，可不慎守先緒，以光大其祖業乎。余與復禮有一日之雅，觀記義不得辭也，故申其始末以書之。」

續吳郡志卷上「祈祝記」：

「至正十二年歲在癸巳五月，皇帝堯上都。六月已酉中書相臣奏，今年海漕糧舶已達直姑，宜遣使祝所在海神天妃廟，以報其祐助之靈。今議遣崇文太監臣周伯琦乘傳往，謹以上聞，制可。七月丁丑上御水晶宮，以白金匳封薌，手額致敬，以授臣伯琦。即日陛辭而南，始直姑，道淮安，歷鎮江，九月壬午至姑蘇。漕府厥明，其祝板奉薌以少牢祀。省牲之夕，密雲脉沐。薦祼之晨，又字澄朗。微風冷然，淵淵汈汈若垂麻光，咸日明神享哉。時祭官浙西肅政使者臣李帖不見華，都水庸田使臣文書納，海道官，漕府都萬户臣脱因，副萬户臣賽府丁，平江都監臣六十，郡守臣高履等，率漕府經歷臣劉拜住，知事臣卞思議，照磨臣廉嗒不台，暨庶司賓佐僚屬，位位齋明序列，罔敢有弗虔。越三日，丙戌東至屬境崑山州廟，又二日戊子，南至海口路漕廟，禮皆如之。維三代已上，俗淳事簡，國之經用，賦於俟甸而已。逮漢至唐，官冗致叢，徧征四方，日猶不給，於是乎輸漕之制出焉。然踰盟津入渭者，路涉遷險，繇河達洛者，遡流悍湍力勞，費繁概可知矣。皇元奄有萬方，當春夏之交，漕東南之米，自姑蘇航海，乘風經捷，不旬日而至直沽，距京師僅伍百里，視吳楚如三輔地。用是國賦日贏，食貨日充，內自王公戚里之衛士百執事，至都邑之兵戍編戶。上自公卿大夫士，下至府吏胥徒，以漕運之遲疾，豐險順阻，爲夏戚喜歡之分。校之前代，轉輸之難易，萬萬不侔矣。矧寇燹之餘，田舶多壞。是改用江舸，增益軸轤，權宜北漕，人或難之，雲颿一張，如期湊集，豈非天相一統，無外之大基，萬世無量之休邪。神明維人是依，涉配顯助，旋斡杳冥，宜矣苾芬報享，聖心益嚴，奔走承事，下臣時恪，刻石廟庭，昭示永世。職在記述，所不敢讓祀之明。己丑翰林直學士，知制誥同脩國史，兼經筵官，新授崇文太監，嘉議大夫兼檢校書籍事，臣周伯琦謹記並書篆。」

上贊一、記四，可補卷之末。

三十七、補錢惟善「江月松風集」

姑蘇志卷三十「寺觀下、普濟禪寺、錢惟善、宿普濟寺」：

「初到湖邊寺，相逢有穎師。深悲十年事，朗誦四懷詩。高柳窺春早，寒燈照夜遲。寧無一杯酒，慰我鬢如絲。」

陝西通志卷九十七「藝文、十三、詩、商山四皓、元、錢惟善」：

「己剖巴陵橘，猶歌商嶺芝。避秦非避漢，一出繫安危。」

二詩可補卷十二「詩」之末。蓋其集，並無五言七言，古詩、絕句、律詩之分。且五言絕句甚少，僅卷七卷九，各二首。

三十八、補戴表元「剡源文集」

明州岳林寺志卷五「詩賦、元、奉訪南公同登崇寧閣、戴表元、進士、號剡源」：

「衆香壇畫靜，游屐思頻來。心轉談經處，塵空說法臺。葵花憑古碣，竹色上蒼苔。傑閣同禪院，懸河有辨才。」

可補卷九「五言律詩」。

清容居士集卷二十八「戴先生墓誌銘」：

「先生諱表元，字帥初一，字曾伯，世爲慶元奉化州人。七歲學古詩文，多奇語。年十三即加冠入鄉校，從里師習詞賦，輒棄不肯學，諸父強之，迺遊臨安。于時新安方尚書逢辰，廬陵劉博士辰翁，以論策表厲進士，得先生程文大奇之。咸淳已已入太學，改歲以三舍法升內舍生。又踰年辛未試禮部，第十人登進士乙科，授建康府教授。越乙亥歲，由建康歸遷臨安府教授，行户部掌故，皆不就，積階至文林郎。大德甲辰先生年六十一矣，會執政薦于朝。起家拜信州教授，秩滿授婺州，以疾辭。至大庚戌三月辛，享年六十有七。先生在建康時，先處州通守是邦，朝夕互還往。先生眉目炯聳，慷慨自奮，欲以言語筆札爲己任。嘗曰：科舉取士，弊不復可改，幸得仕矣，宜濯然自異斯可也。後二年失仕歸剡，遂俾桷事先生。始盡棄聲律文字，力言後宋百五十餘年，理學興而文藝絶。永嘉之學，志非不勤也，挈之而不至其失也。萎江西諸賢，力肆于辭，斷章近語，雜然陳列，體益新而變日多。故言浩漫者蕩而倨極，援證者廣而類俳。諧之詞獲絶于近世，而一切直致棄壞，繩墨棼爛不可舉。文不在兹，其何以垂後，先生深憫焉。方是時禮部尚書王公應麟，天台舒公岳祥，師表一代，先生獨執子弟禮，寸聞隻語，悉囿以爲文。其文清深整雅，蓄而始發。間事摹畫，而隅角不露。施於人者多，尤自祕重，不妄許與。晚歲翰林集賢以修撰博士二職薦論，而先生不可復出矣。維先子與先生總角相厚善，暨先生登進士，年盛氣邁，故舊貶抑者，不敢自進。先子正色相輔，復以不肖孤托于先生。誘之迪之，獲不失其身。往歲解官南歸，於是先子捐館踰一紀矣。先生始愴然曰：先公之德，幸勿墜。嗚呼！朋友道喪久矣，過時而哀，桷實何敢忘。自昔孔明首分四科，歷代之士，率不能兼。有尊德行者後文學，世嘗病焉。先生爲文，尤多於忠厚孝悌之語。後之纂言者，其必有所考。夫文以蘄遠果能遠矣，而近者五六十年，或止百餘年。其不幸者，又皆爲水火燬沒亡紀。使誠盡傳也，則世有能名者不一二數。然視今世焯焯所傳，又皆無是事。噫！傳與朽，始固不論也。

曾祖辛妣劉氏，祖汝明，妣鄭氏，考灝，妣王氏，世多儒科。伯祖杰，端平初爲宗學諭，篤厚爲時輩所尊。先生詩文若干卷，疾革猶手加繕定。以所居鄉名，曰剡源集。治窆張村，葬以至大元年三月某日。娶陸氏，子男四，初陽、次紀、後庚、幼儒。女四，壻曰陸孟孫，孫肖翁，徐公説，袁庚孫，孫男女八。始先生兩授徒于鄞于宣于杭，其徒散處莫會。初陽等謂：從學最久，而知吾父者，宜莫如桷。遂俾誌其墓，洒泣對不敢辭。銘曰：桓桓戴系，立氏以謚。信都九江，隻禮秉衛。在漢國鈞，守正忠毅。別籍于剡，貞德彌勵。琅然孤桐，不諂其逢。浩歸衡門，邈焉冥鴻。二李重輝，續其高風。箋經暢隱，雅言舂容。厥壤犬牙，旁邑是著。方門之支，本茂葉附。展世斯赫，宗黌攸輔。詵詵餘慶，聿踵先武。振聲鋪華，先生是承。有燁者光，不竦不凌。在泮峨冠，掩耳以行。曲裾長襜，祇繫其亨。千塗競謁，一轍交走。正歧前驅，白首莫疚。發其粹精，如瘖脱口。如轡在手，如藥在肘。屢躓于艱，秉禮益閑。有泉潺潺，有佩珊珊。駕言東游，曰知者天。卒昌其文，以終丘樊。張原之栢，先生手植。彼高爲南，彼鬱者北。告而嗣子，以順以則，昭銘墓門，過者必式。」

可附錄卷之末。

三十九、補李祁「雲陽集」

長沙府志卷之四十「藝文、元、記、茶陵學校碑記、李祁」：

「茶陵學校，於湖湘爲盛。大成有殿，始故宋寶佑間。其後雖屢修葺，然皆因陋就簡，隨補隨壞。至元丁丑冬，郡守吳侯涖事。明日祇謁先聖，閱殿宇棟梁、榱桷、蓋瓦、級磚，無完者。慨然任爲己責，首捐俸以表眾。命校自饒進曰：「毋侈用，毋妄支，謹儲蓄，以待事。於是僚佐協謀，材其日積。越明年六月，鳩工併役，不更朔而告成。惰（按：桷之誤）腐者攻棟，橈者隆甍，甃黝堊，賢實充美。老於更事者，咸知侯之用心學校，以爲己事之當然，而非以科目盛衰爲輟。以爲事當經久，而非可以因陋就間（按：簡之誤），苟且一時也。彼其無意乎是者，固無足道。一或有之，而相仍苟且，是皆不足與論侯之用心也。自三代迄今，凡幾千百載，而人倫之道不廢，是果誰之功與？今之人相聚而居，相侶而食，以安夫日用之常。而不知夫子之道，實維持之故。河汾王氏之言曰：通於夫子，受罔極之恩。嗟乎，安得人人有是言哉。況夫子之道，不可一日無。則新以崇祀吾夫子者，不可一日廢。此侯之用心，其去流俗甚遠。侯字端卿，名思義。爲政尚寬簡，公退之暇，日必至學校焉。後之爲政者，皆如侯之用心，則斯道之賴其有已乎！。」

可補卷七「記」。按李祁茶陵人，然爲其本縣所撰之「茶陵學校碑記」，竟未收入其文集之中，殊令人矚目。

懷麓堂集卷四十四「文稿四十四、墓表、族高祖希蘧先生墓表」：

「東陽少時，側聞族高祖希蘧先生。蓋吾李氏，近自宋茶陵州同知慶遠府君，至先生乃復顯。先生之名，鄉人不敢斥，稱爲狀元至于今，雖旁邑猶然。東陽稍壯，乃克稽據家集，知爲李齊榜進士第二人，而鄉以高第故特稱，此殆其俗然也。及屢見先生書蹟圖印，乃知其號希蘧，又號爲危行翁。又按諸書知先生，始應奉翰林文字，以母老就養江南，授婺源州同知，遷江淛儒學副提舉。今閩本一統志，于永新流寓，書遼陽提舉者，蓋傳刻之誤。元江淛所刻宋史，有提調官名氏可證也。及以母憂解職歸茶陵，值元季亂，不復出。入國朝，力孫徵辟，隱永新山中，爲俞統制子懋所館，至梓其集以傳。其卒也，葬永新雷公峽，去茶陵界三千里，夫人某氏祔焉。其子自立，府君之子某，始歸茶陵，居中州之北坪。成化壬辰東陽從先考學士公歸，訪其裔孫某者，見先生手錄易詩傳，及諸族所藏大書數幅，獨深嘆慕，乃摹其遺像，且爲文祭于其墓。圖有志表之，然未敢易也。越十有八年，弘治己酉，在先公某聞，先生之裔，不安厥居，遺蹟蕩逸，莫知所在。因追念清風大節，能大彰于世。區區不肖之私，亦有未竟者，以爲私愧。竊嘗觀遺文而有得焉。先生當元之亂，慨然欲效一陣以死，而不可得，蓋見諸余廷心之序。又以爲委質事人，不可終負，蓋見諸王明妃之詩。及我國朝混一區宇，校諸前代廢興，不可律視。顧堯舜巢由，志各有在。抑亦天下之不可無者，則昭德紀行，以貽來世，豈獨爲不肖之私哉！況其墳墓在他邑，而子孫不幸，莫得而守之。則凡爲吾族，蒙聲望沾教澤者，雖欲不惓惓于斯可得哉。吾友顧侯天錫，方守吉安，因以先生墓爲託，是實先公遺命，因循玩惕，獨不及其存而圖之，嗚呼痛哉！永新地雖異省，實吾比境，守望相接，姻戚相屬。樵牧之不忍犯者，殆不待于斯言。然不肖之私，自不能已于言也。先生諱祁，字一初。固所當諱而有不敢諱者，竊附臨文之義。雖得罪于君子，亦有所不避云。」

可附錄卷之末。

四十、補王禮「麟原文集」

臨安縣志卷八「藝文志、詩、王禮、題錢王墓」：

「數間老屋半欹頹，宗社雖存沒草萊。尚有遺民呼太廟，何堪遊鹿走荒臺。花開陌上空餘恨，麥被陵陂不盡哀。三節還鄉平日志，化爲杜宇定歸來。」

可補卷十二「雜著、詞、題、疏」。

四十一、補虞集「道園學古錄」

南昌文徵卷五「序、元、劉彥行詩序、虞集」：

「臨川潘德元，以蔭從事九江。封寄其同署，豫章劉彥行，五言七言古近體詩十三篇，自金陵至九江所作也。孟浩然挂席幾千里，見香爐峰而後有賦。李太白見崔顥黃鶴樓詩，以爲不可及，至鳳凰臺而後有賦焉。學詩者，觀乎昔人之合作，豈不難哉。然而登臨覽觀之際，而情見乎辭，亦各言志焉可也。此卷金陵一篇，俯仰陳述，昔人興感之由，舒徐清婉，莫不具見，蓋佳作也。五言短句，得古樂府之意。長詩擬乎韋蘇州律句法乎？孟襄陽其用志亦勤矣，是以可愛也。近從豫章得所摹印，般璠所錄河岳英靈詩，雖名賢大家，所收不過十數篇，而意氣調度，可以盡見。所謂嘗鼎一臠，而盡知其味者也。好詩者，得此十三篇，猶足以觀其人，餘篇多且旨矣。」

可補卷六「序」。

南昌六徵卷十三「記、元、貢院題名記、虞集」：

「至正四年，歲在甲申，江西行中書省，欽奉明詔，興賢能，于郡縣聚之，會府拔其尤，以充貢。先期驛至，中外文學大夫以較藝。乃八月之吉，受聘而至者，先後入院，遵累舉之制而試之。九月十五日，得右榜九人，左榜二十二人。又以新制，取次榜右生六人，左生十有二人，留省以備學官之任。其與計偕者，省憲官親與爲燕，工歌鹿鳴而勸之焉，其禮盛矣。然省憲有主試監試之官，貢院有主文考試之目，又有分任試事于簾外者，皆一時知之士。上下內外，勤勞幾月餘竣事。各散還其官，所未有題名以記之者也。蓋延祐甲寅，初科不及行，而因循至於今爲缺典。請立石于貢院，而悉題其名焉。夫江省所統郡二十，多以文物稱。布衣韋帶之士，修行於鄉里，誦書史求聖賢之道。稽當世之務，人人欲自獻於明時，其積累非一朝一夕。故而來應試者，不下數千人，遠者千餘里。有司者，不明經學之傳，不足以得明經之士。不知治道之要，不足以得致治之才。學術之正邪，文氣之升降，道德之所以興，風俗之所以化，其機蓋在是焉，非直爲數十人之進取而已。而所得之士，他日有見於世者，可指名而論之。其於國家治教之運，豈不重哉！古諸侯薦士於天子，天子試之射，而使與祭焉。數與祭者，薦之國。有慶賞，先王之遺法也。備書以徵文獻於將來，宜在於此。詩曰：鳳凰鳴矣，于彼高岡。梧桐生矣，于彼朝陽。必有詠歌，以報天子者。」

可補卷九「記」。

陝西通志卷九十二「藝文八、記二、重修奉元路廟學記、元、虞集」：

「集聞之茲土也，昔者周公，嘗治而教之矣，禮樂其具也。出之於宗廟朝廷之上，行之乎學校井田之間。因其秉彝好德之懿，而詠歎夫天命之不已。因夫卦畫示人之蘊，而發揮乎變通之無窮。致嚴於閨門袵席之微，而推至乎天地神明之著。致察乎時物衣食之末，而究極乎輔成化育之功。耕祿之均，施之四海，而無不準也。祭祀之達，傳之子孫，而無不保也。三代以降，人文莫過焉。世降俗易，仲尼猶有不復夢見之歎，而況於千載之下乎！漢唐之遺跡，無復有者，又何有於教之可言耶。昔者程子，得周子之傳，而起於洛，邵子在焉。橫渠張子，特起於關中，其學一原也，而尤有意於制作之事焉。程子之言，有關睢麟趾之意，而後可以行周官之法度。此周公之遺意，而張子之志也。與正蒙之書，學者受讀訂頑之銘，推極乎事親事天之誠，而程子以爲，其修辭之不可及，其智勇之所造，非振古之豪傑，孰能與於此。而其言曰：貧富不均，教養無法，雖欲言治，皆苟而已。議與學者，買田畫井，正其疆界，不失公家之賦。而立斂法，廣儲蓄，救災恤患，厚本抑末，以見先王之遺意，而當今可行也。又曰：今欲以正經爲事，自古聖賢，莫不由此而始。遠者大者，有所未及，而可於家庭見之。又曰：學者且須識禮，可以滋養德性，集義養氣。蓋有所據依，即有常業，可以見諸行事，其端緒可見如此。方是時，關洛相望，表裏經緯，孟子以來，亦未有盛於此時者。其爲言曰：衣被天下，後世至於今賴之。詠歌周南者，不亦歸而求之，有餘師乎！世祖皇帝初年，覃懷文學許文正公上書，與師友講明於斯文矣。儒者之效，遂大見於當時。而至元大德間，猶有守志勵操之士，高蹈深隱於其鄉。朝廷不愛尊爵顯位，以延致之，以表式於四方。聞其風而及其門者亦多矣，未必其寂然也。夫其風氣四塞之地，土厚而深深，其生人也，質直而忠厚，是以文王周公之教易行焉。仲尼所以贊諸易，詠諸詩，載之於書者，莫不究其事。至於關洛諸君子而大明焉，舍此無以爲教矣。學於斯者，思周公之爲治，以極於孔子之道。因橫渠之學，而博通乎濂洛之原則，化行俗美，賢才眾多，豈不於吾雍學而見之乎。詩曰：南山有臺，北山有萊。樂只君子，邦家之基。不有聖賢之遺訓，則斯焉取。斯請以諸大夫君子，而與其郡人士講焉。」

按道園學古錄卷二十七「奉元路重修先聖廟學記」，與此文之內容不同，故可補卷三十八「記」。

南昌文徵卷十三「記、元、南浦驛記、虞集」：

「我國家建元立國，統一海宇，著馳釋之令，以會通天下之路，以周知天下之務。視目力之所及，道里之遠近，縱橫經緯，聯絡旁午，皆置館舍，以待往來。水行者，有舟楫以濟不通。置驛亦如之，無間內外者久矣。乃至正乙酉之三月，隆興路始作水驛之館者何也？江西制行中書省六十餘年，勳舊德業，相繼於位。凡所統屬，皆有府署以奉行其政令，日新月盛，無所缺遺。惟水驛未有館舍，公卿大夫之來，與凡使於嶺海，及四方之士，弭楫城隅，次舍不具，無稱大藩客主人之禮焉。所統郡，北控江湖，南極嶺海。屬吏事上，計貢賦貨幣，征商之輸，各率其職。而至者登載於岸，無所蓋藏。雜市逆旅，無公私之便，執事者久病。隆興緣江而爲城，上流淺隘，下流有風濤之虞。受江右諸源之水，而衍迤寬廣，安而有容，惟橋步門之外爲然。昔人所謂舸艦迷津，富商大賈之會也。瀕江之地，本隸南昌，水驛之設當在。於是至元大德間，置賦提舉司，理東朝外帑之出納，不及於政也。閭閻闤闠，列肆成市，居貨充斥，有司莫得而問焉。去年甲申之秋，不戒於火，千室就燼。有司按籍行地，得前代南浦亭之故墓（疑爲基之誤），於其擾雜淫樂之區。蓋昔者迎候，燕餞之處也。乃請于行省，白諸憲府，即其地以爲水驛之館，上下合辭以爲宜。即以是月，郡府率南昌之屬，而受役焉。於是儒林郎靳君仁，爲省檢校官，清而體嚴，風裁著於賓佐，行省屬以親蒞之。度其地之勢，東坐西向，得縱者百四十有四尺，而橫僅半。其縱之數作堂，其中九架者三間。其前軒崇廣，如堂而殺，其架之四。堂左右有翼，如堂之深。左右廊五架者八間，皆有重屋。大門七架者五間，庖廩井茨，與凡墻壁戶牖甃砌之屬悉備。前爲郡門，七架者一間，表之曰南浦之驛，而名其堂曰遠明之堂。於是使舟至，止近艤官道之側，至館如歸。所謂送往迎來，無愧於郡府矣。木石工傭之費，爲中統鈔一萬九千四百五緡有奇，皆取諸官帑，無與於民也。是以堅緻端重，而可久也。館成之日，靳君首疏其始末，以郡牘授集使記焉。從容中度，粲然有文，無待於集之執筆也。然嘗忝記載之職，今邈然草野，固在封域之中，其敢以寡陋辭乎！夫公府之有所營建，常因其不可不爲者，而後爲之。不先時而強作，不後時而不宜。制度有節而有成，無傷財民之實，此君子之行事，所以可書也。館之始作，榮祿大夫蠻子公，爲平章政事，參政通奉大夫董公守恕。其成也，榮祿大夫完者不花公，爲平章政事、參政則資德大夫蚤只爾公也。省郎中奉直大夫不答失里，朝列大夫崔從矩，員外郎奉直大夫也先伯，朝列大夫王艮，都事承務僚都剌，其掾史則吳禮也。」

可補卷九「記」。

山西通志卷一九六「藝文十五、碑碣六、元、呂簡肅公神道碑銘、虞集」：

「公名流，字蒙甫，太原汾州西河人。蒙泉者，大濟王鉅書而錫之號也。性篤實方正，承父彰德公教，潛心性理。既冠，觀光京師，以國語文字，爲廣平大名教授。秩滿，辟內府吏。復授承事郎，監豐穰倉。論課爲京倉最，遷通政院照磨，能聲丕著。大定甲子，朝論以公優，於理授承直郎，備用庫副。非素志，不拜。又除河間等路鹽運使經歷，以疾辭。時中政院狄公，知公抱負，授承德郎都府經歷，公勉就職。擢淮西道肅政廉訪司知事，將行，復拜大宗政府左右司都司，尋拜江南諸道行御史臺諫察御史。首言八事：開經筵，嚴衛禁，清選法，舉賢才，復常平，設義倉，謹邊關，修武備。其貪鄙罷懦，皆苗薅髮櫛之。其治績顯然者，薦諸朝。天歷初，四川兵叛。公守省湖廣，料賊兵必東。乃督行省平章劉妥恒等，分兵守歸峽，潛授方略。諜知有備，不敢東。使大江南北，得奠枕者，公之力也。由南臺都御史，僉海北海南肅政廉訪司事。既至，興學校，厚風俗。按海南四郡，明年按海北五郡，訟息化行。高城深池以備盜，浚渠立柵以防姦。揚威有堂以習武，通極有關以禦暴。寇至弗能害，寇退，老稚泣曰：微呂公，吾屬俘死矣。有疑獄，參伍得失，俱賴以免。嶺海之間，去天日遠，民之鬱抑多未獲伸。公洗滌冤滯，不可勝記。南闔洞蠻構難，誘陷鄰境。公單騎叩購賊巢，來降者以萬計。剪木通道，冒險夜行，旦暮不得息，人不能堪，而公處之晏如。先是客死海南省，皆委之水火，公惻然，捐俸金，市雷陽高壤地，垣以護其葬，屋以庇其祀，名其堂曰澤幽。化洽南土，聲達天朝。上遣使特賜服以勞，加中憲大夫，移遷嶺南道肅政廉訪司事。凡所行，悉如海南北。其孤寒子弟，公割俸延師，以教育之。民告饑，吏白當聞。公曰：比聞，動淹旬月，吾不忍赤子之絕於乳，亟命發粟賑之。墾屯田，教樹畜。凡爲民興而除害者，汲汲而勇爲之。至順三年四月十九日，弟浹歿於家，聞而泣曰：二親年邁，一弟又亡，其能居乎！乃歸省親。老幼遮道，垂涕不忍別。就道，詔加亞中大夫，僉江南湖北道肅政廉訪司事。未遑赴任亟歸，途中聞乃父恒齋公已歿矣。丁父憂，服除，起爲襄陽路總管、本路諸軍奧魯總管、管内勸農事。既至，一新約束，明憲令。先之以戒告，申之以懇切。未數月，襄民大化。丹夫子之墻，碑六賢之封誥。增廣生員，申明勉勵，揭示白鹿洞規。不惟郡邑有所師，社學亦從而興起。新社稷壇，葺三皇廟。凡庫、局、亭、碑，廓而弘之。備水潦，防姦慝。便於民者，知無不爲。凡爭訟積年不決者，決於公之一言。有誣服殺人者，在禁六年，五府不能明，公竟免其辜。有妖言惑衆者，株連數郡，止坐首惡，餘誣者，得自白。禱神雨應，拜火風回。甫歲餘，以侍親歸，襄民泣留者數千人。丁母憂，服闋，詔加公爲刑部侍郎。公邃於律學，審視平允，聲譽甚著。丞相脱公偉其才，平章王公引見上。上記其桂林之政，特賜服以寵異之，大名大府也。是時上方勤恤民隱，愼簡守令。公作新治化，乃授公大中大夫、大名路總管、兼府尹、本路諸軍奧魯總管、管内勸農事、知河防事。既至，修明政教，丕變舊俗，餘如尹襄陽而加詳焉。至正甲申秋七月，水大至，幾入城。公督官屬，堅堤防，民竟免害。及群盜起，大掠燕南，而齊魯尤罹其毒。忽賊騎兵數百至，時夜未半，公方巡警，聞之，撤西南二門橋梁，把截衝要。諜知不可入，賊乃退。會臺議各道憲長，公以宿望，擢拜嘉議大夫、海北海南道肅政訪司使。十年而重來，老幼咸風濤而至，如復見其父母焉。雷境有譚福旺者，據險遠，擅朘剝其民。或忤己，必因官府文，致其死，或竟殺之。其勢延水陸數百里，有司莫敢問。帥府懸捕盜之賞，譚持檄遍虐其鄉，俘平民以獻曰：此盜也。又執傍近之人以告曰：此賊黨也。凡百十人，有司通爲姦利，獄久不可決。會陳斗柄被追攝，與捕卒相拒。譚大煽，其虐無辜甚衆，吏更蔽之。公亟命捕譚至，罪如山積，一一欵服。磵州民羅仲仁，與譚並稱二豪。逮治之罪，尤甚於譚。二酋服辜，海民始得安。縣吏有強委禽，迫良家女爲妾者。女家不願，適女過市，捽而詬之，重辱之。女憤而投水死，憲府按吏以法。有二商舶遇盜，盡劫其貨。商之徒十九人，浮以登岸。告岸之父老，因執以爲盜。獻諸官，有司弗察。憲府問之，得其情，罪執者，求眞盜。有商郭，艤舟白沙浦，夜遇風，登貨於岸，岸人掠之。而韓氏兄弟適至，得所遺物甚微。郭詣韓取之，欲盡償所失。有司以盜論韓，而白諸憲府，得其情，謂韓拾遺非盜，按律免之。猺人冠遂溪石城，及海康諸鄉，官府驅賊退，民有執盜後者繫獄。吏用其辭，以爲皆鬱林博白民，移文捕之。博白吏械良民，與己讐者六人，以致憲府問得實，皆釋之。凡如此者，皆足以服民志。使荒遠之人，知國家法度不可犯，憲府政治不可欺。賄賂黨與之不可恃，誣罔羅織之不可行，此其略也。至正六年，除嘉議大夫、山北遼東道肅政廉訪司使，赴任，歿於海北。雷陽之民，如失所恃。以聖恩扶還靈柩，葬於洪哲里先塋之次，前夫人吳氏蚋。及請謚，授嘉議大夫、禮部尚書、上輕車都尉、追封河東郡侯、謚簡肅。然內助之功，再娶王氏、方氏居多焉。公二子，長曰權，次曰楷，一孫曰塔哈特穆爾。凡公自筮仕至屬纊，其行狀，則河東田渭，棗陽縣尹徐徵，朝列大夫國子司業潘迪等之所撰。乃子權，謹書而備錄之，屬予銘焉。銘曰：於皇聖明，龍德在淵。鑒茲臣庶，念無遺賢。濯濯桂林，司憲之貳。服其父訓，奉職盡瘁。乃錫天章，以昇其家。惟久惟恒，則於汝家。帝開明堂，召用舊臣。寖貳憲部，秉國之鈞。上憂遠人，信任是使。郡府使節，往稱其使。睠茲島夷，海波間之。要荒弗治，從官賓來。寄重事煩，不遑眠食。不以細務，弗及心力。商困於盜，脫身自歸。反爲吏執，加以赭衣。民有室家，吏欲強婚。迫之自沈，孰究其冤。民有強梁，恃險爲姦。奪貨殺人，何有慴緊。捕盜有賞，盜不時得。平民怨家，桎梏爲賊。留獄無驗，至正六年。毀家殞身，誰爲之言。凡此之流，善良痞瘂。狙詐壟斷，何適非賈。蜂螳搶攘，職此之由。不涣其群，吾民曷休。煌煌繡衣，既信既久。無情之辭，一見立剖。羅織鈎箝，略不得施。蕩蕩乎其安，于于乎其隨。父母妻子，晝織夕寢。惟蒙甫公，貽我豐稔。惟皇聖明，當宁念茲。遠人所安，錫召以時。歌以蓼蕭，燕以湛露。遂相昕朝，百福來胙。」

可補卷十七「碑」。

張北縣志卷八「藝文、二、金石，威甯井氏墓誌銘、元、虞集」：

「河西隴北道肅政廉訪使井淵，介其僚官楊君益，以其父兄之狀來告曰：井氏之大父，自汝甯辟地於興和威甯縣家焉。有子五人，生齒日以盛，今尚書之父，其第四子也。大父歿，昆弟請分財異居，各取美田舍，強壯奴婢牛馬，而己怡然獨以修身教子爲事。今尚書之伯氏，早仕有聲，由中書椽（掾之誤），除從仕郎户部主事，贈其父從仕郎高原縣尹。再爲工部主事，階奉直大夫，贈其父奉直大夫、大都路奉聖州知州、飛騎尉，追封威甯縣男。主事又以户部員外郎，歷左司都事，拜監察御史，出爲河南江北等處行中書省，左右司郎中，積階奉政大夫而歿，蓋泰定四年三月二十九日也。先是奉聖以至大二年正月二十一日卒，距郎中歿時，凡十有九年，而墓未有誌者，郎中志有待者。而淵也自掾中書左將作院，主刑部事，歷宣政、太禧屬官，至刑部員外，拜監察御史，右司都事，兵部郎中，儲政院判，徽政院參議。既贈其父奉聖君，朝散大夫、同知興和路總管府、騎都尉，追封扶風郡伯。參議遷内宰，又贈其大父亞中大夫、東平路總、輕車都府。進贈其父嘉議大夫、禮部尚書、上輕車都尉，並追封扶風郡侯。内宰改工部侍郎，遷浙西憲副。尋以侍郎，而擢寘右司直兼經筵官矣。至元庚辰歲，遷兵部尚書，積階正議大夫。憲臺擢河西隴北道副使，散官如故。顧未有以成其先兄之志，懼歲月之滋久而浸泯也，請爲誌之。東平侯諱伯全，配王氏。尚書公諱德成，配高氏，婦姑並追封扶風郡夫人。子五人，長曰源，字彦明，左右司郎。君也，娶侯氏，繼郭氏，以其夫貴，皆封威甯縣郡。次順，隆興宣德鷹房提領。次顯，淨州天山縣尹。次溫，上都興和等路打捕鷹房提領所副官。次元，次淵，字彦深，河西隴北道廉訪使，君也。娶劉氏，繼娶牛氏，因其夫貴，俱封扶風郡夫人。女一人，適同郡進士王弼，早寡，以貞節表其門。孫男九人。天歷二年秋，右司爲刑部時，天子自北方還上都，供億視常歲爲夥。有司請豫大儲蓄，宰相刑部爲之出令，使民得入粟受厚直。於是任者、輦者、負者、戴者畢至。則平斗斛，受之民，以次得直去。府史閽徼無姦留，不日而粟鉅萬，四方聞之，商農日集，都市粟價頓平，民益悦。是歲，予以太史，亦在上都，見刑部爲政。陞中書兵部尚書，擢河西隴北道憲使，而信其父兄之善。銘曰：人有子孫，或以貲令。或以德存，斯獲孰敦。惟德弗競，田取無繩。器取窳病，而有餘慶。化行於家，長怡約愉。德用不孤，爲善之符。其符何有，伯氏孔膴。縻爵之好，以介父母。嗣伯以升，匪季莫勝。來侯來公，尚勗爾能。威甯桑梓，蔽芾井里。有隆斯封，以享永祀。」

可補卷十八「墓誌銘」。

山西通志卷一百九十六「藝文、十五、碑碣六、元、稷山段氏阡表并銘、虞集」

「泰定四年秋，天官侍郎段輔，出其先世遺文以示集。讀而嘆曰：嗟夫昔宋失中原，文獻墜地，蓋爲金者，百數十年。材名文藝之士，相望乎其間。至於明道正誼之學，則或鮮傳者矣。及其亡也，禍亂尤甚。斯民之生存無幾，況學者乎！而河東段氏之學，獨行乎捄死扶傷之際。卓然一出於正，不惑於神怪，不畫於浮近，有振俗立教之遺風焉。嗚呼，可謂善自托於不泯者哉。於是輔告集曰：惟段氏世居絳之稷山，由輔而上遡可知者，爲前宋司理參軍，諱應規，十一世矣。司理之六世孫，爲金武威郡侯，諱矩。生三子，長曰鈞，次曰鏞，次曰鐸。鐸以正隆進士，官至華州防禦使，武威所因以得封者也。鏞先卒，而二人以文行稱，謂之河東二段。在防禦時，隴西李愈作武威墓表，五世之内，名德並著。自武威而至於今，又六世矣，家學幸可徵焉。予爲敘而篆之，將刻諸墓道。集辱在同朝，不敢辭，乃按而書之。凡李愈氏已表者不具，所具者自鈞始。鈞生汝舟，汝舟生恒，恒生克己，成己，修己。克己、成己之幼也，禮部尚書趙公秉文識之，目之曰二妙。成己登至大進士第，主宜陽簿，及内附朝廷，特授平陽提舉學校，不起，而克己終隱於家。一時諸侯大夫士，皆師尊之。各有文集數十卷，集所爲讀而興嘆者也。克己之子三人，思永、思誠，河中府儒學教授。思溫，皇子安西王，召爲記室參軍，不赴。以子輔貴，贈中順大夫、禮部侍郎、上騎都尉，追封河東郡伯。成己之子曰思義，平陽路儒學教授。四子之孫凡十人，似、英、甫、彦、孚。輔之兄彝，經、循、順，其弟也。其九人皆仕有祿位，獨輔最顯。以文行選應奉翰林，三爲御史，遍歷陜西江南及中臺。以司業教國子生，判太常禮儀院，尋貳天官。譽名日盛，君子有望焉。嗚呼自司理君，至於今，段氏十一傳，凡二百餘年，而代亦三易矣。文學之懿，前後相屬，豈不偉哉！彼以功名富貴，赫奕一時者，何可勝數。然不過一傳再傳，而聲迹俱泯。自其子孫有不能知其世，視此孰爲得失哉！故爲之銘，銘曰：氣蓋世兮慮徧物，邈無託兮久焉識。眇弱翰兮著微迹，何千年兮如白日。翩翩兮昆弟，顧余庭兮鞠存。嘉遯兮無悶，善自託兮斯文。皇肇造兮有區，群材來兮並驅。扉伏兮有待，視其家兮多書。岌維岳兮潤流斯河，世寖顯兮子孫則多。邦人有言兮，先生之家。」

可補卷四十四「墓表」。

蒲室集卷首「蒲室集原序」：

「天地之相感，而文生焉。氣神周流，物象變化，而不可已者，亦猶文章之出乎人者矣。故夫以高下厚薄肥磽荒易之地，以通乎風雨雷霆霜露之用，摩盪消息起伏，各因其所在而發焉。千態萬狀之迹，其可窮哉！是故必以聰明特達之材，而充其周普融攝之識，徹乎天人古今之變，以達其浩博精要之理，而後可以爲之也。嗟乎鮮矣，彼局促於呫嗶之間，每不足以得之。而妙契心要于形骸之外者，庶幾言之而無愧，執之而無方，以縱橫出入於當時者乎。南昌訢公，早有得於其宗，精神所及，六藝百家，殆不足學也。故其說法之餘，肆筆爲文，莫之能禦。以予所知，自其先師北磵簡公，物初觀公，晦機熙公，相繼坐大道場，開示其法，然皆有別集，汪洋紆徐，辨博瓌異，則訢公之所爲，有自來矣。我文皇建大刹，于潛邸之舊處，持起訢公居之。天縱神明，度越前代，取一士而表異之，冠于東南之叢林。其遇合之故，尊禮之意，豈凡庸所得窺其萬一。訢公于是吸江海于硯席，肆風雲於筆端。一坐十年，應四方來者之求，則一代人物之交，見于篇章簡什者，殆無虛日，豈尋常根器之所能哉。予與訢公相知二十年，天歷至順間，一再邂逅京師，殊未暇及茲事。

歸臥山中五六載，方外之士，相遭于淡泊時，得見其一二，已不勝其驚喜。高上人久從公游，不鄙予之衰朽，而來過焉。乃盡得其所爲蒲室集者數巨帙，惜予有子夏丘明之疾，危坐虛室，使善讀書，琅然誦之。如洞庭之野，眾樂並作，鏗宏軒昂，蛟龍起躍，物怪屏走，沉冥發興。至于名教節義，則感厲奮激，老于文學者不能過也。何其快哉！豈期寂寥遲暮之餘，而有此獲也，故題其編末而歸之。至元四年歲，在戊寅四月八日，蜀郡虞集敘。」

可補卷四十六「序」之前。

圭齋集卷九「元奎章閣侍書學士翰林侍講學士通奉大夫虞雍公神道碑」：

「自漢魏六朝以來，經生文士，判爲兩塗。唐昌黎韓公、宋廬陵歐陽公，力能一之，而故習未盡變也。濂洛諸君子，出其所著作，表裏六經，言或似之。於是文極文之典，奧道極道之精微，一趨於至善而後止。其歿也，門人錄其語以相授受，其爲書雖出一時之紀聞，然概之聖人脩辭立誠之旨，未盡合也。昧者準之以立言，世之文士共起而病之。然文士知病其爲文，而未必知文外非別有道，道外非別有文也，二者胥失焉。宋末病滋甚，皇元混一天下三十餘年，虞雍公赫然以文，鳴於朝著之間。天下之士翕然謂公之文，當代之巨擘也。而不知公之立言，無一不本於道也。既而退居山林垂二十載，乃得昌言於斯道，一志於斯文，而遂老矣，惜哉！易簀之再朞。子安民奉狀踵門謁玄，銘其麗牲之石，玄辭不獲，則先發其所深慨，而請繼以言焉。敘曰：公諱集，字伯生，姓虞氏，系出虞仲，世家會稽。

唐永興文懿公世南，爲唐初名臣，子孫始遷雍。永興生户部侍郎昭，昭生江陰令陟，陟生盱眙丞智，長城令禮，金吾衛長史明。傳五世至仁壽太守敦，人從僖宗幸蜀，子孫爲蜀人。仁壽九子，伯曰賞，五子次曰琚，琚生庚，庚生承，承生詢，詢生繼，繼生崇，崇三子，季曰昭白，宋銀青光祿大夫，國子祭酒，贈太師周國公。五子，季曰軒，贈太師魏國公。三子，季曰祺，進士及第，歷官左中大夫，贈太師秦國公。生左丞相雍國公允文，贈太師謚忠肅。三子，伯曰公亮，早年高尚不仕，晚以奉議郎直秘閣，贈開府儀同三司。仲曰公著，知渠州，官至中奉大夫仁壽縣開國男，累贈光祿大夫。季曰抗孫，大理寺丞，官至中奉大夫。開府六子，次曰剛簡，是爲蒼江先生，官至朝請大夫利州路提點刑獄。二子伯圭，官至奉直大夫，歷知永連兩州。自永移連，道臨川，其女弟適邕管安撫陳公元普，先寓屬邑崇仁。聞其至，使人迎之，得前郡守江陵項公，别弟於南門外以居之，自是家崇仁。皇贈中奉大夫，禮部尚書，追封雍郡侯，妣張氏雍郡夫人。無子，而從祖渠州有子六人，長兵部直寶文閣晉，三子，仲子朝請郎通判惠州。從龍子汲，長而賢，乃以爲後，是爲井齋先生，公之先考也。皇贈通奉大夫，四川等處行中書省參知政事，上護軍，追封雍國公，妣眉山楊氏，追封雍郡夫人。夫人給事中工部侍郎國子祭酒見山先生文仲之子，參知政事平州先生棟之猶子也。所出三子，長即公，次槃，進士及第，卒官嘉魚縣尹，次葉。參政公初授承直郎黄岡縣尉，見山守衡州，夫人從參政方需次與偕，時未有子，見山禱於南嶽，已而有娠，及將蓐，見山一日晨，興出治事，睎時尚蚤，公服坐中堂，以坐久假寐。夢一牙兵刺持劍入白，南嶽主者來謁起肅之，而寤聞兒啼聲，公生焉，故命公小字衡。公對客嘗自言，未昏宦時，屢夢遊南嶽，能言其勝處。乙亥見山移守潼州，參政伉儷同行，丙子宋亡。公五齡夙慧，避地無書籍，楊夫人能倍誦論孟，及春秋左傳，歐蘇文之常誦者，口授輒成誦。九歲還長沙，始得墨本，而公已悉通大義。又五年居崇仁故寓，已善屬文。草廬先生吳公，請見其所作，謂參政公曰：賢郎他日當有文名於當世。邑庠循舊式，月出詞賦經義題課士。公與嘉魚令以書義試，皆中前列，老儒爲之歎服。兵後勝國名公卿，家多流寓是邦，公游諸公間，備聞前脩格言，考覈前代典故，舊家世系源委，言若指掌。楊夫人素高吳公伯清之學，參政公遣二子從之游。吳公方著書，有所論辨，公能推類達意，吳公每獲助焉。大德六年，用大臣薦授大都路儒學教授，平陽王文憲公君京，待以客禮。十一年擢國子助教，丁內艱，至大二年服闋，以舊官復用。四年轉將仕郎國子博士，奉詔西祠岳瀆。四年遷承事郎集賢脩譔，考大都鄉試。五年被旨，召集賢直學士吳公伯清於家，尋除翰林待制、儒林郎、兼國史院編脩官。丁外艱，服闋，以舊官召還。泰定元年考試禮部，陞承德郎國子司業。三年進奉訓大夫秘書少監，四年再考試禮部，拜翰林直學士奉議大夫知制誥同脩國史。俄以前職，兼經筵官，進階奉政大夫。明年，又兼國子祭酒。天歷三年，特授中順大夫，未幾拜奎章閣侍書學士，陞亞中大夫，依前翰林直學士、知制誥、同脩國史、兼經筵官、國子祭酒。會有令諸兼職不過三，辭祭酒，得請兩月，進階中奉大夫餘如故。至順元年御試，選讀卷官，被旨脩皇朝經世大典爲總裁官。三年拜翰林侍講學士通奉大夫，餘如故。今上皇帝入正大統，用至大故事，召諸老赴上京議事，公在召列，及還大都，以病謁告歸家。元統二年遣使賜上尊酒金帛召還朝，使者至郡，疾作不能行而歸。至正三年，勑修遼金宋三史，欲用公總裁。或陳其病狀，毋苦其遠行，奏牘將上而止。朝使有自江右來者，廷中大臣趨詢起居。八年五月二十三日以疾，薨於私第，年七十又七。大風飄瓦，拔屋前後巨木數十株。治命以深衣斂，毋用浮屠。明年己丑八月二十一日乙酉，葬邑之長安鄉道德里天寶山西之潭源。娶浚儀趙氏，系出宋秦邸，前公四十二年卒，累封雍郡夫人。子安民趙夫人出也，蔭奉訓大夫廣州路東莞縣尹，轉奉直大夫惠州路總管府判官，陞奉議大夫吉安路安福州知州。徐氏生男二人，維摩努七十，女一人，俱早夭。劉氏生男一人憲，孫女一人欒欒，適譚紱。郭氏生男二人，長延年，以廣東帥府奏差，授武緣縣博合砦巡檢。次翁歸，業進士。馬氏生男一人，高門甫弱冠，孫男五人。某蓋嘗論公家世勳績，文懿事唐文皇，博學洽聞，偉節讜論，忠眂魏徵，而始終無疵，葬陪昭陵，像圖凌煙。忠肅當令海陵南侵至江，以儒者一戰而卻之。思陵在江上歸，禪位阜陵，金易其國書，南北勢始定。阜陵遂相之，功烈不卑矣。及公之身，遇聖代，事九朝，鋪張皇猷，位列法從。與文懿，忠肅，後先七百年，照暎史冊。嗚呼盛哉！又嘗論公家學，禮部公與臨邛魏華甫，成都文敬，李微之講學蜀東門外，爲西南道學之倡。他日以學爲政，參蜀制閫，自請行邊，卻敵兵數十萬人。守簡州，憲夔路立保，置屯田，得流民三十九萬餘，以實邊鄙，敵不敢犯。參政公克振滄江先生之文學，吳公稱其爲文清醇。典教江右湖南，簡拔後人。如南陽富珠哩翀子翬，後多顯融，號稱知人。吳氏學未盛行，首與藁城董公表章之，使大有名於時。時楊夫人，早得見山先生春秋之旨。從父平舟先生以道學自任，當時夫人未笄，盡聞其說。景定甲子彗出平州，草封事於家，夫人侍側進曰：從父當辭位久矣。平舟嘆曰：汝曷不爲男子生我家耶。及虞氏，以家庭所親得者教其子。公資質之粹，學識之正，豈獨得之父兄師友而已。公在成均，思正化本，以嬾士習上丁監禮殿上，伴讀劉生，被酒失儀，公命扶之出，明日聲其罪削之。貴近有爲生謝過者，公持不可。蒙古生款者，傳仁皇東宮諭旨，姑薄其罰。公以吏牘列生罪狀，咨詹事院以啓。仁皇更是公所爲，由是益知公賢。踐祚後，以中書平章李道復領冑監事，公與李公議歲貢法，謂舊法以制祿立程，誘諸生以進學，如是則雖勉弗善。請於衆中擇靜重有識，嘗試以事者，歲薦二人，上親擢而用之以爲勸，李公亟言於上行之。會李公去位不果，已而拜臺臣爲祭酒，召四方名儒爲司業，銳然有責成之志。公與同列講求，以副上意。有好爲異同者撓之，司業投劾去，公亦以病免。諸生之賢者，卒業私塾，居數歲不絕其在。集賢上議，極陳學校之弊。其略曰：師道立則善人多，學校者士所受教，以至於成德達才者也。今天下學官，猥以資敘，強加諸生之上，名之曰師。有司弗信之，諸生亦弗信之，於學校無益也，如此而望斯道之立可乎？偏州下邑之士，無所見聞，父兄遣子弟入學，初無必爲學問之意。師友之從游，亦莫辨其邪正。然則所謂賢才者，非天降地出，有可望之理哉。今既莫若求經明行修之成德者，身師尊之，求以至誠，庶幾德化之，及斯民有所觀感。其次則求操履之近古，而不爲詭異者。經義守正，說而不尚奇論者。爲衆推服，而非鄉愿者。延致之使教，學者他日當有所發也。又其次則取鄉貢之退者，其議論文藝，猶賢於汎汎，莫知根柢者也。朝廷韙其論，而憚改作。初考會試議曰：國家科目之法，諸經傳註，合有所主，將以一道德，同風俗者。非使學者專門擅業，如近代五經學究之固陋也。聖經深遠，恐非一人之見可盡。試藝之人，惟其高者取之。不必先有主意，使求賢之意狹而差，自此始也。又嘗經筵講罷，上言東南海運勞險，因謂京師瀕海以東，至於遼碣，皆萑葦之地，潮汐日至，淤爲沃壤。宜用吳人圩田法，築隄捍水爲田。募富民欲得官者，合其衆請耕。官授以地，而定其畔。能以萬夫耕者，授以萬夫之田版，萬夫長千夫百夫亦如之。三年而視成惰者易之，勤者物地力之高下，定額於有司，以漸而征之。五年有積蓄，眞授以命，就其儲，給之祿。十年然後佩以符信，如軍官法世襲之。庶可寬東南歲餉之役，可得民丁數萬衛京師，制島夷。又因使富民役仕之志遂，而江海求食民有所歸，凶歲不至爲盜。今海口萬户之立，頗宗其說，而未盡用其法云。關中大饑，公建言大災之後，土曠民稀。可以之以行田制，擇一二有仁術，知民事者爲牧守。寬其禁令，使得有爲。因舊民所在，定城郭閭里，治溝洫畎畝之法，招其流亡，勸以樹藝。數年之間，復其田租力役，春耕秋斂，量有所助。久之遠者漸歸，封域漸正，友望相濟，風俗日成，法度日備，則三代遺規，復見於虛空之野矣。天子稱善，群臣未有相其謀者。太史院教授，雒陽楊茂先，知造律候氣之法，試用於部太史有徵。晚合律歷爲一書，謀以進而患其辭煩簡失。當知公研究是學，屬潤色之。公慨然整治其書，且告當道，冀其見用。茂先病死不見進，今藏太史齊伯高家。皇朝經世大典之爲書，公任其勞居多。其目則周禮之六典，其制則近代之會要，其事則令樞密院御史臺六部。總治中外百有司之事務。而其牘藏於故府者不足，則采四方之來上者，參之祖宗之成憲，功臣之閥閱，具存凡八百帙，既進謂同列曰：他日國史諸志表傳，舉此措彼耳。考公制作之志使究所長，其爲聖治牌益，能使一代之風軌，藹然先王之遺烈焉。則其事業，豈下於先世兩公之在唐宋哉！仁皇末年謂近臣曰：今儒者盡用，惟虞伯生未顯擢耳，俄晏而止。英皇既居儲宮，議實冊禮，有司講前代典故，無所於考。鄆忠憲王拜住在太常，雅器公，亟召公入議。公曰：世祖初年，即命裕皇東宮，後授玉冊金寶，詔告萬方，此我朝典章也，何以前代爲？王以公言入奏，上大說，輒行之。及相英皇，力薦公可大用。時居憂方省墓，姑蘇遣使，求之江西不得，求之蜀又不得，比返命而事變作。晉邸御講筵，見公氣貌溫和，敷對剴切，則中統楮幣五十錠。令上皇帝召公不至，時賜臣下碑銘，則論旨於家撰述。公侍延英閣求去者屢，因言陝西田制，得俞旨徐進曰：願假臣一郡，試以此法行之。左右曰：虞伯生託此爲歸計耳。曲阜新廟成，求使代祀，允而復寢。面請補外，則諭旨若曰：卿才何所不堪，顧令未可去耳。中丞趙伯寧乘間爲之請，恕曰：一虞伯生汝輩不能容耶。閣中日承顧問，或應制作文，皆寓規諫，或遇事諫止，出不語人。諫弗能止，歸家悒悒數日。家人察知之，不能詰其故也。爲讀卷官，擬進士策問二篇，做中庸九經之目，問以宜於今之道。次篇問九聖之學，上覽嘉歎，用其次篇。一日受命草一勳舊封王制，詞於內庭，同列二人，嘗爲上所親信者，密謂公曰：上意姑與國公，公如其言。有頃丞相來自榻前，趣進草甚遽，公以草視之愕然，公悟同列給已，亟易其詞以進，終無所言。又一日受命記一古寺，稍陳前代遺蹟。有構飾於上者，謂公前代相臣子孫，適美前事爾。他日入見上，以是語之對曰：前代已遠，臣庶子孫，思其父祖，固不忘其所事，此可爲忠孝，臣愚不足以及此。但臣以疎庸，遭遇聖代，致位通顯。他日臣之子孫，以臣遭遇，世世毋忘本朝厚恩，亦忠孝之勸也。故臣謂能爲此言於上前者，亦必忠孝之人也，上目近臣歎異之。公坦易質直，揚摧人品質正，文字臧否，惟是之從，無所顧忌。故朝論屢以御史才薦之，然亦以是賈怨，動以危事中之。賴人主察其無他以免。惟篤孝友少，與嘉魚令共學於家。父子兄弟，自爲知己，人以俶眉山三蘇。嘉魚歿，撫其孤遺如己子。孟兄秉以莞庫，解送官物至京，道途折閱直數千緡，公悉代償無難色。遇庶弟棐及其孤妹，皆盡恩禮。常以祿養不及其親，遇珍膳不敢盡器。盛暑不命童子揮扇，曰勞人以佚已，君子不爲也。生平知已大臣，藁城董宣公，保定張蔡公，隴西趙魯公，皆國元老。趙之復相，嘗面請召柳城姚公，涿郡盧公，廣平程公，吳興趙公。每與公論文，輒以方來文柄屬之。當世文士，嘗經論薦後皆知名。諸公受業，爲所推許，今多公輔之器，不可悉數。公之爲學，非託空言。每言先王建事立功，必本於天理，民情之實。故教學者務欲貫事理於一致，同雅俗於至情，以是爲圖治之本。其於經則曰：易之爲書，首尾完具於三聖人之手，生乎千載之下，仰觀千載之上，以凡下之資，而欲窺見天與聖人之道，不可下此而他求也。得江東謝君直之說，以先天八卦，圖爲河圖。九數而九位者，爲洛書十數。而五位者爲五位相得之圖，心雅善之。或請著說則辭曰：易道廣大，苟得其自然之數，任往不合先儒，有成言焉存，以俟知者。於禮則曰：學知先務，莫切是經。惟二戴雜以後人所記變禮，不可盡信。則餘則二帝三王之遺文，天子諸侯大夫士之成制，粲然可考，不可以淺近言也。屢欲通古今爲一書，以爲後來考禮之助。以宦業不克就濂洛新安諸君子之書，就其所存，以極其至，而慨夫吾黨之士，知之者微矣。於吳氏書亦然，二氏之學，往往窮其指歸，即其徒叩其負挾有所見，則爲之太息曰：學者不能潛心聖人之微言，以明下學士達之要，而欲切究性命之源，死生之說，其能不引而歸之者難矣。其爲文，自其外而觀之，汪洋澹泊，不見涯涘。剡乎其中，深靚簡潔，廉劌俱泯，造乎混成。與四明公伯長，清河元公復初友厚，二人有著作，必即公論之。元初謂公文，無雷霆之震，驚鬼神之靈異，將何以稱於世？公謝曰：誠不能也，晚乃大服其言。至大延祐以來，詔告册文，四方碑板，多出乎手。其撰次論建，與其陶冶性情，黼藻庶品之作，襍之古名賢之編，卓然自成一家言。客未嘗見其學書，篆隸行楷，題榜下筆，便覺超詣以書名於世者憚之。少讀邵子書，領悟其妙，題其室曰邵菴，學者因號之曰邵菴先生。然廷陛都俞，朝野稱謂，率多以字行。其存藁自題曰道園學古錄，門人彙而鋟之，得應制十二卷，在朝二十四卷，歸田三十六卷，方外八卷，其散逸尚多。閒居雖久，歸美報上之心，仁民澤物之志，未嘗一日忘之。邑有平糶倉田，淪於方外，力言於當道復之。邑大夫陳有容，率同志作邵菴書院，迎公講道其中，以惠學子。公欣然諾之，落成而公薨。在法公當進爵賜謚，既葬而命未下。玄於公有奕世之契，最先受知參政公。博士之召，公實薦之朝。同朝十年，奬借非一。故於是銘雖重於作，而不敢辭。銘曰：吁嗟先生，衡山之高，岷江之長，磅礴深廣，何可量也。山英川靈，合爲天章，變化倏忽，何可常也。君子用世，斯文耿光。鳳凰鳴矣，于朝陽也。善人云亡，士氣弗昌。鶗鴃先鳴，百草爲之不芳也。王良善御，騏驥上驤，孰能寘之周行也。范冠蟬緌，蠶績蟹筐，孰能措之範防也。載彼營魄，返乎混茫，朱鳥之舍離明之鄉也。於粲遺文，布濩四方，琬琰之刻名山之藏也。吁嗟先生，古有先哲兮，知德知言。知德不易，知言尤難。先生繼作兮，誰謂九京。九京可作兮，百世弗諼。化幽默兮，孰控孰摶。芝草三秀，醴泉有源，天將以斯文兮，厚公之子孫。」

可附錄卷之末。

四十二、補虞集「道園遺稿」

宣城縣志卷三十二「藝文、詩、萬松庵、虞集」。

「宣城山水窟，蔽虧東西日。敬亭最清麗，遙岑出寸碧。雖微靈運遊，曾著元暉屐。其東維麻姑，石色積鐵立。雄勢踞磅礴，佳氣蟠蔥鬱。磴蘚未易攀，梯飆何由及。雞犬仙源深，蚌螺瀛海溼。斧柯石上遺，樵擔雲中逸。纍纍香土闕，侹侹仙橋出。丹竈拾赭礫，劍函浸元璧。披奇歷險阻，千百纔存十。銅坑窮難窺，石砦危可陟。吸泉出平池，掉石連清壁。蒼木產異馨，香薷蓄靈夜。翠葆既掩苒，丹蕤亦蒙密。紅蘭間蓬藋，叢桂雜榛棫。無復脯麟宴，空餘舄鳧迹。瑤草紺室生，玉樹珠庭植。靈光悵莫追，秀氣猶可挹。樓飛齊雲翬，府聳天遊翼。神秀鐘造化，結構乘道力。萬松乃後出，路自中峯入。仙驛俱幻龐，齊楚胥得失。山中三十年，茲理究平昔。年□客南湖，佳處久未即。擬參照空禪，重詣源公席。同遊得名勝，樂飲既怡懌。簇騎凌清晨，回車告將夕。」

可補卷一「古詩五言」。

南康府志卷之十「詩類、本府、五言律詩、元、應眞閣、虞集」：

「徹入禪關裏，飛行看石淙。應眞誰貝葉，受供此珠宮。噴薄方無極，泓澄自有容。餘波第六水，取次濯凡踪。」

「石澗容飛渡、緣山入翠煙。開門觀五老，敷席近諸天。試共龍聽法，閑隨客酌泉。昔人行履處，一一問藍田。」

可補卷二「五言律詩」。

浙江通志卷二百七十四「藝文、十六、詩、五言律詩、奉別顎爾和東泉學士遊甌越、元、虞集」：

「憶昔同經幄，春明下玉除。挂冠俄去國，連笴總盛書。筍脯嘗紅稻，蓴羹斫白魚，莫言江海遠，咫尺玉堂廬。」

可補卷二「五言律詩」。

京口三山全志金山卷之四「集詩二，元、送長溪長老回金山、虞集」：

「長溪送到長江上，千古金山是寶山。晝永獻花天下女，夜深持?海龍還。諸天聽法蒼茫際，萬佛垂光紫翠間。幾句題詩酬勝槩，磨崖常愧雨苔班。」

可補卷三「七言律詩」。

南昌詩徵卷四「七言律詩、元、鐵柱宮、虞集」：

「老龍無意弄新波，化作凫翁倚柱歌。點石神力甯復得，沉沙遺跡不堪磨。汾陰鼎鼐千年出，海底珊瑚百尺過。誰在蓬萊期劫外，下騎黃鵠一婆娑。」

可補卷三「七言律詩」。

南昌詩徵卷四「七言律詩、元、寫意軒、虞集」：

「仙人本是好樓居，深下重簾寫韻書。江上數峰千仞表，硯中微露九秋餘。下方鐘鼓塵初定，絕世文章事不虛。最愛夜寒天闕近，啓牕留得玉蟾蜍。」

可補卷三「七言律詩」。按道園遺稿卷三「寫韻軒」，與之名同辭異。

南昌詩徵卷四「七言律詩、元、滕王閣、虞集」：

「天寒江閣立蒼茫，百尺闌干送夕陽。歲久魚龍非故物，春深蛺蝶是何王。帆檣星斗通南極，車蓋風雲擁豫章。燈火夜歸湖上雨，隔鄰呼酒說干將。」

可補卷三「七言律詩」。按南昌詩徵，有集七言律詩「滕王閣」二首，遺稿僅有其一，故補之。

袁州府志卷之十二「藝文志、詩、元、南泉丈室，虞集」：

「罏香滿室雨垂簷，借得方牀午睡甜。泉上老龍還託取，山翁曾此聽華嚴。」

可補卷五「七言絕句」。

南昌詩徵卷五「七言絕句、元、滕王閣、虞集」：

「豫章城上滕王閣，不見鳴鑾珮玉聲。惟有當時簾外月，夜深依舊照江城。」

可補卷五「七言絕句」。

四十三、補張雨「句曲外史集」

四明山志卷六「藝文志、詩、元、送毛石田住白水宮、張伯雨」。

「攜劍住丹山，凌風袂雨翻。空壇遺寂莫，飛瀑瀉潺湲。供薄難爲客，山深不閉門。大蘭千仞頂，有日遇劉樊。」

可補卷上「五言律詩」。按張雨字伯雨。

無錫縣志卷四上「藝文志、詩、元、留題時思精舍、張雨」：

「重遊九龍峰，寒食生春陰。竹露洒我笠，松風吹我襟。況逢金閨彥，幽探愜素心。風泉繞屋壁，亂響琹筑音。翻然出谷去，回睇煙蘿深。」

可補卷上「五言古風」。

無錫縣心卷四上「藝文志、詩、元、題趙蒙山悟空精舍、張雨」：

「濯濯嘉樹色，肅肅紫殿陰。崇岡既延睇，寒泉復洗心。節物士女繁，而我得孤吟。杖者足易跛，移舟指烟林。龐公豈無家，魚鳥不厭深。適辨芳春月，就子碧山岑。」

可補卷上「五言古風」。

四明山志卷六「藝文志、詩、元、白水宮、張伯雨」：

「二仙控轡上青旻，千古流聞跡未陳。白水主人傳甲乙，青鐙留我守庚申。雲根瀑落長疑

可補卷上「五言長律」。

雨，洞口花開自得春。回首人間又塵土，芒鞋好結道爲鄰。」

浙江通志二百七十八「藝文、詩、七言絕句、元、吳興道中二首、張雨」：

「眠溪大樹不見日，牧鵝小兒兼釣魚。南風相送玉河口，舟子飯時吾讀書。」

「扁舟偶趁采樵風，題扇書裙莫惱公。何處人間無六月，碧瀾堂上雨聲中。」

可補卷上「七言絕句」。按句曲外史集卷一「吳興道中」，篇名雖同，而辭句悉異。

浙江通志卷二百七十八「藝文、詩、七言絕句、元、三衢道中三首、張雨」：

「大溪中道放船流，船壓山光瀉碧油。三百里灘倚枕過，買魚釃酒下嚴州。」

「東風惡劇雨飛花，被底春寒水漲沙。蘭茝溪香小回首，一峰晴雪是金華。」

「界道飛流山翠重，杜鵑無語杜鵑紅。歸人一舸貪新水，渾墮丹青便面中。」

可補卷中「七言律詩」。

湖山便覽卷四「葛嶺、張雨、雲巢樓」：

「初陽臺上白雲多，雲裏層層玉樹柯。棲息一枝緣穩未，飛翻千仞奈危何。雨中暮燕雷驚起，峰頂笙鸞月送過。好在舟梯無百尺，屋頭看盡白鷗波。」

可補卷中「七言律詩」。

湖山便覽卷四「葛公丹井、張雨、葛洪井」：

「一宿葛翁丹井上，化爲蝴蝶夢魂清。湖田涼蛤四散吠，烟寺曉鐘相遞鳴。孤嶼橫陳爲玉几，初陽煥爛似霞城。拏舟又入水雲去，還我風篁雪竇聲。」

可補卷中「七言律詩」。

無錫縣志卷四上「藝文志、詩、元、自仙源放船來雲林奉懷元鎭范致大德原、張雨」：

「扁舟蕩槳出東城，最愛新流拍岸平。霽雨蘭苕來翡翠，晚風楊柳送鸝庚。盈盈溪女臨沙浣，歷歷郊農傍隴耕。謬倚林齋望山郭，憶君清話不勝情。」

可補卷中「七言律詩」。

鐵崖古樂府卷首「原序」：

「三百篇而下，不失比興之旨。惟古樂府，爲近今代，善用吴才老韻書，以古語駕御之。李季秋楊廉夫遂稱作者。廉夫又縱橫其間，上法漢魏，而出入於少陵二李之間。故其所作古樂府詞，隱然有曠世金石聲，人之望而畏者。又時出龍鬼蛇神，以眩蕩一世之耳目，斯亦奇矣。東南士林之語曰：前有虞范，後有李楊。廉夫奇作，人所不知者，必以寄余，以余爲知言者。抑余聞咏歌音聲之爲物，明則動金石，幽則感鬼神，豈直草上風行之比哉。廉夫遭盛時，揚言於大庭者也。將與時之君子，以頌隆平樂府遺音，豈宜在埜。要使大雅扶世變，正聲調元氣，斯爲至也。余不敢不以此望於廉夫，餘子不足語此。至正丙戌冬又十月，方外張又雨謹題。」

可補卷下之末，蓋集悉無文。

兩浙名賢錄卷四十四「句曲外史張伯雨天雨」：

「張天雨，字伯雨，錢塘人，宋文忠公九成之裔。早棄妻子，隱於黃冠，風裁凝峻，見者知其爲方外高士。工書善詩歌，文益奇古，與吳興趙孟頫，浦城楊載，蜀郡虞集，豫章揭傒斯，清江范梈，金華黃溍，交甚善。嘗屏居修茅山志，因自號曰句曲外史。」

可補卷下之末。

四十四、補楊維楨「東維子集」

徽州府志卷十一「詞翰、序、送吳萬戶統兵復徽城序」：

「予趁唐張巡傳，未嘗不奇巡之才勇忠義，得於天性，非一時流輩所能及也。當安史之亂，天下承平日久，士之習文墨議論者，不知有名節風尚。哥舒翰以潼關降，房琯以陳濤敗。巡以一書生，不勝其憤。率罷散之卒，保丈尺之城。屹然砥柱中流，以截滔天之勢。非其才勇忠義，得於天性者，能爾乎！至今英風盛烈，萬古猶一日也。方今紅巾起淮洄，蔓延江浙，不啻安史之亂也。所過郡縣，郡縣無不披靡。任閫外之寄者，往往迴撓顚頓，如翰如琯者不少也。忠義勇烈如巡者，果獨無其人哉？新安吳克敏氏，去冬謁予七者，寮出其所爲書詩，凡若干首，知其有志當世者。予奇其人，猶未識其善武事。適垣府相臣，招致名士，講及三關之事。克敏聞之，慨然有擊楫中流之志。無幾，當路者以名荐。相臣素聞其人，遂命統士若干，會諸軍於昱關。予聞之益奇之，其才勇忠義，實有得天性如巡者。則知嚮所爲詩，皆筆牘之餘耳。以克敏之文武才勇，而又遇知己如相臣者，克敏當以古人自期。以古人自期，舍巡奚屬哉？於其別余而去，予以巡事告之。至正十四年三月十有一日，李黼榜老進士會稽楊維楨，在錢塘之抱遺閣寫。」

可補卷十一「序」。

江陰縣志卷二十一「遺文第十五、送二國士、楊廉夫、元人」：

「至正丁酉，江浙政府，以太師移剌公，僉樞府事，都護方面。公統率牙將凡十有六，控弦之夫，無慮數萬，而猶兢兢愼重求賢，乞言如不及。於是有國士者曰：湖南鄧林思義，江陰張端希尹，並以參謀在賓，介二士行。會稽楊維禎酌之贈之言曰：一方面之安危，寄於一都護之重。一都護之舉動，寄於兩參謀之佐。都護重以位，參謀重以晝。晝者言焉，位者聽焉，聽而行焉。吾見樞相之德日愈崇，威日愈隆，地望日愈重且雄。雖以經略天下其可也，豈直東南一方面而已哉。宋有國士者尹洙氏，當葛懷敏之出帥鄜延也，洙言於上曰：不患士卒之無，勇患大將之寡謀。奮身自請，參議懷敏行軍事，上如其請，君子惜洙庶幾國士。巳而懷敏不能卒用，而自用以僨。今二士之從樞相，出於禮而致，非自售往也。自售者言易詘，而禮致者言易投。此言之行，不行辯也。言之行不行，功之成不成，辯也。二士行矣！吾將賀樞相之復吳沒地。不復於控弦之夫，而復於石畫之士，可指日待也。二士行乎哉，詩曰：桓桓上國，將受鉞奠南邦。貔虎嘯中野，鵝鸛鳴大江。長戈挽日，軸雄棨植天杜。左之排闥，噲右之易。位逢將軍意，不樂愼作。玉斗撞匹，士能重國。五兵徒鬪鏦，下禮大將壇聘，壁御金釭，迺獲兩國。非虎非熊，驪文能七旬格信，可三日降。我歌兩國士，南金無足雙。」

可補卷十一「序」。按楊維禎，字廉夫。

玩齋集卷首「玩齋集原序」：

「先輩論詩謂，必窮者而後工。蓋本韓子語，以窮者有專攻之技，精治之力，其極諸思慮者，不工不止。老杜所謂，癖耽佳句，語必驚人者是也。然三百篇，豈皆得於窮者哉。當時公卿大夫士，下及閭夫鄙隸，發言成詩，不待雕琢，而大工出焉者何也。情性之天至，世教之積習，風謠音裁之自然也。然則以窮，論詩道之去古也遠矣。我朝古文，殊未邁韓柳歐曾蘇王，而詩則過之。郝元初變，未拔於宋。范楊再變，未幾於唐。至延祐泰定之際，虞揭馬宋諸公者作，然後極其所摯。下顧大歷與元祐，上踰六朝而薄風雅，吁亦盛矣。繼馬宋而起者，世惟稱陳李二張，而宛陵貢公，則又馳騁虞揭馬宋諸公之間，未知孰軒而孰輊也。公以余爲育家弟兄，每令評其所著。如東南有佳人，嶰谷有美竹，深得比興。日入柳風息，芙蓉生綠水，遠詣選體。厚倫理，如風樹，春暉。樹風操，如葛烈女，段節婦，李貞母，陳堯妻。感古，如蒼梧滕閣紀變，如河決蘇臺。論人物，如耕莘蹈海。遊方之外，如子虛道人，楊白花。吳中曲，有古樂府遺音。國子，黃河，可補本朝缺製。其他所作，固未可一二數，此豈效世之畸人窮士，專攻精治而後得哉。蓋自其先公文靖侯，以古文鼓吹，延祐間，公由胄學，出入省臺，其風儀色澤，雍容暇豫，不異古之公卿大夫游於盛明。故其詩也，得於自然，有不待雕琢，而大工出焉者。此也，公年尚未莫，氣尚未衰，而尤嗜問學不止。今爲天子出使萬里外，他日紀錄爲風爲騷，入爲朝廷，道盛德，告成功，爲雅爲頌，又當有待於公者，豈止今日所見而已。編是集者，爲其高弟子謝肅劉中及朱鐩也，別又爲公年譜云。公字泰甫，號玩齋，學者稱爲玩齋先生，楊維楨序。」

可補卷十一「序」。

崑山縣志卷十四「集文、崑山縣學宮碑、楊維楨」：

「崑山在唐宋爲望縣，國朝以生齒之庶陞州，徙治東倉。至正丙申，東倉毀，州復舊治所。招還流迻民，重立宮寺，及社稷之壇，宓義神農黃帝之廟。至是遂新作孔子廟學，禮殿倫堂，重門廣廡，齋廬直舍，庫庾庖湢，無不畢具。像設先聖先師，繪從祀諸賢。範祭器，理大成樂，無不如法。實今費侯，爲州三年之所成也。役始至正二十年夏四月，竣事於明年冬十二月。侯既率文武僚友，舍菜告成。又命職于校者，具書幣，狀顛末，走二百里外，謁余文以志。予方悼世變之劇，州縣鞠爲草棘，雖鄒魯地不免。矧阻江要海，與寇爭尺寸者哉。訖能保障其所如金湯，恲懞其居廬校室，如按堵之。故非其人之得守將才，曷致是邪！若侯者是矣。傳曰：守令者，民之師帥也。侯非師帥之殊尤者乎，吾所樂道也。於乎人之所以爲人，以有倫也，有國有家者敘焉。斯治斁焉，斯亂世降道微，邪説暴行滿天。馴致三綱淪，九法斁，人類無以別禽獸。然理出於天下者，未嘗一息而可滅。予讀孟子書，知先王學校之教矣。其言曰：三代之學，皆所以明人倫也。時方崇功利，薄仁義。則又告之曰：未有仁而遺其親，義而後其君者。推其效，可使制挺以撻秦楚之堅甲利兵，人心天理之可恃也如此。詩曰：既作泮宮，淮夷攸服。又曰：在泮獻馘，在泮獻功。又知古者，文武匪二致也。侯於用武之秋，不敢斯須忘文教，是可書已。賁侯名復初，字克明，東平壽張人。世長千夫于鎮江，蓋有文武才幹者。是役也，同知州事梅英，實贊其成。時判官丁復初，教授陶植，提控案牘陳善，都目沈繼祖、謝宏道也。詩曰：維吳支邑，崑在北東。東薄于海，捍海作邦。陵谷以變井邑，以遷人民，雞犬往而復還。邑有庠序，鞠爲草莽。治必有教，復我黌宇。展也賁侯，克帥克師。文事武事，匪曰兩歧。在昔受成，獻功虞馘。我教既成，我戰必克。化民服敵，孰負孰荷。侯曰噫嘻，豈不在我。我部百里，我心一家。衣冠儼雅，籩豆靜嘉。天經不斁，國紀攸敘。如子從父，如弟子聽傳。維崑有石，維石有錄。銘以著蹟，遹觀厥成。」

可補卷二十三「碑」。

吳江志卷二十一「七言律、塔寺西軒洗竹、楊維禎」：

「華嚴寺裡斷雲師，許我來題洗竹詩。未論竿頭能進步，且教節外莫生枝。定回午夜秋聲咸，經罷西軒暝色遲。從此一塵無染著，歲寒惟有此君知。」

可補卷二十九「詩」。

姑蘇志卷三十三「古蹟、石射堋、楊維楨」：

「周家十圍鼓，散落陳倉野。猶有夏駕石，盤盤鄮石下。秦鞭血山谷，吳獵焦野火。夏鄮遠不拔，石鳴知者寡。父老懼讖言，空山石長啞。」

可補卷二十九「詩」：

浙江通志卷二百七十二「藝文、十四、五言古詩、六客亭分題送趙季文知事湖州、元、楊維楨」：

「秋水城下碧，秋山城上青。水晶出宮闕，雲氣列東軿。風流五馬貴，六客聯華星。美酒來東林，朱果取洞庭。奇畫掃寒蕩，妍辭約浮萍。焉知後無繼，高堂葺殘扃。送子河風道，賓鴻集修翎。官奴重秉燭，泚筆懷蘇亭。」

可補卷二十九「詩」。

湖山便覽卷十「天開圖畫臺、楊維楨、宋官觀潮圖」：

「八月八日睡龍死，海龜夜食羅刹水。須臾海劈龕赭開，地捲銀龍薄于紙。艮山移來天子宮，宮前一箭隨西風。劫灰欲洗蛇鬼穴，婆留朽鐵猶爭雄。望海樓頭誇景好，斷鰲已走金銀島。天吳一夜海水移，馬蹀沙田食沙草。厓山樓船歸不歸，七歲呱呱啼軹道。」

可補卷二十九「詩」。

浙江通志卷二百七十六「藝文、十八、七言律詩、遊開元寺憩綠蔭堂、元楊維楨」：

「韋郎句中尋畫寂，劫灰不盡綠層層。鴻文重記青城客，内典新傳瀑布僧。石佛浮江輕似葉，神珠照鉢隱如燈。杪欏樹子風前落，吹滿恩公舊毾㲪。」

可補卷二十九「詩」。

浙江通志卷二百七十六「藝文、十八、七言律詩、送錢思復之永嘉山長、元、楊維楨」：

「湖頭送客綵舟移，青雀飛來花滿枝。進士舊傳羅剎賦，佳人新唱竹枝詞。黄桐錦樹秋風早，青嶼江雲海日遲。思遠樓前約相見，西山煙雨畫新眉。」

可補卷二十九「詩」。

湖廣通志卷八十六「藝文、七言律詩、元、和楊參政、楊維楨」：

「皇元正朔承千祀，天下書車共一家。一柱東南擎白日，五城西北護丹霞。寶刀雷煥蒼精杰，天馬郭家獅子花。收拾全吳還聖主，將軍須用李輕車。」

可補卷二十九「詩」。

浙江通志卷二百七十六「藝文、十八、七言律詩、西湖、元、楊維楨」：

「西湖風景開圖畫，墨客騷人入咏嗟。扇底魚龍吹日影，鏡中鶯燕老年華。蘇堤物換前朝柳，葛嶺人耕故相家。今古沈消一杯水，兩峰長照夕陽斜。」

可補卷二十九「詩」。

渦陽縣志卷十六「藝文志、詩、鐵牛嶺、楊維楨」：

「閒登峻嶺勢悠崇，無數風光一覽中。仰矚龍山皆繞北，俯聽渦水盡流東。春來草色全爭綠，霜後楓村半染紅。爲問鐵牛今已渺，當年角頭應嘶風。」

可補卷二十九「詩」。

浙江通志卷二百七十六「藝文、十八、七言律詩、湖州作、元、楊維楨」：

「三月三日雨新晴，相邀春伴冶西城。即倩山妻紗帽辦，更煩小婢犢車輕。好語啼春秦知了，仙姿當酒董雙成。憑君多唱嬉春曲，老子江南最有情。」

「五十狂夫心尚孩，不受俗物相塡豗。興來自控玉蹄馬，辭後不辭金當杯。海燕來時芹葉小，野鶯啼處處菜花開。春山已備紅油蓋，不怕城南小雨催。」

「長城小姬如小憐，紅絲新上琵琶絃。可人座上三株樹，美酒沙頭雙玉船。小洞桃花落香屑，大隄楊柳掃晴烟。明朝紗帽青黎杖，更訪東林十八仙。」

「湖州野客似元眞，水晶宮中烏角巾。得句時過張外史，學書不讓管夫人。棋尋東老林中橘，飯煮西施廟下蒓。無雨無風二三月，道人將客正嬉春。」

可補卷二十九「詩」。

浙江通志卷二百七十六「藝文、十八、七言律詩、錢塘懷古率堵無傲同賦、元、楊維楨」：

「天山乳鳳飛來小，南渡衣冠又六朝。劫火自焚楊璉塔，箭峰猶抵伍胥潮。燐光夜附山精出，蜃氣秋隨海霧消。惟有宮人斜畔月　多情還自照吹簫。」

可補卷二十九「詩」。按東維子集，僅詩一卷，且未分類，故均補於卷二十九「詩」。復按楊氏尚有「鐵崖樂府」十卷，「鐵崖樂府補」六卷，悉爲樂府。「麗則遺音」四卷，皆爲賦。「復古詩集」六卷，率爲琴操，宮詞，冶春遊，仙香奩之作。故前錄諸詩，殊不宜補於上述四種著作之中。

諸暨縣志卷四十三「傳、藝文十一、鐵笛道人自傳、元、楊廉夫」：

「鐵笛道人者，會稽人，祖關西出也。初號梅花道人，會稽有鐵崖山，其高百丈。上有綠萼梅花數百，植層樓，出梅花。積書數萬卷，是道人所居也。泰定間，以春秋經學櫂進士第。仕赤城令，轉錢清海鹽。皆不信其素志，輒棄官。將妻子遊天目山，放于宛陵毗陵間。雲中雲間，山水最清遠。又自九龍山，涉太湖南，折大小雷之澤，訪縹緲七十峰。東抵海，登小金山。脫烏巾，冠鐵葉冠，服褐毛寬博，手持鐵笛一枝，自稱鐵笛道人。鐵笛得洞庭湖中冶人緱氏子，嘗掘地得古莫耶，無所用，鎔爲鐵葉。筒之長二尺有九寸，竅其九，進於道人。道人吹之，竅皆應律，奇聲絕人世。江上老漁狎道人，時時唱清江款乃，道人爲作迴波引和之。仍自歌曰：小江秋，大江秋，美人不來生遠悉，吹笛海西流。又歌曰：東飛鳥，西飛鳥，美人手弄雙明珠，九見烏生雛。城中貴富人聞道人名，多載酒道人所，幸聞笛。道人爲一弄畢，便臥遣客去。即客不去，臥吹笛自如也。嘗對客云：笛有君山古弄海可卷蛟龍，可呼非鈞天大人不發也。晚年同年夫，有以遺佚白于上，用元纁物色道人于五湖之間，道人終不一起。道人性疎豁，與人交無疑二，雖病凶，危坐不披。文則美扎翰，或理音樂。素不善奕書，謂奕損閒心，畫爲人役，見即屏去。至名山川，必登高遐眺，想見古人風節，曠邁非常人所能測也。與永嘉李孝光，茅山張伯雨，錫山倪鎮，昆易顧瑛，爲詩文友。碧桃叟，釋臻，知歸叟，釋現，清容叟，釋信，爲方外友。及其文，有驚世者，有三史統論五千言，太平綱目二十策，歷代史鉞二百卷。詩有瓊臺曲洞庭襍吟五十卷，藏于鐵崖山云。贊曰：有美人兮冠鐵葉之峩峩，服免褐之蹮蹮。雷浦之濱兮，鐵崖之巔。嗆呼陽兮，履坤戴乾。萬竅不作兮，全籟于天。其漆園之傲吏兮，緱山之遊仙也耶。」

可補卷二十八「傳」。

四十五、補劉秉忠「藏春集」

霸州志卷之八「藝文志、記、傳、書、銘、詩、行、狀、郝經傳、劉秉忠、光祿大夫太保中書丞」：

「經字仲常，其先潞州人，後徙河北霸州。世祖即位，以經爲翰林侍讀學士。王文統素忌其才德，乃遣使宋。或謂經盍以疾辭，經曰：自南北構難，江淮遺黎，弱者被俘略，壯者死原野，兵連禍（按：疑爲禍）結，斯亦久矣。聖上一視同人，務通兩國之好。雖以微軀，蹈不測不淵。苟能弭兵靖亂，活百萬生靈，于鋒鏑之下，吾學爲有用矣，遂行。王文統陰諷李澶（按：元史作璮）侵宋，以阻撓之，欲假以害經。經踰淮，賈似道懼奸謀呈露，遂以澶爲辭，拘經於眞州。州之勇軍駟吏，防守嚴于獄。行介佐或不能堪，經曰：將命至此，死生進退，聽其在彼。守節不曲，盡其在我。豈能不忠不義，以辱中州士大夫乎！宋帝大臣聞經言，遂請入見，皆不報。駟吏棘垣鑰户，從人怒而鬥死數人。居七年，徙經別館。與從者六人，又居九年。伯顏南侵，宋懼，乃以禮送經歸。似道之謀泄，亦竄死矣。經歸，世祖賜宴大庭，官加國子祭酒，爲朝列大夫。秋七月經卒，年五十三也。經之爲人尚氣節，爲學思致用。及被留，撰續漢書、易春秋外傳、文集數百卷。其文豐蔚豪宏，善謀議論。詩多奇崛，當時感其言，目其事，各爲振勵者甚多。子二，長景文，官給事，次子景和，官廉訪使。嗚呼郝公，雖云沒矣，而忠義之名，則不泯焉。宋景德三年。」

可補卷五之末，蓋其集，悉詩無文。按「元太保藏春散人劉秉忠評述」，新元史卷五十七「百官志一」，卷六十三「百官志九」，劉秉忠早年入侍世祖，深得親信，言聽計從。舉凡元代之定都邑，肇朝儀，創官制，營兩都，興禮樂，頒服章，定曆法，無不出於其功。故至元元年，即命有司備禮，授光祿大夫、太保、參領中書省事。霸州志謂其官「中書省丞」誤。蓋元代官制，太保正一品，光祿大夫從一品，丞相正一品，平章政事從一品，左右丞正二品。故其位階，在中書省平章政事，左右丞之上。

四十六、補陸文圭「牆東類稿」

江陰縣志卷一「建置記第一、沿革、城池、公署、改州記、元、陸文圭」：

「至元二十八年秋七月二十三日，江淮行中書省參知政事臣公楠奏：暨陽與毗陵郡，壤地相接，户不滿七萬，設立總府非便，請跋州治隸毗陵管。內省併司縣各一，減官吏俸數十，於事理便，制曰可。足歲十二月擢奉直大夫，前常州路治中，兀魯失不花爲州監，佩印之任。始至問民疾苦皆曰：江鄉土狹民瘠，介在一隅，以故無徵役。今以屬州事統府，其情不吾察奈何？侯曰：第安之，吾在毋恐。既而符移數下，調發無虛日，泝流供給，回遠幾二百里。兵㯹不時，獄報淹留，民疲於奔命。侯慨然曰：吾受命作牧，民痛即吾痛也。時廉訪使者適至，侯具言其不便，率州之士庶，請以州隸行省，事得直達。既而轉上于朝，報下如章，士庶噱舞，恩若更生。會至尊新登寶位，勤恤民隱，宰執復條具呂聞，上可其奏。侯聞之喜曰：今而後得專治吾民矣！治之三年，政平訟簡，州以無事，頌謠載路。秩滿遷常州路同知總管府事，常民喜侯之復來，而暨民惜其驟去也。於是述置州之顛末，謹刻諸石，俾來者有攷云。元貞二年六月壬子。」

可補卷八「記」。

江陰縣志卷之二十一「遺文第十五、跋效顰集後、陸文圭」：

「此澄江詩人，繆苔石詩也。詩家與文章家不同，詩家最難，刪後三百篇，經聖人手，議論不敢。到建安稱七子，李杜蘇黃集大成。渡江初，誠齋、放翁、後村，號三大家。數其餘，江湖詩人一聯半句，雖是小家數，亦有過人者。如江西派中人物彭城陽，南康人，皆入社者。故自古澄江無詩人，噫！今有人矣。」

可補卷十「跋」。

江陰縣志卷之二十一「遺文、第十五、張紹祖去思碑頌、陸文圭、元人」：

「西京循吏，傳止七人。曷艱其選，艱得其循。漢有生祠，未立銘碣。唐碑遺愛，始自仁傑。猗嗟張侯，爲政廉平。既去興思，媲美懷英。流水城南，龜趺在軒。匪佞于侯，士有公言」。

可補卷十「銘贊」之末，蓋其集無「頌」。

江陰縣志卷之二十一「遺文、第十五、李思善去思碑、陸文圭、元人」

「范陽李侯之尹澄川也，有五善焉。約己清苦一也，禮敬儒先二也，勤恤民隱三也，沮斥豪強四也，期令信必五也。致和間，鹽官海益，行省調諸郡夫，修築石堤，賦以尋丈。侯帥所部，晨夜督役，以身先之，期未半而工畢。輒不俟報，引衆而歸。他郡淹延日久，百姓苦之。侯歸將及郭，見有木筏萬計，橫于官塘者，阻客舟不行。問其主，權貴人也。侯曰：在法，有禁命，所在拘留之。權貴人所遣卒無賴，於廣會上，極口詆侯。坐皆走避，侯弗爲動。當路者，轉行請托亦弗從，其臨事如此。或謂侯於同列，專而不和。然其恢廓自信，勇往直前，遇事不能屈摺，致與物忤，非不和也。又謂侯嚴而少恩，然其剛腸，嫉惡取怨，尤而不悔。其人能改即止，亦不念舊非，非少恩也。昔胡少卿元禮，欲殺一囚。司丞李日知以爲不可，往復數四。元禮曰：吾不離刑曹，此囚終無生理。日知曰：吾不離刑曹，此囚終無死法，君子以爲嚴。元禮雖不及日知之恕，其事曲直，今無可考。要亦各執所見，未必持私心也。昔郭晞在汾，縱卒爲暴。段秀實梟卒之首，一軍盡甲。秀實往讓晞曰：副元帥勳塞天地，當念始終，今亂且敗郭氏。晞再拜，叱亂卒散歸，火伍敢譁者死。君子以爲秀實之勇，雖不可奪。而晞之服善改過，使一軍盡遵紀律，亦不可少也。嗚呼，使古人之所行，今人能行之，則皆無愧古人矣。人之情好，人之同己，而惡人之異己，好惡之不齊久矣。任事者怨之府，疑似者謗之階，此老氏之所以不敢爲天下先。而市中之虎，卒取證於三人也。然而人衆勝天，天定亦能勝人。公論之昭昭，終不可誣也。仲尼曰：不如鄉人之善者好之，不善者惡之。李侯之於州人也，可謂善者好之，而惡者惡之矣。然惡之者寡，好之者衆，侯所以爲賢也。於此見一州之人，善多而惡者少也。於此見李侯之善，果可書也。」

可補卷十三「墓誌銘」之末。蓋其集無碑，僅有墓誌銘、壙誌、行狀、家傳。

江陰縣志卷十九「外紀第十三、寺觀、丹棲詩、元、陸文圭」：

「丹棲獨倚對青山，歷歷西風十二鬟。曉氣淨連江樹碧，秋雲低護石苔斑。仙人長嘯聞天外，道士空謠帶雨閒。安得置身蕭爽地，捲簾時待鶴飛還。」

可補卷十八「七言律詩」。

四十七、補陳基「夷白齋稿」

九靈山房集卷九「夷白齋稿序」：

「九白齋稿，合若干篇，臨海陳敬初先生所著。余既訪之先生，盡得其稿而編次之，以爲三十四卷，而復序其篇目曰：世道有升降，風氣有盛衰，而文運隨之。故自周衰，聖人之遺言既熄。諸子雜家並起，而汨亂之。漢興董生司馬遷揚雄劉向之徒出，而斯文始近於古。迨其後也，曹劉沈謝之刻鏤，王楊盧駱之纖艷，又靡然於當時，至唐之久。而昌黎韓子，以道德仁義之言，起而麾之，然後斯文幾於漢。奈何元氣僅還，而剝喪戕賊，已浸淫於五代之陋。直至宋之劉楊猶務抽青媲白，錯綺交繡以自衒。後七十餘年，廬陵歐陽氏又起而麾之，而天下文章復侔漢唐之盛。未幾歐志弗克遂伸，學者又習於當時之所謂經義者，分裂牽綴，氣日以卑。而南渡之末，卒至經學文藝判爲專門，士風頽弊於科舉之業。而我朝輿地之廣，曠古所未有。學士大夫乘其雄渾之氣，以爲文者，固未易以一二數。然自天歷以來，擅名於海内，惟蜀郡虞公豫章揭公及金華柳公黄公而已。蓋四公之在當時，皆涵淳茹和，以鳴太平之盛治。其摛辭則擬諸漢唐，説理則本諸宋氏。而學問則優柔於周之未衰，學者咸宗尚之。並稱之曰虞揭柳黄，而本朝之盛極矣。繼是而後，以文名家者，猶不下數人。如莆田陳公之俊邁，則有得於虞公。新安程公之古潔，則有得於揭公。而臨川危公之浩博，則又兼得夫四公之指授者。耶郁郁彬彬，何可及哉！近年以來，獨危公秉居中朝，自餘數公，常相見其丰采，習聞其聲欬，邈然其不可接者久矣。於是淪謝殆盡，而得先生以紹其聲光也。先生黄公之高第弟子，嘗負其所有，涉濤江游吴中。久之又自吴喻淮，泝河而北，達於燕趙，留輦轂之下久之。於時雖未有所遇，自京師及四方之士，不問識與不識，見其文者，莫不稱美之不置，則其得之黄公者深矣。後由京師還吴，適值兵興，潘翰不次用賢。即以樞府都事起於家，後又用之省幙，用之公府，跡愈顯而文愈工。人之求者，皆隨而應之，蓋粲乎其可觀矣。夫自周衰以來，至於今幾二千載，其涉世非不遠也，歷年非不久也，能言之士，非不夥且衆也，斯文能自振拔，以追於古者，惟漢唐及宋及我朝此四世而已。而四世之中，士之卓卓可稱者，又常不過數人焉。何世之不數，而人之難得若是與。於此有人焉，能以卓卓可稱者自期，待世其可不爲之貴重與。余於先生之文，讀之累月，曾莫有所去取於其間。雖片言半簡，咸附而錄之者，所以明乎一字畫之徵，皆可爲斯世之貴重也。先生名基，字敬初，夷白其自號也，故以題其稿云。」

可補卷之首。

德縣志卷十六「藝文志、詩外編、陵州、元、陳基」：

「曉發陵州南，盡行泥淖中。一步一踟躕，四顧心忡忡。牽車者誰子，自言業爲農。歲頻值大雨，田廬爲之空。家有白髮親，日食憂不充。辛苦事商旅，庶以供飧饔。維人生兩間，所貴親愛鍾。貧賤茍知養，奚必祿位豐。丈夫畏天命，敢不哀人窮。生世苦不偶，何由恤瘝痌。」

可補卷四「五言古詩」。

陝西通志卷九十五「藝文、十一、樂府、四言五、五言古、七言古、潼關、陳基」：

「河渾渾，關崿崿，太古以來神禹鑿。前車未行後車卻，去馬一鳴來馬愕。自從虎視繼龍興，周道不復如砥平。至今惟有秦川路，千里秋風落葉聲。」

可補卷五「七言古詩」。

浙江通志卷二百七十六「藝文、十八、詩、七言古詩、送范德煇赴縉雲教諭兼簡高則誠、元、陳基」：

「不逐遍舟泛五湖，一官迢遞縉雲墟。遺民世守軒轅鼎，博士家傳魏國書。夜月定聞鄰縣鶴，秋風莫憶故鄉魚。到州爲謝高書記，日日相思賦索居。」

可補卷十「七言律詩」。

九靈山房集卷三十「外集、九靈先生畫像贊、臨海、陳基」：

「安履其素，不傲以肆志。郭通其變，不苟以阿世。敻乎螽歲之芳華，藹乎前脩之氣味。人方睹紫芝於眉宇之間，吾將求叔度於言論之外也。」

可補卷十二「贊」。

續吳郡志卷上「鶴瓢說、臨海、陳基著」：

「瓢與鶴非同類也，而鶴之稱，烏乎始，始乎形之肖爾。瓢之種瓢也，而瓢之制，嗚乎始，始乎始用瓢者爾，均之爲瓢也。然使其種大而實五石，秖見其瓠落無所容，未必其能用也。惟其肖也，而人肖夫鶴。蓋小者人之所易習，鶴者人之所同愛，以易習肖同愛。嗚呼！吾知其弗棄。吳門李士明，淂鶴瓢於青城山道士，以瓢自隨，初不虞其予士明。士明之始與道士接，亦不虞其得是瓢。瓢乎困孰生爾，孰肖爾，而去就亦主張爾乎？吾聞昔有辭天下而受瓢者，夫以天下易一瓢，其所取亦廉矣。然亦不以有瓢爲樂，而卒棄之。今士明之得是瓢，既服用之，又圖其狀，詠歌之不少置，若將終身樂有瓢者。士明之于瓢誠厚矣，雖然藏舟於壑，夜半有力負之而走。士明之弗棄瓢，士明之責也。士明亦知自，盡其責而已爾。而其責，有弗在士明者，亦暇於瓢計也。）」

可補卷三十一「記」：

「吳郡文粹續集卷四十五「陳基傳、尤義」：

「陳基字敬初，台之臨海人。父祥多聞好學，尤善老子清淨之說。平居常黃冠鹿裘，與方士游。沒時基年甫九歲，越五年母夫人姜氏，即命與兄聚於杭從師，又四年從內翰金華黃文獻公溍受業。至正仍紀元之元年，從文獻遊京師，授經筵檢討。其徒有爲御史者，以言責咎於基，基謂並后爲致亂之本。因草諫章，力陳其失，冀君覺悟以正始也。而上方溺愛，詰知其由，欲置於罪，怒且不可測。遂引避南歸臨海，奉母夫人西至吳，教授諸生備養惟謹。爲詞章必務上法三代，下軼漢唐，東南聲聞，爲之丕變。遠近學者爭師之，户外之履常滿屨。南北用兵，朝廷開以樞密府，鎮撫南服。起君爲都事，轉江浙行中書外郎，俄陞郎中。時平章張士信，統兵鎮杭。基以本職參佐，道之以正。杭有岳飛墳，蕪穢弗恭久矣。基追慕興感，以狀請於朝，俾與歷代忠臣並列，春秋致祭。尋自爲文，刻石墓上，以表其功。西湖書院，舊有經史書版，兵後零落無幾。即白平章出官錢若干，補綴成帙。夫以天理民彝泯亂之秋，干戈相尋，日不暇給，基乃以贊佐餘力，爲其所得爲，使聖經賢傳，復明當時。崇德報功，無媿於往昔。雖武夫悍卒聞下風而望餘光，亦知有所興起，擴而充之，是有有功於名教也。未幾由杭東吳，參太尉軍府事，及太尉自王於吳，群下同聲賀之，而基獨諫止。太尉欲殺之不果，已而超授內史，遷學士院學士，階通奉大夫，覃恩二代。凡飛書走檄，碑銘傳記，多出於基之手。基每以爲憂，而不以爲榮也。今國家命將平吳，吳臣多見誅殺，而基晏然無恐，朝論多基之能。尋召入預脩元史，書成賜金而還。洪武三年十月壬午，以疾卒於常熟河南里之寓舍，得年五十有七。娶王氏，先四年卒。無子，以弟之子訥爲後。女四人，長適吳顯，次適車某，三四幼，皆庶出。基平居慎重寡默，與物無競，家人僕隸，未嘗見其疾言遽色。宗放故舊，自浙水東來依，率養育獎勸，俾各有成。士有才德可用，必引而進之。有喪不能舉者，爲買棺斂，恩義過於平生。方太尉僚佐，彊占民廬，基獨以已俸買宅天心里，即舊屋數椽，稍加塗壁，環藝花卉之屬，號小丹丘。休沐之暇，輒與客徜徉其中，啜茗清談，議論古今，出入經史百氏，危坐終日。歲時有事於祖考，始殺牲以展其孝。敬初薄於朋友也。吳國將亡，食肉者惴惴焉恐陷鼎鑊。君子謂基宜保終吉，已而果然。噫，父母全而生之，子全而歸之，若基者，其亦可謂克全而無憾者也。今藏於家有夷白齋集二十卷，觀其文雄而趣高，可以黼黻皇猷，敷陳帝業，而乃使留滯江湖之上，馳驅戎行，竟齎志以沒，茲其可惜也夫。」

可附錄卷之末。

四十八、補胡祗遹「紫山大全集」

內黃縣志九「文章、勑、記、序、詩、元，提刑按察使胡祗遹撰、內黃重修廟學記一首」：「人皆可以爲堯舜，聖賢斯言，非虛美以誘人。逆其所本無，而強其所不能也。然民俗日薄，親上死長之善，百無一二者何也？此無他，爲人上者，不能道之以德，齊之以禮。學校不修，而師帥無人也。天子統三公九卿，三公九卿，選擇令守。使之承流宣化，以任其責。故曰守令者，民之師帥。守令賢，則主德宣。主德宣，則風俗移易。民日興，行不大聲色，而措天下於唐虞三代之隆，不難矣。内黄在中原爲名邑，近聖人之所居。民俗不夷鄙，善訓易入。故聞義勇爲，樂於從教。夫有是邑，則有此學校。然不能不廢於兵荒，寧不復起於治平哉。皇元有天下，武興文治。爲令守者，亦多以學校爲急務。所以不能完於一人之手者，在任之日淺，恒爲他事所奪者日繁劇，未久而去職。此學校之必待夫，前政後政繼之而成也。縣之廟學，創始於縣尹宛興劉溫，續功於劉澤、王熙。落成於今達魯花赤甕几亥，縣尹閻汝梅，主簿郭用，縣尉潘逵。由是殿廡齋堂，以次而完美，厥功爲何如哉。邑人田甫、徐琛、衡淵、龐裕喜，其先後令、丞、簿、尉之賢，復見學校之制度。聖師賢哲之衣冠威儀，朔望之香火，二丁之禮樂揖讓，師友之講習薰陶，人倫日明，風俗淳熙，訟庭閑寂，犬不夜吠。觀茲盛事，而無片石志其歲月，將何以垂於永久。至元乙丑秋九月晦，叩門乞言。予義不可以不能爲辭，傳曰：人之有技，若己有之，亦烏可隱其善，而已於言乎。況學校之興廢，所關係者，不爲不重。邑官承宣之美績，邑人歆慕之良心，皆可書也。敢以鄙論，用記其歲月云。」

可補卷十一「記」。

磁縣縣志卷末「附錄、藝文、元文、采芹亭、胡祇適、州人、大中大夫」：

「皇朝内，京師外，府州縣鎭，在在崇建廟學。得區宇門庭形勝之美者，惟滏陽爲最。何以言之，宅神靈則貴乎爽塏幽深。聚學者，則宜於閒寂僻遠，不雜闤闠塵囂，則神安而道尊。學者無耳目之紛亂，則心定靜，而業專攻。人欲淺而天機深，故近代學者，或於山林，或於江湖，遠凡囂也。滏陽當南北東西之交衝，車馬塵坌。而廟學遠出市井，不混民居。以州外城爲東壖，殿宇雄邃，郎廡修廣，師席生齋，別爲門墻，尊遠神宇。外門之南，府視菱荷平湖，長廣數十畝，蒲柳龜魚，溪光山影，城市中得江湖。湖亭曰采芹，每夕陽西側，諸生講習餘暇。過長橋趨危欄，攜琴曳杖，挾冊鼓篋，危冠褒衣，州人望之蕭然，若圖畫群仙之登瀛州也。亭廢於金，亡之兵。前政屢欲復起，竟以梗事，達魯花赤教化的昭信，知州曹朝列，同知劉承務，州判傳可進義，下車未期，事辦民安。按州誌，披地圖，舉廢典，曰遺基在，嘉名存。花時月夜，席地幕天，荒廢質野。主州治者，能無愧乎！甓堊金木，費幾何而弗爲也。遂各出己俸以倡始，州人聞之樂爲之助。不傷西山一木一石，不費公帑一錢一粟，不動聲色，數月而巍然一新美哉。州主知爲政之後先也，民安於政平，政平於職官之得人。人材出於學校之教養，斯亭也，作成人材之地，非止於娛賓友，館上官而已耳。魯頌曰：思樂泮水，薄采其芹。魯侯戾止，其音昭昭。載色載笑，匪怒伊教。今日州學，古諸侯之泮水。又曰：穆穆魯侯，敬明其德。敬慎威儀，惟民之則。以是觀之采芹之有亭，豈徒爲游宴之所也耶。不肖州屬縣之鄙人，官長政善，徒美而不能文諸石，光于古而觀來者。鄉人樂善輕財，不能暢其良心，播其佳聲，是責也誰歸？憲臺侍御史馬公，引年謝爵，適丁斯亭之經始，鼓舞贊成，用意實多。亭之落成，又出家資，立石以紀其美，督不肖當筆，喜爲之書。」

可補卷十一「記」。按胡衹適，疑爲胡衹遹之誤。蓋衹適，亦磁州人，官大中大夫。

秋澗集卷四十「故翰林學士紫山胡公祠堂記」：

「紫山胡公捐館之三載，彰德監尹托里巴哈，暨廉訪使旺律與郡士民，詢謀僉同，乃像公於治城西郭別墅之讀易堂，于以揭虔妥靈，致歲時香水之奠。諗不肖交款和平生，詳請書其事于石。酌量契義，不敢以衰耄辭。夫士有生無聞于時，潛德幽光發越于後，蓋行義立言，曠世而相感也。亦有富貴薰天，表耀遠過，卒然傾謝磨滅無紀，豈德薄用淺，無可稱述而然耶！若夫其生也爲人所敬慕，其歿也致人所懷思，至衡于志慮，見于美墻。非人品峻絕，事業顯著，盛德至善，感格人心，悅而誠服，有不可忘者，安能如是哉！紫山固名士才大夫，佐理於朝，讜言直論，不屈權貴。作牧名藩，吏畏民愛，治行爲諸郡最。擢任風憲，擊奸發伏，褰衣具瞻，有風動百城之目。其臺閣之清，規幕府之公論，固在也。曰拜汾，曰齊魯，遺愛善政，亦不忘也。而於鄉郡未嘗臨莅，今像而祀之，余初甚疑，既而得其說焉。金季喪亂，士失所業。先輩諸公，絕無僅有。後生晚學，既無進望，又不知適從。或泥古溺偏，不善變他。或曲學小材，初非適用。故舉世皆曰：儒者執一而不通，迂闊而寡要，於是士風大沮。惟公起諸生，秉雄剛之俊德，負超卓之奇才，慨然特達，力振頹風。志大，學致實用。談笑議論，揮斥流俗，文章氣節，振蕩一時。其見諸容度事業者，皆仁義道德之餘。剛明正大，終始一節，追配昔賢，矯革時弊。故天下翕然想聞風采，皆曰紫山學備四科，望高一世，眞豪傑之士，爭先覩爲快。況二侯與郡士民，執經傳道，質疑請益，或親然而爲矜式者哉。沒而配社，尸而祝之，援例祀典，其誰曰不然。若以匹夫而作百世師，一言而爲天下法。論之振衰激懦，屹砥柱之孤標，回狂瀾於既倒。清風之所激，德澤之所及，霑丐後學多矣。是則繫斯丈之盛衰，與士風之輕重，非相人所得顓而私也。雖然二侯出貴族世胄，樂道而自忘其勢，尊賢而能知所宗。昔鄒孟氏譏列國諸侯，不能尊賢迺曰：貴貴尊賢，其義一也，垂訓深矣。後世之監牧，實古諸侯。今二侯取法聖賢於千載之後，行古昔所不能行，其賢於人也遠矣。豈止如是而已，後之讀斯文者，有所興感而取法焉。公諱衹遹，字紹聞，自號紫山，磁之武安人。由中書郎官，歷河東山東按察使，濟寧總管，仕至翰林學士，大中大夫。大德五年歲次辛丑，清明前一日記。」

可附錄卷之末，蓋集中無其碑傳。

四十九、補胡炳文「雲峰集」

句容縣志卷之九「文章類、儒學碑刻、鄉賢祠記、胡炳文撰」：

「祠鄉賢，所以善風俗，表忠孝，所以厚綱常。容邑，祠非其鬼者甚眾。古所謂鄉先生歿而可祭者，學未有祠，非缺典歟？泰定乙丑，乃始闢講堂之西爲之。按邑志及史書，唐有張公諱洧，居喪靈孝，廬墓三十六年。劉公諱鄴，事主盡義。當黃巢之亂，不懼賊而死。此正李泰伯學記所謂：爲子死孝，爲臣死忠者也。祠之於學，見鄉先生之所以可祭者如此，見士之所以爲學者，當本乎此。高山景行之思，秋菊寒泉之薦，使人親親尊尊之天，油然不能自已者，其或士之躬行，於此稍有歉焉。不可升斯堂，扣斯祠矣。然則此舉有關於綱常，有補於風化，召淺淺也，可不爲之記。」

可補卷二「記」。

五十、補劉敏中「中庵集」

萊蕪縣卷之七「文章志、碑刻、崔提舉德政碑、翰林學士劉敏中撰」：

「鐵冶設官，其來遠矣，夏禹之際，已有□貢於王。管仲相齊，始通輕重之摧，計人用鐵，而加籍之數重矣。歷秦至漢，益漸以盛。後世官匪其人，民受其病。蓋鐵產於山，不可驟得。□鑄煆煉，灑汙成雨。煙焰熾人，其勞殆無少息。所在監官，較量輕重瑕疵，規樣賫緣日月。富者得優於家，貧者久拘於役。甚則彩絢相敝，權勢相傾。是以頑惡公行，譖（按善）人俛首。差役有重併之家，應辨少存留之户。于若供給使客，祭祀神祠，支持工匠，差遣馬驛，靡不取辨于爐户。聚歛侵尅百端，不可悉舉。經歷久遠，不能輒改。累調提舉，未嘗有一言及之者。旁求横歛，反日益甚。然則炎炎之勢，何時已乎？公之到任，下車之日，掃除積習之弊。凡有未便，親條諭之。由是監官服其威信，百姓戴如父母。課程若泉流之湧，官吏守清白之政。廨宇重新，出己俸以給之。倉廩近設，從民心之便。如延禮名儒，作養人才。進退容止，發號施令，莫不有法。于役使有序，户額均平，礦炭賫發，逃移擬免，遠邇服稱。其爲政也，以猛爲戒，以寬爲本。民樂趨事而忘其勞，闔境胥無虞矣。公嘗言：天地惟人爲貴，設官置吏，本以爲民。今反荼毒之，誠何心哉！方今國家以仁愛之道，保安天下。豈忍坐視而不救，豈亦沽恩自爲賢乎！偉哉公之爲心也，而其言之不伐，有古謙退君子之風。是明決果斷之操，能酬當今之務。寬厚長者之政，可起來□之歌者，舍公奚以哉！一日萊蕪耆老尹政等，相與言曰：爐户久困斯弊，不能自伸。幸賴我崔公提舉，得安枕席。今公代矣，思欲報之，而無所措。莫若録公行跡，使不忘公厚德，以勸來者。有如公者，必將觀感而興起焉。第爲何如也，僉曰善。於是躬自遠至，託文於余。披讀行事，想見風采，可爲聲聞稱情也。豈待荒斐之文，爲足以揚哉！請之愈篤，既不獲已，姑塞其命而告之。雖不能形容公之萬一，庶少伸君輩去思好義之心，不亦可乎。政等頓首謝曰：若先生之言，具所願也。勉撫其實，而系之銘。翰林院學士劉敏中撰。」

可補卷十四「碑」。

五十一、補胡行簡「樗隱集」

臨江府志卷之十四「藝文、臨江府儒學記、胡行簡」：

「臨江爲郡，肇宋淳化間。廟學之建，莫詳所始。其記之可徵者，奎章侍讀學士蜀郡虞公，鄉先生大史范公也。兵燹洊臻，惟禮殿講堂，巋然僅存。然上雨旁風，莫有過而問者。丹陽韋侯潤來貳是郡，下車之三日，謁先聖先師，顧瞻咨嗟，慨然曰：興學化民，吾儒之職，郡守員缺，獨不當任其責乎，幕長潘君興仁力贊之。退而稽諸故牘，則費無所出。乃節其俸廩之入，會其贏以庀事，逐諏吉日，度村鳩工。自殿及堂，凡棟梁、窗户、丹楹、文陛，朽者壞者，悉葺治之，煥然改觀。飾廊廡，繕垣墻，樹欞星門，鑿泮池，刱齋舍，立七十二弟子，暨歷代從祀諸儒像。工以漸舉，民不知勞。既成，郡庠士友，徵文紀其實。余學術淺踈，豈敢附虞范之後。辭不獲，記曰：聖神代化，人文蔚興。皇以道，帝以德，三王以仁義。爲治雖殊，而所以立人紀，厚民生，其揆一也。學校者，所以講明乎此爾。唐虞三代之君，以身爲學校之師。故人材盛于當時，而治教敷于天下。降及後世，以學校爲飾治之具。道德也，仁義也，徒寄乎聖賢之書爾。然賴學校之存，圖治者，猶知尊顯風厲。講求平天下之本，則學校乃世道盛衰之機，人心風俗所由繫也。臨江舊爲文獻之邦，大儒先生，前後相望。經術詞章，言行風節，垂之箋述，載之簡策，未泯也。學宮新矣，吾黨之士，來游來歌者，取聖經賢傳，合前修之書而讀之，躬行心得，則道德仁義在我矣。他日出爲時用，俾儒者之效，表著當世。海内之士，將皆曰人材自學校出。而韋侯興學之功，可以垂耀無窮矣。相其成者，通守毛昌謨、幕賓趙源、趙循，來徵文者教授徐永錫、孟奇、鄒受益也。」

可補卷四「記、序」。

惟實集附錄「元故江西參政劉公銘」：

「余讀書山中，觀揭文安公浮雲道院記，已知劉公爲名士。暨擢第入翰林時，楚奇在祕監，木天玉署相密邇，每出入必相見。楚奇佐郡南雄，值壬辰兵變，不相聞知。歲癸巳，江西貢士上春官，始知楚奇動静。廷論奏爲修撰，改江州守廣東憲，赫赫在人耳目。噫以楚奇文行之美，何施不可。乃邅迴嶺海以終，亦可哀。爲之詞曰：恩江之山兮崢嶸，恩江之水兮泓澄。久鬱積兮磅礴，孕奇秀兮士挺。生猗先生兮人中之傑，泛學海兮士林之英。朝發軔兮泮宮，夕弭節兮逢瀛。典中祕兮木天，陪顧問兮彤庭。或分符兮統郡，或攬轡兮澄清。聲華溢兮潘府，名姓列于御屏。咸期公兮還朝，將贊化兮鈞衡。倐龍蛇兮起陸，紛豺虎兮縱橫。帳關河兮修阻，獨持斧兮南征。鯨鯢奮兮瘴江沸，頽波激兮砥柱傾。望故鄉兮邈悠，聊羈棲兮贛城。嗟舍生兮取義，庶不負於忠貞。前進士渝陽，胡行簡泣銘。」

可補卷六「銘」。

五十二、補謝應芳「龜巢稿」

九江府志卷之十五「藝文、淵明祠、謝應芳、元人」：

「晉室之危，一木詎支。我思古人，孤竹夷齊。彼薇西山，我菊東籬。薄言采之，可以樂飢。秋日淒淒，卉木具腓。匪菊之芳，吾將曷歸。」

可補卷五「詩」之末。蓋其集並無四言、五言、六言、七言，古詩、律詩、絕句之分。

崑山縣志卷十六「集詩、玉山高處、謝應芳」：

「神仙中人鐵笛老，爲爾玉山雙眼青。玉山高處拄手板，鐵笛醉時圍肉屏。天生丹穴鳳爲石，東望黑洋鯤出溟。一代風流有如此，名齊西蜀子雲亭。」

可補卷五「詩」之末。

江陰縣志卷八「秋祀記第六、祠廟、季子廟詩、謝應芳」：

「延陵采他荒榛棘、延陵遺廟成瓦礫。延陵野老歸吊古，獨立斜陽長太息。塵埃野馬紛蒲眼，城郭人民總非昔。共惟泰作吳鼻祖，三讓高風冠千古。周衰列國俱戰爭，卓爾雲仍踵遐武。去國躬耕江上田，曰附子臧非浪語。天倫義重情所鍾，屹立狂瀾見孤柱。此義孰可比采薇，西山孤竹子此情。知者誰獲麟老筆，十字碑德音廖廖。二千載陵谷，幾番經變改。江南近代遙祠多，梁公不作可柰何。於乎祠堂之毀還可屋，禮讓風衰較難復，漢家兄弟歌布粟。唐家兄弟相屠戮，何當大化一轉轂。於變澆漓作醇俗，九州八荒春穆穆。秦伯延陵斷弦續，芳也未死當刮目。」

可補卷五「詩」之末。

五十三、補吳當「學言稿」

江西通志卷一百五十四「藝文、詩八、七言律、元、潯陽舟中二首、吳當」：

「天地無情淚眼枯，故園松菊久荒蕪。秋風屋破從誰葺，春酒家貧衹自沽。萬里關山勞夢寐，孤舟煙雨落江湖。渥洼龍種空相憶，雲溪迢迢不易呼。」

「伏枕移牀向小舟，江頭漁父問何由。風波接棹魚龍冷，煙草迷津雁鶩秋。往事幾年懷內顧，狂瀾百折往東流。草元不守楊雄宅，垂白空添宋玉愁。」

可補卷五「七言律詩」。

五十四、補王逢「梧溪集」

東維子集卷七「梧溪詩集序」：

「世稱老杜爲詩史，以其所著，備見時事。予謂老杜，非眞紀事史也，有春秋之法也。其旨直而婉，其辭隱而見。如東靈湫，陳陶，花門，杜鵑，東狩，石壕，花卿，前後出塞等作是也。故知杜詩者，春秋之詩也，豈徒史也哉，雖然老杜豈有志於春秋者。詩亡然後春秋作，聖人値其時，有不容已者，杜亦然。梧溪集者，江陰王逢氏，遭喪亂之所作也。予讀其詩，悼家難，憫國難。採摭貞操，訪求死節，網羅俗謠與民謳，如帖木俟張武略，張孝子，費夫人，趙氏女，丙申紀事，月之初生，天門行，竹笠，黃官，柳場，無家燕諸篇，皆爲他日國史起本，亦杜史之流歟。逢本山澤之士，其澹泊閒靖，是其本狀，而有春秋屬比之教，故予亦云春秋之詩也。採詩之官，苟未廢也，則梧溪之春秋，得以私自託也。不然何其屬比于冊者，班班乎其無諱若是也。訂其格裁，則有風流俊采，豪邁跌宕，不讓貴介威武之夫者。兼人之長，亦頗似杜吁代之勦故殘餘，欲傳於世，稱爲作人，而逢詩不傳，吾不信也。至正十九年，冬十一月初吉序。」

可補卷之首。按序中所言杜詩，皆篇名之簡化。如「奉同郭給事湯東靈湫作」，簡化爲「東靈湫」等。然「東狩」疑爲「冬狩行」之誤。蓋「補注杜詩」三十六卷中，並無此篇，或篇名中有「東狩」二字之詩。論王逢之詩，亦復如此。甚至以其詩中之二字，代爲篇名。如「柳場」，即爲卷二「憂傷四首上樊參政蘇伯修運使」中，「官柳場，青芒芒……。」之兩字。故古代作品，旣難董，復斷句不易，此亦肇因之一。

江陰縣志卷之二十一「遺文第十五、宋都督張英像贊、王逢、元人」：

「有威可畏，有儀可象。以武起家，爲國良將。弓馬熟閑，韜略素習。勇冠三軍，功高百辟。內清中原，外攘夷狄。金人喪氣，宵遯屏跡。天生英雄，再造宋室。諸葛之亞，孫武之匹。太山巖巖，邦家柱石。」

可補卷七「詩」之末，蓋其詩並未分類。

江陰縣志卷之二十一「遺文第十五、王逢、哀烈婦費氏詞」：

「青蘋花白蒲水黃，雲日黤慘風悲涼。停艫西向三酹觴，旂旌葆幢來混茫。若有人兮凜如霜，星流電馳誰可望。微言夙習大洞章，功成拔宅居帝鄉。鵲河蟾竈肆翱翔，咲援北斗挹酒漿。帝曰欽哉無太康，下爲濁世扶綱常。進規退矩禮自防，釵荊裙布即孟光。尊姑養之植德堂，堂階珠樹聯瑤芳。明璫蒼佩森琳琅，撾鐘考鼓樂未央。楚氛遮天耀天狼，飄然歸寧父母傍。正坐漆室憂葵傷，官兵寇我加劍鋩。昊天倚杵海變桑，身有濺血無回腸。稽首再拜淚雨滂，輾焉直上驂鸞皇。」

可補卷七「詩」之末。

五十五、補許恕「北郭集」

滄螺集補逸一卷「北郭集後序」：

「北郭集者，故中表許君如心之詩也。如心少余一歲，自幼同研席，即有能詩聲。乙未兵，余去土井竄山谷，旅泊三吳間。奔走飢寒，不以時合，合亦不久棄。故如心之詩，遂不多見。且不知其用力專爲，業精一至於此。洪武辛酉春，作始乞骸東歸，掃先人墓。退謁親舊，則如心之沒，益八年矣。而其詩，已刻於江山縣之薄齋。至是長予貴，出以示余，俾序其後。嗚呼余尚忍忘友之死，而序其末邪。以吾之摧憊荒朽，猶未即死。烏有清淨粹美之質，疏通開敏之才，溫恭愷悌之德，如如心者，僅發於詩，而止於斯邪。將非造是物者，其好惡與人異邪。吾於是集，抑有以見造物之嗇於前者，所以豐其後，予於天者，所以棄於人矣。昔李太白，杜少陵死，其詩累千百年，無能及者。然計其生嶔崎歷落，飢寒困踣，孰與身後之多乎。向使如心綰五兩之絲，懷半通之銅，富貴食肉，焜耀一時。縱有詩必不能如是之多，多亦不能如是之工也。然則士務功名，而不汲汲於富貴者有以也。夫如心少有志，卓然能自樹立，會天下多故，因去之海上，慕韓伯休爲人，以終其身。年五十有二歲，家北郭，故號北郭生云。江陰孫作次知序。」

江陰縣志卷之二十一「遺文、第十五、書徐氏壁、許恕」：

「臥聽今雨舊雨，坐看前山後山。不許來時俗駕，柴門雖設常關。」

可補卷首。

可補「補遺」之中。此外北郭集「補遺、偶成」：

「負郭田園十畝餘，昔年曾是野人居。石林清曠宜栽竹，溝水縈迴好種魚。」

按北郭集卷六有此詩，篇名內容，二者無一字之異。故此詩列入「補遺」、誤。

江陰縣志卷之十六「人物一、鄉賢、元、許恕」：

「許恕字如心，家北郭，故號北郭生。能詩，尤長古體。思深旨遠，論事多激昂。部使者薦授澄江書院山長，不樂，即棄去。浩然自得，與山僧野子相往還，人莫識也。恕少有志才能自樹。會天下多故，因去之海上，慕韓伯休爲人，旁通其術。所著有北郭集行於世。」

可附錄卷之末。

五十六、補倪瓚「清閟閣全集」

吳郡文粹續集卷十九「鄧尉山、倪瓚」：

「雲臥雨聲集，庭樹颼以秋。身同孤飛鶴，心若不繫舟。燕俎登松菌，匏尊斟澗流。蘭日彫瘁，吾生行歸休。不作螻蟻夢，遊神鳳麟洲。清山淡相對，白髮忽滿頭。仙去雲冉冉，鳳鳴竹翛翛。諒哉伐木詩，鳥嚶尚相求。居吳二十載，未及茲山遊。君才如鮑謝，摛詞亦云優。懽然愛敬客，能不爲爾留。桑土夙所徹，户牖何綢繆。地無車馬塵，路轉巖穴幽。既晴引飛屩，回望林間樓。」

可補卷二「五言古詩」。

吳江縣志四十八「集詩、爲莫芝翁作戲墨、倪瓚」：

「林壑條已暝，依微煙渚間。自拂石上蘚，靜對溪西山。鳴鶴聲尚遠，白雲何當還。無復塵喧累，永言意自閒。」「莫志云：元鎭至正中，嘗游綺川。爲旦高祖芝翁作戲墨一紙，古木七株，在湖光山影間，并詩其上云云。」

可補卷三「五言律詩」。

吳江縣志卷四十八「集詩、同里、倪瓚」：

「依微同里接松陵，緣玉青瑤繚復縈。爲咏江城秋草色，獨行煙渚暮鐘聲。黃香宅裏留三宿，甫里門前過幾程。借書市藥時來往，不向居人道姓名。」

可補卷六「七言律詩」。

崑山縣志第十六卷「集詩、鹿城隱居、倪瓚」：

「僻俗龐公隱鹿門，鹿城靜亦絕塵喧。釣緣水北菰蒲渚，窗俯江南桑柘村。書蠹字殘緇汗簡，石魚銘古刻窪尊。地偏舟檝稀來往，獨有煙潮到岸痕。」

可補卷六「七言律詩」。

吳江縣志卷四十八「集詩、正月十四日過吳江第四橋大風浪中貯水瓢而去賦此、倪瓚」：

「松陵第四橋前水，風急猶須貯一瓢。敲火煮茶歌白苧，怒濤翻雪小停橈。」

吳江縣志卷四十八「集詩、是夜泊吳江城外人家水月皓然與全希言理詠久日題壁、倪瓚」：

「人家近住江城外，月色波光上下天。風景自佳時俗異，泊舟閒咏白雲篇。」

二詩可補卷七「七言絕句」。

五十七、補郭翼「林外野言」

崑山縣志第十六卷「集詩、玉山佳處、郭翼」：

「愛汝西莊給事家，繞屋山石何谽谺。截江秀色發林壑，平地玉氣貫虹霞。佳處如處子午谷，望中開遍春冬花。夜涼酒醒月在海，應有仙人來繫楂。」

可補卷上「七言律詩」之後，「拜石壇」之前。

吳下冢墓遺文卷二「元故遷善先生郭君墓誌銘、盧公武」：

「先生諱翼，字義仲，世崑山右族。考友諒爲大賈，獨善教子，妣陸氏。先生自少入鄉校，從衛培學。培故宋參政涇諸孫，博學篤行。亟稱先生穎悟，深加器重。先咥既壯，益肆力於學，沈潛百家，尤邃於易。年四十，開門授徒，嘗署其受業之室曰遷善，曰以識吾過也。鄉人亦爲名校南之梁曰遷善，曰是吾郭君之所居也。先生爲文詞，必追古作者。諷誦思繹，雖一字不易也。其於一時文人，少所許予，獨稱永嘉李君孝光，及天台丁公復。所爲詩，李公亦謂先生之詩，佳處與人不同調。會稽楊公維禎，每以其言爲韙。先生與俗寡合，有力者多不肯薦引，竟以訓導老於學官。由是家益窮，守益堅，攻苦食淡，讀書自若也。嘗自號東郭生，稱曰野翁。所著文集曰林外野言，凡若干卷。病且革，知州高昌偰侯率州人士，治其葬事。以至正二十四年七月廿三日卒，年六十，以是月某日，窆於馬鞍山北之中峰，因題曰遷善先生郭君之墓。妻胡氏，長子夔，皆先卒。次子疇，女壻汪思齊，陸彝，孫男長壽。嗚呼先生之生也，連蹇不偕于時，其歿也貧無以爲葬，亦可哀已。先生嘗謂能曰：吾死，汝爲銘。銘曰：（名蹟錄校四月十一日午刻）嗚呼！傾傾有爲，而不遂於施，而卒于斯。吁其可悲，范陽盧撰並書，吳郡王時篆蓋。」

可附錄卷之末。

五十八、補何中「知非堂稿」

江西通志卷一百四十七「藝文、詩一、四言、元、春暉堂詩有序、何中」：

「清江黃伯原，母弟七人，孝愛友恭，作春暉堂。母年七十，奉觴堂上，子孫滿前，內外姻友咸集。今集賢直學士、草廬吳先生序其事，國子司業、大魁張君起嵒繼之，名士大夫詩詞交贊，斯母亦榮矣。吾鄉陸子靜，兄弟孝友，閨門雍穆，累世同爨，無間言，事聞，旌表。余嘗至青田其廬，觀故址存焉。雖然子靜以道學鳴，其實履也，固宜若伯原兄弟，起家詩禮，卓然不滓于俗，其實履如此尤難也。伯原不以此求知於人，而人樂誦之者，秉彝好德之心，有不能自己而然。惜乎觀民風者無其人，不獲達于天朝，旌以勸之。使四方後代，有所感慕而興起也。余既羨斯母之榮，又嘉伯原兄弟之粹，乃從而爲之詩：遲遲春暉，舒舒寸草。滄溟易竭，母恩莫報。春暉遲連，寸草舒舒。其報伊何，孝友弗渝。母在高堂，子孫環序。觴俎靜嘉，鄉燕式裕。七袠遐齡，樂只無央。有子而賢，乃壽而臧。豈無萊庭，高牙大纛。豈無疏榮，金花鸞誥。匪回而汙，則蠹而殘。有燁斯母，子行俱完。河潤斯澤，晉薰乃良。曷施其德，俾燠其涼。懿歟休茲，八龍濟濟。斯堂斯母，孔多受祉。」

可補卷一之首，蓋其詩無四言者。

盧陵縣志卷四十一「藝文志五、記上、元、江村小隱記、何中」：

「余少時，先伯父堅白道人爲余言：開慶己未仕盧陵，城岡郭氏，世爲名家。有名郛者，及其子子晟、子昂、子端、子昌、父子五人，皆登進士第。而子晟之子公度，與誠齋東山友善。其族從儀則，爲劉靜春門人。靜春以所得朱子四書，親藁授之。其後儀則寶藏於家，而公度以耆德著稱。江丞相建鷺洲書院，首聘公度主講席。懿哉！可謂文獻之家矣。時余聞而慕之，想其山川秀美，必有出於聞見之表者。不然沖粹之氣，何萃於一門如是哉！繇是凡自盧陵來者，必諏其故，有爲余言：郭氏所居城岡，廣袤可里許，江流繞之，如一大盤，盧而居不雜它姓。南臺泰嶺，德勝僊壇，紫雲諸峰，四面拱立，皆若知有所尊者。而儀則當盤之中，構堂榜曰：江村小隱。於是環盤之勝，又皆若知有斯堂者。儀則聚九流百家之書，讀於其門，客至輒留，汲江煮茗，徜徉一盤之上。密筠筠柳，媚草藂葩，其陰可憩，其芳可襲。禽鳴鷺集，與漁歌樵唱，相忘於雲煙晦明之間。而賦詠唱酬，亦於此而成，此儀則之所樂也。余聞而愈慕之，因嘆曰：名德之士，古未嘗無也，皆□一傳而止。太邱朗陵父子兄弟之盛，亦何可及！至其孫通顯，而不能保其家聲以終。嗚呼！士當窮時，未嘗無富貴之願，然在天而無與於人。偶或得之，適足爲身與家之累，是亦士之不幸也，然則士固不願其通顯也耶！今儀則之居是堂也，身隱而道亨，家貧而心樂，回視世之通顯，而角其家聲者遠矣！豈非高哉。儀則之猶子鏞，請記於余。方將造江村小隱之堂，覽其江山之勝，詢前輩之流風，叩靜春之傳授，閱朱子四書之親藁，庶可償余平生之所慕。而或未能，則附姓名於斯堂，其居慰當何如哉！故忘其僭而書之。」

可補卷六之末。

文安集卷十三「何先生墓誌銘」：

「至順二年夏，詔以集賢大學士全公，嶽除平章江西行省事。秋具書幣遣使，帥撫州太守，即隱所聘孫先生轍，何先生中，而孫不起。何先生既至，以爲龍興郡學，東湖宋濂二書院賓師。明年春，與其子渡江遊西山，主丁氏。夏六月二十月三日以疾卒，丁氏爲具棺殮，其命子爲位受弔，諸大夫士怕會哭。後三日子成孫奉柩以歸，明年十月十月三日，葬邑之清原。妣夫人唐氏之北，其門人李肅以狀至京師，請銘於先生所與遊者揭傒斯曰：何先生海內故人，孰論撰之事，而相知深者惟子，舍子無宜銘者。噫！余以兄事之者，蓋三十餘年矣。余不銘誰宜銘！先生諱中，字太虛，一字養正，世爲撫州樂安官族。曾祖諱詵，伯祖諱夢龍，父諱天聲，登宋咸淳辛未進士第，官至主管刑工部架閣文字，以才略與伯兄兵部郎中時齊名。文丞相建都督府，皆置幕下。先生少穎拔，以古學自任。天下載籍，靡不貫穿。藏書萬卷，皆手自校讎。廣平程公鉅夫，清河元公明善，負天下知人之鑒，皆器遇之。至大初，二公及柳城姚公燧，東平王公構，皆在朝。遂北入京師，以文章自通。會諸權臣用事，內外翕翕，居兩月，天大雪，竟不別而去。歸與諸門弟子，講易書詩春秋。大江之西，同郡吳先生澄，號天下儒宗，又爲中表兄，然每推讓不敢置弟子列。積所著書曰易類象一卷，書傳補遺十卷，通鑑綱目測海二卷，通書問一卷，韻補疑一卷，六書綱領一卷，補校六書故三十一卷，知非堂稾十卷，支熙錄二卷，蓟丘述遊錄一卷，其門人潘懋類聚刻之。先生之學，可謂弘肆深博矣。然生世六十有八年，連蹇愁悴者十八九。書幣一入谷，而客死三百里外，不知天之恝然於斯人者，獨何哉？豈其多學善著書，亦天之所忌邪。此固窮士之所自託者，吾不知其何故。先生聚陳氏，有三男子，曰長孫，在孫，成孫，四女嫁士族，孫男十人。銘曰：夫容之高，吾其跂而。鼇溪之深，吾其厲而，先生之沒，曷其起而。」

可附錄卷之末。

五十九、補劉壎「水雲村稿」

隱居通議卷十五「文章三、曾平山序水雲邨詩」：

「金谿曾子良，自號平山，南豐族裔也。以能賦，擢咸淳戊辰第，累任至建德府淳安令。甫三月，國事變歸，隱山中，鬻文以自給。辛卯秋，予訪之，年六十有八矣。蓋別二十年而復會，欣然道舊。明年以予所作水雲吟稿，往請教焉，辱為序曰：宋初南豐儒家望族二，曰江樓劉氏，曰密國曾氏。我密公迨江樓公相好，于時我遠祖十五公，猶在豐也。其後十五公既來，宅于金谿，自是與江樓公家子孫遠矣。至于子良之身，而江樓公之諸孫，水雲邨起潛君壎，實來顧予于常安莊之寓舍，予不勝枌榆松楸之涕。且歸，一日以其詩若文示予也。曰予為我言焉，予言之，先正文定公言之也。其自我江樓公以下，實寵嘉之，于謝不敏。一日以其詩示予也，而文未之見。詩予視之古，視選近古，視黃律五視杜七視杜，若黃絕五視選七，視晚唐而軼焉，皆合大家數。蓋其材全，其力鉅，其氣雄，故能持衆熾而不自以為名，刻衆形而不自以為功。知名早，所知皆名公也。予所敬千峰陳公年魁如心，陳公莫逆次山趙公，皆深知君。予恨納君交晚，予何言晚，不恨恨世易三公者。或以其老且智，不見兵革。或以其強而勇，著名節廟食他邦。獨予與君，自靖獻僥倖不死，今者乃得與相見，敘世契如未經亂離時，雖可恨亦可幸。而甚可恨者，以君之才之學，不一試用，慬客諸侯，竟卷懷於此。吾儒事業，當不止是。然後知千峰公之期君也深，而君之自得也亦深矣。嗟夫，日月之經於天也，而行江河之經於地也，而流彼豈有所爲而爲之哉。予與陳公謂之於鳳皇山之下熟矣，尚其相與勉之，以毋負陳公之意，以毋忝我兩家所生云。元默執徐，後六月辛卯朔，里契家生曾子良序。」

可補卷之首。

江西通志卷一百四十八「藝文、詩二、五言古、元、丞相都督信國公文公天祥、劉壎」：

「時平輒棄置，事迫甘前驅。嗚呼忠義臣，匪直科目儒。江寒朔吹急，列城同一趨。豈不寄便安，綱常乃當扶。移檄倡諸鎮，奮袂躬援枹。川決莫我回，萬險棲海隅。天乎不復濟，道窮竟成俘。一死事乃了，吾頭任糢糊。悠悠譏好名，責人無已夫。三衢有魁相，投老作尚書。」

可補卷一「賦」之末，蓋集中無詩。

江西通志卷一百二十七「藝文、記六、李參政平寇記、劉壎」：

「大元運神武以制六合，任二賢以福諸道。江南既平，閱十有七載。南北一家，煙火萬里。海瀓嶽靜，風恬日熙。彼有負險阻，萃淵藪，嘯呼萑苻，或一二見。不旋踵而嶔巇以平，槷⿰臬出以寧。由皇威丕暢，遐邇率服，厥亦惟潘宣有人，綏靖有方，式克至于今日休。至元二十有五年，畬寇鍾明亮起臨汀，擁衆十萬，聲搖數郡，江閩廣交病焉。猱捷豕突，草萎木枯。血肉塡谿谷，子女充巢穴。有旨進討，輒僞降以款我師。明年丘元起廣昌，與明亮犄角，瀰漫浸淫，遂及我豐。富民素弗貳，顧力不克拒，則有被脅而從焉者，勢張甚。又明年春賊大至，陳河田、陳九陂、又陳小萊，鋒交焰熾，勢益張，遂犯州。州南門實瞰江，賊乘橋攻門。是時諸軍甫集出營，黃原城戍單弱，藩垣蕩平，事且急，乃斷橋以拒之。守兵飛矢露刃，市民擲瓦投石，適雨暴江漲，賊阻深引退。既勢猶張，焚戮村落無虛日，州維閉關自保。雲沈雨淒，官民惴危，老稚悲戚，救我者誰？一日陰霾劃開，天宇澂霽，則參政李公來。號令新，和氣回，軍聲壯，風采肅。乃啓城關，乃發倉粟，乃寬刑辟，乃緩商征，政有便民者罔弗舉。民始有生意，賊亦望風鳥獸散。于是責官吏以招來，分師旅以討捕。悔過宥之，負固誅之。州竟畢清，則率諸將搗丘元之巢，殲其渠，離其黨，綏輯其流亡，振旅還州。州人香旗歡迎，感極且泣曰：生我者父母，全我者參政也。自丘元敗而明亮孤，不數日賊悉，平嗚呼公之功偉矣。公端人也，其仁如春，其清如冰，其誅賞公平，如權衡。其在軍中，手不釋卷，雖羽檄紛馳，猶崇學校，修祭禮，非其本領，正識慮明，曷克若是。昔公先太師武愍公來救盱，盱民嘗刻記府門。今豐之危，視盱彌甚。而公之德，視武愍有光焉。是宜記，顧記亦未足以彰公之德也。陵谷易遷，此德不靡日月晦冥。此德不掩肉腐而骨，骨朽而土。此德不忘，屹兩碑其相輝，垂千載而有永，姑借是以寄邦人之思。公名世安，號龍川，家世河西，徙居燕，爲江西等處行中書省參知政事有年矣。勳名著聞，新膺特旨因任云。頌之以詩曰：維元受命，誕揚厥武。有偉混一，卓越曠古。東洋西崑，北漢南溟。星拱雲從，疇敢弗庭。蠢彼汀畲，乃作疥癬。蚍撼不量，虺毒肆吮。暴骨成丘，流血成川。浸淫盱豐，釁積兵連。寇環于疆，孤城岌岌。幕燕釜魚，孰紓其急。德人惠來，遂活吾豐。其人謂誰，參政李公。威惠翕乎，謀斷兼足。國手雍容，立整敗局。昔公未來，民與死期。公既來止，和氣春熙。昔公未來，嘯喧篁竹。公既來止，妖氛夜肅。功成而東，舟載月明。父老太息，孰如公清。公恩弗替，人思弗已。紀德于碑，名父名子。軍峰峻極，盱水深長。我士我民，千載靡忘。」

可補卷三「記」。

吳文正集卷七十一「故延平儒學教授南豐劉君墓表」：

「南豐之鎮曰軍山，峻削聳特，上逼霄漢。山靈所鍾，宜產奇傑。而唐以前無聞，逮宋之盛。曾子固文章磅礴萬古，眞可爲茲山配。神氣龐鴻，意其鬱發而無盡訖。宋之世，科舉之藝，擅名者數。數有而曾之躅，未或繼也。宋季及國朝混一之初，南豐之彥，有若諶祐自求，有若劉壎起潛，各以詩文鳴。然皆沈晦於下，倘俾生慶歷嘉祐間，獲承六一翁鎔範，安和其不參子固而三乎。諶入國朝時，年喻六十，又二十餘年，至大德戊戌，八十六而終，終身無成。劉少諶二十七歲，才氣等埒，每自相推許。方起潛之在宋，已卓犖不群。邑正長郡守倅及鄉先達，莫不期以遠大。年三十七而宋亡。時勢人情，兵謀地利，素所諳練。北來鉅公，間以事接聽其言論，甚器重焉。竟亦落落不偶。郡庠缺官，當路交薦，年五十五，始署盱郡學正。年七十，受朝命爲延平郡教授。其教於兩郡也，繩檢諸生，作古文，廟屋修，完學務，振舉視食焉，怠其事者迥異。延平官滿既代，諸生不容其去，復留授業者三年乃歸。歸四年，延祐己未也，年八十矣。後八月七日晨興，進飯一匕，端坐而逝。初殯華野，泰定丙寅九月庚申，葬廣昌縣文教里之塔岡。劉氏世爲儒家，其先，唐末濠州刺史金生清，淮軍節度使劉仁瞻節使，生懷州刺史崇讚。懷州之孫，建康通守昭。建康之孫，著作郎用滋。著作之元孫，寧遠縣丞諱從睪，是爲曾大父。大父諱炎，父諱岩，母揭氏。起潛事母篤孝，樂爲義舉，厚朋友，恤貧困，拯人於患難，心所至不顧己力之何如。研經究史，綱羅百氏，文思如湧泉，所著有經説講義，水雲村藁，泯藁哀鑑，英華錄，隱居通義，凡百二十五卷。曾文定公墓祭久廢，典鄉校日率諸生，以暮夜行禮如初，抑其心所尚友者耶。娶傅氏，先十七年卒。子男三，龍瑞亦先卒。麟瑞，鸞瑞，孫男二，曾孫男二。麟瑞走二百四十里詣吾門，請表父之墓。予於起潛前聞其名，後見其文，今觀長興州判官許晉孫所狀，益歎其時命之不與才志合。於是表其所可傳，以示方來。使其可傳於人者，苟有傳，則其不可得於天者，固無憾也已。」

可附錄卷之末。

六十、補劉岳申「申齋集」

江西通志卷一百二十八「藝文、記六、元、龍溪橋記、劉岳申」：

「古之爲梁者二，輿梁曰梁，造舟爲梁，亦曰梁，皆橋也。古者出于有司，本先王爲政之一事。後世出于民，亦有司所屬也。近年稍出于學佛之徒，而有司不與其事，然其取于民一也，特愚者不悟耳。良由王者之政熄，儒者之道廢。有司者，其權逸于吏。縱吏爲奸，市以漁其民，往往事未集，而怨已興。佛之徒，始乘其弊，鼓其師之説，以誘吾民。而富人大商，下至小夫窶人，無不甘心聽命焉。有司者，懼政之不修，爲己累也，不自責己，愈益疾視其民。且以詬儒曰：儒者安所辦此吁，其不知爲政甚矣！永新去州五十里，有水曰龍溪。東會永新，達于吉安。西距茶陵五十里，實江西湖南之要會。自宋端平甲午，議衆建石橋，而落落不合于今，垂百年矣。民之病涉，未有甚于此者。當宋季，以官若民之力，何不可爲，而獨難于此？宋亡五十年，以官用民之力，愈易于前，而猶以其難，遺今日何也？蓋嘗疑之，其時其人，必有所待式，克至於今。而後遇龍溪賀君，豈偶然哉。賀君不煩有司之令，不假衆人之力，以其私財，奉其母楊夫人之命，其子景賢、景文成其志。起泰定丙寅三月，迄明年十月。長三百六十尺，高十八尺，廣不及高二尺。凡爲墩者六，貼石爲兩岸，高與墩齊，合爲墩者八。架以大木百圍，覆以華屋百楹，倚之以曲檻，履之以堅石。鈔以緡計者，一十五萬有奇。米以石計者，一千五百有奇。百里之內，百里之外，民不知有役，而坐見此橋。江西湖南官民商旅之往來，不聞有是役，而坐乘此橋。一橋之費，不足以爲賀君道。一橋之功，不足爲賀君贊。獨先王之政，儒者之道，復見于今，而異教不得爭長稱雄其間，豈非百年間一偉事歟！君子曰：賀君有濟川之才，而無用世之志者也。使有一日，民社之責，其惠利及于人人者，豈止此哉！充是心，所謂恩天下之民，有溺者由己溺之可也。雖欲使人不樂道其善，得乎？夫非余言也，眾人之言也。眾求余記，故不辭。君名士貴，字性翁。最樂爲善，尤輕財。嘗戚饑，捐私租數萬石，與耕者其鄉人云。」

可補卷六「記」。

六十一、補趙文「青山集」

江西通志卷一百四十八「藝文、詩三、五言古、元、何和尙尋母幷序、趙文」：

「何上饒人，因丙子亂失母，乃削髮爲僧，刺血寫經，遍天下尋之。至燕，值國方會僧六萬三千人，何於會煉臂，有一僧問：有何願受此苦？何具言所以。僧云：京兆府金鄉縣，張官人宅問之。即往詢求，乃知俱往吉州仕宦矣。何到吉州太和，得知張名守德，爲太和尹。乞食至門曰：我信州人，有母在此。閽人言母出，不復認。何言，我辛丑生，母乙巳生，具言外氏祖父，母方記憶，相向大哭。蓋母由他人，三易主矣。張令加冠巾，約爲兒，許爲娶婦。何曰：初事佛求母，豈可得母，負吾初心。乃陳省，以母不當擄。張以爲買，引法力爭之。何日哭於省前，冀有仁人，哀而助之者，後竟得母以歸：

寫經母血盡，長素母容枯。燒蜜煉頂臂，孰非母肌膚。豈不痛至骨，爲母忍斯須。南北萬餘里，來往如趁虛。天高孝可感，報應非浮屠。出門訪東家，遇否不可虞。茫然求我天，再見得所圖。昔者别兒時，那有此頭顱。明明陳左驗，大痛絕復蘇。向來相妒人，泣下成欷歔。收淚相勞苦，何異得乳雛。不即隨其志，彼張非丈夫。冠巾有婦子，諒亦母所娛。爲佛再有母，初志不敢渝。但期百年内，奉母與佛俱。雖非聖賢事，區區守其愚。爲君賦高誼，感我眞窮孤。棄我十二年，人母我獨無。天涯尚可尋，地下不可呼。」

可補卷七「古體詩」。

六十二、補周權「此山詩集」

黄州府志卷六「藝文、詩、元、赤壁、括蒼、周此山」：

「赤壁之山何峻嶒，下有江水何清冷。天空月出夜寥泬，玻璃萬頃涵秋冰。爲問黄州雪堂老，遷官何如謫官好。酒酣攜客夜拏舟，憂患都將談笑了。劃然長嘯來天風，神遊八極世慮空。但見横江露白錯，落垂斗柄擧袂欲。挹浮丘公洞簫聲，斷潛蛟舞月下清。尊貯千古老瞞當，日困周郎十萬樓船。鬧貔虎煙消，水冷沈戈矛。空餘野燐寒沙頭，江山牢。落滿陳蹟，追憶往事，風流勝遊到。我知幾度，感昔視今猶且慕。乾坤何事□英雄，衮衮長江自東去。」

可補卷六「七言古詩」。按「此山詩集、提要」：「周權，字衡之，號此山。」歐陽玄序：「括蒼周此山」。

六十三、補黃鎮成「秋聲集」

福建通志卷七十三「藝文六、碑銘、元、黃鎮成、重修定光塔銘」：

「福城之東，山惟九仙。岌岌浮屠，上出層巔。八方翼舉，七級梯連。深蟠厚載，高薄重元。昔在唐季，王公啓土。相攸茲山，大建神宇。既闢招提，迺標窣堵。厚壤祛幽、圓珍發貯。潛符嘉徵、建號定方。載禩四百，作鎮藩方。漂搖風雨，綿歷星霜。宊楹杌隉，棼簷披猖。惟寶峰師，興念維惻。弗葺斯墜，靡遑居食。其徒慨然，聞義感激。有志必就，惟堅願力。踵門于羨，行市丏餘。纍積於寸，積重於銖。石礱川運，材伐山輸。堅良締構，弊故更除。寒暑六經，載營載度。業業金碧，峨峨丹艧。制若地湧，視猶天作。育國分光，圖澄識鐸。惟茲偉功，匪志弗成。卓哉斯願，振古作程。天地至久，日月至明。俾貞配永，視此刻銘。」

可補卷四之末，蓋其集無「銘」。

福建通志卷七十五「藝文八、賦、元、黃鎮成、金鐃山賦」：

「粵惟元氣，盤束而融結兮，此后土之龐鴻。判五嶽之峻極兮，領波濤之諸峰。睠茲山之巍巍兮，據南紀之遐封。視培塿綿亘於炎海兮，實閩嶠之一雄。道人寶閣東望而並驅兮，麻姑四顧，搖曳乎空濛。灘水環繞於其下兮，靈源仙穴，與蓬島而潛通。飛泉數道瀉寒玉，平田萬頃疏流潨。有時黃塵赤日吐雲氣，洗滌旱暵回和豐。亶樵陽之巨鎮，妙宰物之元功。重巒疊巘，世傳八十四面兮，澒洞變化，杳靄誰能窮。玉芝瑤草聚珍產，濯以醴露春蒙茸。碧樹元猿，蒼崖綠熊。一聲秋籟動林薄，萬里月色橫長空。凌空絕頂，罕人迹兮，惟有鞭鸞跨鶴，雪眉碧眼，於此時相逢。拂予袂而遊觀兮，覺層雲之盪胸。□夙昔之有契兮，撫光景而欣從。想匡廬之逸興兮，擬迢躡乎前蹤。松窗半榻對晴雪，瑤琴五月彈清風。與山君兮逍遙，肆巖棲兮從容。泰山標日觀，仙掌擎芙蓉。顧珊珊之霞佩兮，逝將服乎壽宮。委芳澤之所美兮，懷丘垤之所宗。鐃山兮鐃山，八極兮誰同。垂鴻名於宇宙，配喬嶽於恒嵩。」

可補卷四之末。

福建通志卷七十六「藝文九、七言古詩、元、黃鎮成、桃花巖」：

「小僉山中數塊石，上出浮雲幾千尺。寒泉飛下絕澗響，老樹倒挂蒼苔碧。巨靈劈斷知何年，中有古洞藏神仙。蓬萊宮闕浩杳靄，世外別有壺中天。巉巖磊塊相緣入，雲霧晦明光景集。丹房石室靜無塵，虎攫龍拏半空涇。山人舊說桃花巖，山高水絕無由探。我來正值桃花發，長嘯獨倚春風酣。同遊雅士貪幽趣，自劚山雲燒筍具。兩山流水一川花，依稀似是桃源處。世上紛紛吹戰塵，山中道人都不聞。欲從君住不可得，一聲孤鶴唳空雲。」

可補卷四之末。

六十四、補趙汸「東山存稿」

徽州府志卷十一「詞翰、詩章、楊行密疑塚」：

「荒郊石羊眠不起，枯塚纍纍各相似。海陵冤骨無人收，豈有子孫來擘紙。幾惟空土效曹瞞，百戰江南帝徐李。龍山突兀表忠祠，至今老父思錢氏。　趙汸」

可補卷一「七言律詩」。

河南通志卷七十三「藝文、詩、七言古、元、趙汸、尉氏讀阮嗣宗詩」：

「明月照北林，孤鴻有哀者。攬衣起坐彈琴鳴，憂思徘徊獨傷心。可憐堂上生荊杞，空自繁華燦桃李。種瓜寂寞東門外，採薇悵望西山址。芒碭雲歸大澤空，後五百歲無英雄。窮途痛哭誰知者，沈酒狂言元自公。」

可補卷一「七言古詩」。

徽州府志卷之十一「詞翰、書、答倪仲弘先生論中庸輯釋書」：

「汸屢讀中庸輯釋纂錄，前精義大略不遺，良不易矣。思欲整竭愚慮，少副謙德之萬一。而涵泳所聞，未之有得袁氏所錄。吳先生諸說，多宗程子，其異同之故，亦非一再省覽，所能驟決也。是以欲妄有指陳，而自知其非，未敢輒竟其說。嘗觀朱子自序有曰：沈潛反復，蓋亦有年，一旦恍然，似有得其要領者，此蓋語人，以其先難之，故後得之，使毋以易心求之也。既曰恍然，又曰似有則有，非指要綱領四字，所能發明者矣。夫是之謂知德，夫是謂之知道，而知言其效也。其曰然後乃敢會眾說，而折其衷，則可見前是，殆有所未暇焉。蓋其於明善誠身，眞修實踐，如行者赴家，其至可期。饑者之得食，其飽可必至。夫一旦豁然貫通之日，而後眾說之同異得失，折之於此，無一不得其衷焉。非揣摩比較，從於行墨者，所可同年而語也。區區謂如汸等輩，資質之凡近，心思之粗淺，苟不能於為己為人之際，一刀兩斷，發憤刊落，然後實求反己親切之訓，以致其絕利一源之功，而徒爾朝繙暮閱，口誦手抄，則是終身無由知，至畢世不能意誠，而釋迦、達磨，果賢於孔孟矣。若夫先生意志之誠確，工力之專勤，而虛己擇善，無間物我，其所存所就，豈晚學所能與知。但近日前輩著述，殆類夫借僕舖面，張君錦繡者，恐不足為先生道爾。仰戴親愛之厚，常切愧歎，深懼有負所期，故敢傾倒胸臆之私，其是其非，尚幸明有以教之，是所願也。　趙汸。」

可補卷三「書」。按東山存稿卷三「答倪仲弘先生書」，與前文，內容悉異。

徽州府志卷之十一「詞翰一、啓、答樞判汪公同請主商山義學啓」：

「伏以學由義建，興文右武之時，士以禮羅。折簡捐書之日，靖惟寡陋，過欲稱揚。恭惟某官，雅望人歸，雄資天賦，持節有光於晝。繡鎮重三吳，過家無間於春暉。堂高四友，拯鄉邦於既溺，慨學校之久隳。當傷痍汨亂，思重序於彝倫。況板蕩劬勤，既克全於我里，事有至難而濟之。若易時非所急，而斷以弗疑。招學士於駭散之餘，爰中國而授室。求亡書於煨燼之末，雖一卷而立師。謂晦庵夫子之述作幸存，紫源先生之風猷不遠。當及典刑之未墜，庶幾文獻之足徵。苟至德要言，能恪遵於先正，則良才善俗，庶可見於清時。豈期束帛之將，不棄遺簪之舊。自菲高誼，孰念陳人。某樸學無成，半生多難，疾病空餘於皮骨，亂離久廢於簡編。慚始隗以何堪，念依劉之有自。受殯反壁，敢逃越雪之譏。充棟汗牛，奚取郢書之謬。尚圖良晤，以究欲言。　趙汸」

可補卷三「書」之後。

六十五、補劉因「靜修集」

四部叢刊初編，靜修先生文集卷七「五言律詩、鴳尊宋秘監索賦」：

「南國有奇竹，天然成酒尊。來因交趾使，價重秘書門。含蓄中誰似，堅貞節尚存。盤盂古人意，觀象可忘言。」

可補卷四「五言律詩」。

靜修先生文集卷十二「七言絕句、春暮」：

「病餘身世澹無情，但覺春來暖漸生。送客出門花已謝，問知昨日是清明。」

靜修集卷五，改爲「春景」。按方志之藝文志，輒改原著篇名，孰料四庫全書，亦有此一情形。實屬罕覯。

靜修集卷十五「五言律詩、送仲常游北岳」：

「大茂玄都闕，它山拱萬靈。風霆凜神化，河海盡襟形。昴畢空留影，幽井未了青。追風王制變，僣祀世塵腥。禮樂心雖切，煙霞骨有銘，長懷七十户，爲我謝神扃。」

此詩五言十二句，爲「五言排律」。故列五言律詩，誤。可於「五言律詩」之後，另立「徘律」之目，以容納之。故四庫全書之「靜修集」，竟有此誤，殊出人意外。

滋溪文稿卷八「靜修先生劉公墓表」：

「靜修先生劉君，葬容城縣，易水之陰溝市里。至正戊子，縣尹賈侯，始捐俸買石表諸墓。書來請曰：先生之沒五十有六年，道德之遺，風節之偉，固多士之所景仰。丘墓之寄是邑者，旁無宗人守護。彝自下車，率僚吏諸生拜而祠之，恭修封樹以限樵牧。又將建石琢辭，彰示悠久，庶來者聞風興起焉。天爵伏念，自聖賢之學不傳，禮義廉恥之風日泯，至宋伊洛大儒，克紹其緒。然而廢棄於紹聖，禁錮於崇寧，而中原已爲金人有矣。方是時，士之慕功名者，溺於富貴之欲。工文藝者，汩於聲律之陋。其能明乎聖賢之學，嚴乎出處之義，蓋不多見也。我國家治平，方臻貞元會合，哲人斯生，有若靜修先生者出焉。氣清而志豪，才高而誠正。道義孚於鄉邦，風采聞於朝野。其學本諸周程，而於邵子觀之書，深有契焉。惜乎立朝不及數旬，享年不滿五十。迄今孺子遠人，皆知傳誦姓字，是豈聲音笑貌所能致歟。宜述其德，不表於墓奈何。先生既歿，行業未有紀述，故雖作者不能措辭。今謹攷求遺文，掇其出處大節一二，而爲之書，庶稱賈侯尊賢尚德之心乎。按先生諱因，字夢吉，保定容城人，世爲儒家。五世祖琮，生敦武校尉臨洮府錄事官昉，昉生奉議大夫中山府錄事俣。俣生秉善，金貞祐中南徒，其弟國寶登興定進士第，終奉直大夫樞密院經。秉善生述，是爲先生之父。壬辰北歸，刻意問學，尤邃性理之説。獨好長嘯，嘗遊西山，當秋風木落時，作一曲而感慨係之。中統初。左三部尚書劉公肅，宣撫眞定，辟武邑令，以疾辭歸。先生將生之夕，父夢神人馬載一兒至其家曰：善養之。既覺而生，乃名曰駰，字夢驥，後改今名及字。公生天資純粹，三歲識書，日記千百言，隨目所見，皆能成誦。六歲能詩，十歲能爲文，落筆驚人。故國子司業硯公彌堅，教授眞定，先生從之游。同舍生皆莫能及，獨中山滕公安上差可比。硯公皆異待之，謂先生父曰：令子經學貫通，文詞浩瀚，當爲名儒。初先生之父四十猶未有子，乃曰：天果使我無子則已，有子必令讀書。故自眞定還居保定，謝絕交朋，專務教子。先生年未弱冠，才氣超卓，日閲方册，思得如古人者友之。嘗作希聖解，弔荊軻文，豪邁不羈之氣，可想見也。鄉閭老儒説經，止傳疏義，爲文盡習律賦。聞先生講貫，閲先生論著，始則謗訕，久亦敬服。先生杜門授徒，深居簡出，性不苟合，不妄接人。保定密邇京邑，公卿使過者衆。聞先生名，往往來謁，先生多遜避，不與相見。不知者，或以爲傲，先生弗恤也。王師伐宋，先生作渡江賦以哀之，欲南游江湖，覽觀儒先名迹不果。嘗愛諸葛孔明静以修身之語，表所居曰静修。間游郎山雷溪，又號雷溪眞隱。京師有曰田尚書者，西域貴族，頗尚文學，聞先生名，厚禮請教其子。先生以水嚙先墓謀遷，避之不及往。既而易州何公瑋，辭兩淮鹽使，奉親家居，藏書萬卷，亦以教子爲請。先生平生苦無書讀，又樂易之風土，遂允其請，三年即歸。何公贄以銀幣，皆謝不受。世祖皇帝自居潛藩，收召諸儒，講求治道。及踐天位，姚文獻公樞，許文正公衡，楊文獻公果，商文定公挺，皆列臺省。而憲章文物號盛治者，非偶然也。久之諸公相繼告退，當國者急於功利，儒者之言弗獲進用。時先生年雖甚富聲聞已彰，中朝賢士大夫多稱譽之。故相文貞王博果密，薦之尤力。至元十有九年，朝政更新，有詔徵起先生於家，擢拜承德郎右贊善大夫。初裕皇建學宮中，命贊善王公恂，教近侍子弟。及恂卒，繼者難其人，乃以先生嗣其教事。未幾母感風疾，即日辭歸。明年母卒，治喪合禮。三十八年，朝政又一更新，復遣使者以集賢學士嘉議大夫來徵，先生以疾，固辭不起。世祖聞之亦曰：

古有所不召之臣，其斯人之徒歟。明年國子助教吳明，陳書於朝，薦先生爲國子祭酒，士論高之。三十年夏四月十有六日，先生終於容城，春秋四十有五，海内聞之無不嗟悼。會祖妣邊氏，祖妣陳氏，妣楊氏，繼妣某氏，配郭氏，一子曰和，早卒，三女皆適名族。先生早喪父母，事繼母孝。以父祖之喪未葬，獻書先友翰林待制楊公恕，楊公憐而助之，克襄大事。家雖甚貧，非其道義一毫不取於人。先生師道尊嚴，學者造門，隨其材品而教焉。講說諸經，理明義正，德者心領神會。初朱子之於四書，凡諸人問答，與集註有異同者，不及訂歸於一而卒。或者輯爲四書集義數萬言，先生病其太繁，擇爲精要三十卷，簡嚴粹精，實於集註有所發焉。有詩五卷，號丁亥集，先生所選，常自諷詠，復取他文焚之，今所傳文集十餘卷，得於門生故友。然不爲空言，皆有補於世教。其他小學四書語錄，亦皆門生所錄。惟易繫辭說，乃先生病中筆之，親授其徒者也。先生每以後世史官，不明義理，修辭之際，輕爲增損，使忠臣義士之心，不得暴白於世。嘗曰：若將字法論心術，則受屈者多矣。先生之亡未久，吳明復進言於朝曰：風格之薄久矣，士之處世，不自貴重，聞人譽已，喜見顏色，不復知有廉恥等事何？則欲動於中，利奪於外故也。伏見故處士劉因，隱居教授，不求聞達，授以三品清要之官，辭而不顧。若蒙賜謚贈官，庶幾息奔競，惇風化，士類知所懲勸焉。延祐中，始贈先生翰林學士，資善大夫，上護軍，追封容城郡公，謚文靖。是後中外風紀儒臣，皆以先生礪俗興化，有功昭代，宜如許文正公，從祀孔子廟廷。禮官會議，亦皆曰可，而當路者未遑及也。嗚呼天之生賢也，豈無意乎。自義理之學不競，名節隳頹，凡在有官，見利則動。有國家者，欲圖安寧長久之計。必崇禮義兼恥之風，敷求碩儒，闡明正學。彰示好惡之公，作新觀聽之庶，使人人知有禮義兼恥之實，不爲奔競僥倖之習。則風俗淳，而善類興。朝廷正，而天下治。世祖皇帝，再三聘召先生者，其以是歟！天爵之生也後，不獲見先生，及游成均，得臨川吳文正公澄爲之師。吳公於海内諸儒，最愼許可，獨尊敬先生，豈其問學出處，道同而志合歟。當國朝龍興之初，歲在巳酉二月，先生生於保定。吳文正公亦以是歲正月，生於臨川。是時南北未一，天已生斯大賢，他日輔贊國家文明之治。吳公年八十餘方終，著書立言，盛傳於時。先生早歲志世，雖不及大有著述，然風節凜凜，天下慕之，扶世立教之功大矣。賈侯由進士入官，治邑有聲，獨能訪求先賢遺迹，而表章之，其於風厲俗化惇，崇名教，誠非小補云。」

可附錄卷之末。

六十六、補黃溍「文獻集」

玩齋集「黃學士文集序」：

「翰林侍講學士金華黃先生文集，總四十三卷。其初藁三卷，則未第時作，監察御史臨川危素所編次。續藁四十卷，則皆登第後作，門人王禕、宋濂所編次也。先生之文章，刮劘澡雪，如明珠白璧，藉之繅綺。讀者但見其光瑩而含蓄，華縟而粹溫，令人愛玩嘆息之不已，而不知其致力用心之苦也。故其見諸朝廷簡冊之記載，山林泉石之詠歌，無不各得其體，而極其趣，以自成一家言。余嘗論之，文章與世運，同爲盛衰，或百年，或數十年輒一見。先生當科目久廢之餘，文治復興之日，得大肆力於學，以擅名於海內。雖其超見卓識，有以異於人，其亦值世運之盛也。譬諸山川之風氣，草木之花實，息者必復，悴者必榮。蓋亦理勢之必然，夫豈偶然而已哉。先生領延祐甲寅鄉薦，先文靖公實爲考官，於師泰有契家之好。其後同居史館，又同侍經筵，交誼尤篤。比廉問閩南，過金華，得先生之集於王褘。故敘而授之三山學官，俾刻梓以惠來學。先生登進士第，授將仕郎台州寧海縣丞，歷石堰場監運，諸暨判官。浮沈州縣，幾二十年，始入翰林應奉文字。尋丁外艱，服除，改國子博士，居六年，以太夫人春秋高，乞外補，遂提舉江浙儒學。年六十年四，竟辭祿歸養，以中順大夫秘書少監致仕。及復召入翰林侍經筵，數告老，不許，久乃得謝去。今年七十有九，猶康強善飲啖，援筆馳騁，如壯歲云。」

可補卷之首。

四部業刊初編、金華黃先生文集。

卷十一、卷十二、卷十三、卷十四、卷十五佛道之寺、觀、院、菴、像、堂、閣、殿「記」四十二。

卷十六、卷十七、卷十八、卷十九「序」二十，「名字說」四，「啓」一，卷二十三「祝文」十五，「青詞」一，「疏」三，「行狀」二。

卷二十九佛道之「碑」五，卷三十「阡表」一，「墓表」二，卷四十一，卷四十二「塔銘」十二，卷四十三，「世譜」一，「家傳」一。

總計文凡一一〇篇，因數量龐大，且具卷數，查四部叢刊初編之金華黃先生文集，一索即得。故未錄其原文，亦未列其篇名。

可以「補逸」，分「記」一卷，「序」一卷，「名字說」、「祝文」、「青詞」、「疏」、「阡表」、「墓表」、「世譜」、「家傳」一卷，佛道之「碑」、「塔銘」一卷，附之「卷末」。至於兩種版本，何以有此巨大之差異，待考。然似修四庫全書時，盡刪其有關佛道之「記」、「碑」、「塔銘」，及不重要之「序」、「名字說」、「青詞」、「疏」、「阡表」、「墓表」、「世譜」、「家傳」等，有以致之。

東維子集卷二十四「墓誌銘、故翰林侍講學士金華黃先生墓誌銘」：

「先生諱溍、子晉卿，姓黃氏。其先自宋太史庭堅之後，父昉繇雙井家浦江，後遷義烏，遂占籍焉。曰伯信者，先生之高祖也，曰夢炎，淳祐進士，仕朝散大夫，行太常丞，兼樞密編脩官者，曾祖也。曰愕，以進納恩補承節郎，今以推恩贈嘉議大夫、禮部尚書、上輕車都尉、追封江夏郡侯者，大父也。曰鑄，今贈中奉大夫，江浙等處行中書省參知政事、追封江夏郡公者，父也。中奉公元，出朝散公外孫女生。氏歸丁應復之後，嘉議公疾廢，育之爲子也。妣章氏，追封江夏郡夫人。夫人娠先生時，繡湖水清，歷世有四日。夜夢大星，煜煜然墜於懷，公始生至元十四年之冬十一月日也。比成童，不妄喻户閾，授以書，矢口即成誦。年十三屬文，作引諸葛武侯，文爲鄉先生劉公應龜所奇，因留受業。大德五年舉教官，舉憲史，已而復棄之，多忤上官去。延祐元年貢舉法行，縣大夫以先生充賦。古賦以太極命題，古賦以極命題，場屋士不能爲，獨先生以楚聲爲之，遂冠場。明年奉大對，授徵仕郎寧海縣丞。江浙省臣承制，遷石堰塲監運事。秩滿，陞從仕郎諸暨州判官。至順初，用薦入爲翰林應奉，進階儒林郎。丁外憂去，秩服闋，轉承直郎國子博士。閱六年，請補外，換奉政大夫江浙儒學提舉。時先生年始六十有七，不俟引年，以侍親疾，絕江徑歸。俄有旨預修遼金宋三史，丁內憂不赴。服除，以中順大夫秘書少監致仕。久之又被上旨，落職致仕，仍舊階，除翰林直學士。至京中書傳旨，擢兼經筵官，召見慈仁殿，洊陞中奉大夫侍講學士同知經筵事。明年歸田里，不俟報而行，上聞遣使者追復前職。又明年始獲南還，閱七年而薨，享年八十有一，葬縣東北三里東埜之原。娶王氏，將仕郎桂之女，封江夏郡夫人，先一年卒。男梓，用應入官忠顯校尉，同知餘姚州事。女清，適惠州學正陳克讓。先生位至法從，肅然不異布衣時。又寡嗜欲，年四十，即獨榻於外，給侍左右者，兩黄頭而已。遇佳山水，竟日忘去。形於篇什，多沖淡簡遠之情。然性剛中觸物，或弦急不可犯。少時即泮然無復停礙，與同鄉柳太常貫爲文友，風節文章在柳上，人呼黃柳。其論著依據義例，考授的切。在禁林，三史惜以憂輟。其脩后妃功臣傳，士類服其精當。經筵處講文，皆切於治道之大者。晚年喜爲浮圖，亦研極其閟澀之説，請者盈門，猒亦靡之去。其爲文，表箋書敘傳記贊説誌銘，凡若干篇，曰損齋藁若干卷，義烏志若干卷，賦若干首。於乎我朝，文章雄唱推魯姚公，再變推蜀虞公，三變而爲金華兩先生也。五峰李孝光，嘗與予爲兩先生評。余曰：柳太常如東魯社翁謂閭閻子弟，言言有遺事。黃太史如獨繭遺絲，初不諧眾響。至趣柱絙弦激絕之音，出於天成者，亦非眾音可諧也，孝光以吾言爲然。太史玟文江浙時，余辱與車房，卷有不可遺落者，必決於予。在杭提學時，謁文者填至，必取予筆代應，且又不掩於人曰：吾文有豪縱，不爲格律囚者，此非吾，文乃楊廉夫文也。自京南歸時，予見於天竺山。謂予曰：吾老且休矣，吾子文絕辨，已白於禁林，宋三百年綱目屬之子矣。嗚呼今亡矣，吾終不得爲公史臣徒矣，悲夫！因其鄉生浙西道廉訪司僉事鄭公深，出其徒宋濂狀，求余銘，遂忍而銘。且悼喪亂未得謚於朝，與其徒私謚曰：文貞先生。銘之詞曰：大之星煜煜兮繡之，水穆穆兮文之。毓兮大星，翳兮繡水。翳兮文之逝兮，惟文之鳴兮。大音在廷，爾鏞爾筦兮，我瑟我笙。鼓之淵兮，磬之鏗兮。氣一并兮，有元氏之聲兮。吁嗟今默默兮，孰見古人之渢渢。洋響以上駝兮，膏吾車其曷從。」

可附錄卷之末。

六十七、補梁寅「石門集」

南昌詩徵卷五「詩餘、元、泊南浦、金縷曲、梁寅」：

「南浦歸帆暮，喜重看，螺江煙柳。鶴汀雲樹，畫棟珠簾歌舞地。風景已非前度，只浩蕩波濤如故，相望飛鵬展翅。羨雄城，防衛多貔虎，又喜免，亂離苦。舊時猶記登臨處，共詩朋，賦友同歡，冷吟懷古，雨鬢星星今老矣。卻似荼蘼孤注，歎桃李，不知春去，獨有洪崖青不改。似于人戀戀能相顧，招我隱，有佳趣。」

可補卷四「樂府辭」。按御定詞譜卷三十六「賀新郎十一體」：「又名金縷歌、金縷曲。」

吾吾類稿卷首「原序」：

「強圉作噩之祀，余還江右，抵臨江，假寓天寧寺。寺密邇郡庠，因與教授吾吾吳先生舜舉游。先生嘗語余曰：郡承大亂之後，民皆習武事，厭儒行，弦誦絕響，教無所斁，吾甚恥之。既而時異事殊，先生屏居閭里，闢一室，績學藝文。惟以奉親訓子爲務，勢利紛華之習，眎之漠如也。郡洊罹兵變，干戈相承，學宮荒闃。袁筠之境，遺民逸士，聞先生名，每延置其家，奉贄請益。雖武夫悍將，多遣子弟就學焉。四方搢紳大夫，求詩若文，户屨恒滿。平居無事，操觚染翰，著述不厭，境與意會，必形之吟詠，學者多傳誦之。遭時多囏，竟齎志以沒，惜哉。先生歿十餘年，其子均彙次遺稿，屬爲敘。余嘗見先生文集，篇帙甚富，今所存僅若此。蓋掇拾于喪亂之餘，不能全也。先生之文，典實古雅，從容于法度之中。其爲詩，沖澹和平，發乎性情之正世之工乎。侈靡浮麗，以流連光景，嘲弄風月者，不可並論也。先生世家臨川，履齋丞相之諸孫也。蚤游吳文正公之門，獲聞賢之學，故處乎叔世，卓然不易所守。使得位而見諸用，其事業必有可觀也，詞章云乎哉。均字仲權，好學而文，能守其家學云。渝陽胡居敬敘余留郡城，獲觀吳舜舉吾吾先生詩，尤妙于五言，如竹林清飆，頓蘇煩鬱。如蘭皋秋露，夐殊塵境。因歎曰：詩形于音，音生于心，心有所契，音乃中節。先生之詩，中節之音也，而余未能知之。憶余弱冠時，與先生同處豫章郡庠爲弟子員。余之學未知方，志有不定，因謂人皆然，固余之媿也。後三十年，先生爲臨江郡博士，遂屢見之。以急遽流離，未暇考德問業，知先生未盡，又可媿也。後又二十餘年，而先生歿矣，而始獲盡觀其詩文，皆亹亹古人，乃大媿焉。以五十年之交友，而知之未能盡何也？其失原于自怠，而闇于知人也。嗚呼白首巖扃，舊交零謝，欲求如先生者，與之上論風雅，而下評近作，其可得耶。先生之子均，以先集見示，凡先生行事，前進士胡君居敬敘之詳矣。余書此于後，姑以見慕之之至，而媿之之深也。梁寅敘。」

玉笥集卷首「原序」：

可補卷七「序」。

「余老處巖谷，諸賢以詩，貺余者亦多矣。及觀鄧伯言父玉笥集，爲之竦然。知其得之天趣，異於強作之者也。詩之搜羅以爲富，雕繪以爲妍，索幽以爲奇，放情以爲豪，若是者工則工矣，謂得古作者之意則未也。伯言之所造蓋已深，故沖澹自然，華不爲媚，奇不近怪，雄不至放，求會典則，故宜然者哉。前御史丁君子堅評其詩，謂其好尚之專且久，故清麗自然，使居通都大邑，觀明堂郊廟之盛，發而爲金鐘大鏞之音，又當不止於是斯，誠不易之論。余雖欲加之一辭，未有能過之者也。雖然伯言吐其胸中之奇，以攬夫玉笥山水之秀，亦奚有不足韋應物。雖專城美祿，而詩多泉石之趣。孟浩然屏居草野，無郊廟之著作，而其詩亦顯。伯言於韋孟近矣，而進之益不已。則知之者，當益衆。余之言何爲哉，特深好其集，故因觀而略論之爾。洪武乙丑秋八月望，梁寅書。」

可補卷七「序」。

玉笥集卷首「梁寅來書附錄」：

「梁寅莊肅奉書，伯言聘士先生坐右：寅僻處巖谷，慕令譽積久。孫德言遠訪，承寄佳章，鏘然妙音，起發多矣。第愧不敢當，又蹇拙不能即和答。玉笥集閱之歎服，德言欲得題數語集後，固不敢辭。苐數日目眚尤甚，只得且留下，俟少遲下筆，亦非憚煩。實欲留與諸生共觀，庶少祛昏塞耳。秋涼期會，如果蒙枉顧至幸。或不能至，德言重來，詩集當附還。高賢莫親，瞻望拳切，控忱甚愧，膚率時暑，保愛不備，寅莊肅奉書。」

可補卷七「序」之後，藝集中分類無「書」。

六十八、補龔璛「存悔齋稿」

吳江縣志卷十七「集詩、四言古詩、元知吳江州高公德政詩、元、龔璛、寧國教授」：

「帝奠區宇，聿寧我人。覆之如天，德惟養民。南土之庶，生聚教訓。孰堪顧之，亦曰籲俊。眷言遐邦，江湖要衝。治功弗融，輿情弗通。輟茲藎臣，展于民庸。維謹爾度，屏翰是崇。侯之蒞政，匪懈夙夜。黽黽靖恭，藹藹醞藉。澄政之源，窒塞賄罅。其始瞿瞿，其終附附。維茲像像，爰整以暇。視彼沼吳，有蓴有菰。有楓植植，繫其方舟。民曰樂只，靡侵靡漁。耕我泥塗，飲焉膏腴。曷以致之，政之優優。聞其作新，子來于侯。子春巡行，宣布寬大。郊野阡陌，車馬旌旆。耄倪歡呼，維侯是在。維侯是賴，威畏惠愛。侯其去矣，使我心憒。江水泱泱，我惠何其。覲于京師，其將疇咨。考績陟明，有猷有爲。福祿是宜，朝廷是毗。民之允懷，曷其徙之。」

可補卷之末。

崑山縣志卷十四「集文、崑山州新學記、龔璛」：

「延祐改元三月，平江路崑山州，移治於太倉，詔天下科舉取士之初年也。有司聿新而未有學，朔望馳謁舊學非便。是年冬相臺王侯安貞來守是州，太愳無以作人材而承上意。矧茲帶江控海，商貨之區，漕舟之津，既庶且富，莫先於教州之士。平江路學道書院山長王大年，處州路儒學教授杜熙，直學陶公甫，學賓陶正甫，請各視其力相與成之，不以煩公家。度地治所之北，遠去闤闠，秀色疏達。創大成殿傍翼兩廡，前闢重門，像先聖先師，繪從祀諸賢。又範尊爵罍洗，具嚴廟制，鳩工僝功費夥矣。侯曰：止吾豈謁人力，以樹風化哉。州舊學豈不能偕遷于此，顧鄉校不毀，因之以贏諸生，庶乎其並存也。學嘗率鈔以修舊，吾以修舊委米廩，則以鈔起新學，且以紓衆志而佽助踵至。講堂、齋宇、直舍、儀門、庖廩之屬，次第完美。通爲屋五十餘楹，置養士田一十頃有畸。士民競至膏腴源源而來未巳，於是稱爲一州之學。始於二年四月，迄于三年八月。教授錫山陸介任職勛狀顚末求記。璛以固陋弗獲辭。謹按：吳之初，泰伯端委以治周禮，至於仲雍乃從其俗。春秋之世，遂爲侵奪強之國。郡縣以來，漸效樂土，極而國家休養之盛，雖僻左亦衝要。漢史載海陵吳太倉江南亦有其地邪。生聚走集，當爲謹庠序也乆矣。況於州之既遷，刑攻號令所自出，微學則何所本邪。夫二帝三王之傳，開物成務之道，建學立師，獨爲儒者哉。前代失其統明體適用者亦寡見，謂迂闊，舍此而它求，常不足以立治。敝而改圖，徃徃復歸諸此。蓋君臣、父子、夫婦、長幼、朋友之倫，仁義禮智之性，斯道也，所以直道而行也。君子小人莫不有學，本末先後，平實昭徹，彼淺薄近似誠不得而與矣。皇上表四書而會六經，不特九州之内也，必使四海之外，凡有血氣率由於義理之中。明學術，正人心，建萬世之太平。士生斯時，抑何幸也。昔之士借曰：未有以取之也，取之矣，士將何以待用乎。取其文，文浮於行不可也。用其材，材充其德可也。古之學者爲已成已，所以成物也。人已之辨，善利之分，知此則科學非利祿。而設學校，又豈飲食課試而已哉。侯繇宰邑最，人郎省周行直清視邦，選侯明治要，望於吾黨甚厚。噫嘻，其亦興於仁讓矣乎。工費田畝，詳於別珉，尚俾來者有考於斯」。

可補卷末，蓋其集僅一卷，且悉詩無文。

金華黃先生文集卷第三十三「墓誌銘、江浙儒學副提舉仕龔先生墓銘」：

「先生諱璛，字子敬，姓龔氏，宋鄉貢進士贈太中大夫諱炳之曾孫，秘閣撰太常少卿贈通議大夫諱基先之孫，中奉大夫直寶謨閣司農卿諱潗之子。曾祖妣周氏，祖妣葛氏，並贈碩人。妣周氏，贈宜人。初太中府君以避兵，自高郵徙鎮江，卒葬城西五州山，子孫因占籍爲鎮江人。迨先生以宦遊，久留平江，又家焉。先生少聰敏，稍長能屬文。德祐内附，士大夫居班行者，例遣北上，司農府君以列卿在遣中，行至莘縣不食而卒，先生悲不自勝。暨成人，呼其弟理語之曰：國亡家破，吾兄弟又少孤，不能以力振起門户，獨不可學儒，無辱先訓乎。由是共刻意於學，日以微辭奧義，自相叩擊。其文字交，視莫公崙。俞公德鄰，爲丈人行。而與戴公表元，仇公遠，故公長孺，盛公彪，爲忘年友。聲譽籍甚，人稱其兄弟曰楚兩龔，以比漢之兩龔云。東平徐公持淛右憲節，聞先生名，辟寘幕下。尋擧教官，歷平江之和靜學道兩書院山長，以累考當赴吏部銓。大名高公時參預外省，先生以書論役法之弊，公得書喜曰：子有用之材，持文書來，我爲子取教授。先生謝曰：執政大臣，以進賢退不肖爲職。天下士如某者，能一一力致哉。誠推是心，寒畯之幸。公聞其言，愈敬異之。御史周公馳，鄭公雲翼，交薦先生，宜在館閣，皆不報。用例調寧國路儒學教授，秩滿，遷主信之上饒簿，以所生母蔣氏憂，不赴。服除，授袁之宜春丞，其階再轉俱將士郎。先生咲曰：五十年猶故吾耶，蓋異時以門蔭補官，亦將仕郎也。在官歲餘，移疾上休致之請，遂以徒仕郎江浙等處儒學副提舉致仕。命下先生已卒於宜春，其卒以至順二年十一月十七日，享年六十有六。臨終猶強飯，正襟危坐，命筆作三皇廟記。俄投筆謂家人曰：汝輩且去，吾將少休，頃之氣息奄奄而逝。先生家事素薄，客至不問有無，倒壺命飲，與之談前代事實，娓娓不倦。至爲諸生，論說豪分縷析，必使厭所欲乃已。兩持鄉闈，文衡號明，有司門生弟子，彬彬以材自見稱之者，不以官而曰先生云。其在和靜，復侵田若干畝。在寧國徵逋租，爲錢十二萬五千緡。刻春秋大學等十九書，以惠學者。而宜春之政，役均訟平，部使者以爲能，數諉以事。顧以涖治之日淺，其所蘊蓄有未悉展也。娶周氏，知江州德化縣方帥之女。子男一曰魯，女二適陳方夏景行，孫男二曰宣曰宜，女二俱幼。魯以其年十二月返柩於鎭江，明年五月十六日，葬五州山先墓東南若干步。奉先生子壻陳方狀來謁銘，狀稱先生材識足以超軼古人，而忠厚不自己之情，未忍斬然遽變其先世承傳之舊故。其爲言卓偉殊絕，自成一家，然亦未始不從容乎規矩繩墨中。晚年學益醇，鋒鍔都盡其進修之實，或未易淺言也。嗚呼苟非方從先生之久且親，孰能知之若是歟。先生所著詩文，魯既彙次成若干卷，因先生自名其齋者，目之曰存悔齋稾云。銘曰：龔初來南以士升，太常司農遂世卿。今孰嗣者宜春丞，既仕弗進用文鳴。立言成家樹風聲，擺落凡近趨高明。有來侁侁揚其英，一鑑亡矣疇依承。陳辭相哀垂百齡，刻諸方珉告玄局。」

可附錄卷之末。

六十九、補陳泰「所安遺集」

岳州府誌卷十八「雜傳：事體、文翰、元、陳泰、洞庭迎送神」：

「我歲晏兮北行，□淮舟兮洞庭。詣靈均兮神□，女巫進兮告情。繫鼓兮坎次，心馳兮日短。靈惝怳兮有無，思我處兮母遠。□修門兮進行，靈將動兮松語。群龍兮吹雲，森天矯號樹羽。繫鼓兮咽咽，靈飆兮建旂爵。爵玉珥兮玄服，暎玄紞號華兮。紛進拜轂王臣，心夷猶兮平陸。我聽悅兮霞觴，侯將進　翱翔。聽靈光兮　惕，靈慰我號清揚。釀酒兮芯□。□薰兮爲餚，靈飲此兮宜壽，配南箕兮參北斗。介下土兮景福，荷福皇鳳號永久，□蹇既醉兮日暮。緣烟生兮南浦，靈之回芳影□。□□爲女兮螭章，幽欞兮閑夕，窈窕兮望不極，□□兮靈辭羌，勞汝兮余思。胡之賓芳有正，僕南風芳來歸。」

可補卷首，「天馬賦」之後。

七十、補魯貞「桐山老農集」

衢州府志卷之十三「藝文志、元、魯貞、江山學田記」：

「江山爲縣，在衢上流。學在縣之西，舊有田若干，爲豪民據者十之二，所入微，而養士之資有所不給。至正六年春，監縣朵只侯來視學事，怪生徒之不集也。教諭劉奎進曰：田奪於豪民，故無以爲養也。侯於是召鄭明等而言之，俾復其田。未幾詹侯來尹斯邑，遂力追復之。於是鄭明周子顏等，歸田四十五畝，魚塘蔬圃不與是數，而學之廩遂豐。是時棟宇欹撓，楹桷頹移，詹侯率邑之士民，出鏹供役。於是撤朽易新，去缺更全，塗之以黝堊，補之以磚瓦。講誦之室，庖餲之所，凡學之具，各有所葺理。乃命教諭招集生員，邑之擊彥，森然來萃，廩之以所復之租，克然而足。而是邑之具願有記也，乃集諸生而告之曰：嘗聞茲土，文物號稱爲盛。學之東也七里，則清獻公讀書之地也。南下二十里有七賢堂，七賢乃南軒張子遊息之故址也。流風遺韻於斯可考。意必有聞其風而興起者，何未之聞也？諸生痛自底于學，今不異於古，安知其不在斯人邪！咸進曰：非公無以聞此言，遂請爲記。」

可補卷一「記」。

衢州府志卷之十三「藝文志、元、魯貞撰、開化益學田記」：

至正十年二月戊子，浙東分憲余公巡開化，有江氏訟役田不決者，公爲白其事，而田未有所屬。乙未公謁瞻夫子廟，進諸生而教之，且知學之?薄，無以瞻生徒也，遂以江氏之田，歸之學，凡若干畝。學先有田五十畝，僅足供少費，而延師以訓導者，皆資諸生。今得是田，則有其資矣。諸生喜而買石求文，以紀其事。貞聞人有去家遠，而失其道者。或指之途，或與之車，且餽之糧。其歸也，孰禦焉。茲學之士，承公之教，得田以養，於是致知以明其理，力行以踐其實，遂復其初。如歸其家，如入夫子之宮牆，牛羊倉廩之富，宗廟百官之美，若固有之。則公之教之者，指之途者也，益之田者，與之車且餽之糧者也，其惠也豈不大哉。是用紀其績，刻之山石，爲示無斁。」

可補卷一「記」。

黃州府志卷十八「藝文、傳、元、黃岡隱士西山吳公傳、曲阜、魯眞」：

「天有知乎，天無耳目之視聽，天無知也。主宰於冥冥之中，作善者降之以百祥，作不善者降之以百殃，爲之主宰，豈非天乎。如果天也，是天之有知也。人感之，天應之，猶影之隨形，如聲之應響也，天未始有不定也。以爲未定者，是不知天者也。觀黃岡吳氏，積善厚施，而未食其報者何哉。夫生賢子孫，能世其家，即天報之也。豈必食祿僭爵，而後爲報哉。況子孫賢，天爵脩，而人爵至，是天報之也。閩南招撫使吳□生，公七歲而父亡，賴母夫人汪氏，匡扶保養，延師教以詩書。及長，通儒業，習國語，博學多能，以德義爲鄉黨親戚之所推服。曁兄長曰東山，次曰南山。其東山兩淮鹽場司，殁無後，繼以南山之次子。南山亦早世，遺孤五人，女六人，西山撫育教誨，男爲之娶，女爲之嫁。以已財拓充產業，數倍於前。以己財所置產業，均分之六，縣皆感悅公之樂善好施，惠宗族鄉黨，禮名士大夫。自陽邏至桃花，地高處得水甚艱，公鑿井一十九，所家不闕水。造橋自太平橋五里至陽邏，地高險處不通車馬，公爲開險鑿石道，逐平坦，行者便之。砌路陽邏至蓮花橋，一百三十餘里，鄉人立石以記功。歲施棺以濟死者，日施粥以活饑人。立義塾，招明師，以訓鄉里之子弟。名士大夫若吴草廬、魯子翬、龍麟州黄子肅、平章乞住忽剌歹、右丞扎忽台、參攻龔交輔，御史、李子源，皆與公文。天曆己巳，湖廣省平章，同薦公德義，不求聞達。上遣異珍庫大使陶索卿齎詔徵之。公不起，御書西山二賜字之，公建御書樓以侈賜，危大僕爲之記。公生於至元甲申，殁於至正己丑，娶袁氏名妙本，後娶虞氏名妙恭，葬中和五里之原。生四子，長魯思不花，入爲内臣。次琳、次琛、珪。琳、琛皆與予交，琛乃曰：西山之樓已毁，翰苑諸公之詩文，皆不復存。子其爲我先人作傳，將刻石以示子孫，不可辭也。予遇黄之吴氏，積善厚施，天既報之身，又報之以子孫。子孫賢，天爵脩而人爵至，信乎天之有知也，豈有未定者乎。論曰：洪範九疇曰：念用庶徵，有天人感應之理。九曰嚮用五，福威用六，極言天人感應之效也。由是觀之，爲善而天報之不差毫髮，天即理也，未嘗不定也。吳氏子孫之昌也，宜哉。」
可補卷三「雜者」，蓋其集中，無「傳」之著作。按「桐山老農集、提要」：「元魯貞撰，貞字起元，自號桐山老農，開化人。集中萬青軒記，自稱曲阜人，蓋曲阜其祖貫也。」又云：「人品旣高，胸懷夷曠，一切塵容俗狀，無由入其筆端。」復按：眞疑爲貞之誤。

七十一、補盧琦「圭峯集」

福建通志卷七十六「藝文九、詩、七言古、元、盧琦、九鯉湖」：

「朝躋何嶺頭，暮憩何嶺陬。平生塵跡未能到，今又何夕登斯樓。九仙跨鯉登仙去，藥竈丹罏幾今古。白雲滿地孤鶴閒，怪木拏空老蛟怒。青山四面相縈迴，流水百折聲如雷。蒼烟長掛屋上樹，細雨忽落莚前梅。梅花似笑容來晚，客來洞底春猶淺。躡磴安知步履危，採芝自覺心期遠。十年鉛槧誤此生，願借一枕通仙靈。中宵夢覺肌骨冷，似聞玉笛空中鳴。曙色催人賦離別，袖拂松梢墜殘雪。相期杖履重來遊，共濯蒼灣弄明月。」

福建通志卷七十六「藝文九、詩、七言古、元、盧琦、遊壺山眞淨巖」：

「六月壺山下客，凌暑登山踰絕望。高僧十載悽巖幽，啓扉相見還相留。欣然生我斗室下，滿室嵐氣生清秋。開窗一覽數千里，滄海徵茫等杯水。客帆來往烟雨中，人家遠近林巒裏。平生讀書苦不多，人事如此將奈何，蠅頭蝸角付一笑。會當結屋山之阿。」

可補卷上「七言古詩」之末。

福建通志卷七十七「藝文十、詩、五言律、元、盧琦、贈長泰君余良甫」：

「令尹余良甫，應勞撫字心。野人爭賣劍，山縣但聞琴。夏半畬田熟，秋深瘴露沈。儻懷鐔水客，千里寄知音。」

可補卷上「五言律詩」之末。

福建通志卷七十七「藝文十、詩、七言律、元、盧琦、宿壺山眞淨巖」：

「樹下松扉絕點埃，何須海上覓蓬萊。十年客鬢塵中改，六月襟懷酒後開。雲影不隨飛鳥沒，江聲偏逐晚潮來。干戈滿眼風烟暮，欲別西山首重回。」

福建通志卷七十七「藝文十、詩、七言律、元、盧琦，登壺山眞淨巖」：

「松扉深入白雲中，躡磴捫蘿路可通。結社幾人從惠遠，登山何處覓壺公。五更客夢茅簷雨，六月秋聲木葉風。獨倚闌干望滄海，故鄉應在海門東。」

二詩可補卷上「七言律詩」之末。

七十二、補王翰「友石山人遺稿」

福建通志卷七十七「藝文十、詩、五言律、元、王翰、遊鼓山靈源洞」：

「旭日照高岑，天風振遠林。不分滄海色，那識白雲心。瑤樹空香滿，珠林積翠深。坐來明月上，何處起潮音。」

可補「五言律詩」之末。

七十三、補吳鎭「梅花道人遺墨」

山西通志卷二百二十六「藝文四十五、詩六、七絕、元、荆浩秋山問奇圖、吳鎭」：

「霜落林端萬壑幽，白雲紅葉入溪流。朝來尚有尋眞至，共向山亭領素秋。」

可補卷上「七言絕句」之末。

山西通志卷二百二十四「藝文四十四、詩四、元、王晉卿畫、吳鎭」：

「晉卿繪事誠無匹，尺素能參造化功。碧樹依微春水闊，蒼山縹緲暮雲籠，幽深自覺塵氛遠，閒淡從教色相空。更喜涪翁遺墨好，草堂何必獨稱工。」

可補卷上之末，蓋其詩無「七言律詩。」

嘉興府志卷二十二「隱逸、元、吳鎭」：

「吳鎭，字仲珪。性高介，善盡山水竹君，題詩其上，時號爲三絕。富室求之，多不得。惟贈貧士，使取直焉。自號梅花道人，其兄原璋，嘗從毗陵柳天驥，講天人性命之學。而仲珪亦嘗以易數，設肆武川。推人休咎，言多警世，有嚴君平之風。」

可附錄卷之末。與卷首之「梅花道人本傳」不同。

七十四、補仇遠「金淵集」

存雅堂遺稿卷三「序跋、仇仁父詩序」：

「山村仇君過余說詩，余觀其年甚茂，才識甚高。處紛華聲利之場，而冷澹生活之嗜，混混貧盎中，見此古罍洗，令人心醉。及披其帙，標格如其人，蓋得乾坤清氣之全者也。余謂作詩當知所主，久則自成一家。唐人之詩，以詩爲文，故寄興深，裁語婉。宋朝之詩，以文爲詩，故氣渾雄，事精實。四靈而後，以詩爲詩，故月露之清浮，煙雲之纖麗。今君留情雅道，滌筆冰甌，其孰之從？仇君曰：近體吾主于唐，古體吾主于選。融化故事，往往于融暢圓美中，忽而淒楚蘊結，有離騷三致意之餘韻。然後知嚮之所以爲仁父者，窮而故在也。今夫水雖萬折必東焉，鳥獸大者喪其群。過鄉翔回焉，鳴號蹢躅焉。小者至于燕雀，猶有啁噍之頃焉。由人心生也，使遭變而不悲黍離，居嫠而不念儀髧，望白雲而不思親。過西州門，聞山陽笛而不懷故。是無人心矣，而尚復有詩哉！此余于仁父之詩，獨證其不爲窮所移。又明年復相見，乃序而歸之。人當有因余言，而深知仁父之心者。世之人不有知其心，則仁父自知之。余知之，後世亦必有知之者矣。友人東陽郡遺民，方鳳韶父。」

可補卷之首。按：仇遠字仁父。

江西通志卷一五四「藝文、詩八、七言律、元、送劉竹澗歸廬陵・仇遠」：

「驛路梅花漠漠寒，戕衫絮帽出長安。懸知客久歸心切，自覺交深別語難。春入西山隨馬去，山留殘雪待人看。青原白鷺如相問，十載湖濱只釣竿。」

可補卷五「七言律詩」之末。

元書卷八十九「文苑傳、仇遠」：

「仇遠字仁近，一字仁，父杭州錢唐人也。好古博雅，宋咸純中，已號能詩。近體主唐，古體主選。嘗嘯歌自得，部使者強起之，教授溧陽州，旋以杭州知事致仕。優游湖山，以壽終。初遠與同邑白珽齊名，吳下人謂之仇白。早歲所刻集，方鳳、牟巘、戴表元，皆爲之序。又時與周密、趙孟頫、吾邱衍、鮮于樞、方回、黃溍、馬臻、相唱和、名雲一時，游其門者，亦多負文望。」

可補卷之末。且較新元史附傳爲佳。

七十五、張宏範「淮陽集」

定興縣志卷二十六「詩錄、五七言今體、張宏範、初夏」：

「醉窗睡足碧紗涼，簾卷薰風燕子忙。滿地落花鶯晚吹，一溪流水帶斜陽。等閒歲月過難再，牢落功名拙自傷。青鏡衹愁霜鬢改，光陰空老郭汾陽。」

可補卷之末。

按淮陽集「初夏」：

「好在薰風入舜絃，楊花飛去了三眠。迎眸新綠初長日，回首殘紅又隔年。香滿蜜脾蜂翅懶，泥乾畫棟燕巢全。多情無奈春歸去，賴是園林煮酒天。」

與定興縣志之「初夏」，二詩篇名同，辭句迥異。

定興縣志卷十七「金石志、大元故銀青榮祿大夫平章政事武烈張公神道碑銘、翰林學士承旨中奉大夫王磐奉勅撰並書、光祿大夫平章重事監修國史耶律鑄篆」：

「自五代以降，南北分裂，不相統一，三百餘年。大元聖天子，至元十三年，歲在丙子，始以王師，平定江南。師至臨安城下，宋主㬎，奉表稱臣，納地入覲，賜封瀛國公，然後天下合而爲一，民知有息肩之望。無何，兇險小人，取趙氏宗室二幼子，曰：益王昰、廣王昺，挈之南奔，至交廣間，立昰爲主，僭竊名號。昰病死，復以昺立。恃山海之險，連歲未能平。至元十五年，鎮國上將軍江東道宣慰使張公弘範，因入覲，請於朝，願得奉命致討。天子嘉其忠，拜蒙古漢軍都元帥，仍賜以內庫精甲寶刀，就揚州行臺，支撥蒙古軍一千，步卒四千，海道水軍一萬五千。公率之南行，以十六年春正月二日，入海道，步鯨波五千里，至交廣，抵崖山，往返十月，嶺海悉平。凱還入覲，天子宴之內殿，慰勞甚厚。方議賞功，尋以瘴癘疾作，上命太醫診視，日以疾狀奏聞。公疾且革，沐浴具衣冠，令家人扶掖庭中，望闕致拜。禮成，區處後事畢，端坐而薨，至元十七年正月十日也。享年四十有三，訃聞，上深悼惜。即以其子珪，襲管軍萬户，佩金虎符。命有司議恤典，贈平章政事。太常寺議行謚：曰武烈公。翰林學士王磐定撰碑文，謹按行狀：公諱弘範，字仲疇，蔡國武康公第九子也。武康公以元勳大德，歷事五朝，望重山斗，名滿天下。而公天資英異，志概沈雄，克肖克嗣。身爲將種，而能博覽經史，練達古今，喜與士大夫交遊。中統初，受御用局總管。三年，改行軍總管。從親王合必赤，討李璮，定青齊之亂，第功居多。至元改元，兄弘略，自順天總管，入官宿衛。上召公昆弟四人面閲之，擇可以代其任者，遂畀公虎符，授順天路管民總管。二年，移大名路總管。下車之日，問民疾苦，蠲除宿弊，吏畏敬而民安之。六年，王師圍襄陽，括諸道兵以益之。益都一軍，勇悍難馭，擇帥難其人。會有以公爲言者，允契上旨，即授益都淄萊行軍萬户，復賜金虎符。既至，分戍鹿門堡，以斷郢復援兵，而且絕其餉道。主帥喜曰：張九在鹿門，吾無東顧之慮矣。公言於主帥曰：國家規取襄陽，而緩於力攻者，所以重惜人命，而欲待其自斃也。向者夏貴乘江漲，以一歲衣糧，送入城中。我軍坐視，莫之能禦。欲待其自斃，不亦難乎。襄陽西南，地接江陵歸峽，商販之旅，更休之卒，絡繹不絕，雖圍之十年，彼何困之有？今可於萬山築一城，屯軍數千，則西州之耗，斷而不通。鑵子灘立一柵，屯軍數百，則東州之信，絕而不聞。如此則使彼之自斃，期庶可待矣。帥府以其策奏聞，朝廷從所請。公以五千人戍萬山中，嚴號令，恒若敵至。嘗與將校燕射城東，忽有敵兵步騎萬餘。城下將校，以衆寡不敵，請斂入城。公曰：敵聞吾築此壘，故來相探耳。且彼不來，吾猶將求之，況其自致，避之何爲。命軍士列爲長陣，命之曰：聞吾鼓聲則進，吾鼓聲未鳴，而妄動者死。敵恃衆呼噪來衝，兩作而我堅立不動。公曰：敵氣衰矣，技止此耳。援桴奮擊，敵兵大潰，奔北死傷者數百人。八年築一字城，進逼襄陽，仍攻樊城，破其外郭。九年會攻樊城，流矢中其肘，明日裹瘡，率鋭卒先登，遂拔之。襄陽既下，送降將呂文煥入覲。上賜公錦衣寶鞍白金，麾下將士，賞賚亦各有差。十一年，王師大舉南伐，丞相伯顔，命公率左部諸將，循漢水東行，略郢州。十二月，攻武磯堡拔之，我師渡江，公爲前驅。時賈似道以兵阻蕪湖，孫虎臣據丁家洲，公率將士，轉戰前進，大軍繼之，所向長驅，略無梗阻。十二年，我師駐瓜洲，分兵樹栅守護津要。揚州都統制姜才，出兵二萬，犯楊子橋，公會都元帥阿朮禦之，與宋軍夾水相望。公率百餘騎徑渡，直衝其陣，才所部多北人叛亡者，陣堅不動。公佯爲退卻以誘之，彼果來追，公旋轡挺槍，椿其渠帥殪之。敵衆潰走，自相蹂踐，追及城門而還。宋人知其國勢必亡，不可支持，盡集諸道兵，聚焦山，將致死於我，其氣甚盛。我師合擊，戰少頃，公之一軍，從其左脅突入橫衝之，南陣亂，遂大敗之，追奔至圌山之東，奪戰艦八十艘，俘戮以千數。主帥上其功，改亳州萬户，仍賜以拔都之號，拔都者，國朝譯語，驍勇無敵之美名也。蔡國武康公，嘗得此號，故亦以賜公。十三年，浙東叛，公奉行臺命往討之。行至台州，先遣人持書，以溫言告諭守將，曉以禍福。守將不聽，殺使者，而焚其書。衆咸忿怒，攻破其城，將士皆言，宜盡屠之。公曰：執迷不聽命者，守將也。小民何與焉。遂擒其渠魁戮之，餘並釋不問。台人戴其德，以爲更生之恩。宋相文天祥，竄伏山谷，兵士得之，縛之麾下，公與語，嘉其不屈，即命釋其縛，待以客禮。仍爲訪其族屬被俘者，悉還之。師還，授江東道宣慰使。是歲即入覲，請兵討平嶺海之時也。事已見前，茲不重敘。公夫人趙氏賢淑，克家子男一人，即珪也。銘曰：擾擾寰區，今古同途。治由混一，亂起相圖。不戰不□，措世安甯。聖皇廟略，方在經營。蠢爾頑兇，夢魘狂酲。扶持孺子，竊弄天兵。釜鼎游魚，□□須臾。震驚嶺海，搖蕩荊吳。張公忠純，智勇超群，請兵天闕，誓掃妖氛。海山嵯峨，萬里鯨波，師行十月，振旅旋戈，奏捷天庭。宴勞恩榮，策勳方始，瘴毒潛嬰。嗚呼！生爲貴胄，□□亨衢。入司民社，出握兵符。功書竹帛，德被閭閻。壽雖非永，芳名不渝。至於釋文天祥之縛，而待以客禮。戮台州叛將，而盡□□其餘。此其英□□度，有古良將之風烈，而可以爲分閫，登壇之範模。」

可附錄卷之末。

七十六、補王結「文忠集」

安雅堂集卷六「王文忠公文集序」：

「王文忠公既薨三年，禮部侍郎蘇公伯脩，稡其遺文，而使旅序之。旅三復而言曰：道無往而不著也，達則著之於事業之大，窮則著之於其身之所及。以文辭而著其道，則又未嘗有窮達之分也。夫德茂者業富，理充者言從。故古之君子，非有意于立功，而功常被于世。非有意于立言，而人謂其言以爲法。後世以文辭名者，或不察乎理義。以政事顯者，或不明于學術。以窮經學古爲務，而文辭政事之無足觀者，亦有之矣。凡若是者，皆不足以語夫道也。何也，道則無往而不著也。嗚呼公其幾於古之君子者乎。公天資高朗，又質直溫厚。弱冠上書廟堂，論列時政，皆經國之要言也。及事仁宗皇帝，入則盡論思獻納之誠，出則效承流宣化之職。歘歷累朝，再涉近輔，皆以直道贊大化。雖若未究所志，而天下之受其惠者亦侈矣，此其道之著于事業者也。文辭典實豐暢，興致本乎風雅，言論迪乎德義，和平之音，正大之氣，藹然見于編帙之間。讀之可以使人，息浮靡澆涼之風，此其道之著于文辭者也。夫道之在人也，爲事業則著于事業，爲文辭則著于文辭，道豈有二哉。後之知言君子，觀公之文，可以知其施于當時者矣。公自早歲，即刻志爲學，從董太史朴講求理性之蘊。自是日取群籍，而悉討之。又求海内之碩儒，而質正之。蓋欲會眾理，而融諸心，而履諸其躬，宜其道之無往而不著也。昔我世祖皇帝，知文事之可以善世也。敦尚儒雅，以恢張皇猷。故至元之治，度越前古。迨乎皇慶延祐之世，文治蓋彌盛矣。公于此時，賓賓然與諸賢行其所學，實我世皇作興培養之效矣。數十年來，昔之儒臣凋落殆盡，斯文之未泯者，猶有望于延祐之遺老，而公遽即世矣，可勝嘆哉。旅辱公雅知，又重以伯脩之言，故爲序不辭。因并識吾嘗之所感於公者焉。公諱結，字儀伯，中山人。其家世官簿行事，詳具伯脩所述行狀云。」

可補卷首。

定興縣志卷二十五「詩錄、五言古詩、泗濱堂爲蓋善長賦、王結」：

「乘槎泝河源，崑崙高不極。揚舲浮沅湘，重華阻靈覿。興言游汗漫，千里一瞬息。靈氛訢吉占，歲晏果何適。遄歸泗水濱，築堂俯晴碧。優游弦誦餘，燕坐儼澄寂。川流映天光，翔泳咸自得。悠悠千載心，寥寥竟難識。」

可補卷二「五言古詩」之末。

定興縣志卷二十六「詩錄、五七言今體、開平事、王結」：

「金馬東畫省西，千官花覆曙光低。九莖芝蓋雲衣合，百尺銅盤露顆齊。鹿柵己營修竹塢，燕巢還補落花泥。上林伏日金桃熟，鸚鵡來時不敢棲。」

可補卷三「七言律詩」。

滋溪文稿卷二十三「元故資政大夫中書左丞知經筵事王公行狀」：

「公諱結，字儀伯，易洲定興人，徙家中山。少聰穎異常，讀書數行俱下，能終身不忘。嘗從董太史朴受經，講解出人意表。間爲歌詩，如魏晉人語。故憲使王公仁，見而異之曰：

公輔器也。年二十餘，來游京師，一時名公聞公談論，皆聳聽畏服。常以時政八事，陳列廟堂曰：立經筵以養君德，行仁以結民心，育英材以備貢舉，擇守令以正銓選，敬賢士以厲名節，革冗官以正職制，辨章程以定民志，務農桑以厚民生。其言剴切純正，皆治國大經大法，惜乎時相不能用也。仁宗皇帝初，未出閣已喜接納儒士。或以公薦，得備宿衛。乃集歷代君臣行事善惡可爲監者，日陳于前，上樂聞之不倦也。武宗皇帝即位，仁宗爲皇太子，命公爲典牧太監，官太中大夫。仁宗清燕，屢召見焉。近侍以俳優進，公言：昔唐莊宗好此，卒致禍亂，殿下方育德春宮，視聽尤宜防愼。仁宗登極，公遷集賢直學士，出爲順德路總管。郡久不治，公下車，教民務農、興學、孝親、弟長。緝姦禁暴，悉登於書，俾民朝夕閱習，久之郡政大治。屬邑鉅鹿沙河，唐宰相魏徵、宋璟墓存焉，乃祠二公于學，表其論風，旨風勵多士。再遷揚州郡，當水陸要衝，舟車不絕。公曰：吾爲郡守，務在理民，送往迎來，非所先也。又遷寧國，以從弟紳。僉憲江東，辭不赴，遂改東昌。郡境有黃河故道，而會通堤遏其下流。夏月潦水盈積，壞民麥禾，公命疏爲斗門，以走潦水，民始得良田佃作。又新學宮，以延士子願學者。公所至，惠政多類此，民迄今思之。至治二年，丞相拜珠獨秉國鈞，徵用舊人，作新庶政，召公參議中書省事。公言爲相之道，當正已以正君，正君以正天下。除惡不可猶豫，猶豫恐生他變。服用不可奢僭，奢僭則害及於身。丞相是其言。未幾除吏部尚書，薦名士宋本、韓鏞、吳炳等十餘人，除吏平允，眾論悉伏。僥倖請求，一切不與。遠人當遷官者，寬其文法，吏皆不能爲姦。泰定元年春，廷試進士，公充讀卷官，考第多合士論，遂遷集賢侍讀學士中奉大夫。會有月蝕地震烈風之異，天子儆懼爲下手詔，命儒臣集議中書。公昌言曰：今朝廷君子小人混淆，刑政不明，官賞太濫，以故陰陽錯謬，咎徵薦臻，宜修政事，以弭天變。是夏詔公領經筵，扈從上都。公援引古訓，證以時政之失，反覆詳盡，覬上有所感悟。中宮聞之，亦召公等進講，以故事辭。明年除浙西道廣訪使，行至中途以疾還。歲餘，拜遼陽行省參知政事。遼東大水，穀貴民飢。公請于朝，得米若干萬石以活之，召拜刑部尚書。天歷元年，文宗皇帝入正大統，公以疾在告，出拜陝西行省參知政事，改同知儲慶使司事。二年春正月，拜中書參知政事，入謝光天殿，以親老辭。上曰：忠孝能兩全乎？是月，明宗皇帝立于朔方，命文宗居皇太子宮。於是遣大臣奉寶璽北迓，近侍復有求除拜賞賚者，公曰：俟天子至議之，近侍不悦。皇太子寶以上都變擾，莫知所在。至是更鑄新寶，近侍請大其製。公曰：此寶當傳儲嗣，不敢踰舊制也。初陝西省臺請命，上都而四川行省，隔在西南。平章曩嘉特因，繕兵自守，廷議調兵誅之。公曰：蜀遠恐不能知，可遣使諭之，如果方命，兵之未晚，曩嘉特果來朝。時近侍爭求籍沒妻孥貲產，公曰：古者罪人，不孥沒入家貲者，所以彰有罪也。未有利人妻孥貲產，而併殺其人者也。近侍聞之益怒，譖詆日甚。八月明宗上仙，文宗洊正宸極，公遂罷政。尋又命爲集賢侍讀，丁艱不起。今上皇帝元統元年，復除除浙西廉訪使，未行召拜翰林學士、資善大夫、知制誥、同修國史。勑史官修泰定天歷兩朝實錄，公與張公起巖、歐陽公玄、共領其事。二年冬十月，拜中書左丞，與今參知政事許公有壬並命，士大夫相慶于朝。是月太皇太后初受尊號，詔天下蠲省租賦，愼恤刑罰，優禮耆舊，懷柔遠人，洪恩實惠，天下便之。公與許公，敷陳之力居多。公在政府，遇事輒言無所顧避。中宮命僧尼作佛事於慈福殿，已而殿災，公言僧尼當坐。左相疾革，家人請釋重囚禳之，公極陳其不可。又言選調官吏，錫賚金帛，當與同官僚屬，議而後聞。一二宰執，不可獨請其事。先時有罪移鄉者，北人則居廣海，南人居遼東，去家萬里，涉瘴癘寒苦，往往僨於道路。公曰：流囚尚止三千，遂更其法，移鄉者止千里外，改過聽還其鄉，因著于令。近歲職官坐罪，多從重科。公曰古者刑不上大夫，今貪墨者雖多，然士之廉恥不可以不養也，聞者謂公得宰相體。至元元年春，命公知經筵事。夏疾作，九月去位。詔公復入翰林，養疾不能應詔。中外方倚公爲重，日冀其再用。以福元元年，不幸疾竟不起，二年春正月廿九日，薨于中山私第，春秋六十有二。訃聞，公卿唁于朝，士弔于家。咸曰：正人亡矣。公行義如古人，務正學以言，未嘗市恩於人。人怨詆之，亦不恤也。喜薦拔士，登其門者，多知名於時。少通經學，晚尤邃易，有易說若干言。臨川吳公澄，讀而善之。故相張公珪，初薦公入經筵。有曰：王某非聖賢之書不讀。非仁義之言不談，識者以爲名言。當文宗讓位，公所進説，益蓋消彌讒間。爲國遠慮，而小人不便，謗公無所不至，賴天子慈仁愛士，弟罷其政而已。嗚呼！國家自世祖皇帝，始一中夏。仁宗時，天下治平，獨鄉文學，興禮樂，貢舉之事，海內儒士翕然向風。列聖承之，益修文治。公於其時，一用儒術，輔相國家，必欲俗吏之務，不至於朝廷，其功豈不茂哉。公伯祖某，國初帥鄉民來歸，其後管領中山人匠，因留家焉。祖遜勳以質子軍，從太祖皇帝西征，娶婦諤爾根氏，以公貴贈通議大夫禮部尚書上輕車都尉太原郡侯，諤爾根氏贈太原郡夫人。父德信，治縣有聲，擢拜陝西行臺監察御史，與臺臣議不合，年四十餘即棄官不復仕。累封中奉大夫河南行中書省參知政事護軍太原郡公，母張氏封太原郡夫人。娶蒙古氏，封太原郡夫人。子男二人，敏修從仕郎，社稷署丞。敏存未仕，女適太常太祝馬遂良。是歲二月某日，葬公中山安喜縣，鮮虞鄉宣村原。天爵晚學，荷公深知，謹具公官勳、行實、卒葬、壽年、爲行狀一通請謚，奉常徵銘，太史以詔後世，謹狀。至元三年夏六月甲午，太中大夫禮部侍郎蘇某狀。」

可附錄卷之末。

七十七、補丁復「檜亭集」

江西通志卷一百五十三「藝文、詩七、五言律、元、賦孺子亭、丁復」：

「東漢久無國，南州猶有亭。虛楹過日白，老樹入湖青。歲晚送僧去，天寒行獨經。搔頭雙檜側，余髮故星星。」

可補卷五「近體・五言律詩」。

七十八、補柳貫「待制集」

蘭谿縣志卷十七下「藝文志、詩、挹翠軒、元、柳貫」：

「庠齋小如斗，雅與東峰對。東峰動層翠，飄落楹户内。時春宿雨過，芳事適已退。松高或千尋，草長將再倍。眾綠乘風來，揜冉發朝采。廣文曹務簡，晏坐得神會。長歌樂泮詩，小息元戎隊。白酒彼何功，青山吾甚愛。名軒以其實，心賞惟有在。枕籍山水間，未省著闤闠。斜陽隱江郊，正與飛鳥背。峰端片雲出，舒卷亦多態。誰持白變蒼，強挽明入晦。人生郵傳耳，百歲幾更代。不朽不在名，毋庸嗤湛輩。」

可補卷二「五言古詩」。

蘭谿縣志卷十七下「藝文志、詩、過訪重樂精舍、元、柳貫」：

「山高殘雪凍雲根，笋轎咿啞郝復郝。莫道山中無樂事，梅花澗水月黃昏。」

可補卷六「絕句七言」。

蘭谿縣志卷十七上「藝文志、記、忠祐廟記、元、柳貫、浦江人」。

「造化之迹，百物之精，神之著也。然而禦災勤事，亡有不亡。稽之功籍，質之祀典，百世雖遠，明靈赫然，尚皆天驚民衷之不能自已焉。忠烈廟神，生身季子之墟，顯仕陳隋之際。志將靖國，蹈難死忠，即鄉建祠，累有封號。而蘭谿別廟，民尤謹於報事。則以義寧之初，常奉詔南平婁世幹之亂，戈矛所次，氛祲肅清，保境綏民，功在人心。尸而祝之，與社稷等。合於祭法，以死勤事，而能禦災捍患者矣。迺延祐五年，天子重俞廷臣之請，肇加爵號之榮，以爲明德恤祀若古。有文矧而神遊上元，如列星之麗於下土，光景所被，動植咸遂。雖復極夫人爵之貴，不若隆之仙者之名。遂因王號易封眞君，節惠之崇，加至十有二字。降宸制，示褒寵於時。常府錄詞移發，載侈上恩。命始下，耆稚歡呼。潔牲薦告，神既顧歆，人用闓懌。越十有八年，而煥渥如新。里民趙璇，嚴繼輝，將摹雲漢之章，刻石貽永，迺來請誌。惟神生爲人，英歿享貴。祀雖水旱厲疫之無常，而榮雩禳禬之有敘。肆逢昭代，顯錫鴻名，辟之天施地生。神化若無方體然，而樂和禮節，民心粤有瞻依。輒書梗槩，係次下方，至元元年記。」

蘭谿縣志卷十七上「藝文志、記、元常觀記、元、柳貫」

「蘭谿州之東北鄉曰靈泉，其山皆枝附於金華之陰。蓋東嵌峰獨森峭奇鬱，而葉氏世居焉。葉氏大家至君之微，字伯顯，尤樂善尚義，有聞州閭黨遂間。中歲既畢婚嫁，忽厭人事，去之龍虎山，受度爲道士。復還卜峰，下築道觀一區。殿楹憲憲，門閈端端。廣廡深齋，崇堂複寢。庖湢廥庚，儼有位序。搏土□木，以嚴像設。植□簨簴，以陳鏞磬。凡觀制之得具，無或缺者。度其徒甲乙，承事斥分，屬子若婿。餘田八百畝，兼給常膳。樵山緡水，果林蔬圃，基置左右。生毓之計，既裕既周。於是觀成，且二十六年，君始以狀請記。予雖不文，而於君則莫敢讓。今道家言，本老莊文，列氏老氏之術，豈果於忘世者哉。方其閉門塞兑，挫鋭解紛，所以爲襲明沖用之地者，蓋亦剛強之力，爲之槖籥焉耳。若君之壯，用范蠡計然之智，再致千金。結賓客，樂赴人之急，視捐所有如棄涕唾。一旦易節改事，去聲色狗馬之奉，而躬清靜慈儉之實，不啻行乎華履之途者，非挾其剛強之力，爲襲明沖用之地者乎。然則築館嵌峰，慶釐皇上，而託之鑑曲之事，是亦知章而已。何必太白之遇，而後論定也哉。天歷三年記。」

金華府志卷二十六「藝文、元、重建浦江縣治記」：

「五十年間，吾縣治廳，再更造矣。至元甲午，撤宋舊而新之者，縣尹蓬山趙侯共恭爲之也。重紀至元丙子，撤甲午之舊而新之者，縣尹莆田林侯以順爲之也。趙侯則自鼓樓重門廡舍達于庭堂，悉革其故。而林侯則唯治廳鼓樓爲新作，餘皆因而完飾，無所更也。二侯皆有實德于民，隨其所值，或革或因，要以脩吾職業，而繫吾民社之寄，其重若此，非有取名干譽之心焉。林侯既以代去，魯國楊侯德朴實來，顧瞻華構，推求成績，謂前人之所建立，既完既羔矣。在我後之人，灑掃而繕治之，庸可以爲不急而少怠之乎。唯二侯之所以經畫勸相，而底至于成者，故未嘗托之金石之傳，予雖不敏其可諉諸。則礱石請辭，將具著興作之自，以昭示方來。予邑人也，因書其所見，請之於侯，而併刻之。嗟乎，令長臨乎民，上有政有教而已。一署居之整壞，若非所急也。而世君子，常即是以爲政治得失之侯。觀隅知室，視蔭知榮，理固然矣。夫有地一同，有民有社，而統之以縣。縣有署，居于以敷政施教，而致之於民者也。民生之慘舒，關於獄市之簡擾，其責同不輕矣。然人以不自愼重之身，而乘之飄忽驚逝，不可挹覿之歲月。則夫令長之一往一來，僅若過客之憩于郵傳。夕方解銜，而晨已秣馬徑去，豈有一毫顧惜留戀之情哉。唯夫有志之士，以其自重吾身者，而推以自重吾官，一民一物，不得其所，皆吾責之有所未盡，坐堂而思，一日之不可以不葺也。受祿而思民之膏血，不可以重朘而屢竭之也。則易直予諒之心，油然而生。中和樂職之頌。何有乎。今昔之間，而縣爲治邑，民爲幸民，是亦今之卓魯而已。有善而莫之聞焉，吾固未之信也。楊侯篤厚，君子所爲，請辭勸來之意，其殆有得於此者歟。至正元年四月望日，邑人柳貫撰。」

金華府志卷二十八「藝文、記、元、重建宣聖廟記」。

「學以明人倫，聖人人倫之至也。揭其至者，資以牖民，牖民之衷者，將以間其麗而莫其極。故有學必有廟，有廟必有像，禮以先之，樂以終之。先王憂民之深，而望民之切。蓋至於建學立師，教成俗羑，而其效爲不可及矣。比閭族黨之民，即三代直道之民也。誠善無惡，同有是心，亦同有是性。教者道之，使不迷其初。範之使不失其正。如摶土以就埏壇，揉木以直輪輻，豈待求之於外而後足哉。聖人以人道治人，而學爲急先務，亦惟有得於此焉爾。蓋學，像夫子而廟祀之，昉於唐矣。涉宋而至於皇元有國，典禮尤備。然樂祖祭于瞽宗之兆，已見於周時。停享周公，而以先聖尊祀夫子，大州小縣，咸得著令，則始定於唐之開元，□，謂昉於唐可也。若吾邑浦江，在婺之部中，介□□邑耳。無名山大澤，以舒發其奇。無珍貨絕產，□□通其利。民業耕稼外，以儉其生，維廟神睠懷而容與兮，擘桂枝之以淹畱。昔禦寇之不利兮，城塊覆而無隍。蹈九殞於鋒鏑兮，曰吾得死所，其奚傷義烈。激而不舒兮，曦暉爲之晝。黃緤介馬之御羈兮，載死魄而還鄉。骨肉蔭於野土兮，氣蒸蒸而發揚。爲昭明焄蒿兮，一機籥之翕張。引列星之燦爛兮，播卉木之敷芳。此百物之精兮，亦反陰而爲陽。稽其實之本虛兮，固神道之維常。愴予懷之耿耿兮，薦圭臭而合簫光。有牲盈俎兮，有酤盈觴。巫巴以屢舞兮，被雲衣其章章。神晏娭則錫之羨兮，歲胥樂於金穰。沴消兵寢兮，黃耇無央。民獲承祀兮，豢豕與羊。殫寸誠而歸美兮，薦帝祉之靈長。綿太岳之遺休兮，尚奕世其彌昌。柳貫撰」

慈谿縣志卷十四「藝文、記、上福龍山古蹟記、元、柳貫」：

「沿姚江東來，至慈溪六十里。望北山屏障中，一峰如龍鶩騫翔，下據平埜，意其中必殊勝。舟人云：此虞公渡也。永樂寺，即傅其麓。移舟泝潮而上，可二里，溝港漸狹，水漸淺澀，舍舟而徒出畦畎間，見新亭翼然。稍轉渡溝，約得支徑，蛇行以入，松杉新栽，高纔出屋，重門深敞，堂殿靚幽。雖在谷中，而不涉梯級，，自占平衍廓如也。主僧法匡正宗出迎客，授館水竹居，池上亭。蓋予與正宗，别豫章十年矣。感歎離合，不勝情語，而更巳向闌。倦極就寢。林月微滿，秋氣肅然，山禽翻樹，礫礫飛鳴。翛焉神悸魄動，不知夢中之夢，乃有此境也。明日正宗語予曰：吾永樂支於甘露，甘露猶唐所建。中峰之西谷寺，實在焉，盍往遊乎。食已，復出東門，趨右卻轉，隨澗道北上登山。穿長林，陟斜磴，有門危立山半者，甘露院也。中峰之右，復出岡瓏一支，掖西谷，漸迤而南，橫障門衕再頓再伏，截永樂西南而止。谷中諸木，溛流注巨壑，溢爲澗。其旁爲崖，寺門臨之，欲求席地，備折旋不可得也。入門而殿中佛像三軀，梁間題開元二十八年，按曆則庚辰歲也。昔唐國一禪師弟子，慧湯受記於其師曰：逢龍即止，落石即歸。洎遊方至是，知爲龍山，愛其深夐，而即止焉。因結茅定居，修頭陀行。然五指以誓，久之緇白，信向旱禱雨復然，二指雨亦輒應，爲作精藍其處。事聞，天寶三載，得賜院額。嘗一夕山有隕石，馳歸而師遂告寂。固與記語，無弗契者。迨宋治平中，始改甘露。今覩所鑄銅鐘欵刻，與遵式碑文如昇序，可互見也。相傳寺之始建，在穹巖窈谷間。固蚖蛇之營窟，而魑魅之橧巢也。自湯之寂居者，初厭苦之。後用持咒結界法，對樹二碑，門内四面，刻佛說大悲心，大佛頂，尊勝如意，陀羅尼其上，藉是咒功，而魑魅蚖蛇之跡絶矣。碑樹於會昌壬戌，僧宗一書。碑各三千餘字，結體遒密，有二王法。左碑兩幀，刻施人名數，上有詩四韻曰：大唐天寶甲申年，種柏沙門肇化先。八面署成希世界，三峰涌出半中天。坐推百福開悲殿，行詣千門結上緣。共作雨徵千古事，與君銘記緜巖前。右兩幀，刻陀羅尼緣起，亦各數百字，皆宗一作。殿後壘石三，成其崇十尋，上爲傑閣，背倚中峰。巖壁之下，據勢亢極，固巳絕出前峰之表矣。江流橫亘，如開鏡奩。而隔岸諸山，踴躍效奇，帆檣鷗鷺，往來下上。晴光雨色，頃刻千變，雖使善畫者，悉意摸寫，有不能盡。蓋登臨之勝，固在於幽深曠遠。而是閣者，崒然拔起，於浮嵐疊巘之中，雖敗簷殘桷，尚缺增修，然憑欄送目，抑可以吞萬象，而抗遊塵。所謂有寺山勝，有閣寺勝。總而論之，其有在乎閣。稍西又有小閣，所見略同。而庭柯之杪，稍蔽虧，景趣差不能及。往正宗之祖，龍石老翁暮年謝事，宴坐閣中，日誦法華。橫川和尚珙公，其道舊也，嘗自育王過之，別去寄二偈曰：龍山閣上望江水，蘆葦業邊白鳥飛。一個閑人天地外，夕陽遠近釣船歸。四十餘年交舊少，惟師遠遠寄新茶。瓦瓶未汲寒泉水，無限清風滿我家。手墨幸存，而翁用韻和答後篇曰：春風影裏蘭舟小，曾訪巖扃試雨茶。兩偈重於秋日得，何緣珍重野人家。正宗在侍時，記此篇成誦，而前篇莫之省矣。龍石之家，蓋多亢宗之子，曰起予，字商隱者，有居山雜言十六首。予在江右，嘗別書之。味道之言，亦資於山水之助耶。殿識開元二十八年而詩云：天寶甲申，則湯之始。在開元初年，化緣既稔，乃於庚辰作殿，至甲申閱五年，寺之衆室，始藉施以成，而賜額亦下粤。自天寶九十餘年，而會昌宗一，書四陀羅尼而碑之，且形詩詠開悲殿結上緣，皆以追紀成績，植柏沙門，恐即指湯雨徵峰在中峰，西北絲巖亦山名耳。大抵是山，通謂龍山。曰上福龍山寺之賜額也，建碑在會昌二年。五年而遂毀天下佛寺，夫既奉詔行事，不知此寺此碑，何以獲存，豈非山深寺僻，號令未及。而大中復寺之命遄下，故得幸保完璧，無傷美製以迄至於今。世謂諸上善人建立道場，自利利人，在於佛道爲最勝矣。乃若湯公之得法於國一，而能投身荒寂，勤修苦證，以成其化。其使夫海隅遐僻之壤，覩茲光明解脱之幢，雖鹿劫屢更，海波嘗淺，而世復有人爲之護持，道無汚隆，亦無成壞，豈謂是耶！遵式與四明尊者，同講天台教觀，世稱式懺主碑，作於至道中，毀久近歲，重刻之銅鐘製作精甚，甬刻明州上亭鎭上福龍山院，甲辰十月廿五日鑄，末識住持惠歡，名上亭，今名丈亭。圖經云：吴越武肅王，改丈亭爲上亭。然是刻詞，稱上亭，則鑄鐘在五代梁唐巳後，甲辰必石晉開運元年也。是時浙東西地屬吴越，且錢鏐又嘗自建元寶正，故不著年號，而特以甲辰書，又不知何時復丈亭之名也。予觀古人之有功業可傳者，往往資之金石篆刻，遂以不朽。向使是山，經始視成之績，前無殿識，後無詩刻，則諸師化緣造事之美，泯泯無聲久矣。至僦兀會昌象法之變，幸其免於湮毀。又若囿乎其數，而貞脆之論，又不暇深計焉者。然則斯寺，界乎山水之涯，游者罕至，亦一覽徑去，未必有若予之迂闊謬悠，反覆恭證，以得其蹟者焉。乃記其曲折，并及游歷，次第書而留之山中，以見予於是山實有緣契，若此安知後來，不有與予同嗜，因其言以賞其趣者哉。予東陽柳貫道傳，以七月十三日來游，後四十二日再游。而記成實，至元五年歲次巳卯之秋也。」

以上五「記」，可補十五「記」。

七十九、補洪焱祖「杏庭摘稾」

剡源文集卷九「洪潛甫詩序」：

「始時汴梁諸公，言詩絕無唐風。其博贍者謂之義山，豁達者謂之樂天而已矣。宣城梅聖俞出，一變而爲沖淡，沖淡之至者可唐。而天下之詩，於是非聖俞不爲。然及久也，人知爲聖俞，而不知爲唐。豫章黃魯直出，又一變而爲雄厚，雄厚之至者尤可唐。而天下之詩，於是非魯直不發，然及其久也，人又知爲魯直，而不知爲唐。非聖俞魯直之不使人爲唐也，安於聖俞魯直而不自暇爲唐也。邇來百年間，聖俞魯直之學皆厭。永嘉葉正則倡四靈之目，一變而爲清圓，清圓之至者亦可唐。而凡枵中捷口之徒，皆能託於四靈，而益不暇爲唐。唐且不暇爲尚，安得古。余自有知識以來，日夜以此自愧。見同學詩人，亦頗同愧之。頭白齒搖，無所成就。來上饒得新安洪焱祖潛父，潛父詩優游雋永處，不減宣城。沈著停蓄，往往豫章社中語，視永嘉雕琢俯手而徐就之耳。爲之驚喜贊敬，恨相得晚。而潛父之年非余所及，謙躬強志於書，方無所不觀。於理方無所不究，誠若此，其升階而趨唐入室，而語古不患不自得之。余憊矣，不能從也。大德八年九月朔日。」

可補卷首。

新安文獻志卷七十九「行實、風節、方吏部岳傳、洪杏庭」：

「方吏部岳，字巨山，祁門人。父欽祖，鄉人稱爲方長者，主維義役積年。岳七歲能賦詩，長入郡庠，嚴陵葉子儀教授，挾多聞困苦學者，升講堂點請諸生覆誦《通鑒》，惟岳與方瑑能抗之。相約，每及《通鑒》某事，即須舉其人姓名、始終、見其卷，覆問之，葉遂語塞。紹定五年漕試及别省，皆爲首選，詳定官以語侵史丞相彌遠，爲甲科第七人，調南康軍教授，未赴。丁母憂。服闋，調滁州教授。淮東制置使趙葵奇其才，延置幕府，辟制幹，辭不就。及考，除淮東安撫司幹官。高郵軍卒哄，以制命往戮首惡數人，一城帖然。趙公曰：儒者知兵，吾巨山也。秩滿，進禮、兵部架閣，添差淮東制司幹官。丁父憂。先是史嵩之在鄂渚，王檝畫江脅和，嵩之主和議，岳嘗代葵書稿，語侵嵩之，以此取怒。服闋。嵩之入相，差充刑工部架閣，而嗾言者論列，閑居四年。嵩之父彌忠死，以營求起復，得罪天下。范鍾爲左相，以禮工部架閣召，尋除太學正兼景獻府教授。輪對，首言：化瑟雖更，聖心未一。謂之剛果，時而陰柔；謂之清明，時而陰晦。殫土木以彰寵賂，何以訓吏廉？任環列以示昵私，何以杜憸謁？奏畢，言東西閫和戰之議，及代書掇怒之由，上再三嘉嘆。淳祐六年，遷宗學博士。復當對，謂：政柄朝綱，莫之底績，天運神化，僅了常程。陛下之德未出於一，如此則無怪乎二三大臣，遠避嫌疑之時多，而經綸政事之時少；弘濟艱難之意淺，而計較利害之意深。群工百執，太息儒者之無益，而澀縮方今之良圖；隱憂群邪之復興，而潛避他日之奇禍。次疏謂：丙午爲自古厄運。考之國朝，則是李邦彥從吉之年。獨武已老，丐骸而去，幸也；王陵少戇，不知誰可代之。萬一當饋之思，慨然有不如之嘆，則天下事不可勝諱。是歲淳祐六年丙午，謂嵩之行將服闋，范鍾以告老去游，似如王陵之戇，無以爲繼也。其言亦深切矣。通講榮王邸。先是講官日至客次俟講，岳持不可與，芮甚敬之。七年，除秘書郎，方掃革省中舊弊，適趙葵以元樞出督，辟充參議官，遂以宗正丞，權工部郎官，在行始至即以禡祭違禮，與同寮辨論不合。又有欲括金陵隙地，鬻蔬以規利者，有以陣歿爲死節者，岳力辟之。丐去，不許。葵出行邊。自言之朝，丐祠。差知南康軍。郡當揚瀾左蠡之沖，風濤險惡，置閘以便行舟。湖廣總領所綱梢據閘口，邀民錢萬始得入閘。民船有覆溺者。取綱梢榜之百。京湖閫兼總領賈似道，怒謂無體統，移文令岳具析。岳怒謂：湖廣總領所豈可於江東郡尋體統？大書判數百語，有曰：豈不知天地間有一方岳？還其文。似道益不堪，遂劾諸朝，朝不直似道，因兩易岳知邵武軍。力丐祠、丐罷，不許。未至邵武二百里，峒寇作，馳急足榜諭之，寇知威名，迎拜車下而散。郡之廖姓，峒丁派也，廖教授復之者，與峒表裏，殺人殖貨，爲郡梗。岳奏乞竄廖復之而誅廖宗禹。復之等多資，先爲計，奏格不下，而下福建帥趙希瀞覆實。希瀞下郡追人索案。岳曰：吾不可留。三上疏丐去，未報，則拜章交郡印與其次官而行。既歸，然後得旨如所奏，改知饒州，未上，罷。起知寧國府，未上，罷。時寶祐四五年乙卯、丙辰之間也。越七載，程元鳳當國，起知袁州。新其橋若城及門，爲大役。後邕廣連兵出湖湘，旁江西而北，袁有城可恃者，岳力也。時丁大全當國矣。以先求舉刻不從，怒，及令張生者攜槧字求爲造宅，差舟買釘，已差舟矣，求買釘錢，弗與。尋除尚左郎官，而屬沿江副閫袁玠劾之罷。下郡磨算，應干支遣，追償其錢，死鞫勘者數人。玠遣校詣門索錢，售田業償之，又兩悍卒索考功印歷，既授之矣，復數日以歷歸，索領狀，岳題詩歷上解嘲曰：一錢太守今貪吏，五柳先生歛富民。貪吏、富民，玠疏中語也。賈似道既相，起知撫州，岳辭已題廢印歷，無出仕意，似道與再給印歷，盡復元官，給之也，不得已巽辭以謝，謂似道能釋憾，而不然，果以言者寢新命。景定三年壬戌，病疽卒，年六十四。官朝散大夫。自謂秋崖，名所居堂宇曰歸來館，曰著圖書所，曰荷葭塢，本何家塢也。自爲歸藏之所曰繭窩。氣貌清古，音如鐘。詩文與四六不用古律令，以意謂之，語或天出。有秋崖小稿行於世。重修南北史一百七十卷、宗維訓錄未卷，未傳。」

新安文獻志卷八十五「行實、吏治、徽州路治中汪公元龍傳、洪杏庭」：

「汪治中元龍，字雲甫，婺源人。由太學登第，授迪功郎、紹興府司戶。德祐乙亥兵興，奉憲檄剿鄉邑劇賊，遂知縣事。歸附，授朝列大夫、本路治中。績溪、祁門盜起，議者欲悉殲之，元龍止戮倡亂數人，全活甚眾。弟元圭，字功甫，武學舍選，淮閫李庭芝辟充幕屬。咸淳末，授承節郎、徽州兵馬鈐轄，踵兄元龍知婺源縣事。兵火之餘，人多逃徙，元圭悉心撫字，咸復其業。申請免買屯田，牛折收夏稅，絲綿輕賫，凡可以便民者，必力爲之。授奉直大夫、饒州路治中，未赴卒。元圭子二人：良臣，監察御史；良垕，嘉興路治中。」

新安文獻志卷八十五「行實、遺逸、汪常薄復傳、洪杏庭」：

「汪常簿復，字晞顏，婺源人。登景定三年第，累遷監行在豐儲左倉朝議。倒廩揚精，鑿恩纖卒，諸倉患之，復抗辭謂：邊士勞苦，精糲何擇？畿內卒驕久矣，今又啓之，脫一日給粗惡，若曹能安乎？兵部侍郎吳革以白廟堂，事遂寢。初，復之父嘗佐賈似道於鄂閫，復已知名，及賈專國宰相，擬官，見復姓名，指之曰：人望也！見慕如此。而復終不願附。爲太學博士，司業盧鉞問復朝議創士籍何如，復毅然曰：天下多事矣，軍民業業，皆有離心，可又爲此以失士心邪？賈聞甚憾。咸淳庚午，除太常寺簿，數月以臺論去，仕至朝奉郎，通判揚州。至元甲申，行臺訪求耆德，江東得九人，以復爲首。復潛使辭焉，後部使者盧公摯至邑，強請見，因勸以仕。復愀然曰：『亡國之大夫，猶踽踽爲世用，公何取焉？』辛年六十八。先是德祐末家居，兵至，正坐不去，兵欲執之，子檼以刃拒一兵，蔽左右，負復以走，衆遂殺檼。丞相馬廷鸞以書唁曰：能執干戈衛父母，世不乏童踦矣！檼時年十四云。」

新安文獻志卷八十七「行實、遺逸、胡主薄次焱傳、洪杏庭」：

「胡主簿次焱，字濟鼎，婺源人。少孤家貧。母氏策勵以學，劬書不輟，博覽強識，魁江東漕，補在上庠。公私試輒占高等登第，授迪功郎，湖口縣主簿。以道遠祿養非便，改授貴池縣尉。既任，簽憲郡幕，錄五縣囚人，稱平允，有鬼物愬毆死者，獲伸於公。德祐乙亥，微服歸鄉，或以官進招之，賦媒嫠問答詩以見志。金華胡公長孺跋其詩曰：宋疆於淮，重兵在山陽、盱眙，合肥池岸江城，惡渠隘淺，荷戈不滿千人，兵未及境，都統制張林已納款降附，與異意，輒收殺之。當是時，濟鼎爲附城縣尉，貴池羸尫，弓手數十百人，勢不得獨嬰城。家寒親耋，無壯子弟供養，隊張出迎，托公事過東流縣，作家其道周，書木爲表識，曰貴池尉死葬此下。用杜張猜疑，令不相尋。跡歸婺源，以《易》教授鄉里。往來從學者常百許人。昔人稱：慷慨殺身易，從容就義難。濟鼎蓋從容就義者歟！」

新安文獻志卷八十八「行實、遺逸、鮑魯齋雲龍傳、洪杏庭」：

「鮑雲龍，字景翔，歙縣人。幼嗜書至忘寢食，義有未解，即家塞窗户，靜坐默思。比長，博通經史，易爲尤精。母病革，夜半陟西山層顛，焚香祝天願以身代母，母病尋愈。從師閔俊甫，試郡庠，逾年，積分格當陞職，雲龍乞以讓其師，郡博士嘉之，遂同陞焉。鄉試中亞選，偕同里鄭芭待試國庠，將入棘闈，鄭疾卒，雲龍不就試，傾貲護芭喪以歸，聞者義之。次舉乃領鄉薦，己酉省試不利，因絕意科場，居鄉教授生徒，潛心理學，有天原發微若干卷行世，又有大月令、筮草研幾，未傳。」

新安文獻志卷九十三「行實、寓公、趙提幹時、傳、洪杏庭」：

「趙提干時堃，字德範。祖彦翮，從南渡居歙。父烇夫，蔭右職入官，兩請國子監解，爲襄陽尉，入京湖制幕。時堃早孤，母吳氏，守志勗之學。年十七，請浙漕解，繼請國子監解補宗學。丁大全、董宋臣用事，與同舍生伏闕上書，斥言其奸。景定三年，由魁舍試免省登第，授興國軍教授。秩滿，辟浙東提刑司幹官，改浙西，卒。其教興國，修富川志，人稱其精博。赴浙西道，抗柄國者，令所親來言，當相處以掌故，力辭，以是卒淹常調。浙之獄訟猥劇，時堃酌情引法，以平恕稱。按世系表：魏悼王廷美，生高密慈惠王德恭，彦翮六世孫也。」

新安文獻志卷九十四「行實、文苑、曹主薄涇傳、洪杏庭」：

「曹主簿涇，字清甫，屯田郎中矩之裔。曾祖然，始居歙南葉村。涇幼穎悟，八歲能通誦五經。不專攻舉子業，研窮經學，尤精詣於朱氏之書。故爲文率皆典古有法。寶祐丁巳，年二十五歲，江東漕解第二。咸淳戊辰殿試丙科，授迪功郎、昌化縣主簿。曹氏自屯田至涇，正奏凡六人。辛未，丞相馬廷鸞以書幣聘主教席。廷鸞諸子，端臨最博學知名，撰文獻通考，其學實出自涇。壬申，奉敕充廣西廊階祠官，禮成，父鎬以高年得封承務郎。癸酉，充信州考試官。甲戌，赴昌化簿任，尋轉修職郎。乙亥，權知縣事，不久奉親還里。

元至元丁丑，建德路請教儒學。戊寅，江東按察請充紫陽書院山長，招致生徒，創闢學宮。壬午，辭歸養，自是不復出州里。循理篤行，士林宗之，與方回齊名。延祐乙卯卒，年八十二。號弘齋，所著有講義四卷，書文韻、儷稿各五卷，餘如服膺錄、讀書記雜作、管見、泣血錄、曹氏家錄甚多。次子仲埜能文著書，先涇二年卒，有詩文講義二卷，通鑑日纂二十四卷。長孫次炎。曾孫宗垕，皆能承其學。」

新安文獻志卷一百下「行實、方技、南熏老人吳源傳、洪杏庭」：

「吳源，字忠信，休寧人，號神醫。自其上世有名諒者，本嗜學，遇異人於郊，授以異書，忽不見，視之乃金匱玉函之秘，遂造活人之妙。再傳至豫，號松蘿居士，長於詩，亦得是秘。豫子源，以樞密汪公勃保奏引試醫之七經，百人中獨冠其首，授入內內宿，稍遷至翰林醫官，療勞瘵疾奇中。邑宰黃法奭妻病劇，禱於北斗以祈應，夢一少年衣紫長裾，戴逍遙巾，一人指曰：此神醫也，能起汝疾。黃遂遍召諸醫，獨源衣冠與夢符。一見謂饑，中伏暑。三日而愈。診一妊婦，曰：是兒左手多一指。又診一妊婦，曰：是當生三男。已而皆驗。嘗遇一人仆地，診之謂爲蟲證，鍼其腹，曰：已中其頭矣。病者果吐，痰中有蟲如蜥蜴，頭有細竅，其人即起謝去。神效不可數紀。每曰：醫雖十全，不過一藝。官至和安，不過一醫。遂棄官，隱於儒，號南薰老人。有南薰集詩詞千篇，與竹洲二吳先生游。作詩訓諸子，警句云：五世活人功已積，一經教子意難忘。爾曹好展摩雲翮，伴我黃花晚節香。

嘗謂：功名非必身享，當在子孫也。乾道癸巳冬，建康留守洪樞密抱病，招中都旁郡醫集，皆束手相視，時漕程公叔達，以同鄉之好，強致之診視，即曰：由驚氣人心而得。洪驚問曰：何其神也？因言救焚而得疾，服藥即瘳。留以待春。源曰：吾無春脈。歸甫旬，攝衣而逝。」

新安文獻志卷一百下「行實、方技、江先生嚞傳、洪杏庭」：

「江嚞，字明遠，婺源人。以醫名家十五世。嚞益通儒書，務以其術活人，則大所居爲施藥室、抗層樓，扁以登雲。遠近病者集其下，一劑輒差。邑嘗大疫，以大器煮散，巡疫家遍飲之。邑宰季君子思夢神告曰：吾謹避江君，病者愈矣。既而果然。理宗久不豫，前郡守范鍾當國，薦之，召至，一再進藥，上遂安。自是五日一朝，常從容賜坐，屢欲官之，不願也，禁中但呼江先生。丁、賈擅權，嚞於上前言之無隱。罷實田及太乙宮役，嚞力居多。居京師十年，一旦稱疾丐歸，賜宅一區。無何，理宗晏駕，嚞蓋豫知之矣。子世良，浙西帥幹。孫靁，字矢澤，登第授蘭溪縣主簿。初娶甲路張氏，甚富，券撥田若干畝。張後浸微，靁至婦家謁謝，其家懼不能如約，嚞潛使人歸取券，對婦眾焚之曰：吾豈爲此者哉？性沖澹，嗜酒，晚自號陶陶翁，今年七十九。從子世臣，母疾兩刲股以進，輒愈，嚞嘉其誠孝，俾居登雲董和劑。忠厚悃愊，未嘗疾言遽色。病者至，皆親視之，雖瘡瘍穢惡，手按抑箴砭無難色。世臣有子雯，讀書博學，至今居登雲。比城東三失火，延燒民居，樓獨不毀，人以爲陰德之報云。」

新安文獻志卷一百下「行實、方技、金野仙梁之傳、洪杏庭」：

「金野仙梁之，字彥隆，休寧人，野仙其自號也。兩浙提刑受長子，以蔭爲奉新尉。一旦若狂惑者，不滿秩棄歸。自是袒跣垢污，走歙之墟落，動旬月不食，夜臥往往有光。樞密朱公樸以謫來，一見則曰：是八百仙之一也。直以金丹動盪，故有此態度爾。起城南道堂以處之。參政周公葵守東陽，以書幣招焉，報以青山白雲等語，竟不往。好事者莊色辭以問，多爲褻語答之。堂塗宗惠疇始授歷陽別駕，過新安，盛酒肴與相對蓋逾月。野仙醉，輒告以兵來甚眾，愼勿妄書準字。宋後攝郡事，淮壖倥傯，不輕戮一人。乾道間，吾州取科名者，野仙多豫言其兆。市人密語野仙忽來有所云云，皆驚顧，以爲盡得吾意。晚節多求大黃食之，棲止無常處。每云：我當以八月死，幸毋焚我。淳熙元年八月十二日夜半，起坐揮扇而逝，年六十有一，葬於城陽山。立壇其上，後有自蜀中見之，爲攜家問歸，即其歿之歲，或謂之尸解。同郡有士人朱南一，字德修，瀟灑閑逸，至老不娶，喜畫山水、梅蘭竹石。野仙曾有詩贈之云：寄語月溪朱逸士，他年同賞水仙花。野仙歿後二紀，南一下世，士友相率葬之城陽山，正在野仙墓後，時山中水仙花正開，其前知類如此。南一自號月溪眞逸，今郡城水西興國寺呂侍郎祠，有羅公頌淳熙間所爲紀，南一題額。」

按洪焱祖，字潛夫，號杏庭。所撰十傳，可補卷之末。

八十、補陳高「不繫舟漁集」

溫州府志卷七「詩、元、牛圖一首、陳高」。

「牧子晨出牧，原野露未晞。牛齧松下草，露甘春草肥。草肥食飽牛，力強城南饑，牛還服箱□。」

按「不繫舟漁集、卷四、七言古詩、牛圖」：

「有牛齧草古樹傍，牧兒枕石眠斜陽。牛馴不動牧睡穩，山無猛獸煙蒼茫。春耕已畢政閑暇，寧復驅馳勤服箱。昇平爾牛尚云樂，何須更問民物康。年中欃槍照中野，原隰邱陵多虎狼。食人之肉以爲糧，草間況有肥牛羊。楊家貲產久零落，渤海政治今淒涼。臨風覽畫長太息，莫說桃李更斷腸。」

二詩雖篇名相同，然內容迥異。故列於斯，以見補遺之無誤。

八十一、補成廷珪「居竹軒詩集」

吳江志卷二十一「集詩、七言律、吳江鱸、成廷珪」

「網舡初破秋江水，網得鱸魚三尺強。貫柳穿來猶自活，芼蓴烹出喜新嘗。坡翁比爾謀諸婦，張翰因渠憶故鄉。老客何由沾此味，令人南望仰高堂。」

吳江志卷二十一「集詩、七言律、過華嚴寺贈斷雲師、成廷珪」：

「斷雲老僧如斷雲，無心舒卷自氤氳。空山與之結爲侶，遠道也堪持贈君。黑夜雨隨龍聽法，青天風引鶴同群。江湖我亦忘機者，半榻今宵喜見分。」

二詩可補卷三「律詩七言」。

八十二、補吳海「聞過齋集」

福建通志卷七十六「藝文、詩、五言古、元、吳海、七巖山二首」：

「連山如波濤，高峰盪雲日。岦然孤杓聳，其勢孰可匹。危攀將欲飛，俯瞰覺自失。羅田幾聚落，端坐見纖悉。南延川原深，北望海水出。處高視益遠，縮地豈有術。天寒霜雪交，牧穫事已畢。仍年蝗旱餘，民物盡蕭瑟。遘茲得非幸，惆悵寧具迷。」

「羅田眾山中，七巖獨高秀。經營將半載，宿願始得副。緣雲攀鳥道，十步九鼿甈。剛飆從北來，巖谷盡號嗷。促步赴層巔，依石赴野燒。欝然煙焰交，欻若雷電繞。其勢吁可畏，僮僕盡驚走。須臾得小息，方覺性命有。列坐咸自慶，啗胾酌大斗。陰陽卻變化，霏雨垂白晝。癡雲迷海嶼，昏霧失林藪。歸途畏虎跡，慘慘暝色厚。幽懷莫能寫，追次宜自咎。迷此成短章，聊用記邂逅。」

可補卷之末，蓋其集，悉文無詩。

八十三、補劉詵「桂隱詩集」

江西通志卷一百五十「藝文・詩四・七言古・元・九日登鹿角山詩・有序」：

「余舊家吉水，南嶺有山。崢嶸如鹿兩角，俗呼爲鹿角。當在宋時，山下有喬木數千章，連抱參空，陰雲蔽虧，鷺鸛號集，宛然深山，太古意也。國朝始通是鄉，爲官逵創馬驛，所謂喬木斬伐殆盡，莽爲壙土。近年來，或繚以長垣，限以棘溝，而所謂壙土，又將爲果園蔬圃矣。嗟夫是鄉，特寬閑寂寞之濱，而爲谷爲陵者，如是不一。則通都大邑之改化，又何怪也。余每歸故鄉，至輒喜留滯不能去。昔人所謂，樂其所自生非歟。至正癸未，遂因度九節於此。於時天氣連陰，初可衣單袷。八日，意行飲楊君文川別墅，又飲其兄吾可桂花樹下。羅君宗伯宗仲，邀過其家，劇飲痛醉，至暮乃歸。衣冠駢集，居人屬目。余因朗誦曰：九節追歡亦偶然，群賢攜酒路聯蹁。茅簷老嫗扶孫語，重見衣冠八十年。文川和倡云：有約登臨興浩然，風吹襟袂舉蹁蹁。先生領袖衣冠盛，更醉黃花四十年。遂約一日，登鹿角峰。至期，余乃攝衣徑造其頂，同遊者二十六人。列茵相向坐如環，絲竹稍間，因用東坡太華峰頭，作重九天風吹艷黃花酒，浩歌馳下腰帶鞓，醉舞崩崖一揮手。分韻余得作字，約明日詩集，獨缺鞓崩二字，亦以避所難所諱也。明日詩集，同遊徵余序，遂書：文江西渡埜寥廓，有山削成蒼鹿角。驛亭古道數百家，人煙四起象虛郭。我亦鹿角山中人，久容歸來似遼鶴。輩行已稀少壯多，白頭愈覺鄉土樂。秋天九日雲漠漠，振袂淩危散腰腳。大江東來忽空闊，青山環走擁簾幕，豁然百里指顧中。南眺層城北仙閣，白觴瀲灩照醪酒，碧盤崔嵬出殽腥。羌笛高吹破落日，村鼓狂鳴動虛壑。谷精遁走山鬼奔，樂極但愁風雨作。風雨作，可止之，請君勿輕動浩歌。且更酌，向來豪雄今安在，馬臺龍山俱寂寞。不如藍田把萸翁，流芳終以文字托。鹿角山，山頭石路何硌确，應知後人慕羊公，佳時踏破青芒屩。」

可補卷三「古體七言」。

八十四、補李繼本「一山文集」

吳江志卷二十「五言律、元、吳江壽寧寺、李繼本」

「鳴雨過青嶂，飛煙繞碧蘿。庭空留鶴跡，江靜聽漁歌。長百迎人少，高年禮□多。飄飄飛錫處，千里又相過。」

可補卷二「五言律詩」。

八十五、補周霆震「石初集」

福安縣志卷十八「藝文、賦詩、城基石、周霆震」：

「南山白石堅不朽，鐫磨試入良工手。平生陛級肅降登，棲臥津梁達奔走。榔成取重侯王家，不惜千金市長久。從渠楚漢決雌雄，坐閱興亡屹相守。甯知敝邑如殘星，十年豺虺喋血腥。今茲城壘方改築，流汗萬杵當炎蒸。城基壘石崇數丈，搜括隱匿憑威刑。斷橋發塚殘寺觀，民舍驟突翻堦庭。千夫引綆日馳逐，顛沛道路無留停。石乃言曰我生剛，介根元氣落落孤。高蟠九地既不得，補天遇媧皇又□，不得塡海從精衛。包羞轉徙近污渠，反爲奸凶嚴屏蔽。何當天威發怒雷，豺虺骨與城俱摧。此時飲恨庶吐氣，盡碾暴骨爲飛灰。」

可補卷三「七言古詩」。

八十六、補郭鈺「靜思集」

吉安府志卷六十二「藝文志、五言古詩、元、郭鈺、早秋陪楊和吉曉登前山望桐江」：

「白鶴導晨從，涼飆起林杪。振衣凌高岡，極目窮幽眇。蕭蕭草樹秋，歷歷人煙曉。依微元潭觀，群仙在林表。下有塚纍纍，世事誰能了。桐江匯章水，晴漲何渺渺。曾不瞬息間，一帶縈沙小。無怪豪傑區，煙蕪怨啼鳥。盛衰兩相乘，元悟良獨少。君今脱塵羈，相從得閑眺。題名剜石苔，借陰憩叢篠。白紵含餘清，稍覺心情悄。山市門初開，飛塵已紛擾。」

吉安府志卷六十二「藝文志・五言古詩・元・郭鈺・同周子諒賦老人會詩」：

「時危親戚散，況乃多賤貧。睠茲老人會，爲樂難具陳。生子競榮達，志養俱獲伸。朝出共寮宷，夕歸爲比鄰。畢姓歡愛洽，不殊骨肉親。起居迭相送，惋愉盡情眞。繄我豈無母，半寂長苦辛。願言敷治化，枯槁皆同春。」

二詩可補卷二「五言古詩」。

八十七、補戴良「九靈山房集」

金華府志卷二十六「藝文、記、元、浦江縣學記、戴良」：

「春秋之法，凡一工役之興，必備書以示譏，蓋所以重民力也。若僖公之脩泮宮，固亦嘗用其民力矣。考之於經，乃不與南門諸役並存者，豈非以學校，爲有國之先務。而僖公修之，實爲其所當爲哉。爲其所當爲而不書，雖謂見與於春秋可也。嗚呼！僖公不可作矣。今縣大夫之能若是，不亦僖公之徒歟。然僖公之修泮宮也，魯人嘗作泮水之詩以頌之。先儒孔氏，發詩人之意，不特謂僖公之修其宮，又謂僖公能修其化。是則所謂修者，豈止乎棟宇之嵒嶢，丹雘之華鮮而已矣。亦曰有政焉。爾縣大夫，又當思所以圖之，而無媿乎僖公可也。泮水之詩，其首章有曰：思樂泮水，薄采其芹。縣大夫之嘉惠吾邑之士者至矣。其二章有曰：載色載笑，匪怒伊教，吾邑之士，尚於縣大夫，而重有望焉。戴良撰。」

可補卷五「記」。按：九靈山房集卷五：「山居稿第五、記、浦江縣修學記」，與「記」之內容悉異。

八十八、補楊翮「佩玉齋類藁」

檜亭集卷首「檜亭集原序、元、楊翮序」：

「檜亭先生丁君仲容父，生平有隱君子之德，而以詩著名。晚歲盤桓于治城龍河之間，灌園自樂，四方之士，日載酒從之游，而求其爲詩。故詩必因酒而作，引觴揮毫，若不經意，而語率高絕。飲至半酣，詩愈益奇，一飲或詩累數章，詩成而先生亦頹然醉矣。然往往即書卷上，來嘗起草，故詩雖至多，而藁皆不存。自其壯時，亦已若此。其婿饒君介之，稍稍爲之訪求，得百餘篇，而猶遺落太甚。從之游者李君謹之，深以爲惜，益加蒐羅，旁及隱遠，久之凡得若干篇，皆饒集之所未嘗有者。噫，亦廑矣。先生之詩，其僅完于此乎。向非謹之好之，篤而求之至，安能若是之僅完哉。噫予向嘗與先生論詩，先生初不甚自矜炫。予顧心敬先生詩，今見其完，能不爲之喜耶。昔王介甫，在鄞得杜工部詩，舊集所遺落者，自洗兵馬以下二百餘篇，爲之序曰：甫之詩，其完見于今者，自予得之，觀其喜爲何如。然則余于謹之所集，蓋不能以不喜也。今先生之詩，將刻而傳之，予謂謹之或爲後編，或附饒集，無不可者，幸先生之詩，完見于今足矣。雖然謹之之廑，予則不可以不書，使後之觀檜亭集者，庶以知謹之之于是，而能用其情也。至正十年歲在庚寅，秋八月旦上元楊翮序。」

可補卷八「序」。

九靈山房集卷三十「外集、九靈先生畫像贊、金陵、楊翮」：

「仁義爲飭身之本，忠信爲奉國之基，發爲文章其聲也。希天將以斯人鳴太平之盛，必使翔而後，集覽德輝而下之。若人也，其視時爲去就，而以道爲樞機也耶。」

可補卷十「啓・箴」之末。

八十九、補張昱「可閒老人集」

諸暨縣志卷三十七「藝文一、詩、題高元聚慶圖、元、張昱」：

「高門喬木三千尺，乃是而翁手自裁。白玉滿田雲作蓋，青稪倚座背如鮐。麒麟已兆元孫夢，鸑鷟頻斟獻壽盃。五世衣冠傳百世，會看孝義出賢材。」

可補卷四「七言律詩」。

九十、補鄭玉「師山集」

歙縣志卷九之三「藝文志、雜著、詩、岑山、鄭玉」：

「巉巖出塵世，孤立泛層波。樹色連溪色，樵歌和棹歌。水流分夾嶼，岡斷起重坡。彷彿蓬萊境，眞成跨鶴過。」

可補「師山遺文」卷五「五言律詩」。

九十一、補胡天游「傲軒吟稿」

嘉慶山陰縣志卷二十八「藝文下、七言古詩、窆石行、胡天游」：

「禹穴祠前窆石在，苕苕立向四千歲。大抵一丈含青蒸，海鯨牙穿厚地背。桐棺下葬懸紼麗，故老流傳未茫昧。但看鼻紐不敢論，數字八分東漢存。俗人不知禮所敬，溪女來過樵童捫。禹時藏書果何有，或道金瑑玉符此。所守向石再拜問，有無生世益晚徒。悲吁！」

嘉慶山陰縣志卷二十八「藝文下、七言古詩、蜀阜寺觀吳大帝戰鼓歌、胡天游」：

「寺中棡鼓圍十夫，紫泥煆鐵扶桑枯。靈夔雷骨絕洪吼，飛鶴一去空相呼。摩挲腰腹問何代，彷彿字餘吳赤烏。僧言鼉口昔潛涌，犍椎神送供耶輪。紫髯將軍虎嘯初，斑闌巳識黃金車。錦帆青蓋耀赤壁，鼓吹護子鑾濡須。飄雲萬騎雜風雨，輥霆百道驚羆貙。雄謀右手倘未倦，七十二城援一枹。血猳安足取黃祖，應斆子桓陳鄴都。國山碑殘秋草沒，茲陵亭下降帆孤。洛陽飛廉沈莫雨，積環況復千春徂。山川精氣倘未竭，終嘆仲謀懷伯符。寺中蒲牢亦誕幻，夜半往往凌江湖。轟闐怒擊龍在埜，蟲獸曉觸翻萍蒲。怪奸縛鎖馴未得，嗚叱絕島猶鶢鶋。驕爭猛競此何有，諸天戰鬭知奚如。他時仇勝更爾女，雄顙豈或秦人趍。」

夙憐嗔卵誰破啄，安使調御歸空無。詩成發我一笑粲，仰見纖月浮林莽。」

嘉慶山陰縣志卷二十八「藝文下、七言古詩、南鎮古松歌、胡天游」：

「祠前古松二千尺，倒刳蒼龍拔危壁。鱗鬣長搖赤日寒，波濤盡卷秋天白。六丁不敢偷取將，雷公夜半潛奔藏。太乙下觀亦惆悵，靈旗慘淡翻蒼茫。君不見，徂來老翁化爲石，彷彿問年纔五百。乾坤電轉不自知，空爾摩挲歎銅狄。都輸倔強碧霄外，泰山大夫羞行輩。首陽伯夷見孤直，蓬萊清淺知幾歲。秋風動地元雲垂，換盡白骨塡金髓。（葉）終疑十日吐霹靂，浩蕩縱橫天上飛。」

以上三詩，可補「七言古風」。蓋其集，僅詩一卷。

嘉慶山陰縣志卷二十八「藝文下、碑銘、靈濟廟碑、胡天游」：

「郡北三十里，三江口外，抵大壑空洞無極。山陰、會稽、蕭山三縣水所歸。㠀屼然起，堵立帶束，衝波決輸。明太守成都湯公紹恩，爰始建作，越荒於夏，浸於春秋。龍虵狎而鯢鮒鄰，實不遑食與處。東漢永和中，馬臻導鏡湖，以救民病，縣乃多可田。其後，唐觀察使皇甫政，闢陡亹地，亦以行水。明戴侯琥，復於郡西偏，築長山茅山扁拖爲三㠀通江，時畜洩，備乾潦，水沈於越者雖少殺，然患猶未息，久之，公由德安更守來，首相土勢。謂導水，若大敵行軍師然，非握款中害，不可終勝。鑿道於山，夾爲石關，怒不可撼。久以有截引其咽喉，委順腹腸。自是三縣之民，户相慶不禍於水，而畝種時入，爲利者溥矣。

初公在娠，公父山西方伯，夢越人輩無算，咸言被公恩，奔走來謝。既降因以命之名，及壯，果仕其地，爲越世世保庸。牐控跨堅岸，蒼龍脊伸，啓門二十八。懼久遠水族物怪，或侵毀，復刻經星名像以厭之。霖雨盛潴，川湖渤淩，守者抉其門，以奪其暴。百流會洶，眈眈下馳。雷轂漂翻，礮走弩駛。士女駢觀，舳艫塡聯指顧。遺德謳思不忘。方夫公之始營，彊奸猾豪，譖沮浮謗。賕胥懦僚，利害態悚，毅發不易，以究有功。公之既去，民於牐所爲廟，凡水作，郡官必往祈，祈勿虔門，即啓而水如故。歲辛丑，既爵公，神以侯號，曰靈濟。於是祀愈重，廟愈肅，民奔走者愈多。公之功，距二百年，而亦愈爲烈。知其後之無窮，來者毋以妄易也。乃爲詩授巫使歌焉，迓樂神以馨祀事。其詞曰：旭旭烈武，侯湯所舉。天則啓是，俾以民母。後來厥初，其績有序。護勞嗟艱，取若子煦。民之皇矣，游於魴鱮。水方族驕，沈竈漂臼。侯度以平，任作相土。無沃無輔，用勇自討。觀其流泉，載區載處。丑艮之扼，破拔峿岨。槽之構之，既社既禱。通假路户，聚下從所。輂石土木，金以斛鍊。興於百堵，沓沓滸滸。時釐爾成，血其黑狗。侯僚來觀，群用憮詡。蚩蚩雄雄，百足連拄。過其外洪，大櫓在圉。出其窳窪，輯汝歸叟。侯之作兮，潮波是主。海宮濤靈，侯令右左。渤潏隱日，滄茫之浦。尾閭北南，帶方明組。侯司侯宣，侯席侯有。侯宮崇耽，朱闔畫府。秩秩扈扈，列刻鹿虡。嬰鈴布環，烹薦羞酒。毛純毛采，刉衈牢牲。糈祈糈瘞，璆冕舞鼓。侯穆降止，曖闐睄霓。飛蚴兩驂，旛旝蚪蟉。前導江伯，水君乘馬。珥赤青，八踵龍首。鼇鼅蛈蛉，曲牙甲爪。腹豚鼻象，歸鯢妾部。玂偞紛靡，師翼庭伍。侯醉具喜，神儀雅雅。元袞元玉，鐵驪駮騃。旎旖鬅髮，留此靈瓅。軨軨蠻蠻，或礫或掊。貽我稻黍，釜倍升畝。朱緜在子，以鮮且飽。冰犀豹漳，孰爲賢瘉，侯壽無期，祝爾終古。」

嘉慶山陰縣志卷二十八「藝文下、碑銘、越王崢歐兜尊者道場銘、胡天游」：

「粤若天犧，渡漢元樞，運軸之初，遁甲開山。大禹承珪之朔，尾閭南北，巨壑以交波蒲壁，春秋文身而共穴。五百艘之竹箭，未上秦涇。三千界之銀光，但搖周殿。詎復棼陀，縣湧寶香，開微妙之樓，優曇逆薰金粟，敞清涼之地。五明勝士，於此敷衣。十地應眞言，來置鉢越州。越王崢者，蓋句踐保拒之遺也。自昔履亡檇李則怨切，魚門井溢，夫椒則形危。獸角五千，甲楯先窮。會稽之棲，二萬習流，未極姑胥之焰。殺龍蛇而祀川岳，刑牛馬而祭昆吾。星漢虹蜺，河梁雨雪。玉門之策既泯，宮之運屢遷。熊羆臥壘，斷絕烽煙。虵鳥環陣，淒迷陣氣。乃有阿育神王華首尊者，東揚行化，震旦流慈，兼十香象力，以宏風現一栴陀身而說法。入屠羊之肆，即是梵天役辟虵之靈，便開蘭若斯地也。孤雲一握，則峻盡岐陽。赤木七盤，則危傾夔道。銀猿絕壁，斜俯輕雷。朱鳥春窗，旁懸列宿。秦皇風雨，望羅刹之鞭，驅海若波濤，驗蓬萊之上下。雲圍寶堞參差，飛瑪瑙之光。林鎖紺堂高下，鬱多羅之色。乃若安居上刹，巖護雷音，清淨涅槃。河凋香樹，則金山不壞。瑞相常存，恆勝舍利。貯八金之墰，無事羅綿。殉難支之塔，四文回向，三界皈依，蓋夫久也所從來矣。至如願力，長存神通，希有廬山扁竹於此。復聞吳女殘魚，方斯非仁。泉隨杖扣，無煩疏勒之刀。井應潮來，便等楊枝之咒。熾然大寶，縮以不虛。耆敍仙人，戲而難攝，可爲邈矣。獨宏戢然無際者也。是使文殊童子拜問三摩，末利夫人祈參七會。聚龍華而滿願，捨象寶以咸歸。互炳心燈，恆銷息葉。慈堂宏啓，覺岸遙登。轉法輪於微塵，悲露漚於彈指。何年電火雨兵已散於空花，今日雪山遺鏃更生乎藥草。修羅見池之水合，功德而成。流提桓胄樹之林，掛珠瓔而不落。銘曰：大道元接，眞人盛宏。如斯鹿主，譬彼醫工，戲化渺跡，誘攝何蹤。無相有相，非空即空。騰猿落箭，駭象摧鋒。圓如定鏡，徧似風䍐。地平怨壘，山啓祥峰。巒浮晚碧，花笑春紅。瑤枝桂殿，紺葯蓮宮。玉露甘葉，金蜂吹叢。無兵洗雨，有鐸吟風。營沈萬馬，天環八龍。刹翔銀鴿，幡舞珠虹。雪傾崖瀑，雲屯石墉。月窺蘿沼，煙結霜松。神山遙望，游臺幾終。靈英何處，還來故雄。」

嘉慶山陰縣志卷二十八「藝文下、記、懷仙堂記、胡天游」：

「士有輕王侯，薄軒冕，慷慨遺物，而獨出乎世。棲沆顥，挾鵬鵠，呼雲將從洪厓者。非志凌青冥，邈四海，亦烏能與太虛而爲徒者乎。麒麟宣室，造物芻狗。旂銘鼎庸，識者糠粃。是以稷勤契劬，不若箕山之放志。晉富楚貴，何如共首之高蹈。溪水春碧，桃花自開，小山秋風，桂樹長往。予懷其人，有在乎是若耶。福地陽明洞天，山陰剡中金堂玉室，棲靈詠眞，往往輩集。是以漢梅先生希聲，遙臨鍊丹，庭飯白石。唐太子賓客賀公，載詠止足，辭榮東都，浮家鏡湖，請賜一曲。予案神仙傳，知章以天寶末，入四明山中，餌藥上升。而子眞亦久居蓬丘，名在絳籍。且夫華貂文軒，後俗爲羶。慕熏權，灼利疇，衆所傾尚。雖誠淮陰之傑，猶自榮其假王。絳侯之賢，且不忍其相印。獨以浮雲三能，秋草萬石。振萬仞毛翮，抉九州牢籠。明餐飛霞，皎濯蘿月。宜其延景碧落，把浮丘而長逸矣。初賀爲道士，築宅畫橋，南望梅里子眞之泉在焉。西環三山，宋放翁陸氏隱焉。陸氏詩狂酒户，名高天下。俶儻俊氣，當時少雙。南園有文，不事權貴。比夫論王氏，逃元宗知微不屈，魄磊同出他日夢。或召爲蓮花博士，鏡湖新置官也。然則陸亦仙矣。知章故所居一曲亭，景態幽勝，山欺富春，水無瀟湘，湖淪浮扉，樹色動畫，鷗鷺參席，蓮歌迷聞。非夫蹈赤城，弄雲海，負鸞嘯，鵠矯之思，或莫得而寄焉。久就湮圯，可無重興。追祠賀公，兼奉梅陸。一笑莫逆，何知主賓。嗟乎，白雲不留，青山如昔。唔畸調於曠代，溯瑤韻於後時。鵬背倘駐，空笙疑聞。悠悠長松，落落苔石。散策獨邁，臨風可呼。榜曰：懷仙之堂，以爲邦中故事。」

嘉慶山陰縣志卷二十八「藝文下、記、銅步井記、胡天游」：

「凡水甘者鹹者，澀且若者，厚而脂濁者，或潔而刻者，溫而良噤而毒灼者，厥類夥異。至乎井，大要鹹與澤葷，殊者鮮焉。山陰城西四十里，皆崇峰綿壑，泉冒土十數計，咸甘冽可飲。顧冠其美，獨以井，則名銅步云。銅步屬刑塘山，山中之人，來往郡縣，及適他所，爭詡是水若珍美然。或遞以餉所親善，而四方之人，至刑塘雖甚遽，必就酌焉。間以不及嘗爲缺，予始聞而疑之。夫川谷之流，甘以其汨而清也。大海之舉鹹，以其墆閼而無所洩也。若井之蓄於土，而不能行者，非猶夫海也歟。今測海而無有異，豈方是類者。顧獨爲別若是，間愈焉倍寸而已，相絕寧若甚者。他日姑取試焉，烹荈蔎之屬，而盂覆之。俟日且半，發相其質，盎盎乎若始涵於坎然。再覆焉以達明日，更視若仍其始然，更熟而味之滋渙乎舌。輔者盈且久，更灼其貯餘者而嚼之，冷然以清，爽然以和，若有内悦而不宣者。夫始笑其知之晚，而嘆物之果不可以類約也。井僅周尺餘，磚甃之，無唇榦之飾。刑塘之民，負谷居十百户，晝夜環取之未嘗絕。間日爲市，魁儈粥腥。蔬者輒沉物水中，頃出之，冀少重以多其值，獨相戒無入穢。於是凡污潦之傾集者，市人必遠方丈，以祛之，使無所近。若甚畏重，而敬惜之者。然則是井也，類隱君子，如叔度彥方之流，處肆廛之間，託庸保醫卜之賤，而懷仁義之具。使聞其風者，曠若不能致。憚其操者，有所不敢浼。而其惠之被人也，方且日仰而莫窮。噫！豈非殊德與銅步名。舊不詳所起，或曰句踐鑄山，設銅官焉。或曰刑塘而南，蓋十里，有山曰銅部，存龍湫跡，斯井脈相通。見蜥蜴常浮水上，因襲以呼云。或曰銅爲桐山，多桐也。或曰江南之俗，凡山近水，成罶亥而居人者，謂之步銅。其號也，是近之。考之傳，刑塘蓋禹築以戮長人。予讀山海經，相繇歍尼之所源澤，辛苦不可以居人。防風氏之棄餘而瀵潰者，獨甘且美若是。然則天下事，必約以其類者，其信曰知方者耶。」
以上碑一，銘一，記二，可補卷之末。蓋其集，悉詩無文。

九十二、補任士林「松鄉集」

墻東類稿卷五「任叔實遺稿序」：

「余往來古杭五十年，納交南北勝士甚眾。慶元任君叔寔，籍籍有文名。曩一見於南谷坐上，恨不得傾蓋而語。泰定間，君之嗣子，良吏於澄川。因出先人手澤示余，將摹而傳之，余然後盡覩君之文。記序碑銘，高古特甚。長吟短韻，清雅有餘，無一點塵俗氣。近世號爲文士，略無能過之者。彼皆樹聲望而躐清要，俯玩一世，志得意滿。而君獨困躓坎壈，布衣終身，不霑一命。命也，夫時也！夫命者厄於天也！時者窮於人也！每觀漢隋唐史所載，諸人遺集，無慮數千百家，宋尤倍之。然傳至今者，百無一二。非惟一時所作，不足以傳後。而宋以前，無鋟梓，手抄默記，故爲艱得。近世鐫刻，尤多流傳至廣。傳而好之者鮮矣，況敬而服之乎。叔寔之文，可服者也。良金美玉定價於當時，而文人才士定價於身後。叔寔未沒時，忌而訾之者亦有之矣。嗚呼！後世豈無揚子雲哉。謄本脱誤數十字，余一一是正而歸之，子良愼寶之哉。」

其集無序，可補卷之首。

松雪齋集卷八「任叔實墓誌銘」。

「余十年前至杭，故人大梁張君錫，以上虞蘭穹山寺碑求余書。讀一再過曰：噫世固不乏人斯文也，其可以今人少之哉。君錫曰：是四明任叔寔之文也。余始聞叔寔，夢寐思見之數年。叔寔自四明來杭，余始識叔寔。顏貌朴野，與余言甚契，自是相與爲友。而宗陽杜宗師，館之於宮，教授弟子常數十人。雖授徒以爲食，而文日大以肆，近遠求文以刻碑碣者，殆無日虛。蓋叔寔之於文，沉厚正大，以一理爲主。不作庾語，棘人喉舌。而含蓄頓挫，使人讀之而有餘味。余敬之愛之，豈意其遽止於斯也。君諱士林，字叔寔，姓任氏。其先蜀綿竹人，少師希夷之後。八世祖來居慶元之奉化，又再世而徙居琦山。曾祖秩然，祖處恭，父果德。君幼穎秀，六歲能屬文。大父奇之，口授古文百餘篇，經耳不忘。父喪，廬墓下讀書，其中凡諸子百家之言，靡不周覽。鄉子弟，多從之學。縣令丁君，招致之加禮。廉訪完顏公，深所敬慕，俾經理文公書院。既落成，有司以爲然，乃命教諭上虞，蓋作蘭穹山記時也。後乃講道會稽，授徒錢唐。至元初，中書左丞郝公，以事至杭。聞君文名，舉之行省，僅得湖州安定書院山長。而長子耒，疾久不差。君念之，鬱鬱不樂。俄亦得嘔疾，竟卒於杭州客舍。有章句文集、論語指要、中易、藏於家。君生於癸丑八月戊申，卒於至大巳酉七月巳亥年，五十有七。娶王氏，子男三人，長耒也，不幸亦卒。耜、同，女一人環娘。將以某年某月某甲子，歸葬奉化松林鄉，雷公山祖墓之域。耜與君之弟子嚴陵方某，拜余霅水之上，涕泣請銘其墓石。余深悲叔寔之不幸，既弔其子，相鄉而哭，尚忍辭爲銘銘曰：嗚呼天之生叔寔，既厚其才，又博其學。文鳴一時，道淑後覺。曾不見用，粗展其略，阨窮坎壈，一病不藥。木折於山，玉碎碎璞，行道之人亦爲嗟。若歸葬松鄉，耒也同域。文塚在玆，過者必式。」

可附錄卷之末，蓋集中無其碑銘。

九十三、補魏初「青崖集」

至正集卷三十四「青崖魏文肅公文集序」：

「天地清淑之氣鍾於士，而發爲文章，宜無時無地不得其正也。然世運有離合，教法有隆污，而經術之道，有晦明之不同。雖有異質，不能不汩而變焉。金源氏之有中土也，設科取士，治號尚文。而天下分裂，群言亂龍。士之氣習，文之體裁，有欲醇而不能不疵者也，有欲實而不能不浮者也。力雖勞而趨則近，業雖工而道則虧。豈非聲教有限，而義理之學未啓邪。我元一文軌，然後程朱之學，大明於世。造詣深者，蔚爲名賢。推緒餘爲文章，亦莫不度越世習，蓋理勝則文在其中矣。有壬於青崖魏忠肅公之文，竊有見焉。公歿五十年，監察御史上之，請刻諸梓，屬有壬爲之序，而得復讀焉。其送尉生之序曰：古之學者，自小學入於大學，自格物致知，至於修身齊家，舉程朱兩先生之學以訓之。又曰：讀經以治心爲主，不泥章句。作文先大體，而鄙雕刻。嗚呼，此公之所以爲文也。公之文，若賦詠凡五百五十餘首，又言事一卷，皆可傳者也。獨舉是者，欲使學者知公所本，而有所興起焉。公丁混一之會，經術闡明之時。其爲學也，主於經，而緝以勤力，宜其所得若是其正也。其敭歷也，自編修官，拜監察御史，至中執法職憲，餘二十年。知無不言，言無不當。道無不爲，爲無不力。高風勁節，人能道之。則其爲文，不徒文也，其有得於經術者乎。孫履道，拜監察御史。有風采，可謂無忝矣。」

其集無序，可補卷之首。

九十四、補程端學「積齋集」

新安文獻志卷七十一「行實、儒碩、積齋程君端學墓誌銘、歐陽文忠公」：

「程君時叔既卒之二十年，子徐來請其墓銘。君端學，其諱時叔，其字號積齋。程氏係出廣平，唐以來家鄱陽。君先世有府君諱珍，自鄱陽遷四明之鄞。其孫仕爲唐文林郎衛率府冑曹參軍，杜工部有詩，送程率府歸四明是也。至宋代有聞人曾祖振父，承務郎，平江府百萬倉司門。妣余氏。祖在孫，通直郎，知平江府常熟縣事。妣卓氏。父立，年十八，爲鄉貢五經都魁，内附後，當道累薦入仕，不就，今以子貴，贈從仕郎、郊祀署丞。妣王氏、曹氏並封宜人。至治癸亥，予以鳩茲宰浙省，聘爲秋闈試官。第二場四靈賦，本房得一卷，愛其詞氣高迥，擬置選中，覆考官謂非賦體，欲黜之，予爭之力，且曰：其人賦場如此，經義必高手。畫三不成字號，督掌卷官對號參索，取其本經觀之，至則偉然老成筆也，主司是予言，乃與選。予默識是卷及折號，同列秦郵龔璛子敬，素知君姓名，謂予曰：此四明處士程敬叔先生之弟時叔也。微君言，幾失此佳士。明年君會試，中高等榜，名傳至江南，予自喜鄉者之識鑒，不冬烘矣。此予始得吾時叔於程文者也。泰定乙丑，予以武攸宰被召爲國子博士，時叔已擢爲國子助教。上日，與同僚史駉、孫車甫以門生禮見，駉亦予所得士也，予辭之不獲。禮畢，然後同陞教席，旁觀者韙之。予自是托交時叔，見其也與貌俱古，文與行俱卓，會國學改積分例，爲升齋等第，助予議甚。諸生講授稍暇，即以所作春秋本義，就予討論，蓋君之精神心術，盡萃是書，朝夕刪改不已，寢食爲廢。嘗語之曰：昔者杜元凱有左傳癖，君有春秋癖邪？未幾，車甫以劬書致疾卒，君亦頗瘽瘁多病，予每以是諷之，其勤勦自若。此予繼得吾時叔於學行者也。後至元丙子，予以國子祭酒謁告南歸，假道於筠，君爲筠州幕長，辛巳二年矣！筠州之長貳僚佐及邦之士友，來見予者，予必詢時叔，咸謂君爲政廉靜而明達。初至，吏以爲儒者恐不習吏事，君熟於章程，暢於事宜，已而老吏健胥，拱手以服。太守僧家訥甚賢，凡事取決於君。及沒，素服哭之慟，仰天呼曰：正人云亡，吾何恃乎？即日移文告老而去。夫能使長官視其存亡爲去留，君之能官亦可知矣。此予未得吾時叔於吏治者也。宋乾、淳間，朱、陸之學並出，四明學者多宗陸氏，唯黄氏震、史氏蒙卿獨宗朱氏，君與伯氏端禮敬叔師史先生，盡得朱子明體達用之指，於是二難自爲師友，平居一舉動，必合禮法，時人以其方嚴剛正，以二程目之。敬叔發明朱子之法，有讀書工程若干卷，國子監取其書，頒示四方郡縣校官，以式學者，後中書以聞，復申飭之。君先與里中同志孫君友仁，慨念春秋在諸經中，獨未有歸一之說，遍索前代說春秋者凡百三十家，折衷異同，續作春秋記，由是沈潛紬繹二十餘年，乃作春秋本義三十卷，三傳辨疑二十卷，或問十卷。以經筵官申請有司，取其書鋟梓傳世。君早歲不屑爲舉子業，朋友力勸之就試，乃再戰再捷，素習者不能過之。會試經義策冠場，試官爲驚嘆，白於宰相曰：此卷非三十年學問不能成。使舉子得挾書入場屋，寸晷之下，未必能作。請置通榜第一。後格於舊制，以冠南士置第二名。初調仙居縣丞，未行，尋改授國子助教。時隱士張臨愼與爲司業，君與助教王瓚在中，與張論文不合，當道入張言。君與瓚未及考，即汪代平章。烏公素聞二公有學，傳諭天官特視考論陞轉，君與瓚偕予從仕郎、翰林國史院編修官。君在翰林論撰，每爲學士雍郡虞公伯生所推服。中書選考，隨處鄉試號稱得人，國子生賀據德、李哲，嘗親受經於君，後皆爲南宮第一人。君長筠幕未久，朝廷擬爲太常博士，命將下，終於位。今以子貴，贈奉訓大夫、禮部郎中、飛騎尉，追封鄞縣男。娶余氏，宋參政珍之曾孫，先卒，贈宜人，進封鄞縣君；繼周氏，宋進士應龍之孫女，封恭人，進封縣君。子男四人，復以蔭數，調爲江浙行省理問所知事。次徐，由翰林從事發身，太史院校書郎，遷奉禮郎，選爲中書東曹掾，從太師丞相軍，徐擢禮部主事，改刑部、户部主事，陞中書檢校官，拜監察御史，陞本臺都事，以才諝稱於時。資賚，國子生，能文章，胄館有聲，蚤世。次衛，杜州書院山長。女一，適同里樂旭。孫男四人：孚，國學生；式，鄞縣教諭；謙、誠。曾孫二人，祖、伊，俱幼。君生以前至元十五年戊寅五月丁未，卒以元統二年甲戌十一月癸卯，年五十有七。以次年閏十二月乙酉，葬於邑之陽堂鄉太白里之原，余氏自青山遷合葬焉。君壽不滿德，位不酬能，餘慶所被，在其後人爲宜然。予兩知貢舉，兩考會試，又嘗屢考國學，公試及大都各行省鄉試，得士亡慮數百人，其間爲名公卿立事功者不少，然求通經學古之士，如吾時叔者甚難。其人焉得之難，故察之審，言之詳也歟！銘曰：生於鄞，沒於筠。儒之醇，吏之循。抱魯麟，至終身。嗚呼！我元之獻民，百世之端人，素王氏之忠臣。」

可附錄卷之末，蓋集中無其碑傳。

九十五、補唐元「筠軒集」

新安文獻志卷九十五下「行實、文苑、徽州儒學教授唐公元墓誌銘、杜清碧」（按：杜本）：

「龍集丁卯，予游吳庠，識唐長孺。時長孺司糾錄，英譽籍甚，恨未知其細。後十有七年乙酉，辭召江浙，歸武夷山中。長孺子仲設教崇安，不特識其父，抑知其子之賢遠於人。

噫！單居塊處，悠悠爾思，安得與而父子接哉？仲寓書幣偕善狀一通而告曰：先君不幸於己丑夏四月卒於正寢，臨永訣，把筆作淡墨字，命孤不肖：葬而不得杜先生銘，如不葬也。零丁羸疾，不果離；苫次足跣以請，惟先生諾而銘之。按公諱元，字長孺，新安歙縣人。總幹廷瑞之從孫。其上世俱以文章起家，譜家中絕。考君諱虞，又以婺源李氏出於後唐故德宗遺胤，至今池曰飛龍，橋曰太子，以爲左驗云。公狀貌魁梧，德量軒豁。與人無疑咳，其於天敘孝友最隆者也。初貧，屢厄於衣食；既長，方奮迅劘切，以詩自鳴。中値朝廷以巍科收多士，浸灌經術，探賾史籍，抉其所有，四戰輒北，遂屢以明經試有司，又不第。乃棄舉子業，以古文鳴於世，此學業之可表者也。筮仕吳庠，髮已紛白，五十八，省授平江路儒學錄，再調分水縣儒學教諭，陞南軒書院山長，以徽州路儒學教授致仕。稟稍率削弱，不克自振，遇春秋祭祀，蘋藻潔虔。待學徒，侃侃講說無怠。此又履歷次第之可考也。

嗚呼！凡今之士，學業履歷未必加公，科舉即標甲乙，爲學官，掇青紫，迂回沉鬱，固宜憫悼。然天之陰厚於公者，人未易曉也。康強矍鑠，以盡交四海王公大人。博覽渟蓄，以成其學，以教其子，以及其學徒，猶公之貴且顯也。遭時承平，杖於鄉，坐上座，謁其門者車轍無虛刻。聖天子仁化天下，崇尚耋耄，賜以織文一端，再賜以織金龍一端，以華其躬，以恤其家，其榮何如哉！較今士德不足以稱其位，才不足以符其名，往往取敗姍笑於時者，孰得孰失蓋易知也。嗚呼！公之詩文，雱霈敷腴，不事險澀。詩慕陶、杜、黃、陳，文入歐、曾，而卒於臨邛有得也。詩文五十卷藏於家。其平生相知，如建德路總管方公回、徽州路總管孟公淳、中書大參王公士熙、南臺侍御史張公起巖、翰林待制楊公剛中，題品具載序跋。其死也，中書參議烏古孫公良貞、禮部尚書汪公澤民、監察御史張公止、秘書監丞彭公炳，賭贈千里，以致其哀。春秋八十有一。唐氏之曾祖諱大有，曾祖妣朱氏，用長子廷瑞恩封孺人。祖諱廷雋，宋登仕郎。弟兄四人，曰廷瑞，免恩主遂安簿，轉銅陵丞。曰廷堅，曰廷秀，明禮記，請鄉舉李氏之高祖諱冠之。曾祖諱尚禮，迪功郎。祖諱玘，以書魁，與丞相程元鳳聯榜。考諱虞也，周禮試得待補；妣程氏。弟二人：輝，廣東道肅政廉訪司書吏；成，早卒。配徐氏，慈祥端重，爲九族師，受恩帛，得年八十有二。於是年八月廿又一日，合葬於歙之藤源。男六人：長徐卿，詩益工。次琪，次堅，次存眞，次即仲銓，南雄路儒學正。次芹、芳。女二人：長適吳巖壽，次適張琭。孫男十人。孫女三人。曾孫男一人。愧予老邁，文思刊落，繁其辭，讀其狀，不必存焉可也；約其旨，讀其序，不必狀焉可也。敢不諾而銘諸。銘曰：粵稽古，氏陶唐。善善繼，闇弗彰。百代下，道益光。具在我，用必張。時不偶，吁可傷。年八秩，須眉蒼。帝賜老，恩澤霶。出雲錦，雙龍翔。維父子，擅文章。名鴻鴻，動四方。曷告哀，銘斯藏。」

可附錄卷之末，蓋集中無其碑傳。

九十六、補釋大圭「夢觀集」

新續高僧傳四集卷第六十一「元泉州開元寺沙門釋大圭傳」：

「釋大圭，字恒白，號夢觀，姓廖氏，晉江人也。父曰休庵，家世儒學。圭初亦習帖括，苦志勤學。稍長善屬文，有聲於時。父忽詔之曰：吾爲佛不果，吾以汝捨佛，汝其母違。圭乃禮開元廣漩得度，凡三歷職，而至分座秉拂。宣政院檄主承天，謝不起。客有勸之者，示以偈云：幾年學得舞腰肢，到處身將竿木隨。底事逢場羞作戲，只愁笑倒鄧禪師。又云：水牯還生水牯兒，入田不放鼻頭低。秋來禾麥多成穗，空負先農一把犂。乃相視一笑而罷。嘗築室開元之西，曰夢觀堂，吟詠自怡。素性爽特，學博識端。爲文似柳，爲詩似陶。吳鑒稱其爲圓機之士，能貫儒釋而一之，眞知言哉。所著有夢觀集，紫雲開士傳。今讀其書，自唐迄元，傳七十二人。以匡護始，以契祖終。祖之嗣曰始照，曰崇會，其行事皆有可傳。而圭乃自記曰：照吾嘗侍其旁，掌其記。會吾嘗分其坐，知之固甚詳。然必爲之傳，則私而諛矣。故繫其名於祖傳，以俟作者傳之。於戲，可想見圭之爲人。」

可附錄卷之末，蓋集中無其碑傳。

九十七、補汪克寬「環谷集」

新安學系錄卷十四「汪環谷行狀略、吳國英」：

「先生諱克寬，字德輔，一字仲裕，姓汪氏。上世自歙之黄墩，遷祁門石山。至釗徙韓溪，傳數世至深，文徙今桃墅。深曾孫僑，補試中國學進士。生曄，曄生燦，字明夫。繼家學時，群從昆弟爲諸生，講師學問，文章槼範鄉邑。從弟國學進士華，字榮夫，號東山，嘗與其族兄貳教。相字魏夫，學于雙峰饒氏。饒乃勉齋黄氏高第，問難扣懇，悉得其藴奥。祁邑理學之盛，自二公發之。明夫無子，東山有子五人，稔聞家學。明夫請其第三子應新爲嗣，是爲中山處士。記識博洽，議論慷慨。嘗著便民二十條，力陳當世要務，欲上之臺省不果，聞者惜之，先生之父也。先生生而有異骨，相匪凡。甫六歲，外祖石溪康貢士鼎實，教之孝經論語孟子，隨口成誦，日記數百言。及從鄉先生學，每屈其師。日益月異，至十歲，處士見先生，所學彌進。因取東山，問學干饒氏。講授之書，及當時問答之言，與先生觀玩。遂於理學寖悟，乃取朱子四書，自定句讀，晝夜誦讀，恍然知爲學之要。自是讀六經諸子，歷代史，通鑑綱目等書，悉皆成誦。延祐丁巳，先生年十四，鄉人傳錄江浙秋試三場題目，先生一見，揮筆成篇。鄉先生驚異曰：此天才也。明年戊午，郡守禮羅雲峰胡先生，於郡庠開堂試，先生屢中，與郡庠諸老成相頡頏。壬戌往饒，拜可堂吳先生仲迂于州學。吳謂諸門人曰：克寬穎異絕倫，勇於爲學，他日必有所成。及以所爲文印可，可堂曰：讀書明理，蘄體諸身。文章異時，可不學而能也。先生於是遂篤志聖賢之學。闢書齋于所居之東，扁曰思復，銘于壁，以自勵。次年可堂講道武林，勉充貢。先生答以吾斯之未能信，躐等謀進，某何敢然。泰定丙寅春，聞嚴陵吳朝陽以春秋，登進士第，任鄱陽丞，特往訪之。吳聞其言喜曰：子可謂眞知春秋之心法矣。是秋郡邑，舉應江浙鄉試，中前列。次年春會試，論春秋與主司不合，文兼對策切直，遂見黜于中書。貢待制師泰曰：德輔年妙而質純，才優而學博。賈勇秋闈，即中高等。上之春官，輒不偶於主司。是得之於數千人之中，而失之於數千人之外，天道之無常也。先生歸，痛自脩飭，遂厭科舉之文。慨然曰：道不行於當時矣。乃取聖人手筆之春秋，博考諸說之同異得失，以胡文定公之傳爲主，而研究衆說，會萃成書，名之曰春秋經傳附錄纂疏。翰林學士虞公序，行於世。易有程朱傳義音考，詩有集傳音義會通，禮有經禮補逸，綱目有凡例考異。其餘論著，未可枚舉。先生於經史聖賢之言，心融神會，造詣深劇。故爲文略不經意，而渾融典雅。其教學者，誘掖獎勸，無不成人。四方學者，知先生道學之懿，從游甚衆。先生嘗語學者曰：聖賢之學，以躬行踐履，操存省察爲先。至於文章，特其餘事。鰲峰玉署諸老，交欲舉薦。而先生篤志著述，不以一豪利祿動其心。學者以先生所居，山谷圜遶，稱曰環谷。四方學者，皆曰環谷先生。至元戊寅，居室災，夜半奉處士遷于別室以居，奉養備至。處士卒，哀毀踰禮。壬辰蘄黃兵至，率長幼避兵深山。所居房舍資財，爲賊焚掠殆盡。簞瓢屢空，晏如也。至聖朝戡定禍亂，始返故廬。洪武二年正月，朝廷命行人賫幣，禮聘先生，同翰林宋公，刪修元史。九月事畢，特旨一班俱留祿仕。先生以老疾，力辭不受。乃命禮部設宴，賜白金三十兩，采叚二表裏，給驛而還抵家。以洪武五年十一月十二日卒，年六十九。以是年某月日，附葬于盛村先塋，治命也。娶程氏，子男二，曰希，曰偕，女二，孫男六，銈，鐔，錠，鉞，鏵，鑣。國英蚤歲從學於先生，訓迪最深，辱知於先生最厚，敢述其梗槩于右，俾其孤乞銘於當世之名公，以圖不朽焉。」

可附錄卷之末，蓋集中無其碑傳。

九十八、補黃玠「弁山小隱吟錄」

嘉興府志卷之二十二「隱逸、元、黃玠」：

「黃玠，字伯成，與趙孟頫遊，尤與黃溍善。平生慕郭林宗、黃叔度，陶淵明之風，不喜儲蓄，有輒貸人。逸值兵亂，益貧困，處之泰然。爲詩沖淡夷曠，後家弁山。小隱吟錄、知非舊稿、唐詩選，纂韻錄行世。」

可附錄卷之末，以概見其生平。

九十九、補葉顒「樵雲獨唱」

吳郡文粹續集卷四十五「墳墓、葉伯印傳、吳敏」：

「伯印名顒，東洞庭山後人。父國英，倜儻豪俠。元季兵興，欲教子，鄉無碩儒。緱山王九萬避亂，依山前葉氏，國英遣子從遊。葉以富傲國英，國英曰：我能使兒讀書成器，齊奴不足齒也。國英與長興耿炳文爲友，耿延前應奉翰林文字、國子助教、宇文子貞主家塾。國英令子就學，館穀豐腆，有逾於耿。宇文子撤講來國英家，適江浙提學雲陽李一初來訪，一日忽悵怏。國英前謝李曰：妻子寓旅邸，不能不動於中。國英曰：已令人省問，薪炭酒茗，醯醬蔬果之類皆具。李驚喜，稱山中宰相。於是與伯英之子偕訓顒，伯印大就告就而卒業焉。後試省浙中上第，爲和靖書院山長。不慊所蘊，挾策走燕京。會風塵道梗，流落濠毫間。皇明平一區宇，始克來歸。兵燹之餘，母弟俱亡，家徒四壁立。無意於世，號浮丘醉史，放情詩酒，高歌感慨，人多憐之。時炳文助討張士誠，累功封長興侯，富貴烜赫。聞伯印困滯，遣使招延會聚。通家之好，欲爲創第再娶，薦於朝而用之。伯印曰：時去志違，年既知非，毋庸是爲也。吳興著姓，姜仲剛、范玄德、張大聲、徐正敬，暨聞儒許雪嶠、華仲清、曹可大、吳宗本、丁志仁，皆訂盟知己，從游講學。留連卒歲，竟旅死長興。噫！麟鳳之獲於魯狩，歌于楚狂，而不得爲祥瑞，非其不靈也，出非其時也，惟士亦然惜哉！」

可附錄卷之末，蓋集中無其碑傳。

一〇〇、補楊弘道「小亨集」

齊乘卷六「人物、金、楊弘道」：

「字叔能，淄川人。金末補父廕，不就。與元遺山、劉京叔、楊煥然輩，皆以詩鳴，大爲趙閑閑諸公所稱。避亂走襄漢，宋人辟爲唐州司户兼文學，不久復棄去。晚寓益都，嘗一見李璮，議不合，爲用事者所嫉，浮沈閭里。以詩文自娱，著小亨集、事言補等書，行于世。延祐三年，贈文節。」

可附錄卷之末，蓋集中無其碑傳。

一〇一、補王奕「玉斗山人集」

宋季忠義錄卷十六「王奕」：

「王奕，字斗山，宋末人。爲邑博與其子介翁，居玉瑯峰，讀書其中。素與文文山、謝疊山友善。及疊山就執北行，送之詩曰：皇天久矣眼垂青，盼盼先生此一行。遺表不隨諸葛死，離騷長伴屈原清。兩生無補秦興廢，一出仍關魯重輕。白骨青山如得所，何須兒女哭清明。詞旨激烈。宋亡，建斗山書院居之，杜門不出，所著有東行叢稿。」

可補卷之末，以概見其生平。

一〇二、補岑安卿「栲栳山人詩集」

餘姚縣志卷二十三「列傳六、元、岑安卿」：

「岑安卿，字靜能，號栲峰。宋祕書省校書全孫，仙居教諭珍子也。幼習禮容，年十三四，通經義，即欲偏讀子史。父告以聖賢之道，具在經典，不宜誇多喪志，安卿惕然有覺。師厲元吉，誨之聖賢之道則樂習。或以科舉之業則厭聞。故岑氏多以科第顯，而安卿獨隱居樂道，以名節高天下。嘗爲三哀詩，弔宋遺民之在里中者。寄託深遠，有俯仰今昔之感。築室栲栳峰下，因號栲栳山人。雖處僻邃，聞者皆循跡而至。至治間，下詔求賢直。省舍人劉孛蘭奚，知州脫脫，先後以安卿，學醕行潔，薦皆力辭。後至元元年夏，海溢隄壞，自上林極蘭風數十里，民歎其魚。州判官葉恆過安卿問計。欲尋前朝故事，置田課稅，而徐圖之。安卿謂：患急計緩，擾民耗財，隄不可成，他變且作。莫若暨州計畝出粟，仍請免民他科，以悉力是役。盡建石隄，則功永安民，不煩而集。於是助粟一千有奇，請免計上林田畝。曰：此以賙吾鄉鄰之急，恆拜行之。復請安卿量事期，計財用，愼任使，總出納而已。得循隄董役，役重成亟，而民不勞。民之歌曰：姚民半魚，葉侯作隄。葉侯作隄，岑公實尸。當築隄之明年，恆例當爲民均徭，上官以恆督役海隄，不欲煩以他政。因請安卿代行編次，固辭不獲，乃至福昌寺定役。絕請謁，杜欺隱，籍定布諸民，民皆曰平。里鹽鐵廟有巫，倚像稱道禍福。遇需索不與，則詛之多驗，民避之若虎狼。安卿入廟指像曰：神以福民，不聞厲民。厲民者無法，遂毀之。斥巫曰：巫爲人祈福，不聞以禍禍民者無法，姑遣之，巫行不一舍而死。民皆稱爲神明，倚爲藩衛。至元至正間，江浙行省與州郡守宋文瓚、王沂、葉恆皆交章論薦。朝議置館閣，以老力辭。日與處士王毅輩，放情林湖栲峰間，嘯歌自得。宋元僖謂：其論直而不疎，其行方而不迂，其貌則澗飲而清，木茹而癯，其蘊則可以尊主而庇民，世以爲知言。卒年七十，趙謙等私謚曰：貞元先生。」

可附錄卷之末，蓋集中無其碑傳。新元史卷二百三十八「文苑下」，雖有傳，然僅五十七字，不若此傳之詳。

一〇三、補金涓「青村遺稿」

金華賢達傳卷十一「補逸、明、劉涓傳、郡志作金涓」：

「劉涓字德，原義烏人。受經於許謙，學文於黃溍。淹貫經傳，卓識過人。隱居青村，學者稱爲青村先生。州郡薦辟，輒懇辭謝曰：犧尊青黃，豈木所願耶。吾髮已種種焉，能驅馳簪組之間哉。日游泳乎山水，以終其身。贊曰：柏觀朱太史記，青村隱居，稱涓爲安貞肥遯之士。考其德而求其行，信足有徵焉。」按金涓本姓劉，故又稱劉涓。

可附錄卷之末，蓋集中無其碑傳，元史新元史，亦缺焉。

一〇四、補胡助「純白齋類稿」

吳文正集卷二十二「胡助詩序」：

「金華胡助詩，如春蘭茁芽，夏竹含籜，露滋雨洗之餘，馥馥幽媚，娟娟淨好。五七言，古近體皆然，令人愛玩之無斁。頌雅風騷而降，古祖漢，近宗唐。長句如太白子美，絕句如夢得牧之，此詩之上品也。得與於斯者，其在斯乎。其在斯乎！」

可補卷之首。

金華賢達傳卷十「儒學、元、胡助」：

「胡助，字履信，一字古愚，東陽人。曾祖居仁，從呂祖謙學。祖中行，隱居行義，鄉稱善士。父祐之，宋鄉貢進士。用薦者授迪功郎，辟史館實錄院，主管文字。以助貴，贈承事節，秘書監秘書郎。助刻志爲學，悉究經史百氏大旨，年踰三十，郡舉茂才。行中書授建康路儒學錄，兼大學齋訓導。吳徵過金陵，見助詩文，大加稱賞，由是名振一時。累遷溫州路儒學教授，用薦改翰林國史院編修官。至順初，從虞集分院清暑上京，再轉國史編修。在京二十餘年，所著有純白齋稿三十卷。自爲傳，贊曰：助承家傳呂祖謙之學，卒成名儒。觀其自傳，亦有勵于後學云。」

可附錄卷之末，蓋集中無其碑傳，元史新元史，亦缺之。

一〇五、補滕安上「東菴集」

牧菴集卷二十六「國子司業滕君墓碣」：

「觀漢諸碑，凡門生爲師作者，其文多稱在三之義。蓋本欒恭子民生于三，父生，師教，君食，惟其所在爲言。又列郡邑姓名氏官人，出幾何錢于碑陰，多至百人，或倍之。今人每興今無古者，篤于其師之概。至大己酉，燧長翰林之明年，國史院編脩官，東平蔡文淵，狀其師國子司業滕君之行，與門生許質，求表其阡。與君之再入成均，横經文席者，嘗數百人。而礱石所資，一不偕人出，二子獨加，異乎古，豈不予在三，足浮俗斯時耶。君諱安上，字仲禮，其先自洛徙中山，不可推采其世。考府君某，隱德委吏，斗食自損，生君八年而不祿。妣李夫人撫君，誨曰：而性質開朗，記識兼人，且金名士趙燦離，孫不可以貧廢學，感聖善言，師西巖君。克自砥礪，勤心聖學，暨其長也，尊聞行知如不足。日私居自持，衣冠齊遬。及出接物，一誠以和，郡無少長，相謂不字，咸稱先生。學積其躬，道行其家，化及其鄉。府臣歸高薦名于朝，敕教中山。是府多士，觀親輝光，謦欬欲聞，鼎鼎其來，服縫掖者將半，齊魯庭臣，善其職，事有聞，用以職民，主以城簿，壓于爲監爲令與丞。刑或過中，必揆以義，馴馴上説。不使黠湼妄加，疑盜廢棄，永世仁譽。既章宣司，所臨若縣與州，事有未竟，必邀往治，裁中情法。守令憚之，出將入迎，若事大吏。

徵爲國子博士，以其平昔，自律有先。蚤作晏脩，誨誘諄諄。發蒙疏疑，立懦克剛。各因其才，矯拂于善。黨坐群行，齒而序之。其極弗率，有黜與朴。成均作則，井然有條，即升監丞，再丞太常。世祖賓天，成宗繼序，圜丘請謚，大室升祔，凡厥禮文，酌古損今，皆所訂稽。元貞之元，拜監察御史，京師地震，上疏曰：君失其道，讁見於天。其咎在内庭竊干外政，小人顯廁，君子名實混淆，刑賞僭差，陽爲陰乘，致靜者動，宜兢兢祗畏，側身脩行，及昔所爲，以盡弭之之道。其說累數千百言，反覆深切，有司不敢以聞。君則曰：吾不得于言者，遂委印去。反關其家，著書自怡。尋起爲國子司業，時已疾矣。顧言其子，治喪無用二氏。以其年乙未夏六月二十有五日卒，年五十四，葬府城東南崔丘里。爲文一本理義，辭旨暢達，不爲險譎，非有禪世教者不言，有東菴類稿十五卷，故江西廉訪使趙秉政板之行世矣。又有易解，洗心管見藏之家，亦多乎哉。其不年者，世同哀之。而文淵猶以不待經筵職絲，綸謀廟堂爲恨。嗚呼夫既師成均，官奉常，歷臺諫，而又有德有言，足矣！奚必兼彼數者，始爲至耶。夫人李氏，貞順柔，嘉嫺里範焉，後君八年卒。子翊去尉東明，自致終喪，亦足以君刑家之自。今尉元氏，兄羽有文行於世。銘曰：孰不曰士，于學始志。迄用有成，千百一二。允矣滕君，敏脩篤行。鐘鼓衡門，益大其聲。敕起布衣，于定敦教。祈祈縫掖，來則來效。再主禹城，簿領勾稽。不枉刑墨，仁聞日躋。滿秩而召，入爲胄監。由博而丞，俊髦是範。轉而奉常，禮文斯綱。或草而因，酌捐用章。

遷拜御史，爲帝耳目。言責塞求，龍鱗逆觸。一不見入，納履而行。反關立言，行後是程。方徵司業，年過知命。遽啓手足，理也莫竟。短者已而，其長斯存。何以貞之，石有誄言。」

可附錄卷之末。

一〇六、補程端禮「畏齋集」

金華黃先生文集卷三十三「將仕郎台州路儒學教授致仕程先生墓誌銘」：

「先生諱端禮，字敬叔，姓程氏，其先遠，有世序，而譜牒莫詳。所可見者，漢有海西令曾，唐有太子左衛迮率府胄曹參軍某。其自鄱陽徙家于鄞，則由胄曹之大父珍始，故今爲慶元之鄞縣人。歷五代至宋，仕者恒弗絕。曾祖振，父承務郎平江府百萬倉司門，祖在孫，通直郎知平江府常熟縣事，父立，鄉貢進士，入皇朝贈從仕郎郊仕署丞，母王氏徐氏，並封宜人，先生徐氏出也。初用舉者爲廣德之建平，池之建德，兩縣儒學教諭，歷信之稼軒，建康之江東，兩書院山長。用累考及格，上名中書，授鉛山州儒學教授，秩滿遂以將仕佐郎，台州路儒學教授致仕。其在建平，興舉廢墜，諸生之貧者，必周給之。縣尹王君起宗，日率僚友聽其論説，且築室赤巖上，命其子楚鼇受業焉。楚鼇後出入臺閣，卒爲時之名人。繼王君爲其縣者復倡，好事之家爲買書萬卷，覆以傑閣，永康胡先生長孺記之。其在建德，增學舍以居其徒，盡復民所占田。其始至也，有田三百畝，比受代而去，有田一千畝。稼軒前賢遺跡，多爲人所據，悉按其籍，奪而歸之。江東新昇院額，有司奉臺府之命，選辟先生以闡教事，學者翕然知所宗仰。文宗在潛邸，遣近侍子弟來學，賜以金幣牢醴，禮遇甚至。於鉛山則新其廟學，豪家築室侵入仞墻內地，久莫能正，先生白于部使者，命毀其室乃懼，而請以腴田二十畝易之。鵝湖書院之旁有道觀，先生偶至其處，有驢跑堂前隙地，驅復來。默卜之曰，地下果有物，驢當復至，已而驢果來，跑益力，乃訪觀主求發之，得石碣十餘，刻群賢像，因爲作群賢堂。先是平章政事趙涼公及王御史理，嘗舉先生可教國子，趙御史承禧舉先生可提舉儒學，俱不報。先生歸後，郡守王侯元恭，踵門禮請先生學者師。帥閫及旁郡，講行鄉飲酒禮，皆俟先生討論而後定。郡故有宋丞相史越王，所置義廩，以助仕族儒家昏喪之不給。自先生爲之督視，貧者始實受其惠。先生素所厚一二達官魁士，相繼凋謝，先生若有所不樂，一日挐舟遊東湖，諸生載酒追及之，飲于中流，酒半酣指所葬地曰，若豈知我之歸於斯不及也耶。學問之道，具在聖經賢傳，吾嘗述之矣。眞知實踐，則存乎其人尚懋之哉。諸生爲之黯然，各棒觴爲壽而歸。自是多以病不出，久之病加劇，客有將上京師者，過而言別。相與論宋季事，娓娓不倦。既正冠送客，顏色忽變，痰氣作，醫者以丹劑進，先生卻之曰，不敢服也，目已瞑而頭微偏。門人樂良進曰，先生頭容稍偏矣，復張目端坐而逝，至正五年夏六月甲子也，享年七十有五。以六年某月某甲子，葬陽堂鄉之陽奥。娶潘氏，潘爲建平望族，先生主教事時，慕其賢，而以女歸之，卒因苑于建平，至是奉遷而合葬焉。子男一人衍，女四人，孫男一人循理，女三人。蓋宋季之士，率務以記誦詞章，爲資身耴寵之具，而言道學者，亦莫盛於此時。四明之學，祖陸氏，而宗楊袁。其言朱子之學者，自黄氏震史氏蒙卿始。朱子之傳，則自晏氏淵、大陽先生某、小陽先生某，以至于史氏。而先生承之黄氏，主於躬行，而史氏務明體以達用。先生素有志於當世，惜其仕不大顯，故平生藴蓄，未克究於設施，而私淑諸人者，不爲無功於名教也。故禮部郎中韓公居仁，嘗學於小陽先生，其仕於先生之鄉，與先生論議無不吻合。行省屢聘先生較文卿闈，先生以爲國朝設科，初意專耴朱子貢舉私議，今多違之。吾往宜不合，力辭不往，其源流本末可槩見也。先生色莊而氣夷，善誘學者使之日改片化。而仲氏太史公端學，克謹師法，學者嚴俾之，人以比河南程氏兩夫子云。先生所著，有進學規程若干卷，國子監以頒于郡縣，學使以爲學法。有畏齊文集若干卷藏于家。先生墓後二年，門人徐仁等若干人相與謀，俾同門生樂良，奉宣文閣授經郎危素之狀來謁銘，溍幸嘗辱交於先生，徵於狀無不合，乃併以平昔所知者，論次而銘之。銘曰：大道孔夷，聖賢同趍。政龎俗裂，師異指殊。眞儒有作，乃發其蔀。先生之傳，遠有端緒。左規右矩，蹈夫大中。居之以寬，休休有容。道之將行，夫豈弗仕。委蛇進退，時行時止。志局於位，厥施未豊。惟其教思，垂于無窮。門人謁辭，論譔遺德。界于方來，求有矜式。」

可附錄卷之末。

一〇七、補安熙「默庵集」

道園學古錄卷六「安敬仲文集序」：

「默庵集者，詩文凡若干篇，稾城安君敬仲之所作，其門人趙郡蘇天爵之所緝錄者也。既繕寫，乃來告曰：昔容城劉靜修先生，得朱子之書於江南，因以之，遡乎周程呂張之傳，以求達夫論語大學中庸蓋子之說，古所謂聞而知之者此其人。與聞其風，而慕焉者敬仲也。與靜修之居，間數百里耳，然而未嘗見焉，徒因其門人烏叔備，承問其說以爲學。則是敬仲之於靜修，蓋亦聞而知之者乎！願序而傳焉。嗟乎知之爲知，有未易一槩言者，聖賢之道大矣。世多豪傑，能因其才識之所至，而知其所及者，其人豈易得哉。昔者天下方一，朔南會同，縉紳先生，固有得朱子之書，而尊信表章之者。今其言衣被四海，家藏而人道之，其功固不細矣。而靜脩之言，曰老氏者，以術欺世而自免者也。陰用其說者，莫不以一身之利害，而節量天下之休戚，其終必至於誤國而害民。然而特立於萬物之表，而不受其責焉。而自以孔孟之時義，程朱之名理自居，而人莫知奪之也。觀其考察於異端，幾微之辨，其精如此，則其下視一世之苟且污濁者，不啻蠛蠓之細，犬彘之穢，豈不信然。敬仲氏終身師慕之，則其所見何可量哉。然靜脩門人，有與予同爲國學官者，從問其師說，不予告也。退而求諸其書，見其告先聖文曰：早因躁狂，若將有志，中實脆屈，未立已頹。揆厥無成，實由貪懦，時馳意去，凜不自容，顧念初心，怳焉如失。觀乎此言，則靜脩道德之所至可見矣。噫吾道之大，豈委靡不振，鹵莽依托者，所可竊假於斯哉。其必有振世之豪傑，而後可也。以予觀于國朝混一之初，北方之學者，高明堅勇，孰有過於靜脩者哉。誠使天假之年，遜志以優入。不然使得親炙朱子，以極其變化，充擴之妙，則所以發揮斯文者，當不止是哉。又嘗求敬仲於其書矣，其告先聖文曰：追憶舊聞，卒究前業，洒掃應對，謹行信言，餘力學文。窮理盡性，循循有序，發軔聖途，以存諸心，以行諸已，以及於物，以化於鄉。然則敬仲得於朱子之端緒，平實切密，何可及也。誠使得見靜脩，廓之以高明，厲之以奮發，則劉氏之學，不既昌大於時矣乎。惜乎靜脩既不見朱子，而敬休又不獲親於靜脩，二君子者，皆未中壽而卒，豈非天乎。予與敬仲年相若也，少則持未成之學以出，及粗聞用力之要，而氣向衰，凜然有不及之歎。視敬仲之蚤有譽於當世。寧無慨然者乎。若蘇生之拳拳於其師之遺書如此，益可見其取友之端矣。是皆予以所敬畏而感發者，故題以爲序。」

可補卷之首。

清容居士集卷三十「眞定安敬仲墓表」：

「嗚呼金蹂宋蹄南，兩帝並立，廢道德性命之說，以辯博長雄爲詞章。發揚稱述，率皆誕漫叢雜，理偏而氣豪，南北崇尚，幾何所分別。當時時伊洛之學，傳南劍至乾道淳熙，士知尊其說，闡明之。朱文公統宗據會，纖鉅畢備，正學始崇。又未幾僞學造謗，咸諱其說，以售仕于時。金將亡，各流離自保。烏覩所謂經說哉，有明其說者，獨江漢趙氏。私相筆錄，尊聞傳信，稍自異流俗。皇元平江南，其書捆載以來。保定劉先生因，篤志獨行，取文公書，會粹而甄別之。其文精而深，其識專以正。蓋隆平之興，使夫道德同，而風俗一。承熄續絕，不在於目接耳受而有嗣也。劉既死，得其傳者曰安君焉。君諱熙，字敬仲。其學汪洋靜邃，謂文以載道，辭不勝不足以言理，故其言脩以立。於詩章幽而不傷，慕貞絜之實，將以自任其道者也。道散於異端，九流證拾於墜簡，傳者益遠，而書幸具在，不知而作者，則索於句讀之末，旨意斷絶，踵謬而莫悟。君設對問以辨後，作者悔而焚其書。左氏浮誕不合經者，悉去之。續皇極經世書，繇元豐至至大三年，考家禮爲祠堂，以奉四世。邑人化之教人也，持敬爲本，解經必毫縷以析，果知之必驗。其所行，弟子相從者常百餘人。出入閭巷，佩矩帶規，知其爲君之弟子。其於劉先生也，未嘗一見之，蓋篤信其書，默求以通焉者也。劉亦知君足以傳道，卒不得見焉，君深悲之。而於學有侶，君無憾矣。君之先太原離石人，五世祖玠，仕於金。曾祖昇不仕，祖滔以經童登第，金將亡，徙眞定，因居焉。戊戌歲，詞賦入等，占儒籍。考松，江東宣慰司照磨，妣劉氏。君少敏悟，諸父咸器之。素多疾，嘗避隱封龍山，然卒不得年。至大四年五月某日卒，年四十有二，娶張氏、焦氏，子二堅，垣，女一，嫁保定等路鷹坊總管王沖。是歲葬藁城縣安仁鄉，先塋之側。其卒也，翰林學士王公思廉，以書唁其父曰：自敬仲死，詎安氏不幸，士林不幸矣。有遺文若干卷，既葬之十三年，門人蘇天爵述其事狀，踵門曰：默齋先生，天爵從學實有年，先生之德之行，願表于墓原，使有考。桷作而言曰：眞文忠公德秀，與朱文公同里，生不及事焉。文公之學，眞實紹之，侑食于廟于祠無異辭。集賢劉公生愈後，闡揚合一，劉公功與眞公並。安君不得見劉公，而道實有傳。盛矣哉，舂陵之學，四方爲有準矣。某年某月某日，具官，袁桷表。」

可附錄卷之末。

一〇八、補袁桷「清容居士集」

此山詩集卷首「此山詩集原序」：

「詩有經緯焉，詩之正也，有正變焉，後人傳益之說也。傷時之失，溢於諷刺者，果皆變乎？樂府基於漢，實本於詩，考其言，皆非愉悅之語，若是則均謂之變矣。建安黃初之作，婉而平羈而不怨，擬詩之正可乎。濫觴於唐，以文爲詩，韓吏部始然，而舂容激昂，於其近體，猶規規然守繩墨，詩之法猶在也。宋世諸儒，一切直致，謂理即詩也。取乎平近者爲貴，禪人偈語似之矣。擬諸採詩之官，誠不若是後蘇黃傑出，遂悉取歷代言詩者之法，而更變焉。音節凌厲，闡幽揭明，智析於秋毫，數殫於微眇，詩益盡矣止矣，莫能以加矣。故今世作詩者，咸宗之。括蒼周君衡之，磊落湖海士也，東書來京師，以是編見贄，意度簡遠，議論雄深，法蘇黃之準繩，達騷選之旨趣。歷覽名勝，長歌壯吟，亦皆寫其平生胸中之耿鬱。至於詞筆，尤爲雅健，讀之亹亹忘味，誠有起予者，乃知山川英秀之氣，何地無奇才，感歎之餘，因書此以贅其卷首。延祐六年閏八月庚申，前史官會稽袁桷序。」

可補卷二十四「序」。

滋溪文稿卷九「元故翰林侍學士知制誥同修國史贈江浙行省參知政事袁文靖公墓誌銘」：

「國家有文學博洽之儒，翰林侍講學士袁公諱桷，字伯長，慶元鄞縣人也。故宋少傅同知樞密院事、資政殿大學士、贈太師越國公、諱韶之曾孫。中散大夫、知嚴州軍州事，皇元贈嘉議大夫、禮部尚書、上輕車都尉、會稽郡侯、諱似道之孫。朝列大夫、同知處州路總管府事、贈中奉大夫、浙東道宣慰使都元帥、護軍、會稽郡公、諱洪之子。年二十餘，憲府薦茂異於行省，授麗澤書院山長，不就。大德初，群賢萃於本朝，聞公才名，擢翰林國史院撿閱官，秩滿陞應奉翰林文字，同知制誥兼國史院編修官，遂遷修撰。凡歷兩考，遷待制，又再任，進拜集賢直學士。久之，移疾而還，復遣使召入集賢，仍直學士，未幾改翰林直學士知制誥同修國史。明年遷拜侍講，積階奉議大夫。泰定初辭歸，四年八月三日，以疾終於家，享年六十有二。是歲十有一月某日，葬鄞縣上水慶遠墺之原。訃聞，制贈中奉大夫、江浙等處行中書省參知政事、護軍、追封陳留郡公、謚文清。維袁氏遠有世序，宋嘉祐間，有諱轂者舉進士，歷官朝奉大夫知處州。其後龍圖閣學士正獻公燮，兵部尚書正肅公甫，父子俱號名儒。越公於祥符丞，轂爲曾孫師事。正獻尹臨安十餘年，爲政嚴明，事載之史。公生富貴，爲學清苦，讀書每至達旦。長從尚書王公應麟，講求典故制度之學，又從天台舒岳祥習詞章，既又接見中原文獻之淵懿，故其學問，核實而精深，非耑事記覽，譁衆取寵者所可擬也。世祖皇帝初得江南，故宋衣冠之裔，多錄用之，而宣慰公屢被恩命。公在館閣，一時耆舊，若閻公復，程公鉅夫，王公構，雅愛敬公，故蒙薦擢。時海宇艾安，年穀豐衍，而詞林清華，無官守言責，日惟撰著爲職。朝廷有大制作，公從諸老獲議其事。成宗皇帝初建南郊，公進十議曰：天無二日，天尤不得有二，五帝不得謂之天，作昊天五帝議。祭天歲或爲九，或爲二，作祭天名數議。圜丘不見於五經，郊不見於周官，作圜丘非郊議。后土社也，作后土即社議。三歲一郊非古也，作祭天無間歲議。燔柴見於古經，周官以禋祀爲天，其義各旨，作燔柴泰壇議。祭天之牛角繭栗用牲於郊，牛二合配而言之，增群祀而合祠，非周公之制矣，作郊不當立從祀議。郊質而尊之義也，明堂文而親之義也，作郊明堂禮義異制議。郊用辛魯禮也，卜不得常爲辛，作郊非辛日議。北郊不見於三禮，尊地而遵北郊，鄭玄之說也，作北郊議禮。官推其博，多採用之。仁宗皇帝自居潛宮，深厭吏弊。及其即位，乃出獨斷設進士科以取士。貢舉舊法，時人無能知者，有司率諮於公而後行。及廷試公爲讀卷官二，會試考官一，鄉試考官二，取文務求實學，士論咸服。公在詞林幾三十年，扈從於上京凡五朝。廷制冊勳臣碑版，多出其手。嘗奉詔修成宗武宗仁宗三朝大典，至治中，鄆王柏柱獨秉國鈞，作新憲度，號令宣布，公有力焉。詔繪王像，命公作贊賜之。公述君臣交修之義以勵王，王尤重公學識，銳欲撰述遼宋金史，責成於公。公亦奮然自任，條具凡例，及所當用典冊陳之。是皆本諸故家之所聞見，習於師友之所討論，非牽合剽襲，漫焉以趍時好而已。未幾國有大故，事不果行。公歿二十餘年，今天子特敕大臣董撰三史，先朝故老，存者無幾，衆獨於公追思不忘。會遣使者分行郡國，網羅遺文故事，而江南舊家，尚多畏忌，祕其所藏，不敢送官。公之孫，同知諸暨州事曮，乃以家書數千卷來上，三史書成，蓋有所助。初世祖建宗廟於京師，至仁宗崩，七廟已滿。乃結綺爲室，以附英皇，親行祫享之禮。始議增廣廟制，乃作新廟爲十五室，公亦預其議。公曾祖妣陳氏，封周國夫人。祖妣王氏妣史氏楊氏，元配鄭氏，並追贈會稽郡夫人。子男二人瓘、瑾，女四人，長適同知袁州路總管府事趙孟貫，次適故觀文殿大學士趙某孫由錫，次適故相史忠定王玄孫公佾，次適處州儒學錄余應棨。孫男曮，以公蔭入官。既進遺書於朝，遂擢祕書監著作郎。次曄旼，孫女適浮梁州判官范珵，次許適陳某，次幼，曾孫男二。公生七日，史夫人卒。長事郡公極孝，教子孫有法，待宗族盡恩意，中外姻婭，皆宋名族。家庭嚴肅，吉凶之禮，不廢其舊規。每以務學修行，勗故家子弟，俾自愛重，無爲門户羞。

公喜薦士，士有所長，極口稱道。公之南歸，會史館將修英皇實錄，令中書左丞呂思誠，翰林直學士宋褧，河南行省參政王守誠，皆新擢第，公薦其才堪論撰。天爵與馬公於近代禮樂之因革，官閥之遷次，朝士大夫之族系，九流諸子之略錄，悉能推本源委，而言其歸趣。袁氏自越公喜藏書，至公收覽益富，嘗曰：余少讀書有五失，泛觀而無擇，其失博而寡要。好古人言行，意常退縮不敢望，其失懦而無立。纂錄故實，一未終而屢更端，其失勞而無成。聞人之長，將疾趨從之，輒出其後，其失欲速而好高。喜學爲文，未能蓄其本，其失又甚者也。公之斯言，深中學者貪多苟且之弊。公爲文，辭奧雅奇麗，日與虞公集、馬公祖常、王公士熙，作爲古文，論議迭相師友，間爲歌詩倡酬。遂以文章名海内，士咸以爲師法，文體爲之一變。公有易說若干卷，春秋說若干卷，清容居士集五十卷。嗟夫！昔宋南遷，浙東之學，以多識爲主。貫穿經史，考覈百家，自天官、律歷、井田、王制、兵法、民政、該通曲委，必欲措諸實用，不爲空言。然百年以來，典刑風流日遠，故公之葬，謹序而銘之，來者尚有所徵乎。銘曰：懿歟袁公，博極群書。矢辭淵淵，佩玉舒舒。海宇既一，興自江左。諸老見之，孰不曰可。進掌帝制，列官詞林。討論憲度，講求古今。於時朝廷，日興典禮。祖廟天郊，以享以祀。三聖信史，纂述宏休。群士選舉，務拔其尤。不有學識，孰承其責。惟公雍容，斟酌損益。陳編墜簡，公證其訛。識時歸休，山林浩歌。世有鄙夫，空空如也。覆忌多能，係時用舍。公富著述，燦若日星。銘詩弗刊，垂後是程。」

可附錄卷之末。

一〇九、補張之翰「西巖集」

邯鄲縣志卷十四「藝文誌、墓誌銘、元翰林學士張之翰墓誌銘」：

「學爲通儒，才應時須。時至物來，應酬有餘。早際休明，著鞭仕途。乘御史驄，登使者車。摧折暴疆，糾繩貪污。知無不言，利必興而害必除。進陟地官，職思其居。尋倦於北門，俄膺任於三吳。農安於田，公無負租。士安於學，朝詩夕書。方興來暮之歌，忍會哭之易傳乎！遺愛在人，當何而已乎！繄天生材，意誠何如？曾未究施，胡遽然與！胡遽然與！吁。元、李謙撰。」

可附錄卷之末。

一一〇、補袁易「靜春堂詩集」

文獻集卷八下「袁通甫墓誌銘」：

「吳之隱君子曰袁君，諱易，字通甫，其先當宋，有起進士爲京朝官者曰仲賢，始家於汴。仲賢之後曰京，西提刑珣，於君爲五世祖，南渡時卒葬於吳，因家焉，故今爲平江人。曾大父曰璡，樂其地衍沃，買田築室長洲之蛟龍浦，躬耕而食，以布衣終。大父曰祐之，承節郎監廬州都税務。父曰樞，國史實錄院檢閲文字。皆仕而未顯，至君復不樂仕進，東平徐公持部使者節，聞君名，延見與語大悦，將薦之于朝，君力謝不可，徐公益賢之。已而行中書省，署君石洞山長，君乃欣然就職。既歸，卒隱弗仕，即所居西偏爲堂，曰靜春。壅水成池，周于四隅池上，累石如山，芰荷浦葦，竹梅松桂，蘭菊香草之屬，敷榮繚繞。而其外則左江右湖，禽魚飛泳于煙波莽蒼間。堂中有書萬卷，悉君手中所校定。客至輒相與縱飲劇談，留連竟夕乃已。君丰姿秀朗，每雨止風收，狹小舟以筆牀，茶竈。古玩器，自隨逍遙。容與扣舷而歌，望之者，識其爲世外人。君少敏于學，藴積之素，俱發於詩。未始高談性命，以師道自仕。至其在石洞，推明雙峰之説，上及于考亭，諸生昔所未聞，莫不敬服焉。君所爲詩，有靜堂集若干卷，龔氏子敬爲之序，謂近半山。而漁陽鮮于公，稱其閒遠清麗，稍加精密，少陵不難到，其爲一時人推重如此。吳興趙公嘗取汝南先賢傳所記，漢司徒袁公臥雪事，寫爲圖以遺君。且曰：予作此圖，正以通甫好修之士，景慕其高節爾，則君之人品，固不問可知。君母趙氏，濮安懿王八世孫女，妻奚氏，子男四人，長震、次泰、次晉，皆張出。次聰，陳出。女五人，長許適金大聲，未行而卒。次適顧天麟仲振、孫顧正、許德明。孫男三人，孫女二人俱幼。君卒以大德十年十一月二十六日，得年四十有五，其年十二月二十四日，葬長洲東吳鄉赭墩先墓之次。後二十有八年，是爲元統二年，於是君長子震巳死，泰及晉實始伐石以狀來謁銘。泰好學而有文，稱其家者也。銘曰：居之熙熙，行之施施。世非我遺，我有不爲。寤言歌之，其聲也希。昭昭其垂，表以刻辭。」

可附錄卷之末。

一一一、補蕭𣂏「勤齋集」

滋溪文稿卷八「元故集賢學士國子祭酒太子右諭貞敏公墓誌銘」：

「大德延祐間，關陝有大儒先生曰蕭公、同公，篤志勵操，高蹈深隱，鄉郡服其行誼，士類推其學術，朝廷重其名節。於是徵車起之，表帥俗化，其道德風流，迄今天下慕之。至正甲申之春，天爵來官西臺，訪求二者言行，將以爲師法焉。既而得同公墓銘，讀之起敬起嘆。蕭公云亡久矣，猶未有述，乃稽核薦揚，徵召公牘於省府，採摭族世葬歲月於其家。問其隱德懿行，於舊老名士之所傳。錄其遺文雜著，於金石簡冊之所載。合而誌之以銘，庶後世考德者有徵焉。謹按蕭氏，益都人，國初著籍京北。公諱𣂏，字維斗，年二十餘，郡守以茂才，推擇爲掾。未幾新郡倅至，倅西域人，怒則惡言詈吏。公嘆曰：如此尚可仕乎，乃置文書於案，即日謝去。隱於終南山下，鑿土室以居之。盡得聖賢遺經，以及伊洛諸儒之訓傳，陳列左右。晝夜不寐，始則誦讀其文，久則思索其義，如是者餘三十年。

義理融會，表裏洞澈，動容周旋，咸中禮節，由是聲名大振。世祖皇帝既一四海，而遐荒小邦，撗目窮髮，悉皆來庭。命開祕府，詳延天下多聞之士，選述圖志用章，疆理一統之大。使者來徵，公辭焉。故贈咸寧貞獻王額森特穆爾，親受學於許文正公，深知治國用賢之說。及爲陝西行省平章登公，並故四川憲副劉季偉，姓名於朝會，參政趙彥澤，請立提舉學校官，薦公可當其選。久之制下，授公承務郎陝西儒學提舉，蓋從貞獻王及趙公之言也。省憲請公就職，公以書辭曰：某蚤事文墨，見一時高才絕足，趍事功者效之不能，是以安於田畝，讀書爲事。本求寡過，不謂名浮於實，聖恩横加。竊念聖人之教，必明德而後新民，成已乃能成物。昔夫子使漆雕開仕對，以吾斯之未能信。然則心術之微，雖聖師不若開自知之審。今某學行未至，自知甚明，望達廟堂，改授眞儒，則朝廷得人，學者得師，某亦不失爲寡過之人矣。大德七年冬，超擢集賢直學士奉訓大夫國子司業，遣吏徵之，公又力辭不拜。其言曰：念某寡陋與人共學，非敢爲師，向授提學，幸蒙聽允其辭，既不能當外郡學職，豈復可預國學之事。況敢辭卑居尊，以取無廉恥貪冒之罪乎。九年夏，制若曰：蕭維斗山中讀書，不貪官，不嗜利，世祖徵召不至，朕遣人召之，亦不至，豈將命者非其人而弗來歟？今特命參議中書省事廉恒等以往，其令行省給五乘傳，賜之楮幣百疋，命挈其家偕來。或蕭維斗堅欲不仕，可進嘉言一二，朕當令人送還。如年老或不能騎，別給安車可也。行省行臺諸司，所在敦遣。公辭不獲，力疾北行。適成廟不豫，然猶傳勅，俾擇館舍，遣近侍賜饌廩衣物，又命宰執以治道爲問。公尋亦南歸，仍辭所賜不受。十年進集賢侍讀學士少中大夫，即其家授之。明年武宗臨御，仁皇養德東宮，博選當世名儒左右輔導，特授公嘉議大夫太子右諭德，命宮師府長史聶輝起公，敦迫上道。至大元年二月至京，入見嘉禧殿，仁皇溫問再三，公書酒誥以進。因言古人惟祭祀則飲酒，然尚德將無醉。蓋當時近習多侍上燕飲，故公首以是訓陳之。未幾懇請還山，上憐其衰老，遣使送歸。二年四月徵拜集賢學士國子祭酒，依前太子右諭德，進階通議大夫，公以老疾辭。門人疑焉問曰：聖人樂得天下英才而教育之，今先生辭祭酒者何也？公曰：曩在京師，有朝士再三以成均教法爲問者，余告之曰：若欲作新冑子，當罷歲貢，一如許文正公時，專於教養。彼既外無利祿之誘，內有問學之功，則人材庶有望矣。此語一傳，物議鼎沸，執政者亦深不以爲然。今余出則徇人，豈能正已以正人乎。四年正月，尚書臣皆以罪廢，政務復歸中書，而大臣請曰：今政事大壞，當從新治之。中外廉潔老臣，及事世祖成廟兩朝，有若李謙、尚文、趙居信、劉敏中、蕭𣂏、程鉅夫、郝天挺、韓從益、劉正、程鵬飛、董古選、陳天祥、王思廉等，可急遣使，召之共議新政，仁皇從之，公以疾辭不起。延祐五年七月己未，有星殞於所居中庭，光射如晝越，八日丙寅，公以疾薨，春秋七十有八。八日某甲子，葬咸平縣少陵鄉，朱張里南原先塋之昭。至治三年，問人故四川行省左丞廉公惇、江浙行省參政富珠哩公翀，時方在朝，以公易名爲請制，贈資善大夫、四川等處行中書省左丞、追封扶風郡公、謚貞敏。維關輔自許文正公、楊文康公，鳴理學以淑多士。公與同公接其步武，學者賴焉。公之學，自六經百氏，山經地志，下至醫經本草，無不極通其說，尤邃三禮及易。嘗作家廟以奉先世，祭則極其誠敬，子弟或少有怠，祭已必深責之。公早值親亡，哀毀致疾，治喪不用佛老，棺槨衣衾，悉遵禮制。蓋自楊文康公倡於其始，公復推明於後，至今長安士大夫家，亦多化之。公平生不祭於墓，有築亭於先壠之側者，表曰致慤引祭義以明之。公曰：墓祭非古，當作祠堂於其家，揭斯名於齋室，庶乎其可。臨川吳文正公，獨稱公爲善於禮。初江西儒者，摽題小學書行於世。公聞以朱筆塗之曰：凡今摽題，多朱子所不欲存者，如鄧伯道繫其子於樹之類，吳文正公是之。公深通六書，嘗言自古文篆籀，而後小篆佐隸，至於眞楷，相沿而成。故今楷書中，古籀篆隸皆有之，雖行草，亦有古籀篆隸之遺意。今眞書點畫之訛者，皆從隸章行草中來，非兼通者不能知也。小篆自是省古籀而爲之，考諸鍾鼎欵識，遇重字則變之，要之，不失六書之旨。太常博士侯伯曰：今人識字及通六書者，惟蕭公爲然。關中字學不差，亦因公發之也。公嘗書經史格言以訓人，求書者或非其人，及涉異端之事，則拒絕之。家多藏書手自校讎，或經傳音訓之訛，皆字字而正之，下至文書亦然。爲文悉本諸經，非有裨世教者不言，非其人不與。公薨遺落無幾，今購得古今詩若干首，銘贊雜文，序記碑誌，又若于首。翰林姚文公燧，文蓋當代，愼許可，獨敬禮公。其門生有譏詆公文者，姚公怒曰：蕭先生道德經術名世者也，豈若吾輩以雕蟲篆刻爲工乎！所撰九州志若干卷，法史記年表，由三代迄宋金，詳疏沿革，於下山川貢賦附焉。其他著述又若干卷。天歷兵荒之餘，往往散在名家。公少穎吾，三四歲時，從其姊過親族家，引公坐榻上不從，親族固命之，乃坐榻下，人已異之。既長，慨然有志於天下。歲癸卯秋，河東關中地震，月餘不止。父老憂懼，不知所以。相師問公，公告之者數千言，反覆極論天人一理，性本皆善。國家當務教養，俾復其初。人當恐懼，修省日遷於善。則陰陽和而萬生，遂災害自不生矣。其心蓋欲位天地，育萬物，上躋隆古之盛。是豈離世絶倫，索隱行怪者之流歟。初朝廷以貢舉取士，行省禮請公與同公較其藝。公以斯文方興，出而應之。公讀書之暇，躬親農耕蠶桑，嘗教其子孫曰：治此以供衣食，最爲安爾。或有饋遺，非義不取。人有急難，施不少吝，奉養極其澹薄。公身長六尺，脩髯如畫，望之可敬。其爲人，外和而中剛，凡與人交，接之以溫言悦色，胸中黑白瞭然不溷。間入城市，觀者如堵，當代名公卿，及四方之士宦游於秦者，願一見公爲榮，或數造其廬請教焉。西臺大夫巴圖公，嘗以冬月謁公，汗流浹背，出語人曰：吾久在京師，屢接賢士大夫，未有若蕭先生自然，令人敬愛不舍。公教人極嚴，諸生惴惴畏服其學。皆自小學始，次及四書諸經，日與學者講説經訓，滚滚不窮，待其曉解，方授别義。人來質疑，即命其徒，取其書某卷，所載以對曰：背文暗誦，恐或悮人。初富珠哩公至自南陽，從公受業，久之謂人曰：某游江右，獲識諸老，聞其論議，或有不讓，今見蕭先生，使某自不能措一辭，信知吾道之無窮也。其他弟子若同毅、陳畱、智炳、李材、盧烈等，多知名於時。公德善化及遠邇，雖武夫悍卒，亦知景慕。征西兵嘗屯長安，大帥一日入朱張里，里人驚惶，帥諭止之曰：汝勿怖，聞此有蕭先生者，見之即歸，吾非侵擾汝也。有郡吏乘馬城南暮歸，遇盜逐之，吏思所以自解曰：我乃蕭維斗也，盜即引去，未幾盜獲，吏適按之，盜曰：我向欲刼汝騎，汝以爲蕭維斗也，吾故不忍，寧知汝紿我耶。公四世祖諱雲，宋樂安鹽使。曾祖惠彥，金益都府孔目官。祖諱均，皇贈中奉大夫、河東山西道宣慰使、護軍、河南郡公。考諱踰，……，屢佐戎幕，活人有功，終京兆路總管府經歷，因留家焉。徵士韓擇爲誌其墓，贈資善大夫、司農卿、上護軍、河南郡公。曾祖妣蓋氏，祖妣孫氏，追封河南郡夫人。妣張氏逯氏俱沒於兵，周氏張氏並追封河南郡夫人。配楊氏張氏杜氏俱先卒，張氏亦追封河南郡夫人。子男二，曰友早卒。曰恭，終奉議大夫耀州知州。女五，俱適人。孫男三，終進義副尉沔陽縣主簿。次亨、次儀。嗚呼節義，天下之大閑，有國家者，欲以作興風教，振起名節，則必訪求高人逸士，徵而用之。於以登禮樂之治，惇廉讓之風。彼爲士者，非偃蹇以自媚，矯亢以爲高，蓋不如是則道不尊。觀列聖之所以用公，公之所以自處，則朝廷風厲人材之盛，君子進退道義之隆，可以爲後世之楷範矣。銘曰：節彼終南，有堂有紀。誰其居之，曰隱君子。早捐世務，樂乎幽潛。德蘊於身，士具爾瞻。南山之雲，朝隮於穴。雨澤誕施，澡我名節。天子曰咨，有臣如斯。安車載脂，屢往徵之。公拜陳辭，能薄材譾。誤達天聰，臣非屯蹇。安車而來，道德雍容。群工在列，仰止高風。進數正言，退明正學。垂訓後生，克配先覺。去古曰遠，士習愈偷。婞婀骫骳，合汗同流。一聞薦揚，喜溢顏面。遊世弗聞，百未一見。不有君子，孰障頹波。尚思公存，考槃在阿。言爲世則，行爲世軌。流風遺烈，來者興起。南山蒼蒼，下爲公藏。爰述潛德，百世耿光。」

可附錄卷之末。

一一二、補張憲「玉笥集」

九靈山房集卷十二「序、玉笥集序」：

「古者學成而用，故其爲志，在乎行事而已。然方未用時，有其志而無其行事，則以其性情之發，寓諸吟咏之間焉。及其既用也，而前日之吟咏，乃皆今日行事之所資。則所以發諸性情，以明吾志之有在者，夫豈見之空言而已哉。此登高賦詩，所以觀乎大夫之能否者，其所由來遠矣。後世學不師古，而詩之與事判爲二途。於是處逸樂者，則流連光景，以自放於花竹之間，而不知返。不幸而有飢寒之迫，擯斥摧挫，流離窮厄之至。則嗟窮悼屈，感憤呼號，莫有紀極於其中。然於時政無所繫，於治道無所補，則徒見諸空言而已耳。是故有見於此，而思務去之者，豈不謂之有志之士乎。然余求之於時，而未之見焉。及來吳中，張君思廉出其所爲詩一編以示。觀其詠史諸作，上下千百年，理亂之故，得失之由，皆粲然可見。而陳義之大，論事之遠，抑揚開闔，反覆頓挫，無非爲名教計。至於樂府歌行等篇，則又逸於思，而豪於才者。及觀其他作，往往不異於此。而此數體者，尤足以肆其馳騁云耳。嗚呼若思廉者，蓋庶幾古詩人作者之能事也哉。余嘗以此求諸昔人之作，自三百篇而下，則杜子美其人也。子美之詩，或謂之詩史者，蓋其可以觀時政，而論治道也。今思廉之詩，語其音節步驟，固以兼取二李諸人之所長，而不盡出於子美。若夫時政之有繫治道之有補，則其得之子美者深矣。若夫時政之有繫治道之有補，則其得之子美者深矣。思廉之齒少於余，而余學詩乃在其後。當其始學時，嘗聞諸故老曰：詩之道，行事其根也，政治其幹也，學其培也。余以是求之二十年，而未得其要歸。及觀思廉之作，然後悟向者之所聞爲足取，而思廉之惠我至矣。余於思廉又安敢以年齒之已長，而自棄乎。因書此於卷首，使觀思廉之詩者，或取於斯言而有所感發也。夫思廉名憲，其字思廉，玉笥乃所居山也，故以題其集云。」

可補卷之首。

滄螺集卷四「玉笥生傳」：

「玉笥生者，會稽山陰人也。家玉笥山，少力學有志，既壯，負才不羈，薄游四方。慕魯連子爲人，不治產業，誓不娶不歸鄉里。故年逾四十而猶獨居，親舊或稍勸爲計生，輒嘻笑舍去曰：吾身未立，天下事未已，此大夫，以國不以家之秋也。吾豈不知有舊田廬，足以資衣食無乏，而此拓落耶。先是國家承平，民無藏甲，士不言兵。生始徒跣走京師，謁貴人，創談天下事，衆駭其狂，且誚曰：生洛陽少年，專務生事，不合，便拂衣還。江南淮西揚塵，聲勢日甚，物情惶惑。生首抗大議，言論風采，歆動時相。居數日，不報，去入富春山中，混淄黃輩，爲方外遊。日以詩酒自放，里豪見而異之，爭下榻設盛饌，生弗之顧。貧士或置雞黍，輒飯不辭。間有識之曰：子非張憲思廉耶，君之齒長矣，猶溷劍士俠客爲也。爲具衣冠，強令出山，生默不答。久之，一旦升高望遠，若有所睹，退謂所親曰：吾亟去，汝輩亦愼毋居此，呼避，避里中，三日而逃。衆不之覺，會寇狼狽猝入，兵死五百餘家，始悔不用生言。生識見沈敏，博學無不窺。其間靜寡默，在稠人中，或被推墮無所較也。及遇事酬酢，論兵說劍，天下一豪健辨士。與搢紳輩爲文章，談王道，從容禮法，雖老儒先生避之。論曰：士貴善用已，善用已者，必善用人。生之才氣，雖予不知其有挾，余間扣底裏，輸發腑臟，百反不能竭。噫澤中之蜥蜴，不用則委蛇草莽間，用則致雨雹猶呼吸也。生善用已，亦若此與。」

可附錄卷之首。

一一三、補尹廷高「玉井樵唱」

積齋集卷二「序、括蒼尹仲明玉井樵唱序」：

「杜少陵獻三賦時，正昇平無事。至德以後，亂離飄泊，指潼關，而下馬望曲江而行。哭憫石濠之老婦，歎空谷之佳人。走鳳翔，竄同谷，客錦里，涉夔門，時移境換，觸物哀吟，覽者爲之墮淚。至建炎中陳去非，避寇房陵，茅屋夜半聞澗水聲，追憶少陵詩句，自恨平生不得其意，而輕讀之。事有曠百世而相感者，亦係其所遭故耶。括蒼尹君，和靖之諸孫，世躋仕版，君獨流落不偶，故里家園，燼於兵火，對信安風雨之榻，念奕山燕雀之巢，弔會稽之陵，紀錢塘之夢，慷慨懷古之情，沈鬱不平之氣，一於歌詩發之。然其怨而不誹，婉而成章，略無時粧俗態，使杜子美復生，亦當領略其句。顧余非知詩者，而身之所遭適與君類，獨能深知其意而悲之，年少貴人未必知也。嗟夫余與君俱老矣，余老且拙，弗諧於時。君方北游，欲詣闕下獻子美三賦，豈終流落不偶者耶。然嘗考之和靖與去非，同時居洛，一則執經程門，立雪不倦。一則飲酒吹笛於午橋花影之下，人品固不同也。京西之變，尹棄家而入蜀，陳攜孥而來南。陳旋參大政，碌碌無補。尹爲德遠汲引復爲會之擯卻，晚入經筵，屢疏不合，抗節而去，經學之驗，豈詩學比耶。君明經世其家，而託興於詩，以其猶有意於出也，故以先業期之。抑昔人譏去非大用後，不復作詩。不如不大用，而賸作好詩之爲愈也。是又一論，君試評之。君名某，字某云。」

可補卷之首。

一一四、補蒲道源「閑居叢稿」

文獻集卷六「順齋文集序」：

「故贈祕書少監，順齋蒲公既歿，仲子御史君機裒輯遺文曰：閒居叢稿者，爲二十有六卷，以授某俾序之。孟子曰：誦其詩，讀其書，不知其人可乎？是以論其世也。按公行狀，生而嶷岐，早歲就學，強記過人，未成童已通經大義。弱冠文聲藉甚，諸老多折行輩與之交。逮乎立年，復以濂洛諸儒之説，倡于漢中。而漢中之士，知有道德性命之學，蓋公之求端用力，務自博以入約，由體以達用，眞知實踐，不事矯飾。而于名物度數，下至陰陽醫學，無不究其精微。教人具有師法，大抵以行檢爲先，而窮經則使之存心靜定，而參透于言語文字之外。郡縣長吏或有所取正，亦必引以當道，而使之行其所無事。臨終卻藥弗御，飲酒賦詩，夷然而逝。由是觀之，則公之爲人可知也。粵自國家統一宇內，治化休明，士俗醇美，一時鴻生碩儒，爲文皆雄深渾厚，而無靡麗之習。承平滋久，流風未墜。皇慶延祐間，公入通朝籍，以性理之學，施於臺閣之文，而其文益粹。譬如良金美玉，不俟鍛鍊琱琢，而光輝發越，自有不可掩者矣。時上新即位，方嚮用儒術、設科目，以網羅四方之賢俊。而御史君以公在班列之日，策名於昕陛，士大夫先以爲榮。論其世，則太平極盛之際也。其浮沈州縣，白首登畿，忝以非才，承乏胄監，實公去官十有五年之後，無從接聞緒論。茲幸獲以疵賤之士，名自附於公，是用忘其衰朽荒落，而序其梗概如右。後之覽者，論其世而知其人，則於公之文思過半矣。公諱道源，字德之，系出漢蒲將軍。至晉安西大將軍，遂避亂入蜀。而宋資政殿學士、贈太師楚國公宗孟，居眉之青神。公之皇考贈禮部郎中諱政午，又以國初徙興元。公嘗爲郡學正，終更絕口不言仕進。晚以遺逸徵詣京師，編摩史館，供奉詞林，尋以博士教國子。居歲餘，輒自引去。詔起公提舉陝西儒學，訖不就，後用御史。君貴以有今贈，其年壽卒葬與言行之詳，壙有志，神道有碑，茲不贅述焉。」

可補卷之首。

一一五、補楊允孚「灤京雜詠」

金文靖集卷七「灤京百詠集序」：

「予嘗扈從北征，出居庸歷燕然，道興和，逾陰山，度磧鹵大漠，以抵臚朐河。復緣流東行，經闊灤海子，過黑松林，觀兵靜虜鎮。既又南行，百折入淙流峽，望應昌而至灤河。又自灤河西行，過烏桓，經李陵臺，趨獨石涉龍門，出李老谷，迤邐紆徐，度鎗竿嶺，遵懷來而歸。往復七閱月，周迴數萬里，凡山川道路之險夷，風雲氣候之變化。鑾輿早晚之次舍，車服儀衛之嚴整。甲兵旗旄之雄壯，軍旅號令之宣布。禡師振武之儀容，破敵納降之威烈。隨其所見，輒記而錄之。且又時時作爲歌詩，以述其所懷。雖音韻鄙陋，不足以擬諸古作。然因其言，以即其事，亦足以見當時儒臣，遭遇之盛者矣。予自幼聞西雲揚先生以詩名，今覩其所爲灤京百詠，則知先生在元時，以布衣職供奉，嘗載筆屬車之後，因得備述當時所見，而播諸歌詠者如此。然燕山至灤京，僅千里不過，爲歲時巡幸之所，度先生往來，正當有元君臣恬嬉之日。是以不轉舜間，海內分裂，而灤京不守，遂爲煨燼。數十年來，元之故老殆盡，無有能道其事者。獨予幸得親至灤河之上，竊從畸人遷容，諮訪當日之遺事，猶獲聞其一二。登高懷古，覽故宮之消歇。睇河山之悠邈，以追憶一代之興廢。因以著之篇什，固有不勝其感歎者矣。因觀先生所著，而徵以予之所見，敢略述其槩，以冠諸篇端。然則後之君子，欲求有元兩京之故實，與夫一代興亡盛衰之故，尚於先生之言有徵乎。」

可補卷之首。按「灤京雜詠提要」謂，「其詩凡一百八首，曰百詠，蓋舉成數」。

一一六、補劉鶚「唯實集」

至正集卷三十四「劉楚奇惟實集序」：

「廬陵劉楚奇仕京，予始愛其詩，未識其人。識其人，觀其氣，又過其詩，不但標格而已也。楚奇永豐世家，祖桂林翁學行冠冕鄉里，得壽百有三歲。其百一歲時，嘗序楚奇詩曰：

得道貴實，楚奇服膺斯言，名所爲詩曰惟實集，請余序。文章以理爲主，理以實爲主。天地之間，照臨錯布於其上，流峙森植於其下。君臣父子夫婦之秩，穀粟桑麻水火之用，參於其中者，皆實理也一。或虛空冥漠，則無以爲世矣，翁其有得於此乎。且實之義非一，對虛而言者，實之反也。對華而言者，實之棄也。對名而言者，實之賓也。至於篤實充實，又皆是理之極致。推而行之，隆古淳厚之治，不外是也，況詩乎。楚奇氣盛，放其言辭，辭而切於理，其有得於實矣乎。詩凡若干首，他詩若文不與焉。其仕也，歷教職，入仕京，出爲湖廣儒學副提舉，後徵入爲祕書郎，朝廷熟其賢，進未已也。桂林翁又戒以勿忘其大者，詩則實矣，舉而措之事業，則他日騰茂實者，其在楚奇矣。」

可補卷之首。

一一七、補張觀光「屏巖小稿」

禮部集卷十四「張屏岩文集序」：

「士傳世不專以言，而言固德之符也。夫子曰：有德者必有言，夫德修於身，不見於言有之矣。其見於言，則亦皆心術行事之所寄，如景之出於形耳。不然聖人豈爲是，確然深信之論哉。若吾東陽屏岩先生之爲人，純?而粹美，夷坦而淵深。孝愛友讓，敦義篤行，自其鄉之人，及吾嘗之士，識與不識，皆稱其爲君子長者也。當宋季年以詩義第，浙士第一，入太學纔二十有六。載英華之氣，發於文辭，同時輩流，固望而敬之矣。未幾國亡，隨其君北遷，道途之淒涼，羇旅之鬱悒，閔時悼已，悲歌長吟，又有不能自已者焉。方中朝例授諸生官，獨以親老丐歸，遂得婺學教授，改調時年甫強仕，即陳情辭祿，以遂志養。杜門深居，沉潛經籍，縷析群言，益造精微，不爲苟作，蓋其自少至老，雖所遭不同，而履度若一。故所著述，皆本性情義理，舂容和平，粹然一出於正，較其生平所爲，殆無一毫不合者。所謂有德之言，豈不信哉。公既歿，其子樞裒遺藁，屬愚爲序。雅聞公晚年屏棄筆硯，以汩性害道，區區以言語求公，特其淺者也。況子長超卓之才，閎肆之學，方大振於文，異時并其前人而尊顯之宜也，於愚何取焉。獨念初與子長定交，逮今且三十年。聞公嘗囑以吳某無他，來必許其周旋。見則自延之莊，坐竟日談，學館舊遊，及留燕時事。嘗出數編相示，每讀一篇已，析言其所作之故。蓋公平居，人未嘗見其面也。藐焉不才，負公期待，衣冠道盡，風流日微，故書以致其拳拳之思，有不知其僭矣。公名觀光，字直夫，屏岩其號，里系事行詳見子長所自志，茲不著。特別取其出處之槩，有係於文者云。」

可補卷之首。

一一八、補白珽「湛淵集」

本堂集卷三十七「錢塘白珽詩序」：

「錢塘白珽，余識之早。幼穎悟，五歲以工屬對。嗣而嗜學，刻苦忘寢食，泛濫書史間，得離騷意度爲多。益之以左江右湖，勝槩激灌，日以沈郁，卒斂而歸諸詩。平而瀾，癯而力，靜潔恬澹，而光自澤，味自腴。騰播散落，與春風草木爭芳潤。一時名賢，如文本心、陳存齋、方蛟峰皆爲之印。予家性存、方虛谷、周草窗、何潛齋輩，又相爲練核磨淬，積之久成集，好事者將取而鋟諸梓，而以書聞于余曰：何如或其可也？敢求數語以開卷先。余謂天高地下，日引月長，人情物變何涯涘。道理閫奧，文章髓脈，即之探之，則愈深愈無窮，而詩止于此乎哉。自恨年已七十有六，恐不及見方來之成之富。然余之所知不專在于詩，其事母多病痼，刲股和藥，起瀕死者再。母死號慟自擲，嘔血至數盌。父暴感奇疾，醫言必得兔屎可療。走冰雪，攀崖壁，忍凍餓，求之三日不得。父以死，痛自咎，不能致藥，抱屍哭，絕而復蘇。繼母虐，不子其孤，下氣以事，怡如也。既而改適，厄于貧，爲營朝夕如家然。晚罹兵氛，負而逃深密，迄免于難。嗚呼刲股嘔血，雖于禮未純，然人之所難能。餘固夫人所當行，而世降俗薄，知者亦鮮。觀乎此，則余于今之人有取焉耳。詩之名，于時抑末也。余懼人徒知其以詩名，而不知其行之實，因併爲表出之，庶乎詩以行加重云。珽字廷玉，自謂四明名儒舒少度遺腹子，豈文脈果有自來哉。乙丑良十月望，嵩溪遺耄陳某序。」

可補卷之首。

一一九、補釋圓至「牧潛集」

剡源文集卷九「序、圓至師詩文序」：

「圓至師詩文一卷，師諱圓至，字天隱，江西高安姚氏子。父兄宗鄰，俱以進士科目起家，獨喜爲僧。江上兵事起，即去依袁州仰山雪岩欽禪師。至元中，自淮入浙，依承天覺菴眞禪師，天童月波明禪師，育王横川鞏禪師。二十七年復歸廬山，越四年，建昌能仁虛席，郡牧趙侯移文請居之。二年竟棄歸廬山，卒於大德二年六月二十四日，以上皆吳僧行魁師所記。圓至師在天童育王時，余適授徒郡郭，屢相遇於親友袁氏舍。每見但好奕棋，勞形苦心，拈子移時，囁嚅不即下。骨貌素癯，不善飲啖，一語不肯爲人説詩文。性似厭聒，然退而出其所作，清馴峭削，殆以理勝。魁師又言，在承天時，亦留磧砂三年。磧砂魁師所居，有賢遊從佳館穀，留之甚安。既不得已，居廬山，愈多病，魁師嘗南泛長江，問其安否。今死，又懼遺懼散墜，爲掇拾刊木，磧砂以傳其氣義，可謂能始終，而天隱爲少慰矣。師可傳，不但詩文，今世言禪者，亦多推天隱，又或號筠溪牧潛云。」

可補卷之首。

吳中人物志卷之十二「方外・元・圓至」：

「圓至字天隱，年十九出家，依仰山慧郎大師爲浮屠。有文名，所著筠溪牧潛集，方回爲序。又注周伯弜三體唐詩，晚留磧砂寺。」

可附錄卷之末。

一二〇、補陳樵「鹿皮子集」

宋學士文集卷第四「鑾坡集卷第四‧即翰苑前集‧元隱君子東陽陳公先生鹿皮子墓誌銘」：

「婺之東陽，有隱君子，戴華陽巾，裁鹿皮爲衣，種藥銀谷澗中。當春陽正煅，舡落紅於飛花亭上，亭下有流泉，花飛隊泉中，與其相迴旋良久而去。君子樂之，日往觀弗厭。既而入太霞洞箸書，其書緞橫辯博，孟軻氏而下，皆未免於論議。元統間，濂嘗候君子洞中，君子步屧出，速坐之海紅花底，戒侍史治酒漿葅醢，親執斝獻，酬歌古詞以爲驩。酒已，君子慨然曰：秦漢而下，說經而善者不傳，傳者多不得其宗。淳熙以來，群儒之說，尤與洙泗伊洛不類。余悉屏去傳注，獨取遺經，精思至四十春秋，一旦神會心融，灼見聖賢之大指。譬猶明月之珠，失之二千年，上自王公，下至甿隸，無不倀倀日索之，終不可致。牧豎乃獲於大澤之濱，豈可以人賤，而并珠弗貴乎。吾今恃此以解六經，決然自謂當斷來說於吾後云。濂乃避席而問曰：其意云何？君子曰：吾以九疇爲六府三事，而圖書爲易象者，不可誣以片言統萬論，而天下古今無疑義，以庸言釋經，子而野人，君子無異辭謂：神所知之謂智，知天下殊分之謂禮，知分之宜之謂義，知天地萬物一體之謂仁，禮復則和之謂樂。謂天地萬物一體，經子之會，要一視萬物。則萬殊之分，正家齊國治而天下平矣。濂未達，請復問其詳。君子曰：國家天下一枳也，枳一爾穰而十焉。枳有穰而一視之其於人則仁也。發而視之，穰有十則等有十，其於人則君臣父子長幼之等夷，刑賞予奪之殊分，所謂禮也。視十爲十者，禮之異。視十爲一者仁之同。分愈異則志愈同，禮愈嚴則仁愈篤者，先王之道也。分愈異者志愈同，故合枳之穰，反來其故地，枚舉而銓次焉者，差之忝銖，則人已無別。犬牙錯而不齊，歛之不合而一不可見。禮愈嚴者，仁愈篤。故治國家天下者，不以禮則彝倫斁，禮樂廢而仁亡，是故洙泗伊洛，朝夕之所陳者，天下萬殊之分，視聽言行之宜，所操者禮之柄耳。故學聖人者，必始於禮焉。故一體萬殊者，孔子之一貫，於洙泗伊洛之言，無不統者也。理一分殊之義廢，則操其枝葉而舍其本根，洙泗伊洛之會要不可見，章句析而附會與，遺經不可識矣。濂受其說以歸，問嘗質之明經者，或者曰：近時學經者，如三尺之童，觀優於臺下，但聞臺上語笑聲，而弗獲見其形，所以不知妍媸，唯人言是信，君子之論偉矣。或者曰：伊洛之學，大明於淳熙，未易遽取舍之也。自時厥後，爲貧游仕，奔走於四方，不及再候君子以畢其說。聞君子益以斯道爲己任，汲汲焉惟恐不傳。靡晝靡夜，操觚著所見於書，書成即刻梓示人，復貽書於濂曰：予瀕死，吾道若無所授，子聰明絕倫，何不一來，片言可盡也。憂患相仍，亦未及往，而天下日趨於亂。君子之室廬，亦毀於兵。寓子婿王爲家，留六年之久，遘微疾，默坐於一室，不食飲者踰月。縣令遣醫來視疾，君子麾云曰：吾年八十又八，其死宜矣，何藥之爲。未幾脩然而逝，實至止乙巳十月戊申也。君子姓陳氏，諱樵，其字爲君采。人因其衣鹿皮，故又號爲鹿皮子，表隱趣也。其先居睦之富春，宋之中葉來徙東陽太平里。世爲衣冠巨族，曾祖居仁，祖嚞，登仕郎，父取青，國學進士。從鄉先生石公一鼇，與聞考亭之學，有志節，嘗抗章詆權臣賈似道誤國。及宋亡，元丞相伯顏見其章，欲用之，辭。君子幼學於家庭，繼受易書詩春秋大義於李公直方。其於天下之書無不讀，讀無不解，學成而隱，邈然不與世接。唯寤寐群經，思一洗支離穿鑿之陋。形於談辨，見於文辭，桓懇懇爲人道之。文辭於狀物寫情充精，然亦自出機軸，不蹈襲古今遺轍。讀之者以其新逸超麗，喻爲挺立孤松，群葩俯仰下風，而莫之敢抗。或就之學則斥曰：後世之辭章，乃士之脂澤，時之清玩耳。舍六經弗講，而事浮辭綺語何栽。少作古賦十餘篇，傳至成均，生徒競相謄寫，謂絕似魏晉人所撰。君子則諱之，不復肯爲也。君子足跡未嘗出里門，而名聞遠達朝著，知名之士，若虞文靖公集、黃文獻公溍、歐陽文公玄，皆慕之以爲不可及。移書諮訪，如恐失之。性復至孝，父患風攣，君子扶之以行，歲久益勤。後爲風疾所侵，氣弱不能吐，君子截竹爲筩，時吸而出之。母郭夫人歿，君子不見，見其遺衣，輒奉之嗚嗚而泣。生平未嘗言利，苟非其義，千駟萬鍾，弗爲動。家雖素饒於貲，痛懲膏粱之習，惡衣菲食以終。其身遇歲儉，輒遏粟賑里閭，自取來牟以續其食。嘗發所藏錫爲器，工人持歸，乃白金也，悉易之。或以告君子，君子一咲而已。嗚呼君子已矣，世豈復有斯人哉！君子所著書：曰易象數新説，曰洪範傳，曰經解經，曰四書本旨，曰孝經新説，曰太極圖解，曰通書解，曰聖賢大意，曰性理大明，曰答客問，曰石室新語，曰淳熙科繆，曰鹿皮子，曰飛飛觀小藁，合數百卷。君子正配朱氏，先若干年卒。生延年、大年、耆年、喬年、昌年。大年，至正庚寅中鄉闈乙榜第一、署徽州路歙縣教諭。側室某氏，生逢年。君子沒時，諸子唯喬年在，餘皆先卒。女三人，其婿即王爲，次則俞某，張紹先。孫男九人，庭玉、庭珪、庭筠、庭鸞、庭鳳、庭堅、庭誨、庭其、庭某。女四人，適徐信、俞本、虞某、□某。曾孫男五人，紹宗、超宗、林宗、某宗、某宗，女三人在幼。喬年庭堅等洎王爲，以是年十二月某甲子，奉柩葬於縣西南四十里，懷德鄉斗潭山之原。縣長貳及學士大夫門弟子咸會，莫不洒泣。葬後五年，其高第弟子楊君芾，乃爲撰列行狀一通，而喬年同王爲持示金華宋濂，再拜請爲銘。嗚呼君子以超絶之資，曠視千古。若一旦暮期，以孔子爲師，而析衷群言之是非，不徇偏曲，不尚詭隨，必欲暢其已説而後已，可謂特立獨行，而無畏慴者也。非人豪，其能之乎！雖然淳熙二三大儒，其志將以明道也。初亦何心於固，必使君子生於其時，與之上下其論，未必無起。予之歎而君子之衆説，亦或藉其損益，以就厥中，則所造詣者，愈光輝混融，而卓冠於後先矣。天之生材，相違而不相值，每如此，竟何如哉。然君子措慮之深，望道之切，其所傳者，確然自成一家言，殆無疑者。世之人弗察，伐異黨同，常指君子爲過高，是豈窺見其衡氣機者哉。濂也不敏，竊有慕洙泗伊洛之學，有志弗強，日就卑近，不足以測君子所至之淺深，而君子則欲進而教之。今因請銘，故備著昔日問答之辭於其首，後之傳儒林者，尚有所稽焉。其稱爲君子者，君子蓋有德之通稱，尊之可謂至矣。銘曰：洙泗傳聖髓兮，伊洛發遺精。天人既混合兮，陽陰悉苞并。無聞不開闢兮，金石奏和平。自茲益演繹兮，白日中天行。如彼藝黍稷兮，薅去莠與稂。春實成白粲兮，詔使來者嘗。有夫起東海兮，吐言一如鏞。噌吰達幽隱兮，務使聲遠揚。豈欲異塗轍兮，理致無終窮。著書動盈車兮，片言類括囊。中有萬寶玉兮，包絡無遺亡。解之溢眾目兮，壞異吁可驚。似茲海外珍兮，神光燁如虹。苟施琢刻工兮，定可獻明廷。下可奉公侯兮，上可奠方明。胡爲墮空山兮，枯槁埋光晶。鹿皮剪爲裘兮，峨冠媵垂纓。臨流翫飛花兮，心與煙霞宜。清風與逸氣兮，橫絕宇宙中。食道身自腴兮，疇計祿位豊。婆娑太霞洞兮，卒以上壽終。斗潭向東流兮，內有八尺瑩。鬼神必訶衛兮，靈氣結華英。永爲文字祥兮，千祀垂休聲。」

可附錄卷之末。

二二一、補釋大訢「蒲室集」

金華黃先生文集卷四十二「龍翔集慶寺笑隱禪師塔銘」：

「今天子至元元年，太中大夫，廣智全悟大禪師，住持大龍翔集慶寺訢公，上謝事之請，御史大夫撒迪公以聞，上不允，遣使特詔加釋教宗主，兼領五山寺，敕臺臣諭旨，俾安居以終老。寵錫優渥，賚及其徒，公不敢違，黽勉受命。至正四年夏五月巳丑朔，乃陞堂辭衆，退處東庵，且授著令循本宗資次，舉徑山曇芳忠公以自代。俄示微疾，其月二十有四日壬子，委順而化。六月四日辛未，奉全身殯于石頭城塔院。臺府暨郡邑諸司，咸設祖奠于道右，送者數千人。八月十有六日壬申，窆于塔院之後岡，分爪髮建塔，杭之鳳凰山下，弟子密詣，以師法嗣，穹窿住山廷俊之狀，走金華山中論于溍曰：先師紹隆祖道，師表人天，克協帝心，光膺聖眷，宜有述以示來葉。子嘗庀職太史氏，且辱交於先師，銘非子誰宜爲，敢奉狀以請。溍載念師之告寂也，不遠千里以所服玩，來識永訣，若有所屬於溍者，誼不得以衰退爲解。謹按公諱太訢，自號笑隱，族陳氏，唐尚書操之裔。世居江州，後徙南昌，故今爲龍興之南昌人。父載母蕭氏，公幼開爽，授以書即成誦。七歲游僧舍，見佛像輒作禮，瞻戀忘歸。父母知不可留，九歲俾去家，依伯父雲上人，於本□□水陸院祝髮，禮雲之徒彰上人爲師，尋受具戒。年十七初至廬山，謁開先一山，萬公留掌內記。既而遣詣百丈山恭晦，機熙禪師一見，深加器重，由內記陞居記室。一日詰之曰：黃龍得旨泐潭、領徒游山，名聞叢林。及見慈明，氣索汗下，過在什麼處？公抗聲曰：千年桃核裏覓甚，歸時仁師愈奇之。又一日，以百丈野狐語，詰之曰：且道不落因果，便墮野狐身，不昧因果，便脫野狐身，利害在什麼？處公擬答，師遽喝之。自是平生凝滯，渙然冰釋矣。公每謂先德有云：但有纖疑不到，無學安能七縱八横，乃益研教典，旁及儒家道流百氏之説。師遷杭之淨慈，仍峰公居記室。出世住湖之烏回，遂以瓣香爲師法，嗣居歲餘，去游江浙間，復歸淨慈，一時大尊宿在父師行者，咸與爲忘年友。嘗訪中峰本公於天目山，坐語至夜半，風大作，勢欲裂崖石，左右皆辟易，公不爲動，中峰甚敬異焉。鳳凰山大報國寺以災毁，而法席空虚。行宣政院倚公起其廢，公既至，棟宇一新，而規制有加於舊。土田爲豪民所據者，悉取而歸之。丞相脱歡答剌罕公領行院事，雅知公，遷主中天竺，而寺亦以災毁，不一年盡復其舊。天曆元年有詔以金陵潛邸，爲大龍翔集慶寺，妙東名德，俾之開山。公首膺其選，特畀三品文階以冠法號。明年驛召赴闕，入見奎章閣，賜坐良久，咨問法要，對揚稱旨，因及公師傳之自。於是侍書學士虞公集承詔，爲晦機製塔銘。既又改中天竺寺額曰天曆永祚，以表公興復之功。而公之别院，曰廣智，亦俾虞公爲書其扁榜，所賜銘裘金衲衣，及它貴珍服用之物，悉出異數，徙行者預賜有差。尋命中使傳旨，館公於泰禧宗禋院，留居浹旬，勞問狎至，并召見，遂辭歸，賤送之禮彌厚。公已南還。復遣使降璽書加護，香幣之須，無虚月。皇上御極，待遇益隆用，大臣奏命公與百丈住山東陽煇公，同校正叢林清規，書成四方咸耴法焉。公嘗於室中問一僧，百丈野狐作麼？生僧方擬進語，公便打。復問旁僧，你道這僧好打麽？僧亦擬進語，師亦打。云同坑無異土，又一僧參次，公云：青州布衫重七斤，即不問你道萬法歸一，一歸何處。僧云：東廊頭西廊下，公云瞎漢來這裏亂說，拈拄杖便打。又一僧參次，公以手指云：釋迦彌勒文殊普賢，從你腳根下過去了也。僧茫然，公即喝去，其機鋒峻峭類如此。一住八年不得謝，復住九年。脫歡公爲行臺御史大夫，示疾前一日，往致別焉。既又別一二所知，欵語良久。逮喝城猶力疾趺坐，屬其徒，以累受賜金帛，作萬佛閣，上報國恩，餘一無所及，遂書偈而逝，春秋六十有一，夏四十有六。所度弟子若干人，得法而分居列剎者若干人。四會語有錄，外集曰蒲室藁。公以母年高，關於覲省，每自謂有媿於睦州編蒲奉親。爰以蒲名室，因以名其藁云。公質貌魁特，襟度豁如。其所爲文，無山林枯寂之態，變化開闔，奇彩爛然，而論議磊落一出於正，未嘗有所偏蔽。虞公稱其如洞庭之野，衆樂並作，鏗鋐軒昂，蛟龍起躍，物怪屏走，沈冥發興。至於名教節義，則感厲奮激，老於文學者不能過也，人以爲知言。初魏國趙公孟頫未識公，得其文歎賞不已，即命駕訪之，一時賢士大夫，咸慕而交焉。公歸寂之日，天大風雨。殯之日，密雲四合，陰風肅然。窆之日，城東南皆雨，而城西獨無沾濕，靈異之跡，可徵不誣。其遭逢盛際，始榮終哀，有不偶然者矣。銘曰：昔在先朝，龍潛下土。蠖濩之居，化爲寶所。人天四衆，川奔雲聚。度門巍巍，公其梁柱。於皇昌辰金，輪御宇寵。綏故舊使，節旁午函。香示信傳，宣天語曰，以五山悉統於汝。凡茲釋教，汝爲宗主。敷求遺範，用繼汝祖。恩光衣被，榮過袞黼。匪公宿德，疇克荷負。典則所存，有墜必舉，木鐸載楊，重規疊矩。單提直指，表正端緒。豎立法幢，作大依怙。密裨上化，萬物時雨。云胡不憖，訃聞當宁。石頭之岡，崇崇窣堵。史臣勒銘，垂休千古。」

可附錄卷之末。

一二三、補顧瑛「玉山璞稿」

吳下冢墓遺文卷三「金粟道人顧君墓誌銘・顧仲瑛」：

「金粟道人，姓顧名德輝，一名阿瑛，字仲瑛，世居吳。譜傳野王裔，未必能否也。大父已上，皆宋衣冠。大父仕皇元爲衛輝懷孟路總管，居崑山之朱塘里。父玉山處士，隱德不仕。予幼喜讀書，年十六而幹父之蠱，遂廢學焉。性好結客，尚乘肥衣輕，馳逐於少年之場。故達官時貴，靡不交識。能不墜家聲，而棄所習，復讀舊書，與文人儒士爲詩酒友。又頗鑒古玩好，年踰四十，田業悉付子壻，於舊第之西偏，疊石爲山，築草堂於其址。左右高館若干所，傍植雜花木，以梧竹相映帶，總名爲之玉山佳處。詩有玉山倡和，等集行於世。不學干祿利，欲謝塵事，杖老於林泉，而未能果。先是浙東帥府，以茂異辟爲會稽教諭。趣官者至，則趨而辟之。至正九年，江浙省以海寓不寧，又辟貳崑山事，辭不獲，乃以姪良佐代任焉。又五年，水軍都府，以布衣起佐軍務。又一年，治都萬户納麟哈剌，復俾督守。朝廷遣使，銜宣見迫，且欲入粟泛舟釣予吳淞江上，自號金粟道人。取王氏，子男元臣，宣授武略將軍，寧海所正千户，今陞水軍都府副都萬户。次子元禮，今授正千戶，摠鄉民守本土。元貴習舉子業，未冠，某在幼。女三人，孫男二人，孫女四人。吁！當今兵革四起，白業成丘，家無餘糧，野有餓莩，雖欲保首領以沒，未知天定如何耳。今年四十有九，恐一旦傾逝，泯汶無聞。且欲戒子孫，以苧衣桐帽，棕鞵有襪，纏裹入金粟塚中，愼勿加飾金寶，致爲身累。故先自志云、大元至正戊戌五月廿九日，顧阿瑛自製。」

可附錄卷之末。

一一三、補吳萊「淵穎集」

純白齋類稿卷二十「浦陽淵穎吳先生文集序」：

「浦陽仙華諸峰，蒼翠萬仞，其嶄絕峻拔之形，瑰詭雄峙之狀，金華北山，不能過也。故其氣之清淑靈秀，蜿蟺磅礴，而鍾爲名世文儒者，固宜有之。若存雅先生、方公翰林、待制柳公，則其人也。最後深裊先生，吳君立夫出焉。立夫氣稟尤異，負絕倫之才。其少時，讀書日記數千百言。下筆爲文，如雲興水湧，二先生所深畏愛者也。故方公以孫女妻之，而且盡傳其學焉。凡天文、地理、井田、兵術、禮樂、刑政、陰陽、律歷，下至氏族、方技、釋老異端之書，靡不窮考。含其英，咀其華，於經史之學，益研精究其指歸，故發爲議論文章，滔滔汩汩，一瀉千里，如長川大山之宗夫海嶽也。如千兵萬馬之啣枚疾馳，而不聞其聲也。嗚呼壯哉！他人恒苦其淺陋，立夫獨患其宏博者也。庸詎非仙華神秀之所鍾，而能若是耶。惜其早世，莫得少見於時。僅嘗一用春秋薦不第，遂隱居講學，從游甚眾。凡經指授，悉有可觀。於是大肆其力，於學問文章，而卓乎不可及矣。嗟夫彼其僥倖一官，乘時射利，而無片言隻字，可傳於世者。其視吾立夫，雄文偉論，馳騁於司馬子長、劉向、揚雄之間者，是果孰爲得失哉！必有能辯之者。今門人高第宋君景濂，不忘其師，子雲之侯芭，昌黎之李漢也。叔拾遺文若干卷，徵予引，夫文章待序而傳者哉。然玉韞石輝，珠藏川媚，異時仙華山下，有光燭天者，必遺文之所在也，尚何患其不傳哉。」

可補卷之首。

一二四、補宋褧「燕石集」

滋溪文稿卷十三「故翰林直學士贈國子祭酒范陽郡侯謚文靖宋公墓誌銘并序」：

「宋氏世家京師，公諱褧，字顯夫。由進士出身，卒官翰林直學士、亞中大夫、知制誥、同修國史、兼經筵官，葬宛平縣香山鄉櫯山原。衡州路安仁縣尹贈户部尚書楨之子，禮部尚書奎章閣承制學士謚正獻本之弟，母曰范陽郡夫人李氏。至元甲午户部主興山薄公生色中，稍長、流落江漢間。綴學勤苦，户部爲小官，祿薄，公兄弟授徒以爲養。皇慶初，貢舉詔下，始習經義策問。延祐六年，挾其所作歌詩，從正獻來京師。清河元公明善、濟南張公養浩、東平蔡公文淵、王公士熙、方以文學顯於朝。見公伯仲，驚嘆以爲異人，爭尉薦之。會蔡公王公試大都鄉貢士、正獻名冠第一，公文亦在選中、以解額不足而止。又三年，汶陽曹公元用、蜀郡虞公集、南陽孛朮魯公翀爲考官、公遂擢第，除秘書監校書郎。安南使者朝貢而歸，選公充館伴，使將別，使者以金爲贐，公卻之。改翰林國史院編修官，詹事院立選爲照磨，尋辟御史臺掾，辭轉太禧宗禋院照磨。元統初，遷翰林修撰、與修天歷實錄，承詔祀天妃於閩海，登舟風作，舟人皆懼，公曰：吾奉天子命，以香致處，以海漕爲禱，又何懼爲。頃之，風息，竣事而還。復號至元之三年，拜監察御史。時災異並臻，公言列聖臨御，治安百年，皇上繼統，未聞過舉。今一歲之内，日月薄蝕，星文垂象。正月元日，千步廊火。六月河朔大水泛溢城郭，八月京師地震，毀落宗廟殿壁，震驚神靈，豈朝政未修，民瘼未愈所致然歟。宜集大臣，講求弭災之道，務施實惠，忽尚虛文，庶可上答天譴，下遂民生。臺臣以聞，上命中書集議弊政，詔天下。京畿之東，霖雨傷稼，餓殍盈路。公按行見之，倡言其故，朝廷出鈔若千萬貫，命公賑之，生者不致於流亡，公之力也。出僉山南廉訪司事，峽州房陵屬邑，在萬山中，公不憚崎嶇，雖盛暑，冒霧露毒，皆身歷之，唯以洗冤澤物爲心。宜城民與富家争刈麥，共毆而死。及賂縣吏，俾一人承之。公得其情，坐吏及共毆者罪。安陸寡婦有罪自頸，或疑其夫兄及妹婿殺之，屍爛已不可驗，遂皆誣伏。始則曰：以寡婦私逸，用棠木杖擊死，棄屍溝中。次則曰：用山桑及栗木擊之而死。公疑用杖不同，乃曰寡婦之骨得無損乎？命他官發墓驗之，而寡婦尚以繩繫其頸，於是破枷出二人獄。國制獲盜五人者得官，應山民被劫，巡徼執五人，坐之，以冀官賞。獄具公疑而訊之，果皆良民，而巡徼以罪。免五人者，非公之明，死獄中矣。是皆司刑者辭避而不肯爲，公一一能直其冤，人大稱之。嗚呼世以儒者迂闊，於事情濡，滯於時務，常鄙薄之。彼則舞文法以肆苛刻，專逢迎以爲變通，孰月惻怛愛民如公者乎。至正之初，改陝西行臺都事，月餘召拜翰林待制，遷國子司業，勑修遼金宋史。公分纂宋高宗紀，及選舉志，書成超拜翰林直學士、賜白金五十兩，織金文綺四端，尋又命兼經筵。講說明白，屢承恩賜，搢紳以爲榮。公學務博，尤喜爲詩。自少敏悟，出語驚人，嘗曰造語引事，皆當出唐以前，不然則非唐矣。有文號燕石集，若干卷。集選本朝歌詩曰妙品，上上曰名家，曰賞音，曰情境超詣，曰才情等集，又若干卷。齊魯號稱多士，公兩被命，考其鄉貢。又嘗爲廷試讀卷官，選擇精詳，士論推服。其在風紀，薦士尤眾。瀞州孝子段懋，父沒，執喪哀苦，廬墓三年不歸，負土築墳，寒暑不懈。公核實其行，遂旌異其門閭。國人託寅者，少侍父官家，隨屏居讀書，不事進取，荊襄士多稱之譽之。公表其行於朝，果徵用焉。公性樂易，家雖甚貧，待親友無所靳。當官有守，或上司同列，事不合義，言不中度，雖迫之以聲勢，怵之以禍福，公毅然操持不變。是則公伯仲家庭講學之功，抑亦國家庠序之士之所致歟。公享年五十有三卒，以至正六年三月甲午葬。以是月庚子，贈大中大夫國子祭酒輕車都尉范陽郡侯謚文清，娶劉氏，封京兆郡夫人。二子籲，顒，補國子員，六女在室。

公先世墳墓，在京師故城南宜泉村原。户部僑葬江陵，正獻始兆撅山。公將遷户部柩北歸，以貧不克，疾革，猶以爲言。公葬，猶子中書掾纘，序次行事來請銘。天爵昔官朝著，公及正獻休旬，數過吾家，或論文史，或評古今。孰憶二公，皆以盛年相繼去世。然則銘公之墓，非故人之責歟。銘曰：仁皇御極，天下文明。崇儒稽古，多士斯興。惟公伯仲，時稱二宋。出應明時，祥麟威鳳。憲臺秘府，詞林壁雍。優游清華，議論從容。士貴多聞，尤貴絕識。操之有要，斯能不忒。公居官守，事不詭隨。咢咢其節，抑抑其儀。天生賢才，惟以治世。胡不百年，爲三有事。洎乎委順，歸寧故邱。咨爾後人，尚承公休。」

可附錄卷之末。

一一五、補劉仁本「羽庭集」

玩齋集卷六「羽庭詩集序」：

「赤城黃嵒之境，有山曰委羽，有士曰劉德玄。隱居自放，不求聞於人。獨喜爲歌詩，情有所感，輒形於言。嘗讀孫綽天台山賦，至羽人丹丘福庭不死之句，欣然慕之，若將有所遇焉，遂名其藁曰：羽庭。及領鄉薦，就辟部使者，累官省署，以安東諸侯。則其遊歷益廣，造詣益深，而羽庭之積益富，往往傳誦江海士人之口，政譽詩名卓然並高。予間得一二讀之，已知其志之不凡矣。今年冬，以使過姚江，則德玄適來治兵，江上一見，握手懽甚。始盡示其所爲槀，誦數過，爲之嘆曰：信乎德玄之可與言詩也。夫學詩如學僊，僊不遇，不能成僊。詩不悟，不足論詩。蟬蜕污濁之中，神遊太空之表，非超然眞悟者，能之乎！德玄不忘乎委羽之山，羽人之庭，其眞有得哉。雖然鉛汞之爊，支爲玉樹。黃金山鼎，輕若浮塵。其得於僊者，豈無大小耶。得有小大，則悟於詩者，又豈無淺深耶。不明於徼，不入於道，何足以語此。或曰李白詩之僊，賀詩之鬼，然則果有小大淺深矣。他日相見於天台流水間，尚當與德玄論之。」

可補卷之首。

餘論：方志與元人別集間令人矚目之若干問題

一、刪改原著篇名

方志每刪改原著篇名，如〈1〉雲林集卷四「秋日陪集賢學士趙公敬夫憩龍山玄眞寺」，當塗縣志卷二十九，改爲「落能山」。〈2〉道園學古錄卷三「安慶路雙蓮寺得上人超然寺」，懷寧縣志卷三十五，改爲「雙蓮寺超然臺」。〈3〉剡源文集卷二十九「寄雪竇同長老嘗許畫蘭不至」，四明山志卷七，改爲「寄雪竇同長老」。〈4〉北郭集卷二「題徐士民壁」，江陰縣志卷二十一，改爲「題徐氏壁」。〈5〉鐵崖樂府補卷三「湖龍姑曲」，岳州府志卷十八，改爲「龍姑曲」。〈6〉魯齋遺書卷十一「別西山」，河南通志卷七十二，改爲「蘇門山」。〈7〉吳文正集卷九十二「驛舟過慈湖瞻丁侯廟」，太平府志卷三十八，改爲「丁蘭廟」。〈8〉雁門集卷二「九華山題石潭驛」，青陽縣志卷十，改爲「重過九華山」。〈9〉石初集卷二「古今城謠」，懷寧縣志卷三十五，改爲「古金城謠」。〈10〉蛻菴集卷三「石田山房爲毛叔達作」，四明山志卷七，改爲「毛尊師石田山房」。〈11〉蛻菴集卷五「遊天竺集」，武林靈隱寺志卷八，改爲「靈隱寺」。〈12〉雁門集卷二「登北固城樓」，京口三山全志卷三，改爲「多景樓」。〈13〉鐵崖樂府卷一「鴻門會」，臨潼縣志卷八下，改爲「鴻門宴」。〈14〉安雅堂集卷二「和虞先生雲州道上聞香」，宣化府志卷四十，改爲「雲州道上聞異香」。〈15〉圭齋集卷六「分宜縣學復田記」，袁州府志卷十四，改爲「縣學復田記」。〈16〉雁門集卷一「題魯河港驛和貫酸齋題壁」，繁昌縣志卷十七，改爲「魯河港」。〈17〉聞過齋卷一「美監郡編役序」，無棣縣志卷二十三，改爲「監郡編役序」。〈18〉歸田類稿卷十八「公退書四知壁」，堂邑縣志卷十九，改爲「題四知堂」。〈19〉芳谷集卷上「送董秀眞入建刊蔡氏書傳通釋序」，德興縣卷九，改爲「秀眞董君往建德刊書序」。〈20〉雁門集卷一「吳橋縣古河堤」，無棣縣志卷二十三，改爲「登古河堤」。〈21〉還山集卷下，「河道村」，宣化府志卷三十九，改爲「雲州」。〈22〉芳谷集眷下「德興儒學記」，德興縣卷十，改爲「重修縣學記」。〈23〉北郭集卷二「題樂耕子卷」，江陰縣志卷二十一，改爲「耕樂子」。〈24〉

淵穎集卷四「風雨揚子江」，儀眞縣志卷之四，改爲「風雨渡江行」。〈25〉筠軒集卷四「後踏車行」，徽州府志卷十一，改爲「踏車行」。〈26〉陳剛中詩集卷二「采石月題蛾眉亭」，當塗縣志卷二十九，改爲「謫仙樓」。〈27〉續軒渠集卷一「題聖墩妃宮湄洲嶼」，福建通志卷七十六，改爲「題湄洲嶼聖墩妃宮」。〈28〉陳剛中詩集卷三「懷來縣」，宣化府志卷三十九，改爲「嬀州」。〈29〉居竹軒詩集卷二「向遊武林之龍井過南天竺登二老亭曾賦詩二首」，浙江通志卷二百七十四，改爲「向年遊龍井過南竺登二老亭曾賦二詩」等，不勝枚舉。

方志之所以刪改原著篇名，一爲便於刊刻。因此，原著篇名較長者固刪，如〈1〉〈2〉〈3〉等。即短者亦刪，如〈4〉〈5〉等。二爲符合其地理、歷史之背景，如〈6〉〈12〉等。按「別西山」，所以改爲「蘇門山」，因許魯齋衡，嘗隱居蘇門山。明一統志卷二十八「衛輝府、山川、蘇門山」、「在輝縣西北七里，一名百門山。」「百門泉，在蘇門山，泉通百道，故名。」圭齋集卷九「大元敕賜故中書左丞集賢大學士國子祭酒贈正學垂憲佐運功臣太傅開府儀同三司追封魏國文正公許先生神道碑」：「留魏三年，自挽鹿車，載書還河內。魏人致僕馬，不聽。入洛求弟衍得之。自洛適魏，聞河內政虐，還止蘇門。」

方志爲便於刊刻，輒刪簡原著之篇名，然亦間有反是者。如〈30〉麗則遺音卷一「弔伍員」，光化縣志卷六，改爲「弔伍員賦」。〈31〉桂隱集卷一「棲深」，江西通志卷一百四十七，改爲「棲深賦」。〈32〉雲林集卷一「虎林玄妙觀」，貴池縣志卷八，改爲「虎林城玄妙觀」。

〈33〉雲林集卷一「天遊亭」，宣城縣志卷三十二，改爲「麻姑天遊亭」。〈34〉玩齋集卷四「峨眉山」，太平府志卷三，改爲「采石蛾眉亭」。

所以如此者，或爲判定其類別，如〈30〉〈31〉。按方志藝文志之纂修，須先判定其類別。爲文爲詩，爲賦爲詞，爲樂府。詩又有四言、五言、六言、七言、古律、律詩、絕句之分。文復有記、序、說、跋、傳、碑、銘之別。以確立體例，而利纂修。或爲明確其地址，如〈32〉〈33〉等。按「天遊亭」，不若「麻姑天遊亭」之明確。麻姑，麻姑山也。大清一統志卷八十「寧國府、山川、麻姑山」：「在宣城縣東三十里。」或因語意不明，如〈34〉。按「峨眉山」，並非四川之峨眉山。蓋玩齋集附錄之「年譜」，貢師泰一生，未曾入川。復按自采石山，眺望東西梁山，對峙若眉，故東西梁山，又曰峨眉山。復因二山夾江對峙，其險若門，故亦曰天門山。山上所建亭，因之名蛾眉亭。明一統志卷十五「太平府、山川、天門山」：「在府城西南三十里，二山夾大江，東曰博望，西曰梁山。對峙如門，亦名峨眉山。」「采石山」：「在府城北二十五里，牛渚北，昔人於此石因名。因臨江有磯，曰采石。」「宮室、蛾眉亭」：「在采石山，宋郡守張環建，前有博望、梁山、夾江對峙如眉，因名。」

二、悉刪原著詩序

方志之刊刻，所費不貲。故爲節省開支，除省志外，所有方志，無不盡刪原著之詩序，如

〈35〉夢觀集卷一「次韻王季鴻游九日山」：「季鴻王君，攜友游九日山，過姜相墓，感秦隱君能爲十年葬事，不暴於世，弔以詩。余未識其人，愛其詩，亦次其韻。」福建通志卷七十六「九日過姜相墓」，既改其篇名，復刪其詩序。〈36〉梧溪集卷二「故將軍歌有序」：「故將軍歌，哀上萬戶蒙古氏，察蘇侯也。侯字靜如，以世勳佩三珠金虎符，官昭勇大將軍，鎭江陰。謙恪尙義，人悅慕之。至正十一年，淮西亂，督軍九江，取道安慶時，湖廣威順王在道，王聞侯頓兵，即帳下。以退守地虛弱，強侯爲張飲之會。宣讓王遣使諭旨曰：安慶控江淮要衝，命侯就鎭。前後出師，凡二十九捷。十二年冬十一月，寇悉衆，水陸並進，侯連破之。翼日，復大破，輕舟追，後中流矢卒，是月二十九日也。二王哭之哀，給白銀五十兩，賻其葬。先是逢與宴侯第，時海內無事，嘗謂侯曰：大歲在辰，侯當保障一方，戰勝恐後不利，蓋愼諸。侯曰：大丈夫戮力王室，死無憾也。侯事親孝，征閩寇衛濱，咸有功云。」江陰縣志卷二十一，改爲「哀上萬戶蒙古氏丑斯侯歌」。既改其篇名，復刪其詩序。〈37〉陵川集卷十二「後聽角行」：「丁未冬十有一月，漢上趙先生仁甫，宿于余家之蜩殼庵。霜清月冷，角聲寥亮，乃作聽角行，以贈其行。近在儀眞，每聞角聲，因思向來，卒章四句。江上舊梅花，今夜落誰家。樓頭有恨知何事，牽住青空幾縷霞。便有江城羈留之兆，故作後聽角行，以自釋云。」儀眞縣志卷四，改爲「聽角行」，亦改其篇名，刪其詩序。〈38〉龜巢集卷三「子英之玉山，顧隱君令於同里法喜寺樓居，日鈔佛經，書至午乃止。餘暇，則吟詠不輟，雖舊來訪，亦不往答焉。余因子英復去，作此代簡。」姑蘇志卷三十，改爲「寄顧仲瑛」。亦改其篇名，删其詩序。凡此衆多，亦不勝枚舉！

省志之纂修，因其財力雄厚，人力充沛，故所纂錄之各代詩文，既未删改其篇名，亦未删其詩序。如〈39〉雁門集卷一「溪行中秋翫月幷序」：「余乃薩氏子，家無田，囊無儲。始以進士入官，京口錄事長，南行臺辟爲掾。繼而御史臺，奏爲南臺架閣官。歲餘，遷閩海廉訪知事。又歲餘，詔進河北廉訪經歷。皆奉母而行，以祿養也。後至元三年八月望，舟泊延平津。是夕星河燦然，天無翳雲，月如白日。溪聲潺湲若奏樂，四山環抱，如拱如立。如侍左右，奔走執事者。薩氏子，奉母坐船上，與其婦，具酒餚盤饌，奉觴上壽。繼而若妹若婿，若婢若僕，以次而進。和而不褻，謹而怡怡。月色蕩酒，而溪韻雜笑談，母懽甚。至舟人醉飲，亦相與鼓枻，作南歌而樂。今夕何夕，不知奉親之在異鄉也。嗟夫！昔人所謂宦遊之樂，不如奉親之樂，實天樂也。薩氏子於是命婦，盥爵滿以酒，再拜爲母壽，而作歌曰。」山西通志卷二百二十二「溪行中秋翫月幷序」，既未删改原著篇名，亦未删其詩序。〈40〉靜修集卷十二「王孝女旌門銘幷序」：「女家容城西，以母喪，感念遂不嫁終身。州上其行，御史按實，禮部令旌表之。內翰盧公，署其門曰：孝女王氏，縣人劉因銘曰。」畿輔通卷一百十三「王孝女旌門銘，劉因」，亦未删改其篇名，删其銘序。〈41〉淵穎集卷三「五洩東源，有地可十數畝。後負山，前則石河如帶。幽敻深窈，蓋隱居學道者，可築一室。偶賦一詩，屬陳彥正」。浙江通志卷二百七十三，亦未改其篇名，删其詩序。

三、改錯原著篇名

長沙府寧鄉縣，有天馬山。大清一統志卷二百七十六「長沙府、山川、天馬山」：「在寧鄉縣南三十里，亦名石磷關。縣志：石磷關，兩山勝聳，宛如二馬，驤首行空，故曰天馬山。」府志之纂修者，以爲圭齋卷一「天馬賦」乃歌吟天馬山之作。故長沙府志卷四十四，遂改爲「天馬山賦、歐陽元」，殊誤。蓋「天馬賦」言：「自獻西土」，「天馬固難得，而不易畜之」。顯爲吟馬，而非歌山之作。且天馬一事，爲至正年間盛事。蓋佛郎國貢馬一匹，高八尺三寸，長一丈一尺三寸有奇，乃漢時所謂之天馬。帝既詔翰林學士承旨夔夔，命畫工周朗貌以圖之。復敕直學士兼經筵官周伯琦，賦詩題畫。侍講學士兼經筵官揭傒斯爲文，以贊馬，而頌聖德。文安集卷十四「天馬贊」：「皇帝御極之十年七月十八日，拂郎國獻天馬。身長一丈三寸有奇，高六尺四寸有奇，昂首八尺二寸。二十一日，敕臣周朗貌以圖之。二十三日，詔臣揭傒斯爲之贊。」近光集卷二「天馬行應制作有序」：「至正二年，歲壬午，七月十有八日，西域佛郎國，遣使獻馬一匹。高八尺三寸，修如其數而加半。色漆黑，後二蹄白，曲項昂首，神俊超越，視他西域馬。可稱者，皆在髃下。金轡重勒，馭者其國人。黃鬚碧眼，服二色窄衣。言語不可通，以意諭之。凡七渡海洋，始達中國。是日天朗氣清，相臣奏進，上御慈仁殿，臨觀稱歎。遂命育於天閑，飼以肉粟酒湩。仍勅翰林學士承旨夔夔，命畫工圖之，而直學士臣揭傒斯贊之。蓋自有國以來，未嘗見也，殆古所謂天馬者邪。承詔賦詩，題所畫圖，臣伯琦謹獻詩曰。」且時人亦多所吟詠，以記其盛。如楊仲弘詩集卷五「神馬歌次韻陳元之」，鐵崖古樂府卷七「佛郎國進天馬歌」等。

雁門集卷三「余與觀志能，俱以公事赴北。舟至梁山泊時，荷花盛開，風雨大至，舟不相接，遂泊蘆葦中。余折蘆一葉，題詩其上，寄志能。」：「題詩蘆葉雨班班，底事詩人不奈閒。滿濼荷花開欲遍，客程五月過梁山。」太平府志卷三十八，刪其詩序，改其篇名，「梁山泊」，爲「梁山港」，誤。〈一〉明一統志、清一統志、江南通志、讀史方輿紀要、太平府志、當塗縣志，雖載有稀泥港、和尚港、龍山港、師賢港、大溪港、陶家港、小溪港、新開港、武山港、煉堆港、查家橋港、襄城港、杜公港、臙脂港、大信港、陰村港、然並無「梁山港」，其誤於此可知。〈二〉當塗縣有博望山，又名東梁山。對岸之和縣，有梁山，又名西梁山。兩山夾長江對峙，江流激射，其險若門，故曰天門山。東梁山，冬季水涸期，水深猶四十七丈，夏季其深可知。古來渡江北上，多由大信河入江，泊采石山下，突入江中之采石磯。因此地江面狹於瓜洲，故由此渡者十之九，從京口渡者十之一。所以，采石磯，即太平府志所謂之「梁山港」，江狹水急，深數十丈，安能種蓮，見荷花盛開？其誤於此至明。讀史方輿紀要卷二十七「當塗縣、博望山」：「府西南三十里，亦曰東梁山，與和州西梁山，夾江對峙，石磯北出，江流激射，亦謂梁山磯。又曰天門山，亦曰蛾眉山。」大清一統志卷八十四「太平府、山川、博望山」：「東梁（山）窪，冬月水涸時，土人以繩測之，東梁深四十八丈。」「采石山」：「在縣西北二十五里……，周十五里，高百仞，西接大江，三面俱繞姑溪，一名翠螺山。山下突入江處，名釆石磯。」讀史方輿紀要卷十九「釆石」：「古來江南有事，從釆石渡者十之九，從京口渡者十之一，蓋以江面狹於瓜洲也。」〈三〉雁門集卷三，吟梁山泊之詩計三首，除前引一首外，尚有「再過梁山泊，有懷觀志能。」：「故人同出不同歸，雲水微茫入夢思。記得題詩向蘆葉，滿湖風雨似來時。」「燈火官船夜睡遲，滿湖風露襲人衣。無端驚起沙頭雁，明月蘆花各自飛。」詩三首均言，「滿湖荷花開欲遍」，「滿湖風雨似來時」，「滿湖風露襲人衣」。皆言「滿湖」，末云「滿港」，「滿江」，「滿磯」。可知其詩，乃吟梁山泊，非歌太平府志所謂之「梁山港」。其誤於此，不難概見。〈四〉太平府志之纂修者，見「客程五月到梁山」，兼以「舟至梁山，泊時荷花盛開」，斷句違常。以爲此詩，乃吟當塗梁山之作。遂刪其詩序，改其篇名。其誤與長沙府志，如出一轍。均爲合乎當地之地理背景，未能詳讀原著之內容，致有此誤。〈五〉梁山，古名良山，在東平縣西南五十里，周二十餘里。山上有虎頭崖、宋江寨、蓮花臺、石穿洞、黑風洞等蹟。山下爲梁山泊，即古鉅野澤。宋熙寧十年，河決澶州，北流斷，河道南徙，東匯於梁山，水域益廣，爲元時南北水運之孔道，薩都剌曾兩次經此。梁山泊爲湖，適於種蓮，故五月「荷花盛開」。東平縣志卷二「山川志、梁山」：「縣治西南五十里，本名良，因漢光武避叔諱，改爲梁……。山周二十餘里，跨東平、壽張、汶上、鄆、鉅之境上。」壽張縣志卷一「方輿志、梁山」：「上有虎頭崖、宋江寨、蓮花臺、石穿洞、黑風洞等蹟。」大清一統志卷一百二十九「兗州府、山川、梁山濼」：

「在壽張東南梁山下……，熙寧十年，河於澶州曹村澶淵，北流斷，河道南徙，東歷於梁山。」

四、作者姓名錯誤

宿松縣志卷三十二「藝文、詩、小孤山、元、楊載」：「日落霞明錦浪翻，崖傾路峭白雲閒。乾坤上下推孤柱，吳蜀東南壯此關。神物夜移風動地，仙舟曉渡月漫山。回瞻絕頂登臨處，空翠冥濛杳靄間。」文安集卷二「小孤山曉發和蔡思敬韻」：「日落霞明錦浪翻，厓傾石峭白雲閒。乾坤上下雄孤柱，吳蜀東南壯北關。神物夜移風動地，仙舟曉渡月漫山。回瞻絕頂登臨處，空翠冥濛杳靄間。」二詩僅一字之異，且楊仲弘詩集，不載此詩。故此詩爲揭傒斯所作，謂作者楊載殊誤。若謂此詩，爲楊氏遺失在外之作品，亦誤。蓋兩位作者，絕無內容悉同之作品。

懷寧縣志卷三五「藝文、詩、夜泊長風沙、楊載」：「長風沙，長風不斷，行人嗟奈君何。南風正北高風起，大船初灣小船喜。小船移近大船頭，不獨風沙夜可憂。但祝行人好心事，長江何處是安流。茅舍參差數株柳，時平尚置官軍守。青裙老姥詫鮮魚，白髮殘兵賣私酒。魚鮮可取酒可沽，他人心事知何如。」文安集卷一「長風沙夜泊」：「長風沙，風沙不斷行人嗟。行人嗟，奈君何。南風正高北風起，大船初灣小船喜。移船更近大船頭，不獨風沙夜可憂。但祝行人好心事，長江何處是安流。茅屋參差數株柳，時平尚置官軍守。青裙老媼詫鮮魚，白髮殘兵賣私酒。魚賤可買酒可沽，他人心事知如何。」按此詩，楊仲弘詩集不載，故此詩作者，爲揭傒斯。謂楊載作，亦誤。至於二詩有十字之歧異，當因懷寧縣志所載，爲原始之作，文安集所載，則爲事後加以潤色所致。

五、一詩作者二人

盱眙縣志卷二十三「古今體詩、元、瑞巖菴、余闕」：「孤絕緣高障，幽尋及早春。迻燈瑤殿小，煮酒瑞泉新。陽彩方澄景，淮流欲近人。燕談眞得地，風磴入深筠。」鳳陽府志卷三十五「藝文、詩、元、陳孚、瑞巖菴」：「孤絕緣高障，幽尋及早春。迻燈瑤殿小，煮酒瑞泉新。陽彩方澄景，淮流欲近人。燕談眞得地，風磴入深筠。」二詩無一字之歧，且陳孚之陳剛中詩集，余闕之青陽集，均無此詩。作者何人，待考。府志縣志，有此奇事，所本爲何，亦待考。

六、間用作者之字號

方志纂錄之詩文，均用作者之名，然亦間有用作者之字者，如〈一〉建陽縣志卷六「藝文志上、記、重修書院記、虞伯生撰」，「仰山禪寺記、虞伯生撰」。按虞集字伯生。〈二〉四明山志卷六「迻毛石田住泉水宮、張伯雨」，「白水宮、張伯雨」。按張雨字伯雨。〈三〉京口三山志卷之三「集詩一、北固山、北固山、元、陳剛中、總管治中」，武林靈隱寺誌卷之八「詩詠、飛來峰、陳剛中」。按陳孚字剛中。〈四〉京口三山全志金山卷之四「集詩二、金山寺、金山寺、趙子昂」，德興縣卷十「藝文志、詩、元、聚遠樓、趙子昂」，「寶劍篇、趙子昂」，「泊居巢、趙子昂」，「釣臺、趙子昂」。按趙孟頫字子昂。〈五〉南康府志卷之十「詩類、五言律詩、高廬山聞鐘、揭曼碩」，「七言律詩、廬山、揭曼碩」。按揭傒斯字曼碩。〈六〉當塗縣志卷三十一「藝文、五言律詩、元、傅與礪、采石山」，河南通志卷七十四「藝文、元、傅與礪、汴梁懷古」，蕭縣志卷十五「藝文、元、蕭縣儒學記、傅汝礪」。按傅若金字汝礪。〈七〉黃州府志卷六「藝文、詩、赤壁、括蒼、周此山」。按周權號此山。〈八〉武夷山志卷二十三「藝文、詩、武夷山、薩天錫」。按薩都剌，字天錫。〈九〉江陰縣志卷二十一「送三國士序、楊廉夫、元人」。按楊維禎，字廉夫。

七、方志原著歧異

方志所纂錄之詩文，間有與原著歧異，甚至全然不同者。除前述之「長風沙夜泊」外，再如〈一〉青陽縣志卷十「藝文、詩、重過九華山、薩天錫」：「馬上行人望九華，飄飄佳興倚天涯。排空峭石生蒼筍，落日奇峰掛赤霞。仙掌三秋擎露屑，銀河半夜礙星槎。雲間五老應招手，喚我來遊太乙家。」雁門集卷二「九華山題石潭驛」：「馬上行人看九華，飄飄高旆倚天涯。排空峭石生玄筍，落日奇鋒掛赤霞。仙掌九秩擎露屑，天河半夜礙星槎。雲中五老應招手，喚客來遨太乙家。」二者有八字之歧異。〈二〉宣城縣志卷三十二「藝文、詩、郊行、貢奎、邑人有傳」，

「樹木炊烟綠，人家住澗西。風輕鶯語滑，泥重燕翎低。病渴憐新釀，郊吟憶舊題。小莊蠶最熟，喜欲報山妻。」雲林集卷四「郊行三首」：「樹末炊烟綠，人家住澗西。風輕鶯語滑，泥重燕飛低。病渴憐新釀，閒吟憶舊題。小莊蠶最熟，喜欲報山妻。」二者有三字之歧異。〈三〉江西通志卷一百四十八「藝文、詩二、五言古詩、元、芙蓉山、何中」：「岧岧青芙蓉，峻秀琢寒玉。危流千丈飛，鏗鍧石相觸。幽閣魚龍宮，荒寒霧雨蓄。凄神不可留，前登散遐矚。參差雜花動，香氣泛幽谷。日照丹霞開，萬峰洗晴綠。」知非堂稿卷一「遊芙蓉山十四首」：「岧岧青芙蓉，峻秀琢寒玉。危流千丈飛，鏗鍧石相觸。幽閟魚龍宮，荒寒霧雨蓄。凄神不可留，前登散遐矚。參差雜花動，香氣汎深谷。日照丹霞開，萬峰洗晴綠。同心有長纔，緩尋靈藥斸。葛仙早見招，庶得從所欲。」二者有四字之歧異，且原著較方志，增最後四句。〈四〉京口三山志危之三「集詩、多景樓三首、薩天錫」：「笑拍闌干起白鷗，長江不盡古今愁。六朝人物空流水，三國江山獨倚樓。禿鬢涼風吹木葉，高城落日下簾鉤。海門不管興亡事，只送春潮打石頭。」「雁門集卷二「登北固城樓」：「醉拍闌干起白鷗，登臨不忍古今愁。六朝文物隨流水，三國江山獨倚樓。禿鬢涼風吹木葉，孤城落日下簾鉤。海門不管前朝事，猶送寒潮打石頭。」二者有十字之歧異。〈五〉京口三山全志金山卷之四「集詩二、金山寺、金山寺三首、薩天錫」：「幾年無事客，同上好高臺。落日地中去，長江天際來。英雄成往事，歲月付銜盃。無限登臨意，舟人莫重摧。」雁門集卷二「同朱舜咨王伯循登金山妙高臺」：「幾年無此客，同上妙高臺。落日地中去，長江天際來。。英雄成往事，歲月付銜盃。無限登臨意，舟人莫重摧。」二者有兩字之歧異。〈六〉常德府志卷十九「藝文志、賦味、題桃源圖、元、丁鶴年」：「誤入桃源去路賒，武陵春老重咨嗟。漁郎去後無消息，回首東風幾度花。」丁鶴年詩集卷二「題桃源圖」：「放舟長怪武陵人，強覓桃花洞裏春。若使仙源通一線，如何避得虎狼秦。」二者悉異。〈七〉江陰縣志卷二十一「遺文第十五、書徐氏壁、許恕」：「臥聽今雨舊雨，坐看前山後山。不許時來俗駕，柴門雖設常關。」北郭集卷三「題徐士民壁」：「村北村南紅稻，屋前屋後青山。老子時來相訪，未容緊閉柴關。」二者悉異。〈八〉句容縣志卷之八「題詠類、元詩、題金菌山二首、趙孟頫」：「靈丘狀三秀，紫雲覆其巔。易我朝生質，閱彼大椿年。」「結屋依菌山，焚香候芝蓋。眞靈幸憫我，冠佩時來會。」松雪齋集卷五　玄洲十詠寄張貞居、菌山」：「結茅依菌山，焚香候芝蓋。眞靈幸憫我，冠佩時來會。」二者有一二首之異，有一字之歧。〈九〉句容縣志卷之八「題詠類、元詠、題羅姑洞、趙孟頫」：「九疑得道女，受事易遷家。詩贈金條脫，人逢鄂綠華。」松雪齋集卷五「玄洲十詠寄張貞居、羅姑洞」：「翩翩十絕旛，飄飄九疑仙。洞口薜蘿長，來降是何年。」二者悉異。〈十〉句容縣志卷之八「題詠類、元詩、題霞架海、趙孟頫」：「日芒界金色，虹梁飲鳳阿。直把天孫袂，鳥鵲詎塡河。」松雪齋集卷五「霞架海」：「衆水會一壑，天近發霞光。晨興新沐竟，晞髮向朝陽。」二者悉異。〈十一〉宣城縣志卷三十二「藝文、詩、麻姑天遊亭、貢奎、邑人有傳」：「斜陽衆峰出，山行快追尋。茲亭獨崔嵬，超然散塵襟。瑤漢湛虛碧，靈飆蕩幽陰。滉瀁連沃野，蒼茫府喬林。眞遊本無馭，妙道悟非深。麻姑去何年，薜蘿徑蕭森。元蟬解新蛻，嘒嘒高樹吟。物理感時遷，世轍徒駸駸。懷哉學仙術，孤雲度遙岑。」霖林集卷一「天遊亭」：「涼秋馬肥健，山行快閒心。斜陽衆峰出，豈待窮追尋。茲亭獨崔嵬，超然散塵襟。瑤漢湛虛碧，靈飆蕩幽陰。滉瀁連沃野，蒼茫府喬林。眞遊本無馭，妙道悟非深。麻姑去何年，樓居集華簪。棟宇墠高下，薜蘿徑蕭森。元蟬解新蛻，嘒嘒高樹吟。物理感時遷，世轍徒駸駸。懷哉學仙術，孤雲度遙岑。」原著較宣城縣所錄，多四句二十字，且有四字歧異。〈十二〉安慶府懷寧縣志卷之三十一「藝文志、詩、古金城謠、周霆震、安成人」：「崑崙烈風撼坤軸，日車歛轡咸池浴。六龍飲渴呼不聞，赤蟻玄蜂厭人肉。荊襄弗支廬壽孤，江東掃地如摧枯。忠臣當代誰第一，七載舒城天下無。東南此地關形勝，天柱之峰屹千仞。當年赤壁走阿瞞，天爲孫吳產公瑾。我公千載遙相望，崎嶇恒以弱擊強。孤城大小二百戰，食盡百拜天無光。當關投劍蒼龍吼，盡室肯污奸黨手。推峰闔郡無生降，群盜言之皆稽首。堂堂省臺羅公卿，建曹分省日募兵。哀哉坐視無寸策，遂使流血西江平。向來莫曉皇穹意，大將南征死相繼。一時貪暴盡庸材，玩寇偷安饕富貴。河流浩浩龍門西，燕山萬騎攢霜蹄。英雄暴骨心未死，去作海色催朝雞。玉衣飛舞空中見，太息孤忠鏖百戰。五陵元氣待天還，睢陽誰續中丞傳。」石初集卷二「七言古詩、古今城謠并序」：「「崑崙烈風撼坤軸，日車歛轡咸池浴。六龍飲渴呼不聞，赤螘玄蠭厭人肉。荊襄弗支廬壽孤，江東掃地如摧枯。忠臣當代誰第一，七載舒城天下無。東南此地關形勝，天柱之峰屹千仞。當年赤壁走阿瞞，天爲孫吳產公瑾。我公千載遙相望，崎嶇恒以弱擊強。孤城大小二百戰，食盡北拜天無光。當關援劍蒼龍吼，盡室肯污奸黨手。推峰闔郡無生降，群盜言之皆稽首。堂堂省臺羅公卿，建曹分閫日募兵。哀哉坐視無寸策，遂使流血西江平。向來不曉皇穹意，名將南征死相繼。一時貪暴聚庸材，玩寇偷安饕富貴。河流浩浩龍門西，燕山萬騎攢霜蹄。英雄暴骨心未死，去作海色催朝雞。玉衣飛舞空中見，大息孤忠鏖百戰。五陵元氣待天還，睢陽誰續中丞傳。」二者有八字之歧。凡此，所在多有。

八、作者時代錯誤

河南通志卷七十四「藝文三、詩、七言律、元、王庭筠・登林慮南樓」，「元、趙秉文、嵩山承天谷」。按金史卷一百一十「列傳第四十八、趙秉文」，卷一百二十六「列傳第六十四、文苑下、王庭筠」。金史二人有傳，然元史則無。故河南通志，謂趙秉文，王庭筠，爲元代人殊誤。

九、附註內容錯誤

登封縣志卷二十九「麗藻錄、詩七律、趙秉文、嵩山承天谷」：

「煙霞直上逍遙谷，路轉山腰咫尺迷。已覺洞天分聖境，更疑石磴是仙梯。霜添紅葉黃花好，天與金壺玉柱齊。醉倚西風正南望，暮雲煙草一時低。以上中州集」

按中州集卷三「禮部閑閑趙公秉文、六十三首」，並無此詩。所著滏水文集，亦無此詩。故此詩，當爲散遺在外之作品，附註誤。

吳江縣志卷四十八「集詩、平望驛道、此詩又見李孝光集．題作過吳江、薩都剌」：

「左帶吳淞右五湖，人家笑語隔菰蒲。風濤不動魚龍國，煙雨翻成水墨圖。越客臥吹船上笛，吳姬多倚水邊爐。鑑湖道士如招隱，一曲他年得賜無。」

按李孝光之「五峰集」卷九「七言古詩」，卷十「七言律詩」，均無此題此詩。註謂此詩，見李孝光集，未知所本者何？附註誤。

十、作者二詩相似

薩都剌「雁門集」卷二「九華山石潭驛」：

「馬上行人看九華，飄飄高旆倚天涯。排空峭石生玄筍，落日奇峰掛赤霞。仙掌九秋擎露屑，天河半夜礙星槎。雲中五老應招手，喚客來遊太乙家。」

「雁門集」卷四「九華山石墨驛」：

「馬上行人思九華，飄飄高興滿天涯。排空峭石生玄笋，落日奇峰掛赤霞。仙掌九秋傾露屑，天河半夜礙星槎。雲中五老應招手，呼我來遊太乙家。」

按笋即筍，音義同，形異。復按二詩，僅第一句之「看」與「思」，第二句之「旆倚」與「興滿」，第五句之「擎」與「傾」，第八句「喚客」與「呼我」六字之歧。二詩相似如此，令人奇異。

十一、作者時代紊亂

金元、元明之際，作者時代之歸屬，諸書頗爲歧異紊亂。（一）山西通志二百二十二「藝文四十一・詩二・七古・練樓并序・元・李俊民」，金詩紀事卷七「李俊民」，李俊民，分列金元兩代。（二）山西通志卷一百九十六「藝文十五・碑碣六・元・重修鹽池廟碑・王禕」，四庫全書簡明目錄卷十八「別集類五・王忠文集・明・王禕撰」，王禕分列元明兩代。（三）新元史卷二百三十八「文苑下・陶宗儀」，四庫全書簡明目錄卷十四「輟耕錄・明・陶宗儀撰」，陶宗儀分列元明兩代。（四）江西通志卷一百四十六「藝文・辭賦・元・三節堂賦・危素」，四庫全書簡明目錄卷十八「別集類五・說學齋稿・明・危素撰」，危素分列元明兩代。（五）石門集「提要」：「明・梁寅撰」，四庫全書簡明目錄卷十七「石門集・元・梁寅撰」，梁寅分列元明兩代。（六）玉笥集「提要」：「明・鄧雅撰」，四庫全書簡明目錄卷十七「玉笥集・元・鄧雅撰」，鄧雅分列元明兩代。按作者時代之紊亂，所在多有。所以如此者，悉因生卒跨越兩代。若生於元代，卒於明初，則謂爲明代人故可。然列爲元代，亦屬合理。歧異之源，蓋由乎此。

十二、作者時代同書互歧

作者之時代，若生卒跨越兩代，易生歧異，前已言之。然同書之中，作者分列兩代，則殊非所宜。（一）河南通志卷七十四「藝文三・詩・七言律・元・王庭筠・登林慮南樓」，卷四十九「藝文八・記・金・王庭筠・五松亭記」，王庭筠分列金元兩代。（二）河南通志卷七十三「藝文二・詩・五言律・金・楊奐・金谷行」，卷七十四「藝文三・詩・五言絕句・元・楊奐・登太室」，楊奐分列金元兩代。（三）山西通志卷二百三「藝文二十二・記三・金・重修廟學記・李俊民」，卷二百二十一「藝文四十・詩一・五言古詩・元・毛晉卿肖山堂・李俊民」，李俊民分列兩代。（四）可閑老人集「提要」：「元・張昱撰」，卷一「首頁」：「明・張昱撰」，張昱分列元明兩代。（五）雲松巢集「提要」：「元・朱希晦撰」，卷一「首頁」：「明・朱希晦撰」，朱希晦分列元明兩代。（五）來鶴亭集「提要」：「元・呂誠撰」，「補遺」：「明・呂誠撰」，呂誠分列元明兩代。（六）說郛「提要」：「明・陶宗儀撰」，卷一至卷五下，每卷之「首頁」：「明・陶宗儀撰」，卷六上以下，每卷「首頁」：「元・陶宗儀撰」，陶宗儀分列元明兩代。如何考定其失，並無定論。

十三、作者同書名號不一

浙江通志卷二百七十三「藝文十五・詩・七言古詩・夜泊釣台・元・薩天錫」，浙江通志卷二百七十八「藝文二十・詩・七言絕句・西湖絕句・元・薩都剌」。按方志選錄作者之詩文，全書或用其名，或用其字，或用其號，名號統一。若浙江通志，薩天錫，薩都剌，名與字並用，殊爲違常。所以如此，或因取材版本之同使然。

十四、作者悉用其號

新安文獻志卷十四「游鐘山記・鄭師山」，按鄭玉號師山。卷十五「共學齋記・趙東山」，按趙汸號東山。卷十六「送鄭彥昭侍親歸江西序・唐筠軒」，按唐元號筠軒。卷十六「書孔明出師表後・陳定宇」，按陳櫟號定宇。卷十六「師山鄭先生行狀・汪環谷」，按汪克寬號環谷。卷九十四下「徽州路儒學教授唐公元墓誌銘・杜清碧」，按杜本號清碧。卷二十三「題吳雲龍詩集・方虛谷」，按方回號虛谷。考方志所選錄之詩文作者，雖間用其字或號，然若新安文獻志之作者，悉用其號，尙屬罕覯。尊崇先賢，當爲致此之因。

十五、劉鶚字楚齊誤

惟實集卷首「提要」：「臣等謹案，惟實集七卷，附錄一卷，劉鶚撰。鶚字楚齊，永豐人。皇慶間，以荐授揚州學錄，累官江州總管，江西行者參政，守韶州。以贛寇圍城，禦不支，被執抗節死，其事甚烈。」

按惟實集附錄「元故中奉大夫海北廣東道肅政廉訪副使劉公墓誌銘」：「公諱鶚，字楚奇，世爲吉水永豐顯親里人……。淮東宣慰，通通聞其賢，舉充揚州學錄。泰定乙丑，受汴省檄，掌教齊安河南三書院……，考滿，歸建浮雲道院，爲藏修之所……。至正元年，擢從仕郎湖廣儒學副提舉……。未幾，擢秘書監秘書郎……。十年，陞翰林修撰，奉訓大夫……。十七年九月，陞中順大夫廉訪副使，四月，登舟赴廣東憲副……，開司南雄，九月駐車於韶關……。二十二年二員，拜嘉議大夫，江西參政。二十四年甲辰九月，韶獠作亂，公分兵討之。而贛寇乘間猝至，公自將乘城……，力戰月餘，竟以兵少無援，而城陷，公被執，拘囚至贛……，不食六日而卒。」

復按吳文正集卷十七「劉鶚詩序」：「鶚字楚奇，與吾諸子之相先後……，嘉鶚之才，愛之如吾子。」文安集卷十「浮雲道觀記」：「客名鶚，字楚奇……，其詩近陶柳之間。」至正集卷三十四「劉楚齊惟實集序」：「廬陵劉楚齊……，所爲詩，曰惟實集，請于序。」燕石集卷三「吉安劉楚奇秘書浮雲道觀」，惟實集附錄「銘」：「劉公名士，暨擢第入翰林，時楚奇在秘監……，胡行簡泣銘」。文毅集卷十六「跋楚奇劉公與丘氏書幷梅南劉公」：「鄉先生楚奇劉公，仕元終廣憲貳，死節於贛。」

總上所陳，均稱劉鶚字楚奇，即僅謂楚奇而不名，然其任官或事蹟，亦均同劉鶚。故「提要」謂劉鶚字楚齊誤，設爲筆誤，則尤爲編校之失。

十六、酸齋姓氏父名歧異

圭齋集卷九「元故翰林學士中奉大夫知誥同修國史貫公神道碑」：「公家世北庭，裕實其名，酸齋其號也……，格濟格之子……。詩傳人間，號蘆花道人。公至錢塘，因以自號。」元詩選二集卷七：「侍讀學士碩裕實哈雅」：「碩裕實哈雅，阿里哈雅之孫，父名袞格根，裕實遂以格爲氏，號酸齋。」

乾隆以元史有關之譯名不善，故悉加新譯，而盡改之。復集全國之精英，以修四庫全書。即其謄錄，亦多舉人。然酸齋之父，一謂格齊格，一謂袞格根，二書互異，而未統一。酸齋之姓，一謂格氏，一謂貫氏，仍如之。雖爲小誤，亦編校之失。

十七、王惲世祖時任翰林學士承旨誤

秋澗集卷首「提要」：「臣等謹案，秋澗一百卷，元王惲撰。惲字仲謀，汲縣人。世祖時，官翰林學士承旨。」按元史卷一百六十七「王惲字仲謀，衛州汲縣人……，二十九年春，見帝於柳林行宮，遂上萬言書，極陳時政，授翰林學士，嘉議大夫……。大德八年六月卒，贈翰林學士承旨，資善大夫，追封太原郡公，謚文定。」

故王惲世祖時，任翰林學士承旨誤。蓋其大德八年卒後，始贈翰林學士承旨。後世雖均以其卒後之贈官，稱其官職，然謂世祖時，仍爲編校之失。

十八、東平縣志王惲籍貫誤

東平縣志卷十一上「人物・王惲」：「王惲字仲謀，東平人。有材幹，操履端方。中統初，爲東平詳議官，仕至翰林學士。練習掌故，所著書，皆切實有用。文章法元好問，以有關時政，爲尤工。」

元史卷一六七「王惲」：「王惲字仲謀，衛州汲縣人……，惲有材幹，操履端方，好學善屬文……。中統元年，左丞姚樞，宣撫東平，辟爲詳議官……。二年春，轉翰林修撰，同知制誥，兼修國史院編修官。尋兼左右司都事，治錢穀，擢才能，議典禮，考制度，咸究所長，同僚服之……。二十九年春，見帝於柳林行宮，遂上萬言書，極陳時政，授翰林學士。」

秋澗集卷首「提要」：「王惲字仲謀，汲縣人……，惲自謂文章學於元好問。」秋澗集卷十七「追挽元遺山先生」：「余二十許，以文贄於先生，公喜甚，親爲刪誨。欲挈之西行，以所傳畀。」秋澗集卷六十八「上姚敬齋啓」：「中統元年七月六日，席生王某謹齋沐頓首再拜，致啓尙書宣撫先生閣下：因沾餘溢，得列諸生。」秋澗集附錄「文集後序」：「先考……弱冠，已嘗請教於紫陽、鹿菴、遺山、神川、諸名公。」按敬齋姚樞、紫陽楊奐、鹿菴王磐、遺山元好問、神川劉祁。

總以上所陳，東平縣志，謂王惲東平人誤。設東平另有王惲，何以與汲縣王惲之名字，事跡，淵源，乃至文句，竟如此雷同。

十九、東平縣志石海涯之名稱誤

梱平縣志卷十七「志餘・元」：「史載石海涯辭官，還江南。路過梁山泊，見漁父織蘆花爲被。將以紬易之，漁父願得詩，乃援筆立就警句云：西風刮夢秋無際，明月生香滿身雪。漁父贈被卻紬，欣然持詩去，人間宣傳蘆花被。惜漁父名不傳，蓋元季隱君子村，即漁父故居也。」此詩收入貫酸齋詩集卷二「七言律詩・蘆花被」：「僕過梁山泊，有漁翁織蘆花爲被。僕尙其淸，欲易以紬者，翁曰：君尙吾淸，願以詩輸之。遂賦，果卻紬：採得蘆花不洗塵，翠蓑聊獲藉爲裀。西風刮夢秋無際，夜月生香雪滿身。毛骨已隨天地老，聲名不讓古今貧。青綾莫爲鴛鴦妬，欸乃聲中別有春。」按二者，有「明」與「夜」一字之異。

四部叢刊圭齋集卷九「元故翰林學士中奉大夫知制誥同修國史貫公神道碑」：「公家世北庭，雲石其名，酸齋其號也……。嘗過梁山濼，見漁父織蘆絮爲被，愛之，以紬易。漁父見其貴易賤，異其爲人，佯曰：君欲吾被，當更賦詩。公援筆立成，竟持被往。詩傳人間，號蘆花道人。公至錢塘，因以自號。」中華書局，元詩選二集「侍讀學士小雲石海涯」：「小雲石海涯，阿里海涯之孫，父名貫只哥，雲石遂以貫爲氏，號酸齋。」二十五補篇「元史氏族表卷二、色目」：「貫氏本畏吾世，阿里海涯平江南有功，有子曰貫只哥，子孫因以貫爲氏。阿散合徹—阿里海涯—貫只哥—小雲石海涯。」

故小雲石海涯，姓貫氏，名雲石，號酸齋，又號蘆花道人。世人可稱貫雲石，雲石，酸齋。然稱小雲石海涯，依其習俗，須稱其全部音節，不可刪減。東平縣志，稱石海涯誤。元詩紀事卷十一「小雲石海涯」：「小雲石，阿里海涯之孫，父名貫只哥，遂以貫爲氏，號酸齋。」稱小雲石，亦誤。蓋簡稱石海涯，小雲石，乃漢人習俗使然。

二十、「贈宋國賓還贛序」為泰和王沂所撰

江西通志卷一百三十六「藝文・序一・元・贈宋國賓還?序・王沂」：「至正辛卯冬，予客遊寧都，識筠陽宋才卿氏，才卿於是爲賢判官。見其二子，國賓其次也。眉目娟秀，又爲宋氏才子弟，方讀書有大志，因內交焉。癸巳秋，變起倉卒，才卿死王事。尙書全侯子仁，令國賓攝先職……。又次年，天子陞尙書，參江西大政，僚屬以次轉遷，國賓亦授鎭撫之職……。予客艾氏，與國賓凡三過……。戊戌江淮兵變，衆寡不敵……，參政遂退上流，以節終於贛……。乃壬寅仲夏，由章貢訪予隱居。」

按元代有三王沂，一爲奉天王沂。紫山大全集卷十六「大元故順天路總管府權府事王公神道碑」：「公名沂，字振文。童幼穎悟過人，比冠，通方識務，金主走汴……，順天內服。蔡國公

承制，辟公錄事判官，兼規措大使……，擢權順天府事……。晚年詩尤工，以老致仕……。言絕談笑而逝，享年七十有三。」

二爲眞定王沂，伊濱集卷首「提要」略謂：王沂字思魯，其先雲中人，徙家眞定。延祐初進士，嘗爲臨淮縣尹，遷嵩州同知。歷國史院編修官，國子博士，擢翰林待制。至正初，預修遼金宋三史，爲總裁官之一，仕至禮部尚書。至正五年後，遷轉遂不可考，疑即致仕。

按元史卷四十二「本紀・順帝五」：「至正……十一年……五月，劉福通爲亂，以黃巾爲號……。八月……徐貞，一名壽輝……，舉兵爲亂……，九月……劉福通陷汝寧、息州、光州，衆至十萬。徐壽輝陷蘄水及黃州路。」天下亂越，沂遂挈家，南渡以避之。蓋伊濱集三「寓吉安林塘避桃林兵警感言」：「秋思旣已挿，麥壟亦已翻……。」卷五「壬寅紀異同劉以和賦」：「壬寅仲春，天雨雹，南平城中盡驚愕……。」「九月十一日，鄰寇逼境倉皇南渡感賦」：「鄰邑舉寇燧，長驅寇南平。中霄始聞警，挈家遂遠行……。」故沂嘗居吉安，至正二十二年，復奔南平，九月更倉皇遠遁，不知所終。

三爲泰和王沂，東里文集卷十八「王竹亭先生墓誌銘」：「竹亭先生諱沂，字子與，竹亭其別號……。嘗一試有司，不合，即不復出，教授卿里。而所交遊往還，皆當世名人。」

據前陳，奉天王沂，「比冠」，二十歲，「金主走汴」，，事在元太祖九年，公元一二一四年。「享年七十有三」，故其卒於一二一四年，加五十三年，元世祖至元七年。然序撰於壬寅至正二十二年，奉天王沂早已謝世，故序非此王沂所撰。
復據前述，眞定王沂，南渡避兵，最早亦當在至正十二年，或更晚。安能於辛卯至正十一年冬，識宋國賓於寧都。既素昧生平，又安能於壬寅至正二十二年秋，往訪於南平，故序亦非自此王沂之手筆。
序既非奉天王沂，亦非眞定王沂所撰，已無疑異。且三王沂中，唯泰和王沂，隱居不仕，教授卿里。合乎序言，「由章貢（贛州）訪予隱居（泰和）」之言，故序乃此王沂所撰。

引用書目

1. 宋 黃 希原注：補注杜詩 三十六卷 商務印書館 文淵閣四庫全書
2. 宋 高 翥：菊磵先生詩全藁 四卷 國家圖書館珍本室 清古鹽范氏也趣軒抄本
3. 宋 陳 著：本堂集 九十四卷 商務印書館 文淵閣四庫全書
4. 宋 方 鳳：存雅堂遺稿 五卷 商務印書館 文淵閣四庫全書
5. 金 趙秉文：滏水文集 三十卷 商務印書館 文淵閣四庫全書
6. 金 元好問：中州集 十卷 鼎文書局 國學名著珍本彙刊
7. 金 元好問：遺山集 四十卷 附錄一卷 商務印書館 文淵閣四庫全書
8. 元 耶律楚材：湛然居士集 十四卷 商務印書館 文淵閣四庫全書本
9. 元 劉秉忠、藏春集 五卷、附錄一卷 商務印書館 文淵閣四庫全書本
10. 元 郝 經：陵川集 三十九卷 商務印書館 文淵閣四庫全書本
11. 元 張養浩：歸田類稿 二十二卷 商務印書館 文淵閣四庫全書本
12. 元 方 回、桐江續集 三十六卷 商務印書館 文淵閣四庫全書本
13. 元 戴表元：剡源文集 三十卷 商務印書館 文淵閣四庫全書本

14. 元　張伯淳：養蒙文集　十卷　商務印書館　文淵閣四庫全書本
15. 元　陸文圭：牆東類稿　二十卷　商務印書館　文淵閣四庫全書本
16. 元　趙　文：青山集　八卷　商務印書館　文淵閣四庫全書本
17. 元　劉　詵：桂隱文集　四卷　附錄　一卷　商務印書館　文淵閣四庫全書本
18. 元　劉　詵：桂隱詩集　四卷　商務印書館　文淵閣四庫全書本
19. 元　劉　壎：水雲村稾　十五卷　商務印書館　文淵閣四庫全書本
20. 元　鄧文原：巴西集　二卷　商務印書館　文淵閣四庫全書本
21. 元　胡祗遹：紫山大全集　二十六卷　商務印書館　文淵閣四庫全書本
22. 元　趙孟頫：松雪齋集　十卷　外集　一卷　商務印書館　文淵閣四庫全書本
23. 元　吳　澄：吳文正集　一百卷　附錄　一卷　商務印書館　文淵閣四庫全書本
24. 元　許　衡：魯齋遺書　十四卷　商務印書館　文淵閣四庫全書本
25. 元　胡炳文：雲峰集　八卷　商務印書館　文淵閣四庫全書本
26. 元　王　惲：秋澗集　一百卷　商務印書館　文淵閣四庫全書本
27. 元　姚　燧：牧庵集　三十六卷　附年譜　一卷　商務印書館　文淵閣四庫全書本
28. 元　程鉅夫：雪樓集　三十卷　附年譜　一卷　商務印書館　文淵閣四庫全書本
29. 元　徐明善：芳谷集　二卷　商務印書館　文淵閣四庫全書本

30. 元　陳　孚：陳剛中詩集　三卷　附錄　一卷　商務印書館　文淵閣四庫全書本
31. 元　周　權：此山詩集　十卷　商務印書館　文淵閣四庫全書本
32. 元　劉岳申：申齋集　十五卷　商務印書館　文淵閣四庫全書本
33. 元　洪希文：續軒渠集　十卷　附錄　一卷　商務印書館　文淵閣四庫全書本
34. 元　何　中：知非堂稿　六卷　商務印書館　文淵閣四庫全書本
35. 元　貢　奎：雲林集　六卷　商務印書館　文淵閣四庫全書本
36. 元　劉敏中：中庵集　二十卷　商務印書館　文淵閣四庫全書本
37. 元　馬祖常：石田文集　十五卷　附錄　一卷　商務印書館　文淵閣四庫全書本
38. 元　虞　集：道園學古錄　五十卷　商務印書館　文淵閣四庫全書本
39. 元　虞　集：道園遺稿　六卷　商務印書館　文淵閣四庫全書本
40. 元　楊　載：楊仲弘集　八卷　商務印書館　文淵閣四庫全書本
41. 元　范　梈：范德機詩集　七卷　商務印書館　文淵閣四庫全書本
42. 元　揭傒斯：文安集　十四卷　補遺　一卷　商務印書館　文淵閣四庫全書本
43. 元　宋　無：翠寒集　一卷　商務印書館　文淵閣四庫全書本
44. 元　王　沂：伊濱集　二十四卷　商務印書館　文淵閣四庫全書本
45. 元　吳　萊：淵潁集　十二卷　附錄　一卷　商務印書館　文淵閣四庫全書本

46. 元　歐陽玄：圭齋文集　十五卷附錄　一卷　商務印書館　文淵閣四庫全書本
47. 元　柳　貫：待制集　二十卷　附錄　一卷　商務印書館　文淵閣四庫全書本
48. 元　陳　泰：所安遺集　一卷　商務印書館　文淵閣四庫全書本
49. 元　許有壬：至正集　八十一卷　商務印書館　文淵閣四庫全書本
50. 元　吳師道：禮部集　二十卷　附錄　一卷　商務印書館　文淵閣四庫全書本
51. 元　黃鎮成：秋聲集　四卷　商務印書館　文淵閣四庫全書本
52. 元　薩都拉：雁門集　四卷　商務印書館　文淵閣四庫全書本
53. 元　陳　旅：安雅堂集　十三卷　商務印書館　文淵閣四庫全書本
54. 元　傅若金：傅與礪詩文集　二十卷　詩集　八卷　文集　十一卷　附錄　一卷　商務印書館　文淵閣四庫全書本
55. 元　蘇天爵：滋溪文稿　三十卷　商務印書館　文淵閣四庫全書本
56. 元　余　闕：青陽集　六卷　商務印書館　文淵閣四庫全書本
57. 元　周伯琦：近光集　三卷　扈從集　一卷　商務印書館　文淵閣四庫全書本
58. 元　張　翥：蛻菴集　五卷　商務印書館　文淵閣四庫全書本
59. 元　李孝光：五峰集　十卷　商務印書館　文淵閣四庫全書本
60. 元　納　延：金臺集　二卷　商務印書館　文淵閣四庫全書本

61. 元　貢師泰：玩齋集　十卷　拾遺　一卷　附錄　一卷　商務印書館　文淵閣四庫全書本
62. 元　成廷珪：居竹軒詩集　四卷　附錄　一卷　商務印書館　文淵閣四庫全書本
63. 元　張　雨：句曲外史集　三卷 附錄 一卷 補遺 三卷 附 一卷 商務印書館 文淵閣四庫全書本
64. 元　鄭元祐：僑吳集　十二卷　附錄　一卷　商務印書館　文淵閣四庫全書本
65. 元　郭　翼：林外野言　二卷　商務印書館　文淵閣四庫全書本
66. 元　吳　海：聞過齋集　八卷　商務印書館　文淵閣四庫全書本
67. 元　吳　當：學言稿　六卷　商務印書館　文淵閣四庫全書本
68. 元　許　恕：北郭集　六卷　補遺　一卷　商務印書館　文淵閣四庫全書本
69. 元　丁鶴年：鶴年詩集　三卷　商務印書館　文淵閣四庫全書本
70. 元　錢惟善：江月松風集　十二卷　商務印書館　文淵閣四庫全書本
71. 元　謝應芳：龜巢集　十七卷　商務印書館　文淵閣四庫全書本
72. 元　周霆震：石初集　十卷　商務印書館　文淵閣四庫全書本
73. 元　王　逢：悟溪集　七卷　商務印書館　文淵閣四庫全書本
74. 元　郭　鈺：靜思集　十卷　商務印書館　文淵閣四庫全書本
75. 元　戴　良：九靈山房集　三十卷　補篇　二卷　商務印書館　文淵閣四庫全書本
76. 元　李　祁：雲陽集　十卷　商務印書館　文淵閣四庫全書本

77. 元　倪　瓚：清閟閣全集　十二卷　商務印書館　文淵閣四庫全書本
78. 元　胡行簡：樗隱集　六卷　商務印書館　文淵閣四庫全書本
79. 元　趙　汸：東山存稿　七卷　商務印書館　文淵閣四庫全書本
80. 元　楊維楨：東維子　三十卷　附錄　一卷　商務印書館　文淵閣四庫全書本
81. 元　楊維楨：鐵崖古樂府　十卷　樂府補　六卷　商務印書館　文淵閣四庫全書本
82. 元　楊維楨：復古詩集　六卷　商務印書館　文淵閣四庫全書本
83. 元　楊維楨：麗則遺音　四卷　附錄　一卷　商務印書館　文淵閣四庫全書本
84. 元　陳　基：夷白齋稾　三十五卷　外集　二卷　商務印書館　文淵閣四庫全書本
85. 元　楊　奐：還山集　二卷　附錄　一卷　商務印書館　文淵閣四庫全書本
86. 元　王　禮：麟原文集　二十四卷　附錄　一卷　商務印書館　文淵閣四庫全書本
87. 元　黎　崱：安南志略　二十卷　商務印書館　文淵閣四庫全書本
88. 元　陶宗儀：輟耕錄　三十卷　商務印書館　文淵閣四庫全書本
89. 元　陶宗儀：說郛　一百二十卷　商務印書館　文淵閣四庫全書本
90. 元　張宏範：淮陽集　一卷　商務印書館　文淵閣四庫全書
91. 元　鄭　玉：師山集　八卷　遺文五卷　附錄一卷　商務印書館　文淵閣四庫全書
92. 元　程端學：積齋集　五卷　商務印書館　文淵閣四庫全書

93. 元　袁　桷：清容居士集　五十卷　商務印書館　文淵閣四庫全書
94. 元　宋　褧：燕石集　十五卷　商務印書館　文淵閣四庫全書
95. 元　劉　鶚：惟實集　十七卷　附錄一卷　商務印書館　文淵閣四庫全書
96. 元　呂　誠：來鶴亭集　八卷　補遺一卷　商務印書館　文淵閣四庫全書
97. 元　朱希晦：雲松巢集　三卷　商務印書館　文淵閣四庫全書
98. 元　張　昱：可閒老人集　四卷　商務印書館　文淵閣四庫全書
99. 元　鄧　雅：玉笥集　九卷　商務印書館　文淵閣四庫全書
100. 元　梁　寅：石門集　卷七　商務印書館　文淵閣四庫全書
101. 元　丁　復：檜亭集　九卷　商務印書館　文淵閣四庫全書
102. 元　吳　皐：吾吾類稿　三卷　商務印書館　文淵閣四庫全書
103. 元　楊　翮：佩玉齋類藁　十卷　商務印書館　文淵閣四庫全書
104. 元　唐　元：筠軒集　十三卷　商務印書館　文淵閣四庫全書
105. 元　釋大圭：夢觀集　五卷　商務印書館　文淵閣四庫全書
106. 元　于　欽：齊乘　六卷　商務印書館　文淵閣四庫全書
107. 元　劉　因：靜修集　十五卷　續集三卷　商務印書館　文淵閣四庫全書
108. 元　托克托：金史　一百三十五卷　新文豐出版公司

109. 元　黃　溍：文獻集　十卷　商務印書館　文淵閣四庫全書
110. 元　黃　溍：金華黃先生文集　四十三卷　商務印書館　四部叢刊初編
111. 元　歐陽玄：圭齋文集　十五卷　商?印書館　四部叢刊
112. 元　貫雲石：貫酸齋詩集　二卷　明萬曆四十三年新安潘氏原刊本　宋元詩集
113. 元　劉　壎：隱居通議　?十一卷　商務印書館　文淵閣四庫全書
114. 元　蘇天爵：元文類　七十卷　商務印書館　文淵閣四庫全書
115. 元　仇　遠：金淵集　一卷　商務印書館　文淵閣四庫全書
116. 元　吳　鎮：梅花道人遺墨　二卷　商務印書館　文淵閣四庫全書
117. 元　王　翰：友石山人遺稿　一卷　商務印書館　文淵閣四庫全書
118. 元　盧　琦：圭峰集　二卷　商務印書館　文淵閣四庫全書
119. 元　魯　貞：桐山老人集　四卷　商務印書館　文淵閣四庫全書
120. 元　龔　璛：存晦齋文集　一卷　商務印書館　文淵閣四庫全書
121. 元　王　惲：秋澗先生大全集　一百卷　商務印書館　文淵閣四庫全書
122. 元　陳　高：不繫舟漁集　十五卷　商務印書館　文淵閣四庫全書
123. 明　宋　濂：元史　二百一十卷　商務印書館　文淵閣四庫全書
124. 明　宋　濂：文憲集　三十二卷　商務印書館　文淵閣四庫全書

125. 明　王　禕：王忠文集　二十四卷　商務印書館　文淵閣四庫全書
126. 明　楊士奇：東里文集　九十七卷　商務印書館　文淵閣四庫全書
127. 明　都　穆：吳下冢墓遺文　三卷　莊嚴文化事業公司　四庫全書存目叢書
128.. 明　張　昶：吳中人物志　十三卷　學生書店
129. 明　金賁亨：新安學繫錄　十六卷　莊嚴文化事業公司　四庫存目叢書
130. 明　程敏政：新安文獻志　一百卷　商務印書館
131. 明　蘇伯衡：蘇仲平文集　十六卷　商務印書館　文淵閣四庫全書
132. 明　危　素：說學齋稿　四卷　商務印書館　文淵閣四庫全書
133. 明　宋　濂：宋學士文集　五十三卷　商務印書館　四部叢刊
134. 明　金幼孜：金文靖文集　十卷　商務印書館　文淵閣四庫全書
135. 明　孫　作：滄螺集補逸　一卷　商務印書館　文淵閣四庫全書
136. 明　李東陽：懷麓堂集　一百卷　商務印書館　文淵閣四庫全書
137. 明　應廷育：金華先民傳　十卷　莊嚴文化事業公司
138. 明　鄭　柏：金華賢達傳　十二卷　莊嚴文化事業公司
139. 明　錢　穀：吳郡文粹續集　五十六卷　商務印書館　文淵閣四庫全書
140. 明　解　縉：文毅集　十六卷　商務印書館　文淵閣四庫全書

141. 明　萬斯同：宋季忠義錄　十六卷　新文豐出版公司　叢書集成續編
142. 明　徐象梅：兩浙名賢錄　六十二卷　莊嚴文化事業公司
143. 明　唐　臣：嘉靖眞定府志　三十三卷　莊嚴文化事業公司　四庫全書存目叢書
144. 明　李　詡：續吳郡志　二卷　成文出版社　中國方志叢書
145. 明　莫　旦：吳江志　二十二卷　成文出版社　中國方志叢書
146. 明　潘　鍼：天台勝跡錄　四卷　成文出版社　中國方志叢書
147. 明　劉應鈳：嘉興府志　三十二卷　成文出版社　中國方志叢書
148. 明　顧祖禹：讀史方輿紀要　一百三十卷　附歷代州域形勢九卷　商務印書館　萬有文庫
149. 明　張敬孚：溫州府志　八卷　新文豐出版公司　天一閣藏明代方志選刊
150. 明　林應翔：衢州府志　十七卷　新文豐出版公司　天一閣藏明代方志選刊
151. 明　余之禎：吉安府志　三十六卷　成文出版社　中國方志叢書
152. 明　王懋德：金華府志　二十四卷　成文出版社　中國方志叢書
153. 明　崔　銑：彰德府志　八卷　新文豐出版公司　天一閣藏明代方志選刊
154. 明　不　詳：餘姚縣志　二十四卷　成文出版社　中國方志叢書
155. 明　李　賢：明一統志　九十卷　商務印書館　文淵閣四庫全書本
156. 明　董斯張：吳興備志　三十二卷　商務印書館　文淵閣四庫全書本

157. 明　王　鏊：姑蘇志　六十卷　商務印書館　文淵閣四庫全書本
158. 明　佚　名：無錫縣志　四卷　商務印書館　文淵閣四庫全書本
159. 明　趙　錦：江陰縣志　二十一卷　新文豐出版公司　天一閣藏明代方志選刊本
160. 明　申嘉瑞：儀眞縣志　十四卷　新文豐出版公司　天一閣藏明代方志選刊本
161. 明　吳福原：淳安縣志　十七卷　新文豐出版公司　天一閣藏明代方志選刊本
162. 明　駱文盛：武康縣志　八卷　新文豐出版公司　天一閣藏明代方志選刊本
163. 明　彭　澤：徽州府志　十二卷　新文豐出版公司　天一閣藏明代方志選刊本
164. 明　唐　錦：大名府志　十卷　新文豐出版公司　天一閣藏明代方志選刊本
165. 明　杜　槃：句容縣志　十二卷　新文豐出版公司　天一閣藏明代方志選刊本
166. 明　楊逢春：崑山縣志　十六卷　新文豐出版公司　天一閣藏明代方志選刊本
167. 明　章　律：保定郡志　二十五卷　新文豐出版公司　天一閣藏明代方志選刊本
168. 明　周復俊：霸州志　九卷　新文豐出版公司　天一閣藏明代方志選刊本
169. 明　樊　深：河間府志　二十八卷　新文豐出版公司　天一閣藏明代方志選刊本
170. 明　陳洪謨：常德府志　二十卷　新文豐出版公司　天一閣藏明代方志選刊本
171. 明　盧　濬：黃州府志　十卷　新文豐出版公司　天一閣藏明代方志選刊本
172. 明　易時中：夏津縣志　二卷　新文豐出版公司　天一閣藏明代方志選刊本

173. 明　陳甘雨：萊蕪縣志　八卷　新文豐出版公司　天一閣藏明代方志選刊本
174. 明　張　梯：固始縣志　十卷　新文豐出版公司　天一閣藏明代方志選刊本
175. 明　張　古：內黃縣志　九卷　新文豐出版公司　天一閣藏明代方志選刊本
176. 明　何　棐：九江府志　十六卷　新文豐出版公司　天一閣藏明代方志選刊本
177. 明　王　崇：池州府志　九卷　新文豐出版公司　天一閣藏明代方志選刊本
178. 明　黃天錫：南康府志　十卷　新文豐出版公司　天一閣藏明代方志選刊本
179. 明　汪　心：尉氏縣志　五卷　新文豐出版公司　天一閣藏明代方志選刊本
180. 明　李　默：寧國府志　十卷　新文豐出版公司　天一閣藏明代方志選刊本
181. 明　曹　璘：光化縣志　十卷　新文豐出版公司　天一閣藏明代方志選刊本
182. 明　管大勳：臨江府志　十四卷　新文豐出版公司　天一閣藏明代方志選刊本
183. 明　鍾崇文：岳州府志　十八卷　新文豐出版公司　天一閣藏明代方志選刊本
184. 明　徐　璉：袁州府志　十四卷　新文豐出版公司　天一閣藏明代方志選刊本
185. 明　夏良勝：建陽縣志　十九卷　新文豐出版公司　天一閣藏明代方志選刊本
186. 明　不著姓名：樂清縣志　八卷　新文豐出版公司　天一閣藏明代方志選刊本
187. 明　黃宗羲：四明山志　九卷　中華叢書出版委員會　中華叢書本
188. 明　許國誠：京口三山全志　十卷　成文出版社　中國方志叢書本

189. 明　魯　點：齊雲山志　五卷　成文出版社　中國方志叢書本
190. 明　李之茂：滁陽志　十四卷　成文出版社　中國方志叢書本
191. 明　陳　俊：寧國府志　二十卷　成文出版社　中國方志叢書本
192. 明　朱　沆：合州志　五卷　成文出版社　中國方志叢書本
193. 清　和　珅：大清一統志　四百二十四卷　商務印書館　文淵閣四庫全書本
194. 清　李　衛：畿輔通志　一百二十卷　商務印書館　文淵閣四庫全書本
195. 清　黃士俊：河南通志　八十卷　商務印書館　文淵閣四庫全書本
196. 清　岳　濬：山東通志　三十六卷　商務印書館　文淵閣四庫全書本
197. 清　覺羅石麟：山西通志　二百三十卷　商務印書館　文淵閣四庫全書本
198. 清　劉於義：陝西通志　一百卷　商務印書館　文淵閣四庫全書本
199. 清　郝玉麟：福建通志　七十六卷　商務印書館　文淵閣四庫全書本
200. 清　邁　柱：湖廣通志　一百二十卷　商務印書館　文淵閣四庫全書本
201. 清　謝　旻：江西通志　一百六十二卷　商務印書館　文淵閣四庫全書本
202. 清　郝玉麟：廣東通志　六十四卷　商務印書館　文淵閣四庫全書本
203. 清　黃廷桂：四川通志　四十七卷　商務印書館　文淵閣四庫全書本
204. 清　顎爾泰：雲南通志　三十卷　商務印書館　文淵閣四庫全書本

205. 清 嵇曾筠：浙江通志 二百八十卷 商務印書館 文淵閣四庫全書本
206. 清 趙宏恩：江南通志 二百卷 商務印書館 文淵閣四庫全書本
207. 清 張仲炘 湖北通志 八冊 華文書局 中國省志彙編
208. 清 彭循堯：臨安縣志 十卷 成文出版社 中國方志叢書本
209. 清 曹秉仁：寧波府志 三十七卷 成文出版社 中國方志叢書本
210. 清 顧景濂：蕭縣志 十八卷 成文出版社 中國方志叢書本
211. 清 梁啓讓：蕪湖縣志 三十四卷 成文出版社 中國方志叢書本
212. 清 呂肅高：長沙府志 五十一卷 成文出版社 中國方志叢書本
213. 清 翟 灝：湖山便覽 十二卷 成文出版社 中國方志叢書本
214. 清 盧承琰：堂邑縣志 二十卷 成文出版社 中國方志叢書本
215. 清 程啓安：宣城縣志 十卷 成文出版社 中國方志叢書本
216. 清 劉 櫄：懷寧縣志 三十六卷 成文出版社 中國方志叢書本
217. 清 劉文煃：壽張縣志 十一卷 成文出版社 中國方志叢書本
218. 清 朱維高：宿松縣志 三十六卷 成文出版社 中國方志叢書本
219. 清 黃桂修：太平府志 四十卷 成文出版社 中國方志叢書本
220. 清 耿繼志：鳳陽府志 四十卷 成文出版社 中國方志叢書本

221. 清　崔秀春：盱眙縣志　六卷　成文出版社　中國方志叢書本
222. 清　魏元曠：南昌詩徵　五卷　成文出版社　中國方志叢書本
223. 清　魏元曠：南昌文徵　二十四卷　成文出版社　中國方志叢書本
224. 清　蔣啓勛：德興縣志　十四卷　成文出版社　中國方志叢書本
225. 清　大　汕：安南志略、海外紀事　一册　大陸中華書局　中外交通史籍叢刊
226. 清　王者輔：宣化府志　四十三卷　成文出版社　中國方志叢書
227. 清　吳　雲：京口三山志、焦山志　二十七卷　成文出版社　中國方志叢書本
228. 清　周伯義：京口三山志、北固山志　十五卷　成文出版社　中國方志叢書
229. 清　龔崧林：洛陽縣志　二十四卷　洛陽文獻編輯委員會
230. 清　周伯義：京口三山志、金山志　二十二卷　成文出版社　中國方志叢書
231. 清　戴明琮：明州岳林寺志　六卷　成文出版社　中國方志叢書
232. 清　莫之翰、泗州志　十八卷　成文出版社　中國方志叢書
233. 清　張士範：青陽縣志　八卷　成文出版社　中國方志叢書
234. 清　董天工：武夷山志　二十五卷　成文出版社　中國方志叢書
235. 清　孫治初：武林靈隱寺誌　八卷　成文出版社　中國方志叢書
236. 清　閔　燮：繁昌縣志　十八卷　成文出版社　中國方志叢書

237. 清　劉文烇：壽張縣志　十一卷　成文出版社　中國方志叢書
238. 清　史傳遠：臨潼縣志　九卷　成文出版社　中國方志叢書
239. 清　張　海：當塗縣志　二十三卷　成文出版社　中國方志叢書
240. 清　陳莫讓：吳江縣志　五十九卷　成文出版社　中國方志叢書
241. 清　洪亮吉：登封縣志　三十二卷　成文出版社　中國方志叢書
242. 清　沈椿齡：諸暨縣志　四十五卷　成文出版社　中國方志叢書
243. 清　馮可鏞：慈溪縣心　五十六卷　成文出版社　中國方志叢書
244. 清　張主敬：定興縣志　二十七卷　成文出版社　中國方志叢書
245. 清　徐元梅：嘉慶山陰縣志　一冊　成文出版社　中國方志叢書
246. 清　李愈昌：貴池縣志　八卷　成文出版社　中國方志叢書
247. 清　張　許：蔄谿縣志　二十卷　成文出版社　中國方志叢書
248. 清　謝永泰：黟縣志　十八卷　成文出版社　中國方志叢書
249. 清　謝永泰：黟縣三志　十八卷　成文出版社　中國方志叢書
250. 清　邵友濂：餘姚縣志　一冊　成文出版社　中國方志叢書
251. 清　張繡中：福安縣志　二十三卷　成文出版社　中國方志叢書
252. 清　張佩芳：歙縣志　二十一卷　成文出版社　中國方志叢書

253. 清　鄧鐘玉：光緒金華縣志　十七卷　成文出版社　中國方志叢書
254. 清　陳汝楨：廬陵縣志　五十八卷　成文出版社　中國方志叢書
255. 清　許瑤光：嘉興府志　九十卷　成文出版社　中國方志叢書
256. 清　陳延恩：江陰縣志　二十九卷　成文出版社　中國方志叢書
257. 清　陳　衍：元詩紀事　四十五卷　鼎文書局　歷代詩史長篇
258. 清　陳　衍：金詩紀事　十六卷　鼎文書局　歷代詩史長篇
259. 清　顧嗣立：元詩選　初集六十八卷　二集二十六卷　三集十六卷　中華書局
260. 清　顧嗣立：元詩選　初集六十八卷　二集二十六卷　三集十六卷　商務印書館　文淵閣四庫全書
261. 清　柯紹忞：新元史　二百五十七卷　開明書局
262. 清　錢大昕：元史氏族表　三卷　開明書局　二十五史補編
263. 清　曾　濂：元書　一百二十卷　文海出版社　元明史料叢編第三輯
264. 民　喻　謙：新續高僧傳　六十六卷　廣文書局
265. 民　李世昌：鄞鄲縣志　十九卷　成文出版社　中國方志叢書
266. 民　黃希文：磁縣志　二十章　成文出版社　中國方志叢書
267. 民　李樹德：德縣志　十六卷　成文出版社　中國方志叢書

268. 民　張方墀：無棣縣志　二十四卷　成文出版社　中國方志叢書
269. 民　黃佩蘭：渦陽縣志　十九卷　成文出版社　中國方志叢書
270. 民　陳繼淹：張北縣志　九卷　成文出版社　中國方志叢書
271. 民　梁秉鯤：萊陽縣志　五卷　成文出版社　中國方志叢書
272. 民　張志熙：東平縣志　十七卷　成文出版社　中國方志叢書

附錄：作者著作目錄

壹、論文

1. 論蒙古的軍事制度及其特色　戰鬥月刊　六卷五期　四七・五
2. 蒙古的謀略戰對俄羅斯之影響　軍事雜誌　八十六期　四八・四
3. 元太祖班朱尼河誓衆考略　大陸雜誌　十九卷十二期　四八・一二
4. 李文田元秘史註之探討　反攻月刊　二三一期　五十・六
5. 新元史蠡測　大陸雜誌　二十二卷十一、十二期　五十・六
6. 元代玄教考略　政治學術季刊　一卷一、二期　五十、一二
7. 東平嚴實幕府人物與興學初考　大陸雜誌　二十三卷十二期　五十・一二
8. 詩歌中之晚元國情　中華青年　三卷二期　五一・六
9. 十三世紀蒙古習俗與塞北部族習俗之比較　中國內政　三十二卷五期　五一・六
10. 新元史蠡測之二　政治學術季刊　一卷三、四期　五一・九

11. 試擬元史張易傳　大陸雜誌　二十五卷七期　五一・十
12. 說元代史治　中國內政　二十四卷五、六期　五一・一一
13. 元代的行省制度　中國內政　二十五卷四、五期　五二・五
14. 元代的站赤　中國邊政　創刊號　五二・六
15. 元初河漕轉變之研究　大陸雜誌　二十七卷四期　五二・八
16. 元代歲幸上都記要　中國邊政　二、三期　五二・一二
17. 元代兩京間驛道之考釋　政治學術季刊　三卷一期　五三・一
18. 劉秉忠行事編年　大陸雜誌　二十八卷十二期　五三・六
19. 元代藁城董氏評述　中國邊政　四、五、六期　五四・三
20. 金元之際江北人民之生活　大陸雜誌　三十卷五期　五四・三
21. 元代的國子學　中國內政　三十卷一、二期　五四・七
22. 元代衛輝地位之研究　中國邊政　十三、十四期　五五・九
23. 元代法律之特色　法律評論　三十二卷十一、十二期　五五・一二
24. 劉秉忠論略　大陸雜誌　三十三卷十一、十二期　五五・一二
25. 元代斡脫官錢與羊羔兒利　反攻月刊　二九八期　五六・一
26. 成吉思汗大雅薩法典與中原地區關係之蠡測　中國邊政　十七期　五六・三

27. 十三世紀蒙古飲酒之習俗儀禮及其有關問題　大陸雜誌　三十四卷五期　五六・三

28. 元王惲驛赴上都行程校註　大陸雜誌　三十四卷十二期　五六・六

29. 元代之畏吾兒　反攻月刊　三〇七期　五六・十

30. 元史箚記　大陸雜誌　三十五卷十二期　五六・一二

31. 十三世紀蒙古戰士之戰技　反攻月刊　三一七期　五七・三

32. 十三世紀蒙古馬之訓練及其對蒙古帝國的影響　中國邊政　二十三期　五七，十

33. 十三世紀蒙古人之婚姻制度及其有關問題　大陸雜誌　三十七卷十期　五七・一一

34. 元代蒙人之喪葬制度　中國邊政　二十四期　五七・一二

35. 十三世紀蒙古戰士之裝備　大陸雜誌　三十八卷一期　五八，一

36. 十三世紀蒙古之屯住與遷徙　反攻月刊　三二四期　五八・三

37. 略論秋澗大全集對元代道教研究之價值——元王惲年譜之一　中國邊政　三十三期　六十・三

38. 論秋澗大全集所顯示之元代政治與社會——元王惲年譜之二　反攻月刊　三四八期　六十・三

39. 元許魯齋之風範評述　國立編譯館館刊　創刊號　六十・十

40. 元代眞大道教考　大陸雜誌　四十三卷四期　六十・十

41. 論元代玄教勃興之因素——元代玄教考之一　智慧　四卷三期　六一・四

42. 試補宋元學案之靜修學案——元劉靜修年譜之一　國立編譯館館刊　一卷三期　六一・六

43.元太祖生卒年代與壽期考　智慧　四卷十一期　六一・八
44.元劉靜修學養詩文與人品風節評述——元劉靜修年譜之二　國立編譯館館刊　一卷四期　六一・一二
45.元代海運考釋　東方雜誌　復刊六卷十二期　六二・六
46.元代玄教道侶交遊唱和考——元代玄教考之二　中華文化復興月刊　六卷十一期　六二・一一
47.元代玄教宮觀教區考——元代玄教考之三　中華文化復興月刊　七卷一期　六三・一
48.元名儒劉靜修行事編年——元劉靜修年譜之三　國立編譯館館刊　二卷四期　六三・三
49.元代玄教弟子法孫考——元代玄教考之四　中華文化復興月刊　七卷四期　六三・四
50.元吳草盧學養詩文造詣考——元吳草盧評傳之一　國立編譯館館刊　四卷二期　六四・一二
51.從元朝祕史論成吉思汗及蒙人之道德觀念　中國邊政　六十三期　六七・九
52.元代定鼎中原後帝王之遊獵生活　國立編譯館館刊　七卷二期　六七・一二
53.十三世紀蒙古之婦女地位　中華婦女　二十九卷五、六期　六八・三
54.程雪樓之學養詩文及其政教思想　中國邊政　七十三期　七十・三
55.程雪樓在元代之貢獻　中國邊政　七十五期　七十・九
56.程雪樓行事編年　國立編譯館館刊　十卷二期　七十・一二
57.藏胞為炎黃子孫西藏為中國領土　中國邊政　八十期　七一・一二

58.從卡若遺址之發現論西藏永爲中國領土　中國邊政　叢刊之四　七二・三
59.雜談有關元史五事　東方雜誌　復刊十八卷一期　七三・七
60.十三世紀蒙人之「驅口」——奴隸與俘虜　中國邊政　八十九期　七四・三
61.從元朝祕史論十三世紀蒙人之軍事思想　中國邊政　九十期　七四・六
62.有關元史四事述要　中國邊政　九十四期　七四・九
63.有關元史劄記四則　東方雜誌　復刊十九卷三期　七四・九
64.十三世紀蒙人之宗教信仰及其有關問題　中華文化復興月刊　十八卷十一期　七四・一一
65.十三世紀蒙古大軍轉戰萬里所向克捷之三大特色　中國邊政　九十二期　七四・一二
66.從元朝祕史論十三世紀蒙人之文學　中國邊政　九十三期　七五・三
67.十三世紀蒙人之政治特色　東方雜誌　復刊二十卷二期　七六・五
68.十三世紀蒙人之世官制度　東方雜誌　復刊二十卷十一期　七五・八
69.元代西方文物東傳中原初考　中國邊政　九十九期　七六・九
70.元代蒙人之娛樂　中華文化復興月刊　二十卷十期　七六・十
71.十三世紀蒙人之戰術戰略　中正學刊　九期　七六・十
72.十三世紀西方文物東傳蒙古初考　東方雜誌　復刊二十卷六期　七六・一二
73.元代蒙古汗（帝）位繼承制度之演變及其流弊　中國邊政　一〇二期　七七・六

74. 從元詩中論蒙人節慶之漢化　東方雜誌　復刊二十二卷五期　七七・一一
75. 十三世紀蒙人之貿易政策　中國邊政　一〇四期　七七・一二
76. 元代蒙人生活之轉變　東方雜誌　復刊二十二卷八期　七八・二
77. 元代和林之風貌　中國邊政　一〇五期　七八・三
78. 十三世紀蒙人之祭祀及其有關問題　中國邊政　一〇六期　七八・六
79. 十三世紀蒙人之教育　東方雜誌　復刊二十二卷十二期　七八・六
80. 元代宮廷大宴考　東方雜誌　復刊二十三卷三期　七八・九
81. 靜修先生文集詩箋　中國邊政　一〇七期　七八・九
82. 有關元史八事記要　東方雜誌　復刊二十三卷十一期　七九・五
83. 元代蒙人之衣著髮式　中國邊政　一一一期　七九・九
84. 從元詩論元代宮廷之飲食　中國邊政　一一二期　七九・一二
85. 元代官制之特色　中國邊政　一一四期　八十・六
86. 元代蒙古人漢化考　中原文獻三八卷四期　三九卷一期九五、十　九六、一
87. 元詩中之大都風情
88. 試補「欽定日下舊聞考」之元宮室考
89. 「安南即事」考釋

90. 陳孚驛赴安南行程考釋
91. 論元秘史在語言學中之價值
92. 元代之泉州

貳、論　著

1. 蒙古戰史　大衆出版社　四八・一　一〇三頁
2. 元許魯齋評述　商務印書館　六一・九　一六六頁　五十九年承國家科學會補助完成
3. 元太保藏春散人劉秉忠評述　商務印書館　六三・二　二〇二頁　六十一年承國家科學會補助完成
4. 元史研究論集　商務印書館　六三・九　三八三頁　九五、九、再版
5. 元吳草盧評傳　文史哲出版社　二一六頁　六十二年承國家科學會補助完成
6. 元史論叢　聯經事業出版公司　六七・九　三〇九頁　七五、一、再版　五十七、六十年承國家科學會補助完成
7. 程雪樓評傳　新文豐出版公司　六八・七　一一九頁　六十三年承國家科學會補助完成
8. 王秋澗年譜　待出版　五十八年承國家科學會補助完成
9. 元代蒙古文化論集　商務印書館　九三・五　二八五頁

10. 元代蒙古文化論叢　元史哲出版社　九三、七　三〇九頁
11. 元史探微　文史哲出版社　九八、四　四一一頁
12. 補文淵閣四庫全書之元人別集　文史哲出版社　九九、二增訂一刷　五一四頁
13. 元史拾零撿珠集　待出版

報章雜誌對作者之訪問報導

第四次蒙古學國際學術討論會追記

本報記者　阿勒得爾圖　文／圖

今年八月，內蒙古大學在呼和浩特市舉辦第四次蒙古學國際學術討論會，十三個國家和地區的二〇〇多名代表聚首青城。記者在大會的間隙見縫插針地採訪了幾位造詣頗深的蒙古學專家，在與他們的交談中記者感到，蒙古文化研究的多元化發展是必然趨勢，蒙古學成爲世界顯學也同樣是必然趨勢。

袁冀是來自台灣的蒙古學專家，已是八十高齡的老人了。二十世紀五十年代初，一次偶然的機會袁老迷戀上元史，歷五十年矢志不渝，最終使自己成爲台灣蒙古學研究領域頗有建樹和影響的領軍人物之一。他把元詩做爲研究的「探頭」。他說，有許多節慶、許多風俗、許多飲食在正史、野史中都沒有記載或記載過於簡單，但常常可以在文人墨客的詩文中得以反映和體現，利用詩文這個「探頭」進行深入挖掘，往往會得到意想不到的收獲。袁老兩篇頗有影響的論文《從元詩論元代宮廷的飲食》、《從元代論元代宮廷婦女的生活》就是在研究元詩的基礎上所取得的成果。袁老這次向大會提交的一篇題爲《元代宮廷的大宴考》的論文，從時間與地點、坐次與著裝、禮儀與飲食、音樂歌舞與雜技等方面詳細考證了元代宮廷大宴的隆重，特別強調指出元代宮廷大宴吸納了中原、中亞的飲食文化，具有極其寬容的包容性。這樣一篇見解獨到的論文是袁老在研究一〇九首元詩的基礎上完成的，可見袁老對元詩的情有獨鍾。

如果說袁冀是台灣蒙古學研究的開山之輩，那美國哈佛大學內陸亞細亞與阿爾泰研究博士、台灣「國立」政治大學民族學系副教授藍美華無疑就是台灣蒙古學研究的後起之秀。

（原載二〇〇四年九月二十四日北京中國民族報）

袁冀教授　內蒙發表論文

本報記者　蔡彰盛

我國研究元史權威袁冀教授，上週應內蒙古大學之邀，前往參與爲期四天的國際蒙古學術研討會，並在會中發表論文，其他國家教授對於來自台灣的他對元史研究如此透徹，訝異之餘也紛紛向他請益。

袁冀說，他上星期前往內蒙古的呼和浩特，參加這項研討會，會中共有兩百八十名中外學者參與，其中九十人是來自世界十二個國家。

這項研討會共分爲語言、文學、歷史與綜合等四組討論，袁冀於會中發表以「元代宮廷大宴考」爲題的論文，由於現存正史鮮少對於元人的節慶、生活、飲食等相關問題有所考據，爲了重現元人這部分的風貌，袁冀花了不少時間，就元人的筆記、詩詞等相關史料深入研究，論文發表後，受到大會的矚目。

德國波昂大學中亞研究所教授斐慕貞，於會後立即向袁冀請益，對於來自台灣的學者，竟能栩栩如生重現元人生活面貌，感到十分佩服，尤其是與內蒙古相距甚遠的台灣，仍有對元史研究如此深入、透徹的學者，也讓他對台灣的學術風氣留下深刻印象。

袁冀對此表示，內蒙古自治區的邀請，讓八十二歲的他，有機會讓中外學界知道台灣學術界的研究水平，不過他也觀察到會中各國學者的外語能力，明顯較往年更爲提昇，也增進研究的深度與廣度，因此他希望台灣的學界人士能在語言上更加充實，以跟上世界潮流。

（原載民國九十三年八月二十三日台灣自由時報）

新竹教育大學最年長的讀者——袁冀

採訪編目組張金玲組長

如果您常到新竹教育大學圖書館，你會看到一位眉髮斑白、年逾八十的老學者袁冀先生，孜孜不倦的埋首於參考書區的文淵閣四庫全書。袁老先生民國十二年生，三十三歲起決心致力於元史研究，曾榮獲國科會五十七至六十三年連續七年獎助，歷任教官、講師、副教授、教授，自教職退休後，目前與家人居住新竹，因地利之便常至竹大圖書館繼續元史的研究；民國九十三年暑假，以八十一歲高齡遠赴蒙古參加內蒙古大學國際研討會發表論文，備受與會人士尊崇。

袁冀原名袁國藩，元史相關著作如下：

1. 蒙古戰史　／大衆出版社／民四十八
2. 元許魯齋評述　／台灣商務印書館／民六十一
3. 元太保藏春散人劉秉忠評述／台灣商務印書館／民六十三
4. 元吳草盧評述／文史哲／民六十七
5. 程雪樓評傳　／新文豐出／民六十八
6. 元史論叢　／聯經／民七十五再版
7. 元代蒙古文化論集　／臺灣商務／民九十三
8. 元史研究論集　／臺灣商務／民九十五
9. 元代蒙古文化論叢　／文史哲／民九十三

袁先生經常贈送他的著作給竹大圖書館，並熱心接受專訪，鼓勵學子取法乎上、虛心向學、不恥下問，因爲學無止盡；學習永不嫌遲，人生唯一穩賺不賠的投資就是閱讀，找一個有興趣、

較冷僻的主題全心研究、多方研讀，必能旁徵博引、有所創見，進而導正古成中外的缺失，在此學術領域學有專精。

袁先生曾因元詩言：「交人唯啖軟檳榔，以蔞葉塗蜆灰，裹而食之」，但蜆灰如何可食，本草綱目不載，遂請問檳榔攤的老板；也曾爲史載大蝦身長六尺以上，鬚可作杖，請教中研院動物所，他的謙恭好學的精神可見一班。

（原載民國九十五年十二月新竹教育大學圖書館館訊三十四期）

學人作家對作者之評論

政治作戰學校法學博士
前永達技術學院學務長　徐光明

元史研究之評介兩則

一、簡評「近四十年台灣研究元史的回顧」

蕭啓慶院士大著「近四十年來台灣研究元史的回顧」，除列舉在台研究元史之第一代學者：姚從吾、札奇斯欽、孫克寬、李符桐、張興唐、李則芬、袁　冀（國藩）。與二三代學者：王民信、洪金富、黃清連、哈勘楚倫、唐　屹、李修瀓、張中復、趙振績、丁崑健、王明蓀、胡其德、李天鳴、蘇振中、楊育鎂、蔣武雄、張瑞成、勞延煊、劉元珠、潘柏澄、鄭素春及蕭啓慶諸人外。並引論在台九十餘位，有關元史之著作。誠乃博覽瞻富，論證精密，頗能勾勒出，近四十年來，台灣元史研究之全貌，令人至爲敬佩。

蕭氏系出名門，爲哈佛博士。曾任教於明尼蘇達州立大學，國立台灣大學、新加坡國立大學、現任清華大學客座教授，中央研究院院士，乃著名之元史專家。文中對吾師袁　冀之著作，曾多所論列。且評之謂：在台研究元史，「逾三十年，著作甚多，涵蓋元代政治、軍事及文化等方面」。爲所列第一代七人中，最年輕之學人。蕭氏與吾師，既無一面之雅，更無門戶之見。益見其胸襟寬宏，難能可貴之名家風範。

至於對第一代與二三代，治元史學人之評論分析，蕭氏則謂：「第二三代學者，人數較第一代，增加不少。事實上，專治元史者少。元史界，較五、六〇年代，反而冷落。」「研究者人數不多，並不表示研究水準，停滯不進。中、青二代，在前輩學人，所留堅實基礎上，繼續發展。」復謂：「年輕學者，多經專業訓練，加以書刊資料，較易取得。近年發表論著，較前遠爲窮盡而綿密。」亦言簡意賅，深合治史求眞求實之精神。

二、網站中袁冀資料之評介

吾師袁冀，原名國藩，一九七三年，奉命更今名。故其著作，早年爲袁國藩，後期爲袁冀。雖爲二名，實則一人。亦由乎此。台灣Google搜尋有關其著作之資料，因而一分爲二。計袁國藩五一二條，袁冀九三一條，兩者共一千四百四十三條。

至於Google搜尋資料之內容，包括其著作出版之書局，如商務印書館、聯經出版事業公司等。發售之處所，金石堂、博客來網路書店等。論文發表之刊物，如大陸雜誌、東方雜誌等。典藏之圖書館，如師範大學、北京大學、廈門大學、西北大學、山西大學等。博碩士論文，參考引用其著作之名稱。如元太保藏春散人劉秉忠評述，元吳草廬詩文造詣考等。兩岸學者，參考引用其著作之名稱。如中央研究院院士姚從吾先生之「元朝史」，曾參考其「劉秉忠行事編年」、「試擬元史張易傳」。著名經濟學者侯家駒先生之「中國經濟史」，嘗引用其「從元代蒙人習俗軍事論元代蒙古文化」。大陸社會科學院歷史研究所研究員陳智超先生，有「眞大道教新史料——兼評袁國藩眞大道教考」等。以及分類資料索引中，如中國經濟論壇、中國社會史論文索引、蒙古國史料、眞大道史料鈎沈、中國交通史研究、教育史、wiki百科全書等，有關其著作之名稱。

上述Google網站搜尋之一千四百四十三條中，除極少數同名，非元史研究之著作，以及若干重復之內容，如一書有數處，出售之地點。此書典藏之圖書館，以有多處外。然屬吾師袁冀之資料，爲數仍多達數百條。於此，或差可概見，非世人重視其元史之研究，安能乃耳！

（原載民國九十八年一月一日中原文獻四十一卷一期）

袁冀印象

名記者兼作家陳鶴齡

八月盛夏，正是大草原鮮花爛漫，翠草如茵的最美時節。在這最美的時節，大青山前，刺勒川上的塞外名城呼和浩特來了十三個國家和地區的二〇〇多名蒙古學專家，第四屆國際蒙古學討論會在這裡召開。

我做爲中國民族報的記者對這次學術活動進行全程報導。正是在這次盛會上，我和台灣專攻

《元史》的著名學者袁冀先生不期而遇。半年以來，袁老除給我寫信、寄書外，還經常打電話過來詢問我的工作和生活狀況，能得到這位年高過八秩，鶴髮童顏的長者的關注、關懷和關愛，我感到莫大的幸福。在這萬籟俱靜的夜晚，我強烈思念起遠在台灣的袁老，寫下些許文字，算是一種寄託吧！

第一次見到袁老是在第四屆國際蒙古學討論會的開幕式上。我端著一架相機，在會場裡走來走去，總想捕捉到令我感動的瞬間，但進入鏡的畫面總是有點兒不盡人意，最終我把鏡頭對準最後一排的一位長者，他的眉毛很長很白，有那麼一種飄逸感，陷得很深的眼睛緊緊盯在雙手托起的《主題報告》上，聚精會神地看著，這正是我想要的那種意境，按下快門的同時閃光燈也打了過去。顯然是閃光燈打擾了老人，他抬起頭將目光柔柔地投過來，那神情是少有的和善與慈祥，一派學者風範。趁會議間隙，我湊過去向老人道歉，他卻幽默而又詼諧地說：「沒什麼沒什麼，我已經被記者採訪幾十年了，我愛人早些年也是記者啊！」一席話拉近了我和老人的距離，通過聯天兒我知道面前的這位長者，就是作等身的台灣《元史》專家袁冀先生。

知道這位大家後，每每休會，我就去找他侃談，而袁老總能講出幾個風趣的故事，讓我從中感悟點兒什麼。

袁老成爲台灣《元史》研究的領軍人物，他說是被汗水泡出來的，被蚊子叮出來的。一九五五年，袁老選攻《元史》，當時他剛從軍隊下來，沒有合適的工作，沒有不菲的收入，沒有理想的環境，婚後十年收獲五個孩子，白天「這個哭那個叫，這個吵那個鬧」，根本沒有多少安靜的時間。只有晚上是屬於袁老的，因其家緊鄰稻田，在他開燈苦讀的同時，大大小小的蚊子成群結隊的前來湊熱鬧，你一口我一口的交替叮咬，每晚學習下來，身上要有上百處被蚊子「親吻」過的地方。這還不算，在悶熱的台灣，斗室宛如蒸籠，袁老的汗水滴滴答答和著蚊子的飛舞而不停地流淌，每晚他至少喝下兩公斤涼白開水，流出的汗水差不多是等同的。幼子長到六歲，操持家務十五年的妻子爲生活所迫，到一所中學任國文教師，每天早出晚歸，一切家務又都在袁老身上，在妻子任教的十五年中，他的讀書時間仍然在晚上。前後凡三十年夜讀，沒有非凡的毅力，誰能堅持下來？

袁老治學《元史》有許多獨到之處，研究《元史》更要研究《元史》以外的詩文，他的好多研究成果都是借助元代詩文來完成的。在元史研究中能夠獨闢蹊徑是袁老的一大特點，他把元詩做爲研究的「探頭」。他說，有許多節慶、許多風俗、許多飲食在正史、野史中都沒有記載或記載過於簡單，但常常可以在文人墨客的詩文中得以反映和體現，利用詩文這個「探頭」進行深入挖掘，往往會得到意想不到的收獲。這次他向大會提交的論文《元代官廷大宴考》，就是在研究一〇九首元詩的基礎上完成的得意之作。袁老在《元史》研究中的另一個特點是敢於糾正前人的錯誤。《口北三廳志．藝文志》中收錄了清代以前有關口北三廳的詩文，是一部比較權威的專志。但袁老考證中發現許多謬誤之處，諸如把「上苑」錯寫爲「沙苑」，把「拜達儿」改寫爲「白塔兒」，更爲嚴重的是把周伯琦的序言也任意增刪。袁老從尊重歷史、尊重原著的角度出發，一一糾正了編纂者的錯誤，使其本來面目得以恢復。

袁老治學《元史》的著作已經出版十多部，發表《元史》研究的論文八十多篇。十月初，袁老從台灣給我寄來《元史論叢》、「元代蒙古文化論叢」兩部書，迄今我只是簡略地翻過幾次，沒有坐下來、靜下來認眞地細讀。而唯一的藉口就是忙，且如果秉承袁老堅持三十多年夜讀的苦學精神，八十多天讀完的豈止是兩部書？思想到這兒，我眞覺得有點兒汗顏！

月懸中天，時至午夜，遙想八十高齡的袁老或許仍在燈下孜孜以學，又有些激動起來。托月光捎去一個後學晚輩的牽掛與思念：「袁老，在做學問的同時一定要保重身體！」

月光能成爲信使，月光已成爲信使。

我和袁老同時擁有一輪浩月。

甲申十月十五

（原載陳氏所著縱酒踏歌——散文卷）

參加第四次蒙古學國際學術會議紀要

袁冀（國藩）

八月十五日，筆者有幸應邀，至呼和浩特市之內蒙古大學，參加爲期四天之四次蒙古學，國際學術討論會，與會之中外學者，二百八十餘位。分別來自日本、韓國、外蒙古、俄國、烏克蘭、芬蘭、土耳其、波蘭、匈牙利、德國、英國等十三個國家。大會分蒙古語文、蒙古文學、蒙古歷史，與綜合四組討論，並發表論文二百三十餘篇。

元代宮廷大宴之情形，資料頗爲缺乏。然元人文翰之吟詠中，卻保存殊多珍貴之記錄。其中尤以大宴之地點、衣著、儀禮、飲食、娛樂，與夫特有之習俗爲然。故筆者據此，於大會中，提出「元代宮廷大宴考」之論文報告，不僅頗受大會所矚目，且亦間接說明，從史學觀點，以論元詩，不失爲擴大蒙古學研究範疇、方向之一。

此次蒙古學國際學術討論會，所以能如此盛大，而又成功之因素有：一爲內蒙古大學之蒙古學學院，具有優秀龐大之研究團隊。教授三十七人，副教授三十八人，講師三十五人。其中博士四十一人，碩士三十五人。既精通蒙文外語，復便於實地調查，與地下考古。以致其研究之成果，殊爲豐碩。六年中，發表論文八百三十五篇，出版專著與教材一百二十八種。不僅深受世界各國蒙古學研究之學者所敬佩，且已成爲世界蒙古學之研究中心，故能一經邀約，各地學者，無不欣然就道。

二爲有關大會之主辦人士，自其校長、副校長、蒙古學學院院長、蒙古學研究中心主任等，均待人熱誠謙和，其中尤以其副校長爲然。筆者曾三次與之同桌用餐，然他很少進食。時而與甲談，時而與乙聊。雖有女服務員在側，然仍殷殷親自爲大家勘酒勸飲。以大陸一百所重點大學副校長之崇高地位，望重士林，竟如此紓尊降貴，以待來賓。自會遠近悅來，能廣邀世界各國之著名學者，參加此一盛大之學術學會。

由於筆者，蒙古學之研究，尚獲肯定，兼以年已八十有二，故頗受大會之禮遇與尊重。內蒙古自治政府副主席，約見大會代表六人，筆者爲其中之一。大會合照時，復受邀至第一排就坐。晚會結束，又與其他代表登台，向該校藝術學院，表演之全體同學，握手致謝，並攝影留念。同時，蒙古學學院名譽院長，蒙古學泰斗，曾派專人，贈送其巨著，使筆者獲益非淺。德國波昂大學，研究所教授，斐慕眞博士，亦再三與筆者接觸，以謀深談。蒙古學研究中心主任，復譽之謂：「你的文學基礎深厚，我們正需要此種人才。」此外，大陸「中國民族報」、台灣「自由時報」，均有專訪之評論報導，分於九月二十四日、八月二十三日刊出。

凡此，雖屬兩岸學術之交流，在台同鄉活動之一端，然亦不無可供吾人深思之處！

（原載民國九十四年一月一日中原文獻三十七卷一期）

Google 中
所登錄有關作者各項資料之總計

Google　袁冀 學術　搜尋　進階搜尋 | 使用偏好
搜尋：⊙ 所有網頁 ○ 中文網頁 ○ 繁體中文網頁 ○ 台灣的網頁
所有網頁　△ 約有114,000項符合袁冀 學術的查詢結果，以下是第 1-10項。 共費0.02 秒。

Google　元史+袁冀　搜尋　進階搜尋 | 使用偏好
⊙ 所有網頁 ○ 中文網頁 ○ 繁體中文網頁 ○ 台灣的網頁
所有網頁　△ 約有17,700項符合元史+袁冀的查詢結果，以下是第 1-10項。 共費0.08 秒。

Google　袁國藩　搜尋　進階搜尋 | 使用偏好
搜尋：⊙ 所有網頁 ○ 中文網頁 ○ 繁體中文網頁 ○ 台灣的網頁
所有網頁　△ 約有512項符合袁國藩的查詢結果，以下是第 11-20項。 共費0.04 秒。

Google　袁國藩 博碩士論文　搜尋　進階搜尋
⊙ 所有網頁 ○ 中文網頁 ○ 繁體中文網頁 ○ 台灣的網頁
網路工具　顯示選項...
△ 約有117項符合袁國藩 博碩士論文的查詢結果，以下是第 1-10項。 需時 0.07 秒。

所有網頁 圖片 影片 地圖 新聞 翻譯 Gmail 更多▼　網頁記錄 | 搜尋設定 | 登入

Google　袁冀 博碩士論文　搜尋　進階搜尋
⊙ 所有網頁 ○ 中文網頁 ○ 繁體中文網頁 ○ 台灣的網頁
網路工具　、　顯示選項...
△ 約有4,450項符合袁冀 博碩士論文的查詢結果，以下是第 1-10項。 需時 0.06 秒。

註：1. 此頁係由有關作者各項資料之總計，剪接而成。
　　2. 經查各項總計之數，雖非悉爲有關作者之資料，然大多數則爲如此。

袁冀傳略

袁冀，原名國藩，一九七三年，奉命更今名。一九二三年生，世居虞城縣舊縣城之東二街，東馬道，五處四合院中。城南十里之袁庄，則爲族人聚居之地。

祖父諱松嶺，深獲鄉黨鄰里敬愛，由昔日大門所懸之匾四幅，可以明證。因兄弟五人，故分居於五處宅院中。父諱茂昌，字瑞亭。善繪畫，工山水，復長於音樂。曾任縣立簡易師範，中小學美術音樂教師。王美、陳寶璋、蔡潤溪、李延朗、宋子芳等，均嘗從之受業。朱維清、陳次軒、盧濟若等，則爲訂交之知友。母劉氏，諱大節，持家勤儉，故能積爲小富。子女五人，一子在台，四女均已落戶，東北黑龍江省邊陲之地。母氏亦以高壽百歲，世逝於斯。

小學畢業，適逢抗日戰爭發。故初中、高中、大學，均在流亡中度過。復由於就讀之學校，不斷遷徙，以及升學之所需。故自開封，而豫東南之商城，豫西南之鎭平，內鄉之夏館，淅川之上集，內鄉之西峽口，而至四川之重慶。其間，顚沛流離之艱險，生活困苦之窘迫，僅從徒步奔波兩千餘里，即可概見。然得攬豫顎川陝，山川之壯麗，誠屬萬幸！

一九四八年，因緣際會，奉派爲本縣之縣中校長，時年僅二十五歲。以當時之情形，若要辦好學校，首要能聘請優秀之老師，以期確保教學品質之良好。次則須要尊重禮遇老師，使其甘於悉心教學，而心無旁騖。復因時局不靖，一定要按時發薪，以確保老師生活之安定，爲達成此三項目標，首先赴商邱，選聘因戰亂，山東各地，移居至此之優秀老師。蓋故邑乃偏僻之小縣，待遇不豐，唯有陷入困境之他們，始肯屈就。次則決定不支領校長之薪資，移作尊崇老師各項開支之用。如學期結束，宴請全體老師、職員，以答謝其悉心教學之辛勞。平時，老師之公私集會，購買茶點，以爲聯歡。生病不適，則買些雞、肉等補品，以爲慰問。因家境尚稱寬裕，又在家鄉任職，並不需要此一收入，以維生計，故能有此決定。三則斯時法幣，業已崩潰。縣府員工，已改發食糧。縣中老師，每月小麥三百斤。然因欠糧者衆，縣府時有欠薪之情形。因此，爲能按時發薪，遂向縣府請求，將縣南較富鄉鎮，一部份之稅糧，撥交縣中。由學校事務人員，及借調之縣警一人，自行徵收。並向欠稅之鄉親，愷切說明，此稅糧乃縣中老師之薪資。爲使家鄉之子弟，能獲的良師之教育，不可拖欠。若不繳納，老師之生活，無以爲繼，拂袖而去，將是對吾鄉子弟，最大之傷害。幸而，執行以來，尚能差強人意。

縣中學生，來台者約四十餘人。師生間，時相過從。其中范桂馨，留學美國，獲博士學位。李連生、王思虞、鄭培均，升任上校軍官。李尚武，任公路局高雄站站長。王寶俊，任警界分駐所主管。周玉斌等，因從事建築而致富。他們來台之初，均甚年幼。小者僅十五六歲，大者亦不過十七八歲。赤手空拳，無任何憑藉，能有今日，誠屬難能可貴，令人讚佩。非艱苦奮鬥，安能至此！至於其他同學，亦各有工作，成家立業，均有良好之表現。

一九四九年，江南已朝不保夕，乃投效軍旅，隨軍來台。一九五一年，考入政戰學校研究班一期。畢業後，奉派編譯科科員。國防部辦理教官試教合格，遂改任戰鬥團教官。因該團成立伊始，毫無圖書設備。故一九五六年，請調空軍官校教官。蓋以其藏書甚豐，舉凡一九三六年以前，商務印書館、中華書局、開明書局，所出版之叢書、類書、方志，均曾加以典藏。

既任教官，當盡心教學，並力求能成為一位，授業解惑之優良教師。當時認為，為達到此一境界，首要廣泛蒐集，與教材有關之資料，以求其博。如此，既可增加教學之深度、廣度。而且，遇學生提出問題，亦可對答如流，不至手忙腳亂。其次，對於教材，及其有關之資料，要能熟記，不必手執教材，邊看邊講。因熟能生巧，熟方能使龐雜之資料，靈活運用，揮灑自如，拈手即來。亦唯有熟，始能敘事清楚，說理明白。提綱挈領，條理分明。設若生澀，忘東忘西，許多資料，因臨時慌張，亦不能為已所用。同時，因博而熟，授課時，雖不帶教材，亦可滔滔不絕。既不遺漏教材之內容，又有補助教材之增添，尤能獲得學生之信賴與尊敬。因有三分傻氣，故所有教材與相關資料，均能加以背誦。亦因此，三十年前之學生許巴萊，不唯已獲博士學位，且已腰纏萬貫，創業有成。仍記憶清新，並言：「上課從不帶教材，除增補之資料外，與教材一字不差。」大一中國通史，每週兩小時，接觸有限，竟能使之印象，如此深刻，當由乎此。

一九五六年，年已三十有三，乃決心致力於學。然力學，首須確立努力之方向。幾經深思，以為自己，既非科技出身，故無力從事理工方面之研究。復因閱讀外文圖書之能力欠佳，兼以當時，既無力，亦無法購得新出版之外文圖書。因此，凡源自西方之學術與思想，如政治學、經濟學等，亦不宜作為選項之目標。最後，因圖書之易於取得，而閱讀寫作之能力，亦無問題，遂決定從事史學之研究。然通史，範圍太廣。斷代史中之先秦史、秦漢史、唐史、宋史等，名家輩出。故選擇少有人研究之元史，作為一生努力之目標。

方向既定，遂檢閱空軍官校、陸軍官校、高雄市圖書館，有關元史之所有藏書，以備日後研究之用。而李文田所注之元朝秘史，馮承鈞所譯註之馬可波羅行紀，張穆之蒙古游牧記，尤大有助於元史研究目錄學之瞭解。

為鞭策自己之努力，故當時將奔赴之目標，訂得頗高。希望有朝一日，自己能成為深具建樹，頗有貢獻，地區性之著名學者。此舉雖屬狂妄，然由於法乎其上，得乎其中，故不得不將目標，力求其高。期能激勵奮起之勇氣、力行之決心。使來日，能近似而及之。

自長女出生，以至幼子六歲入學，十五年間，改採夜讀。每天自晚上七時，至凌晨二時乃止。幼子既已就學，為增加家庭之收入，妻遂至中學任教。由於兼任導師，早出晚歸。若仍委以家務，豈能荷負！所幸，斯時已升任副教授，課程不多，又無須上班，故接手全部家事。操持家務，雖不重，然繁瑣費時，加以又要騎自行車上課。故日間仍無法讀書，不得已，又夜讀十五年。三十年之苦讀，因有目標，故能不以為苦。因有收穫，故能引以為榮。欣然為之，甘之如飴。然長期睡眠不足，又何以爲繼。故每天盡量設法，補睡兩小時。由於斯時年輕，又加疲乏。一經躺下，即能很快入睡，且睡得深沉。子女雖吵，亦影響不大。

經多年之努力，閱讀之範圍，日益廣。研究之領域，亦日益寬。故能於大陸雜誌、東方雜誌、國立編譯館館刊、中華文化復興月刊、中國邊政、中國內政、反攻月刊，中華婦女，發表有關元史之論文九十三篇。商務印書館、聯經出版事業公司、新文豐出版事業公司，文史哲出版社、大衆出版社、出版元許魯齋評述，元太傅藏春散人劉秉忠評述，蒙古戰史，元史探微，元史研究論集，元史論叢，元吳草廬評傳，程雪樓評傳，元代蒙古文化論集，元代蒙古文化論叢、補文淵閣四庫全書之元人別集十一種。且自一九六八年，至一九七四年，曾連續七年，均獲國家科學會之獎助，以從事元史之研究。在當時，除少數之名家外，能連續申請七次，均能獲得國家科學會之批准者，並不多見。此外，兩岸學者，如姚從吾院士、蕭啓慶院士，侯家駒教授、洪萬生教授、大陸白壽彝教授、查洪德教授，王子今教授、羅賢佑教授、陳智超教授、徐吉軍教授、劉紅博士、劉曉博士、姬沈育博士等，均曾參考其著作。且門人弟子中，陳盛文、孔學敏、任渝生等升任中將。邢有光、許巴萊、徐光明等，則爲獲得國內外博士學位之學人。

二〇〇四年之八月十五日，應邀至呼和浩特市之內蒙古大學，參加爲期四天之第四次蒙古學，國際學術討論會。與會之中外學者，兩百餘位。分別來自日本、韓國、外蒙古、俄國、烏克蘭、芬蘭、波蘭、土耳其、匈牙利、德國、英國等十三個國家。大會分蒙古語文、蒙古文學、蒙古歷史、與綜合四組討論，並發表論文兩百餘篇。

元代宮廷大宴之情形，資料頗爲缺乏。然元人文翰之吟詠中，卻保有殊多珍貴之記錄。其中尤以大宴之地點、衣著、儀禮、飲食、娛樂，與夫特有之習俗爲然。故據此，於大會中，提出「元代宮廷大宴考」之論文報告，不僅頗受大會所矚目，亦間接說明，從史學觀點，以論元詩，不失爲擴大蒙古學研究範疇，方向之一。

由於蒙古學之研究，深獲肯定，兼以年已八十有二，故頗受大會之禮遇與尊重。內蒙古自治區政府副主席，約見大會代表六人，即爲其中之一。大會合照時，復受邀至第一排就坐。晚會結束，又與其他代表登台，向該校藝術學院，表演之全體同學，握手致謝，並攝影留念。

同時，蒙古學院名譽院長，蒙古學泰斗，曾派專人，贈送其簽名巨著，使之獲益匪淺。波昂大學研究所教授斐慕眞博士，亦再三與之接觸，以謀深談。大陸教育部人文社會科學重點研究基地，內蒙古大學，蒙古學研究中心，教授兼主任，齊木德道爾吉博士，復譽之謂：「您文學基礎深厚，我們正需要此種人才。」此外，大陸「中國民族報」，台灣「自由時報」，均有專訪之評論報導，分於九月二十四日，八月二十三日刊出。二〇〇五年春，更承齊木德道爾吉博士讚之謂：「元代宮廷大宴考，非常具有特色，對我們的研究，有很大的幫助。」孟夏又言：「將預留篇幅，以待大作。」博士爲蒙古學國際馳名之學者，承蒙如此評論，深感榮幸之至。

今蒙古史研究第八輯，業於當年之六月，由中國蒙古史學會主編，蒙古學研究中心支助，內蒙古大學出版社出版。十六開本，計載中外學人之論文二十九篇，凡四百二十頁。且拙作「元代官廷大宴考」，為去歲八月十五日，內蒙古大學、第四次蒙古學、國際學術討論會，所提報之兩百餘篇論文中，幸蒙全文刊出者。

治學，當然會遭遇諸多困難，三十餘年前，曾研究元代兩京間之交通。並據元詩，撰成「元代兩京間驛道之考釋」，載於一九六四年一月之政治學術季刊。復據秋澗大全集之「中堂記事」，完成「元王惲驛赴上都行程紀要」，刊於一九六七年六月之大陸雜誌。且此二文，曾為內蒙古大學，蒙古學研究中心，所主編之「元上都研究文集」，加以轉載。雖擬據「扈從集」，再撰「元代兩京間之輦道考釋」，然輦道所經之若干地名，如黑石頭、頡家營、鄭谷店、泥河兒、雙廟兒、平陀兒諸地，雖遍閱大明一統志、讀史方輿紀要、古今圖書集成、嘉慶重修大清一統志、畿輔通志、察哈爾通志、口北三廳志、蒙古遊牧記、宣化府志、宣化縣志、赤城縣志、懷來縣志、龍門縣志、北征錄等，均不得其解。一九九一年，曾思趁赴大陸探親之便，加以實地考查。然因地處偏僻，交通、衛生、安全，均不無可慮，兼以年近七十，終未能成行。以致此文，三十餘年，無法完成。所以，治學，殊非易事。雖一生力學，仍有諸多力猶未逮之處。

一九五五年，在台結婚。妻趙肅莊，大學畢業，曾任記者，長於散文小品，為東北名宿之長女。風行全國之「塞上風雲」，即以乃父之事功，所拍之電影。婚後家居，撫育子女。待幼子讀小學，復出任中學國文教師。因學養頗佳，復熱心教學，故學生甚為愛戴。至今仍有學生，時時與之聯絡。退休後，習畫十餘年，成績斐然。同學同事親友、輒衷心讚譽，戲呼爲「才女」。

育有四女一子，四女均大學畢業，皆有頗佳之歸宿。長婿企管學士，家中富有土地，現任台灣著名工程公司經理。次婿美國電機碩士，現任美國國際著名半導體公司副總裁。三婿化學學士，企管碩士，現任德國化學公司，東北亞與中國地區總經理。四婿建築學士，家中富有，十餘年前，已投資移民加拿大。幼子宏道，美國電機碩士，台灣金經碩士，五年前，曾任美國電子公司，中國地區總經理，現任澳洲著名電子公司，台灣與中國地區總監。媳曾麗美，靜宜大學外文系畢業，曾任新竹市光復中學，高中部英文教師。孫女欣隅、祥齡，孫偉翔，分別就讀於高中、國中、小學、均聰慧活潑可愛。

一生雖飄泊四方，艱辛倍嘗。然任教，則爲大學教授，比敘高級簡任文官。治學，則著作甚豐，爲著名元史專家。加以耄年身體健康，生活寬裕。子女卓然成材，均屬高職位，高薪資之人員。故晚年，心情愉悅，老景堪慰。語云：「天道酬勤」，又謂：「勤能補拙」，誠其一生之寫照。